역사 속 장애인은
어떻게 살았을까

역사 속 장애인은 어떻게 살았을까

사료와 함께 읽는 장애인사

| 정창권 엮고 지음 |

글항아리

「병신」, 김준근, 조선말기, 모스크바 국립동양박물관.

「판수」, 김준근, 조선말기, 모스크바 국립동양박물관.

「소경문수」, 김준근, 조선말기, 숭실대 한국기독교박물관.

「판수독경」, 김준근, 조선말기, 숭실대 한국기독교박물관.

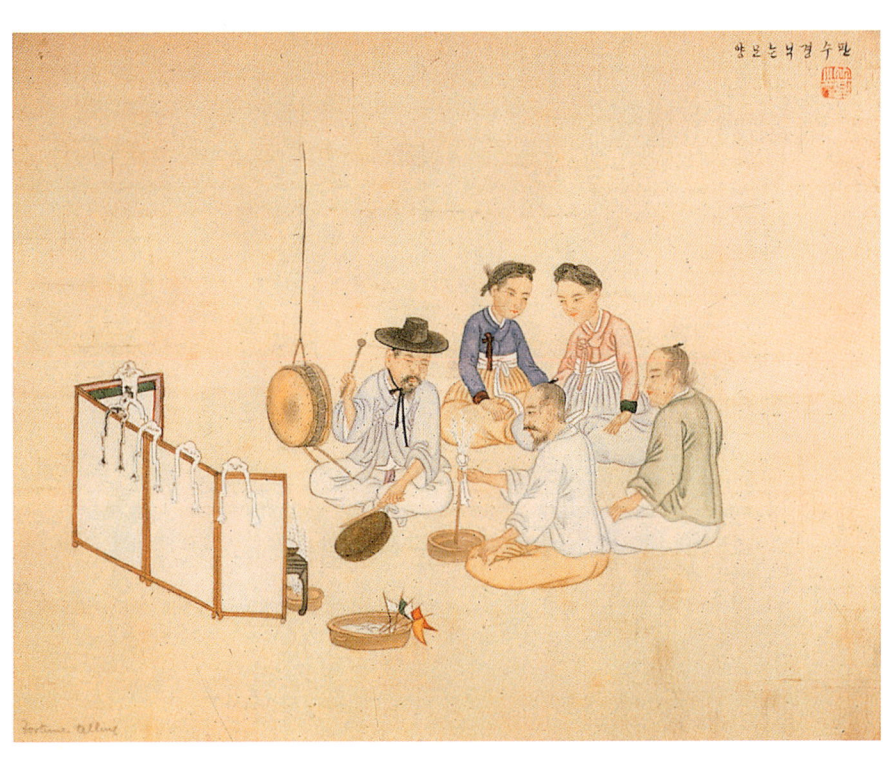

「판수 독경하는 모양」, 김준근, 조선말기, 덴마크 국립박물관.

「구걸」, 김준근, 조선말기, 모스크바 국립동양박물관.

「병신 동냥하는 모양」, 김준근, 하인리히 F.J. 융커.

「맹인 점쟁이가 서 있는 모습盲人呼占」, 김준근, 조선말기, 서울역사박물관.

「대쾌도大快圖」(부분), 전 신윤복, 조선후기, 국립중앙박물관.

『삼강행실도』에 실린 「종개단지」.

『삼강행실도』에 실린 「도미염초」.

책머리에

장애인, 2000년의 역사

　이 책은 고대 삼국에서 통일신라, 고려, 조선조 말기까지 2000여 년의 한국사, 그리고 역사와 문학, 회화, 음악, 법률, 풍속 등에 나타난 장애인 관련 기록들을 가능한 한 모두 수집하여 항목별로 정리한 것이다. 이로써 전근대 시대에 장애란 과연 무엇이었는지, 장애인 복지정책이나 단체는 어떠했는지, 각 유형별로 장애인들은 어떻게 살아왔는지, 장애인의 직업이나 관직은 어떤 것들이 있었는지, 왕족이나 여성 등 특수한 상황에 놓인 장애인의 삶은 어떠했는지, 유명한 장애 인물로는 누가 있었는지, 장애인 예술가의 세계는 어떠했는지 등을 차례대로 살펴본 것이다. 특히 이 책은 그러한 기록들을 원문과 번역문뿐 아니라 해제까지 제시함으로써 좀더 이해하기 쉽게 한국의 장애인사를 보여주고자 했다.
　원래 역사란 단지 과거에 대한 정보나 지식의 나열이 아닌, 불확

실한 현실을 살아가는 우리의 문제 해결과 역할 모델 및 비전 설정의 실마리를 제공하는 한편, 더 나아가 상상력의 원천, 곧 문화콘텐츠 개발을 위한 원천 소스를 제공하는 것이기도 하다. 그래서 여성사의 경우 비록 자료 수집에 불과했지만, 이미 십수 년 전에 여성사 관련 자료를 수집하여 『한국여성사자료집』(이대출판부)을 편찬하였다. 하지만 보건복지부라는 정부기관이 있고 수많은 사회복지학과가 있음에도 불구하고 아직까지 장애인 관련 자료 수집은 거의 이루어지지 않고 있다.

평소에 나는 주변 사람들이나 학생들에게 이렇게 말하곤 한다.

"근·현대에 이르러 본격화된 장애 문제는 따지고 보면 비장애인이 만들어낸 것입니다. 비장애인이 자신들의 욕심이나 편리함, 체면 유지를 위해 장애인을 소외시키거나 사회에서 내쫓았던 것입니다. 그러므로 결자해지結者解之라고, 어떻게든 비장애인이 그 문제를 해결해야 합니다. 특히 지금까지 장애인이 어떻게 살아왔는지 그 발자취를 찾아서 정리하는 작업은 먼저 그 분야를 전공하는 비장애인 학자들이 관심을 갖고 작업해야 합니다."

이에 따라 나는 지난 2005년 역사 속 장애인을 개괄적으로 연구하여 『세상에 버릴 사람은 아무도 없다』라는 책을 펴낸 바 있다. 그러면서 이후로도 장애인사 관련 자료들을 계속 수집해왔고, 또 언젠가는 그것들을 사료 그 자체로 보여주고 싶은 마음을 품게 되었다. 그렇게 되면 훗날 장애인 스스로도 얼마든지 자신들의 삶의 발자취를 연구할 수 있기 때문이다.

그런데 막상 본격적으로 작업을 시작해보니 결코 만만한 일이 아니었다. 처음에는 고대 삼국에서 통일신라, 고려, 조선, 구한말, 일제강점기까지, 그리고 정사와 야사, 법전, 고문서, 문집, 일기, 시, 소설, 수필, 음악, 미술, 유물, 설화 등에서 장애인사와 관련 자료를 수집한 뒤, 그것들의 원문과 번역문 및 해제까지 붙여서 그야말로 '한국장애인사자료집'을 만들어내고 싶었다.

하지만 그건 개별 연구자가 감당하기엔 너무 벅찬 일이었다. 우공이산愚公移山이랄까? 어리석은 사람이 산을 옮기려드는 격이었다. 인력과 시간, 비용 등 모든 면에서 개인 연구자 홀로 감당하기엔 너무나 어려운 과제였던 것이다. 물론 몇 차례 정부지원 등을 받아서 진행해보려 했지만, 아직까지 우리나라 대학이나 정부기관은 기존의 전공별 학문 틀을 고수하려 할 뿐 장애인이나 노인, 노숙인, 자연재해의 역사와 같은 융복합적인 연구 주제에 대해서 별다른 관심을 보이지 않았다. 시간은 자꾸만 흘러가고, 그에 따라 솔직히 이 작업에 대한 내 의지도 조금씩 시들해져갔다.

바로 그때, 한 중학교 2학년 남학생이 나를 찾아온 적이 있다. 그 학생은 소아마비에 의한 지체장애인으로 휠체어와 특수교사의 도움을 받고 있었지만, 성격이 무척 쾌활할 뿐 아니라 공부 욕심도 많아 보였다. 실제로 그는 특수학교가 아닌 일반 학교에 다니고 있었으며, 나중에 커서 장애인 역사를 전문적으로 연구해보고 싶다고 말했다. 나는 그 학생과 함께 교정을 천천히 둘러보면서 한국의 장애인사에 대해 들려주었다.

"한국 장애인사는 전 세계적으로 유래를 찾기 힘들 정도로 건강한 전통을 유지하고 있었단다. 조선시대만 해도 장애인은 자신만의 직업이나 관직을 갖고 있었고, 지금의 장관이나 국무총리쯤 되는 높은 관직에까지 올라간 사람들이 무척 많았으며, 유명한 장애인 예술가도 계속해서 나왔단다. 심지어 우리나라엔 지금으로부터 600년 전에 명통시라는 장애인 단체까지 존재했단다. 근현대의 어두운 장애인사와는 너무나 대조적이지 않니?"

그 학생은 마냥 신기하게 여겼고, 그러한 사실들이 왜 교과서나 참고서, 어린이책 등에는 실려 있지 않은지에 대해 몹시 안타까워했다. 그러면서 자신은 꼭 대학에 가서 장애인 역사에 대해 공부하고 싶다고 다짐했다. 그러면서 그 학생은 내게 이렇게 간곡히 부탁했다.

"교수님께서 생각하신 한국 장애인사 자료집을 꼭 책으로 내주세요. 장애인 스스로도 장애인의 역사를 연구할 수 있도록 말이에요."

다행히 그 학생은 내 가슴에 새로운 열정을 불어넣어주었고, 이후 나는 본격적으로 장애인사 관련 자료들을 수집, 정리해나갔다. 관심을 갖고 주위를 돌아보면 모든 것이 새롭게 보이는 것처럼, 장애인 관련 자료들도 한국사 곳곳에서 수없이 발견되었다. 다만 내 개인적인 역량을 고려해서 우선 고대 삼국에서 조선말기까지만 작업하기로 했다. 그럼에도 자료의 양은 이전의 『세상에 버릴 사람은 아무도 없다』보다 두세 배가량 더 늘어났다. 특히 장애 인물사, 곧 관료나 왕족, 여성, 유명인, 예술가 등의 자료가 대폭 추가되었다. 그와 더불어 이들 자료에 제목을 달고 좀더 재미있게 구성하면서 연구자는 물론 일반인들도 얼마든지 쉽고 재미있게 이해할 수 있도록 하였다.

　이 책을 집필하면서도 직간접적으로 많은 사람들의 도움을 받았다. 우선 이 책은 『고려사』나 『조선왕조실록』 『대동야승』 등뿐만 아니라 임형택, 허경진, 이상진 선생님 등의 번역물에 많이 의존하였다. 여러 선학들의 노고에 고마움의 뜻을 표하는 바이다. 또한 이 책의 자료 수집에 도움을 준 신동혁, 해제 작업에 도움을 준 김유란, 원고 검토와 교정 작업에 도움을 준 윤종선 선생, 오로지 의미 있는 책을 내보겠다는 일념으로 방대한 원고의 출판을 선뜻 수락해준 글항아리 편집자들도 결코 잊을 수 없는 사람들이다. 더 나아가 우리 가족의 일상생활을 책임지고 있는 아내의 도움이야 어찌 글로 표현할 수 있으랴. 10여 년에 걸쳐 작업한 이 책이 비로소 출간된 것에 대한 기쁨을 그들 모두와 함께 나누고 싶다.

　　　　　　　　　　　　　　　　　　　　　　2011년 11월
　　　　　　　　　　　　　　　　　　　　　　태정泰井 정창권

책머리에 장애인, 2000년의 역사 _017

제1장 ◎ 그들에게 '장애'란 없었다

1. 전통시대 장애 명칭 _033
장애인을 독질자·폐질자라 부르다 | 장애인을 잔질·폐질·독질이라 부르다 | 잔질의 기준 | 정신질환을 심질心疾이라 하다

2. 다양한 장애 유형 _039
시각·청각·언어·지체장애인 | 애꾸눈·언청이·구순구개열 | 꼽추·수중다리·각기병 | 장님과 벙어리의 불쌍함 | 백색증 | 샴쌍둥이 | 양성인兩性人

3. 갖가지 장애 원인 _051
뱀독을 먹고 언어장애인이 되다 | 과도한 슬픔으로 정신질환에 걸리다 | 과로로 미치광이 병이 발작하다 | 스스로 팔뚝을 끊어 잔질이 되다

4. 폭넓은 사회생활 _055

01 | 자유로운 생활상 _055
꽃도 보고 여행도 다니고 | 금강산 유람 | 해학가 김인복 | 벗들의 장난 | 주위 사람들에게 속은 세 시각장애인 이야기 | 이람과 원욱의 장난 | 아내에게 매 맞는 조관朝官 박모

02 | 구걸하는 장애인들 _069
구걸하여 눈먼 어머니를 봉양하다 | 임금이 길거리 장애인들에게 곡식을 내리다 | 죽기를 원합니다 | 통영동이

03 | 과감한 집단행동 _077
우리에게 먹을 것을 달라 | 환곡을 돈으로 대신 갚게 해달라 | 장애인의 군역을 면제하라

04 | 장애인의 살인사건 _080
맹인 임춘의 살인사건 | 맹인 김명이 사람을 칼로 찌르다 | 맹인이 같은 곳을 세 번 찌를 수 있는가 | 살인사건의 공모자 | 김명익 집안의 집단 살인사건 | 맹인 어머니를 대신한 아들의 복수

05 | 남녀간 간통사건 _089
제석비와 맹인 신전의 간통사건

06 | 장애인관의 변화상 _091
손님은 어찌 남의 단점을 말하시오? | 외눈배기라 부르지 말라 | 귀머거리는 잘 보고 소경은 잘 듣는다 | 어찌 궁궐에서 독경할 수 있단 말입니까 | 정신질환이 있다고 상주에서 배제되다 | 소경의 점복 소리 죽기보다 듣기 싫어

제2장 ◎ 선진적인 장애인 복지정책

1. 직업과 자립생활 _107
장애인도 배우고 일할 수 있다 | 모두 일자리를 갖도록 해야 한다

2. 지속적인 진휼제도 _110
삼국시대의 진휼賑恤제도 | 고려시대의 진휼제도 | 조선시대의 진휼제도

3. 잔치와 생필품 하사 _115
향연 및 물건 하사 | 80세 이상 맹인에게 베푼 잔치

4. 부양자 제공 _119
고려시대 부양자 제도 | 조선시대 부양자 제도

5. 각종 부역 면제 _123
장애인에겐 부역을 면제해주다 | 시각장애인 외동딸에겐 부역을 면제하다 | 시각장애인과 그 솔정에겐 역을 면하게 하다 | 맹인에게 더는 역을 지우지 말라 | 시각장애인은 좌경법에서 제외시켜주다

6. 연좌제 금지 _128
시각장애인을 연좌하지 않다 | 역모죄도 연좌하지 말라 1 | 역모죄도 연좌하지 말라 2 | 장애인 고문 금지법

7. 감형제도 _133
사형을 유배형으로 감해주다 | 무고죄를 감해주다 | 위폐를 사용한 시각장애인을 풀어주다 | 살인죄를 감해주다 | 혹세무민한 시각장애인의 죄를 감해주다 | 억울한 장애인을 풀어주고 구호하다 | 강상죄를 저지른 장애인을 감형할 수 있나 | 장애를 고려한 법률들 | 국경을 넘은 언어장애인들을 감형하다

8. 정려제도 _144
아전 정희개의 효심을 칭찬하다 | 우의정 민진장의 효심 | 장애 부모를 모신 유석진과 이탁영

9. 장애인 학대와 엄벌제도 _148
완평군이 시각장애인을 때려죽이고 유배되다 | 시각장애인을 속여서는 안 된다 | 참형에 처해진 시각장애인의 아내 | 군을 현으로 강등시키다 | 빌린 면포를 갚아라 | 맹인 귀동이의 억울함을 풀어줘라 | 유석의 존속살해 사건 | 순화군의 민간인 폭행사건

10. 보장구 _159
의족과 의수

제3장 ◎ 세계 최초의 장애인 단체

1. 명통시 _165

시각장애인 단체, 명통시 | 명통시의 기우제와 포상 사례들 | 정기적으로 쌀과 콩을 주었다 | 명통시에 건물을 하사하다 | 명통시에서 독경 연습을 하다가

제4장 ◎ 유형별 장애인의 역사

1. 시각장애인과 자립생활 _177
개안담開眼譚 | 도미 이야기 | 한국 시각장애인 소사小史

2. 언어장애인의 의사소통 문제 _191
죄 없는 언어장애인을 고문하다 | 살인 죄인 애립 | 벙어리 최방한

3. 지체장애인과 가족의 헌신 _196
지체장애인 남편에게 정절을 지키다

4. 왜소증 장애인에 대한 오해 _201
정신과 재기는 신체에 구애받지 않는다 | 풍산씨 입장入丈

5. 정신장애인의 열악한 사회적 처지 _206
재산에 눈이 멀어 정신장애인 형을 죽이다 | 어느 정신장애인의 떠돌이 생활 | 인육人 肉으로 정신장애를 치료하다

6. 한없이 순박한 지적장애인 _212
바보 온달과 눈먼 노모 | 박을손의 이상한 계산법 | 지능이 조금 떨어져도 괜찮아

7. 간질장애와 인육 _221
인육으로 간질을 치료하다 | 토정 이지함의 간질 치료담

제5장 ◎ 장애인 직업사

1. 점을 치는 점복가 _227

맹승 백량이 점을 쳐주고 사형당하다 | 맹승 석천록의 점복 | 천대받았던 점복업 | 태종의 맹승 유담에 대한 신뢰 | 점괘가 틀렸을 경우 | 맹인의 공녀 선발 | 단종은 복위될 것입니다 | 국복國ㅏ 김영창 | 홍계관의 유래 | 광통교 선사가 흉하다 하면 길하다 | 대궐 안에 잡인이 출입할 수 없다 | 세자빈 간택 | 남을 대신 저주해주다 | 명점술가 두타비 | 점복 비용은 얼마였을까? | 운명은 피할 수 없는 법! | 주역점을 치다

2. 경을 읽는 독경사 _255

맹승을 모아 기우제를 지내게 하다 | 맹승의 아들도 과거를 보게 하라 | 맹승 종동 | 도류승을 불러 병을 치료하다 | 맹승을 불러 독경하다 | 왕의 종기를 치료하다 | 독경은 도교의 일종이었다 | 독경사에게 비를 빌게 하다 | 독경사의 기우제는 무익한 일입니다 | 독경사의 기우제를 그만두소서 | 독경사의 기우제 부활 | 맹인 일곱 명이 궐내 출입을 저지당하다 | 시각장애인이 주관하는 모든 제사를 없애버리다 | 가정에서도 독경하지 못하게 하다

3. 음악을 연주하는 악공 _274

시각장애인 악공이 가무를 가르치다 | 내연에 시각장애인 악공을 쓰다 1 | 내연에 시각장애인 악공을 쓰다 2 | 장악원의 관원을 불러 질책하다 | 시각장애인 악공들이 생계 대책을 요구하다 | 퉁소 부는 시각장애인들

4. 안경장이 _280

안경장이 노인

5. 대장장이 _282

대장장이 탄재

제6장 ◎ 장애인 관직 및 관료들

1. 장애인 관직의 기원 _287

백운이 신의를 지켜 벼슬을 받다

2. 점복가를 위한 명과학 _289

점복가를 위해 명과학을 설치하다 | 명과학의 존폐 문제 | 왕비 간택자의 팔자를 점치게 하다 | 명과학은 없어도 되는 것입니다 | 명과학의 기강을 바로잡으라 | 다산 정약용의 명과학 폐지론

3. 악공을 위한 관현맹인 제도 _297

관현맹인도 일반 악공의 예에 따르다 | 사회적 약자층에서 선발하다 | 관현맹인의 처우를 개선해주다 | 관습도감의 관현맹인을 해체하소서 | 중종 대 여악 폐지 논쟁 | 전쟁으로 관현맹인이 혁파되다 | 관현맹인의 복구 문제 | 장악원과 관현맹인

4. 공신과 그 후손들 _313

공신 이영선 | 공신 성석린의 시각장애인 자손들 | 성석린의 자손들이 눈이 먼 이유

5. 정1품 정승들 _318

척추장애인 정승 허조 | 우의정 권균의 간곡한 요청 | 용문선생 조욱 | 지체장애인 정승 | 일각一脚 정승 윤지완

6. 2품 벼슬들 _329

청각장애인 이덕수의 벼슬살이 | 정신질환으로 체직된 공서린

7. 그 외 관료들 _334

기형아로 태어나 생육신이 된 권절 | 북벌의 공으로 사직司直이 된 이옥산 | 시각장애인 성균관 사성 신자교 | 함경도 평사 이정호 | 의병장 유팽로의 격문 | 용호영 장교를 체벌한 간질장애인 임익상

제7장 ◎ 장애인 왕족들

1. 국왕 _351

세종대왕이 안질로 고생하다 | 심질로 왕위를 물려주고자 했던 선조 임금 | 숙종 임금의 시각장애

2. 왕자녀 _363
경평군 이륵의 광패함 | 벙어리 정화옹주의 결혼

3. 종친 _368
환성군의 간질 증세 | 사직 홍현보의 벼슬살이 | 안흥군 이숙의 대화법

제8장 ◎ 여성과 장애

1. 노처녀가 _373
결혼 못한 여성 중증장애인의 한탄

2. 맹인 이씨 _379
약식의 원조 맹인 이씨

3. 고성 _390
여성 시각장애인 점복가 고성

제9장 ◎ 유명한 장애 인물들

1. 맹인 지화의 파란만장한 인생사 _397
벼슬까지 받은 시각장애인 점복가 | 단봉 복위를 추진하다 처형당하다 | 충신지위忠臣之位

2. 세종의 부름을 받은 김학루 _409
『명경수』로 점쳤다는 김학루 | 김학루의 점복이 들어맞다

3. 장득운과 『명경수』 _413
장득운의 『명경수』를 찾아오라 | 결국 찾지 못한 『명경수』

4. 김효명의 신통한 점괘 _416
중종 때의 명점복가 김효명 | 정광필의 운명을 알아맞히다 | 과거급제자 알아맞히기

5. 탐원와 이광의 _423
탐원와 군생

6. 장순명과 저주사건 _427
저주사건에 연루되어 귀양 가다 | 한자리에 정승 네 분이 앉아 있다니

제10장 ◎ 장애인 예술가의 세계

1. 문인 _435
청각장애인 시인 고순 | 도하 처사 졸수재 조성기 | 이이엄 장혼 | 앉은뱅이 시인 지여교 | 시각장애인 점복가·시인 유운태 | 노주 강취주

2. 화가·서예가 _450
한쪽 눈의 괴짜 화가, 최북 | 눌인 조광진

3. 음악가 _459
시각장애인 김철의 퉁소 | 관현맹인 이반·김복산·정범 | 관직에 오른 김복산 | 김복산의 실수 | 거문고 명인이었던 전악 이마지 | 남들의 질투를 산 백옥의 음악 | 귀신을 울린 김운란의 아쟁 소리 | 떠돌이 악사 백성휘 | 가야금 명인 윤동형 | 거리의 명가수 손봉사

부록 원문 _477
참고문헌 _562

1장

그들에게 '장애'란 없었다

오늘날 우리는 몸이 불편한 사람에 대해 '장애인(우)'이라 하지만, 과거엔 기록상으로는 중국의 전통에 따라 '잔질자', '독질자', '폐질자'라 하였고, 민간에서는 '병신'이라 칭하였으며, 또 근대 이후에는 '불구자'라고 하였다.

과거에도 오늘날과 마찬가지로 모든 유형의 장애인이 존재했다. 먼저 신체장애로 시각장애인과 청각·언어 장애인, 각종의 지체장애인이 있었고, 정신장애로 정신분열, 지적장애, 뇌성마비, 간질장애 등이 있었다. 그 외에 기형아, 백색증, 구순구개열, 왜소증 장애인, 양성인, 성기능 장애인 등이 있었다.

장애 원인은 오늘날과 조금 차이가 있었다. 오늘날에는 질병과 교통사고, 산업재해, 환경재해로 장애를 입는 경우가 많지만, 과거에는 각종 질병이나 전염병, 생활사고, 전쟁, 형벌 등으로 장애를 입곤 했다.

우리는 흔히 과거의 장애인은 오늘날에 비해 매우 힘들게 살았을 것으로 생각하지만, 장애인과 비장애인을 구분지어 특별히 장애인을 차별하기 시작한 것은 오히려 근·현대에 이르러서이다. 과거의 장애인은 비록 과학기술이 발달하지 못해 몸은 좀 불편했을지라도, 장애에 대한 편견은 훨씬 덜하여 사회에서 비교적 자유롭게 살아갔다. 일반 사람들과 스스럼없이 장난치고 여행을 다녔으며, 심지어는 살인사건이나 간통사건을 일으키기도 하였다. 더 나아가 살아가는 데 불편한 것이 있으면, 함께 모여 임금께 나아가 상소하는 집단행동을 벌이기도 했다.

1
전통시대 장애 명칭

장애인을 독질자·폐질자라 부르다

기사에 개경에 사는 남녀 가운데 나이 80세 이상 된 자와 중환자, 폐질자廢疾者(장애인)에게 술과 음식과 차와 피륙을 내리되 차등 있게 하도록 하였다. (『고려사』「세가」권 4, 현종 13년 9월)

경자에 나이 80세 이상의 남녀와 의부義夫·절부節婦·효자孝子·순손順孫·환과고독鰥寡孤獨(홀아비, 과부, 고아, 자식 없는 늙은이)·독질·폐질자篤廢疾者(장애인)를 대궐의 뜰에서 왕이 몸소 향연하고 선물을 하사하되 차등 있게 하였다. (『고려사』「세가」권 12, 예종 원년 9월)

희종 4년 10월 을해에 나이 70세 이상인 노인, 효자, 절의 있는 사람에게 잔치를 베풀었는데 왕이 친히 술잔을 권하고, 병자에 환과고독, 독질·폐질자에게 크게 잔치를 베풀고 물건을 하사하되 차등 있게 하였으며, 주·부·군·현에서도 이러한 예를 본받았다. (『고려사』 「지」 권 22, 예, 가례, 노인)

해제 이 기록들은 고려시대 왕들이 환과고독, 독질자, 폐질자 등에게 잔치를 베풀고 물건을 하사했다는 내용이다. 여기서 독질자, 폐질자 등이 바로 오늘날 장애인을 일컫는 말이었다.

장애인을 잔질·폐질·독질이라 부르다

호조에서 아뢰기를,
"지금 농사철을 만났으니 농사에 힘써야 할 건장한 남녀들에게는 모두 환상을 주고, 농사를 지을 수 없는 환과고독과 잔질殘疾, 폐질廢疾 및 빌어먹는 자에게는 진제(진휼곡)를 주도록 해야 할 것입니다."
하니, 그대로 따랐다. (『세종실록』 19권, 세종 5년 2월 4일)

독질인篤疾人·잔질인殘疾人·폐질인廢疾人과 근장近仗(궁문을 지키거나 임금이 거둥할 때 경호를 맡던 호위병)·각 아문이전各衙門吏典, 양리마養理馬·견마배牽馬陪·각참수부各站水夫·악생樂生·향리鄕吏·역자驛子·공사천公私賤의 조군漕軍·수군水軍·조군봉족漕軍奉足·수군봉족水軍奉足은 모두 변경에 옮기는 것을 면한다. (『성종실록』 162권, 성종 15년 1월 7일)

해제 이 기록들은 조선시대 세종과 성종 때의 것으로, 장애인에게 진제를 내려주거나 변방으로 이주하는 것을 면제해준다는 내용이다. 이처럼 『고려사』나 『조선왕조실록』을 보면 환과고독과 함께 독질(인), 잔질(인), 폐질(인)이란 용어가 자주 나오는데, 이것이 바로 당시 장애인을 일컫는 말이었다.

잔질의 기준

이보다 앞서 정승이 변규와 곽비는 잔질殘疾이 있는 사람이므로, 북도北道에 입거入居시키는 것을 면해주어야 한다고 아뢰었는데, 순찰사 박숭질은 면해주지 말기를 청하여 의논이 일치되지 않았으므로 정승들에게 의논하도록 하니, 윤필상이 의논드리기를,

"형률의 조문에 손가락 둘이 없거나 발가락 셋이 없으며 손발에

큰 엄지가락이 없는 사람을 잔질로 인정하였는데, 지금 곽비와 변규는 비록 형률 조문과는 조금 다르나 쓸 수 없는 것은 같습니다."

하고, 한치형은 의논드리기를,

"형률 조문에 손가락 둘이 없는 것을 잔질이라 하였는데, 지금 곽비는 왼손의 엄지손가락과 집게손가락 둘이 부러져 상했고, 변규는 오른 손가락 셋이 화상을 입어 펴지 못하니 어찌 잔질이 아니겠습니까? 신 등이 전일에 형률을 상고하여 아뢰었는데, 잔질이 있는 사람에게 법을 어겨 입거시키는 것은 온당하지 못할 듯합니다."

하고, 성준은 의논드리기를,

"곽비는 두 손가락을, 변규는 세 손가락을 모두 굽히거나 펴지 못하니 손가락이 없는 것과 무엇이 다르겠습니까? 또한 하삼도下三道에 인민이 매우 많은데 어찌 손가락이 부러져 상한 사람을 뽑을 필요가 있겠습니까?"

하고, 이극균은 의논드리기를,

"형률의 조문으로 본다면 손가락 둘이 없거나 발가락 셋이 없고 손발에 엄지가락이 없는 사람이라고 한 것은 끊어져 없는 것을 말한 것입니다. 신의 생각에는 비록 엄지손가락과 집게손가락이 있더라도 그 위 끝이 끊어지고 없으면 어떻게 쓸 수가 있겠습니까? 또한 세 손가락이 펴지지 않는다면 없는 것과 무엇이 다르겠습니까? 그렇다면 잔질이라 이르는 것이 당연합니다. 다만 변규는 장정 수효가 25명이고, 곽비는 장정 수효가 15명이나 되니, 비록 호수戶首를 놓아두더라도 아들과 사위가 호戶를 세워 입거할 수 있으므로 수령을 국문할 필요는 없습니다."
하니, 전교하기를,
　　"변규와 곽비는 면해주라."
하였다. (『연산군일기』 44권, 연산군 8년 6월 15일)

해제　이 기록은 연산군 때 잔질의 기준을 두고 신하들이 논의하는 것이다. 당시 법률에 잔질은 손가락 두 개가 없거나 발가락 세 개가 없으며 손발에 엄지가락이 없는 경우로 규정하고 있었다. 이러한 기준에 따라 변규와 곽비란 사람도 잔질로 규정하여 변방으로 이주시키지 말아야 한다고 주장하고 있다. 하지만 뒤에서 보면 이러한 잔질의 기준은 상당히 유동적이었음을 알 수 있다. 특히 우리가 흔히 폭군이라고 알고 있는 연산군조차도 장애를 가진 백성들을 살피고 그들의 편의를 봐주었던 사례를 통해, 조선시대 장애인 복지제도가 어떠하였는지 유추할 수 있다.

정신질환을 심질心疾이라 하다

　　진복창의 세력이 점점 커지자, 허자는 그 화가 자신에게 미칠 것을 두려워하여 '근일에 심질心疾이 크게 발작하여 일이 많이 착오된다'

고 핑계대었다. 진복창은 허자가 원훈元勳이라 쉽게 물리치지 못할 것을 알고 거짓말로 '무릇 사람이 심질이 발작하면 반드시 광狂에 이르는 것인데, 이와 같은 일이 어찌 괴이하겠는가' 하였다. (『명종실록』 10권, 명종 5년 5월 15일)

해제 이 기록은 조선 명종 때 자신에게 정신질환이 있다고 자처하여 화를 피하고자 하는 허자에 대한 이야기이다. 원래 허자는 나라에 큰 공을 세웠으나 진복창 등의 탄핵을 받아 유배되고 훈적도 삭탈당하였다. 이처럼 당시 사람들은 정신질환을 심질心疾이라 일컬었고, 그 증상이 일어나면 '광狂'에 이른다고 인식하였다.

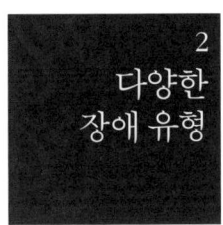

2
다양한
장애 유형

시각·청각·언어·지체장애인

중 일엄이란 자가 전주에 있었는데 스스로 이르기를,

"능히 눈먼 자를 다시 보게 하고 죽은 자를 다시 살게 한다."

고 하였다. 임금이 내시 금극의를 보내어 맞이하니, 길에서 채첩건綵韄巾을 쓰고 박마駁馬를 타고 능선綾扇으로 그 낯을 가리니, 사람들이 바로 보지 못하였다. 보현원에 우거하매, 도성 사람이 귀천과 어른 아이 할 것 없이 달려와서 뵈오니 이항里巷이 모두 텅 비었다. 무릇 눈 어둡고 귀먹고 앉은뱅이와 말더듬이 등 폐질이 있는 자들이 그 앞에 낭자하매, 중이 부채로 휘둘렀다. 천수사에 맞아들여 남문루 위에 거처하는데, 대신들 또한 쫓아와서 참알하고 여자들은 다투어 머리털을 펴 중의 발을 밟게 하였다. 중이 사람들에게 아미타불을 부르게 하매 그 소리가 10리 밖까지 들리고, 그 세수하고 목욕한 물을 한 방울이라도 얻을 수 있으면 천금같이 귀하게 여겨서 손으로 움켜 마시지 않음이 없었다. 또 중이 칭하기를 법수法水라고 하여 능히 백 가지 병을 고친다 하였다. 남녀가 낮밤으로 섞여 거처하매 추문이 전파되어 널리 들렸으며, 머리를 깎고 제자가 되는 자도 이루 헤아릴 수 없었으나, 그때에 한 사람도 간하여 금지하게 한 자가 없었다. 명종이 점차로 중의 사기행각을 징험하고 그를 향리에 돌려보냈다. 처음에 중이 사람을 속여 말하기를,

"만법萬法이 오직 일심一心이니 네가 만약 부지런히 염불하면서 말하기를 '내 병이 이미 나았다'고 하면 병이 따라 나을 것이니, 삼가 병이 낫지 않았다고 말하지 말라."

이에 눈먼 자가 이미 보인다 하고 귀먹은 자가 또한 이미 들린다고 말하니, 이 때문에 사람이 미혹하기 쉬운지라. 중서시랑 문극겸도 미복微服으로 예를 치렀고 임민비 역시 누하樓下에서 절하였다. 임민비는 명종 18년에 참지정사로 중서평장사에 나아갔다. 지득금이란 자가 임민비를 대신하여 대상녹사가 되었더니, 지득금은 아직 대상에 있고 임민비는 이미 평장사가 되니, 세상이 그 승진의 빠름을 자랑하였다. (『고려사』 99권, 「열전」 12, 제신, 임민비林民庇)

해제 이 기록은 고려시대 평장사(중서문하성의 정2품 벼슬) 임민비가 일엄이라는 중에게 빠졌다는 내용이다. 그전에 일엄은 도성에 들어와

온갖 장애인과 여성들을 현혹시키며 나라를 혼란에 빠뜨렸다. 이 기록을 통해 고려시대에도 다양한 유형의 장애인이 존재했음을 확인할 수 있다.

애꾸눈·언청이·구순구개열

이에 앞서 중외中外의 호패를 이미 이루었는데, 임금은 그것이 정밀하지 못함을 염려하여 다시 사목事目을 짓기를,

1. 형모形貌는 얼굴의 흉터面瘢·애꾸눈目眇·귀의 쪼개짐耳割·언청이脣缺·손발 절름발이手足蹇 등과 같은 것이 표징이니, 겉에 흔적이 있는 것을 쓸 것. (『세조실록』 30권, 세조 9년 1월 12일)

해제   이 기록은 조선전기 호패에 기록해야 할 사항을 규정한 것이다. 호패에는 기본적으로 성명, 나이, 신분 등을 써넣어야 했는데, 그 밖에 몸의 특별한 점도 함께 써넣도록 하고 있다. 물론 이것은 사람을 쉽게 분별하기 위한 것이지, 장애 유무를 기록하여 차별하기 위한 것은 아니다. 여기에서도 조선시대의 다양한 장애인의 유형을 확인할 수 있다.

꼽추·수중다리·각기병

『회남자』에 "산 기운이 있는 곳에는 남자가 많이 태어나고, 못 기운이 있는 곳에는 여자가 많이 태어난다"고 하였다. 상고하건대 여진에는 남자가 많고 우리나라의 제주도에는 여자가 많다. 물 기운이 있는 곳에는 벙어리가 많고, 바람 기운이 있는 곳에는 귀머거리가 많다. 상고하건대 우리나라 해서지방에는 옴폭 들어간 곳이 많기 때문에 맹인이 많다. 수풀 기운이 있는 곳에는 꼽추가 많고, 나무 기운이 있는 곳에도 꼽추가 많으며, 돌 기운이 있는 곳에는 힘센 사람이 많다. 그리고 습기가 있는 곳에는 수중다리가 많고, 험한 기운이 있는 곳에는 혹 있는 이가 많고, 골짝 기운이 있는 곳에는 각기병인 사람이 많고, 언덕 기운이 있는 곳에는 미치광이가 많고, 광활한 기운이 있는 곳에는 인후仁厚한 사람이 많고, 구릉 기운이 있는 곳에는 탐욕스런 사람이 많고, 더운 기운이 있는 곳에는 요사자妖死者가 많고, 찬 기운이 있는 곳에는 장수하는 자가 많다. (안정복, 『순암집順菴集』 제12권, 잡저雜著)

해제 이 기록은 안정복의 『순암집』에 나오는 것으로 지역이나 풍토에 따라 각기 다른 장애인이 출현한다는 내용이다. 물론 이것은 정확한 연구와 조사에 의한 결과가 아닌 당시의 풍문을 정리한 것에 지나지 않는 듯하다. 여기에서도 조선시대의 다양한 유형의 장애인이 존재했음을 확인할 수 있다.

장님과 벙어리의 불쌍함

장산의 장님이 벙어리와 사귀었는데, 장님이 밥을 먹으려 하자 벙어리가 국을 밥에다 쏟고 젓갈을 간장과 뒤섞었으며, 나물·김치·구운 고기 등을 모두 위치를 바꿔놓았다. 장님이 밥 한 숟가락을 먹더니 코를 찌푸리고 눈썹을 실룩거리며 젓가락을 굴리고 크게 놀라 자리에서 일어나 토하려 하였다. 벙어리는 그 모양을 말하고 싶었지만 끝내 말은 하지 못하고, 몸을 돌려 낄낄대어 의대衣帶까지 따라 웃었으나 소리만은 들리지 않았다. 나는 눈과 혀를 다 갖춘 사람이지만, 장님과 벙어리의 불쌍함을 다 지니고 있다 하겠다. 그러나 장님이 벙어리에게 속임을 당했으니, 이 세상에서 제일 불쌍한 것은 장님보다 더한 것이 없다.

호중湖中의 어떤 부인이 중풍으로 전신 불수가 되어 잡지도 못하고 걷지도 못하고 입으로 소리도 내지 못한 채 눈만 멀뚱멀뚱하였다. 마시고 먹는 것과 대변·소변을 20년 동안이나 모두 다른 사람에게 의지하였다.

어느 더운 날 여러 젊은 아낙네들과 목욕을 하면서 물통을 앞에 끌어다두고 찬물을 등에다 끼얹으니 차가운 감각이 들었던지 갑자기 느린 말로 '왜 이리 차가운가' 하더니만 혀가 굴러 그전처럼 말을 하였다. 하루는 그녀가,

"사람이 와서 밥을 주어 먹다가 나머지를 덮어두었는데, 고양이가 와서 훔쳐 먹는 것을 아이들이 훔쳐 먹는 것으로 생각하고 심한 매질을 했다. 나는 고양이가 먹은 것을 분명히 알지만 입을 두고도 해명을 못하였고, 때로는 고양이가 먹다 남은 것을 주어도 물리치지도 못했다."

하였다. 이렇게 보면 눈을 두고도 말하지 못하는 것은 도리어 장님만도 못하다 하겠다. (이덕무, 『청장관전서靑莊館全書』 제62권, 서해여언西海旅言)

해제 이 기록은 이덕무의 『청장관전서』에 나오는 것으로, 장애를 가진 사람들의 불편함에 대한 이야기이다. 앞의 일화는 시각장애와 언어장애를 가진 사람들에 대해 다소 희화화한 내용이지만, 실상은 그들이 가진 장애가 얼마나 불편한 것인지를 말하려는 것이라 할 수 있다. 또한 뒤의 중풍으로 인해 지체장애를 겪게 된 여인의 이야기도 장애를 가진 사람들이 평상시 겪을 수 있는 어려움과 소외감에 대해 말한 것이라 할 수 있다.

백색증

문관 이현배가 진주목사였을 때, 한 어부가 몸 전체가 마치 흰눈같이 하얀 백어白漁를 진상하였다. 이현배의 아내가 그것을 구워 먹더니 그 달로 임신하여 아들을 낳았는데, 두 발이 모두 하얗고 피부는 마치 옥 같았으며 눈동자는 옅은 노랑인 데다 또 희었다. 10여 세가 되자 아이는 스승에게 나아가 글을 배웠는데 자못 총명하고 글을 잘 지었다. 그 아이가 다른 아이들과 더불어 내 집의 뜰에 와서 여러 번 놀았는데, 대낮에도 물체를 보는 것이 매우 밝지 못하였고, 감히 눈을 들어 보려 하지 않았으며, 항상 머리를 숙여 땅을 바라보고 다녔다. 또래의 친구 아이가 밤에 그 집에 들어가서 보니 어두운 가운데 앉아 종정도從政圖(조선시대의 오락기구)의 작은 글자를 쓰고 있었는데 터럭만큼의 착오도 없었다고 한다. 식자들은 그 아이를 두고 근심하였으니, 그 아이에게 전란의 징후가 있다는 사실을 알았기 때문이다. 실제로 그 아이는 13세에 죽었고, 다음 해에 왜병이 우리나라를 크게 어지럽혔다.

내가 또 만력 기유년에 경사에서 조회하고 요좌에 있는 우가의 전사에 들어갔는데 주인에게 한 며느리가 있었다. 나이는 19세로 안색과 수족과 두 발이 모두 백설처럼 희어 마치 이현배의 아들과 같았다. 그 주인이 말했다.

"이 아이가 밤중에는 물체를 보고 터럭실 같은 것도 분변할 수 있지만, 낮에는 겨우 뜰과 층계 정도만 살필 수 있어 더듬어가다가 많이 넘어지곤 합니다."

그 후 10년이 지나 노추의 변이 있었다. 대개 백색은 서방의 금색인데, 그것이 전란의 징후가 된 것이 기이하도다. (유몽인, 시귀선·이월영 역주, 『어우야담』, 한국문화사, 1996)

해제 이 글은 유몽인의 『어우야담』에 나오는 것으로 온몸이 하얀 기형아로 태어난 사람들에 대한 이야기이다. 두 사람은 오늘날 흔히 알비노증(백색증)이라 일컫는 병과 흡사한 듯 보인다. 하지만 당시 사람들은 그것을 병이라고 생각하지 않았고, 단지 전란이 일어날 징조로 여겼다. 이는 당시 사람들이 그 병에 대해 거의 무지했기 때문인 것으로 보인다.

샴쌍둥이

3월에 무진주 마미지현에 사는 여자가 아이를 낳았는데, 머리가 둘이요 몸뚱이가 둘이요 팔이 넷이었으며, 아이를 낳을 적에 천둥이 크게 쳤다. (『삼국사기』 권 제10, 「신라본기」 제10, 헌덕왕 17년 3월)

가을 7월에 서울 여자가 몸뚱이는 하나요 머리가 둘인 아이를 낳았다. (『삼국사기』권 제22, 「고구려본기」제10, 보장왕 7년 가을 7월)

해제 위의 두 기록은 『삼국사기』에 나오는 것으로, 신라와 고구려의 여인들이 기형아인 샴쌍둥이를 낳았다는 것이다. 이 당시 샴쌍둥이를 낳는 것은 천재지변에 해당하는 것으로 여겨 하늘이 왕에게 내리는 경고이자 어떤 불길한 사건의 예고라고 생각하였다. 그렇기 때문에 아이를 낳을 때 크게 천둥이 쳤다고 표현한 것으로 보인다.

양성인 兩性人

사방지는 사노비였다. 어려서부터 모친이 그에게 여아의 옷을 입히고 화장을 바르고 옷 짓는 것을 가르쳤다. 그리하여 그가 자라서는 조사朝士의 집을 자주 드나들면서 여종들과 많이 간통을 했었다.

사인士人 김구석의 아내 이씨는 판원사 이순지의 딸이었는데, 과부로 지내면서 사방지를 끌어들여 옷을 짓는다고 칭탁하고 밤낮으로 함께 거처한 지가 10여 년이 되었다. 그러다가 천순天順 7년 봄에 사헌부에서 그 소문을 듣고 그를 국문하다가 그와 평소에 사통해왔던 한 비구니를 신문하기에 이르렀는데, 비구니가

"양도陽道(남자의 성기)가 매우 장대했다."

고 하므로, 여의 반덕에게 그것을 만져보게 한 결과 과연 그러하였다. 그러자 상이 승정원 및 영순군 이보, 하성위 정현조 등으로 하여금 여러 가지로 조사하게 하였는데, 하성위의 매妹가 바로 이씨의 며느리가 되었으므로 하성위 또한 놀라 혀를 날름거리며 말하기를,

"어쩌면 그리도 장대할 수가 있단 말입니까."

라고 하였다. 그러자 상이 웃고는 특별히 더 이상 추문하지 말도록 하면서 이르기를,

"이순지의 가문을 오멸시킬까 염려된다."

하고 사방지를 이순지에게 알아서 처벌하도록 하니, 이순지가 사방지에게 장杖 10여 대만을 쳐서 경기도에 있는 노비의 집으로 보내버렸다. 하지만 얼마 안 있어 이씨가 몰래 사방지를 불러들여왔다. 그리하여 이순지가 죽은 뒤에는 더욱 끝없이 방자하게 굴므로, 금년 봄에 대신이 상 앞에서 이야기하는 가운데 이 사실을 상께 아뢰고, 사방지를 신창현으로 유배시켰다. 내가 이 사실을 듣고 시 두 수를 지었다.

비단 장막 깊은 곳에 몇 번이나 몸을 숨겼나	絳羅深處幾潛身
치마 비녀 벗고 보니 진실이 문득 드러났네	脫却裙釵便露眞
조물주는 예전부터 변환을 용납하기에	造物從來容變幻
세간에는 도리어 이의를 겸한 사람이 있다오	世間還有二儀人

남녀를 어찌 번거로이 산파에게 물을 것 있나	男女何煩問座婆

요망한 여우가 굴을 파서 남의 집 패망시켰네	妖狐穴地敗人家
가두에는 시끄러이 하간전을 노래하는데	街頭喧誦河間傳
규방 안에서는 양백화를 슬피 노래하누나	閨裏悲歌楊白華

(김종직, 『점필재집』 제3권, 시詩, 사방지)

> **해제** 이는 조선전기 양성인 사방지에 대한 이야기이다. 사방지는 조선 세조 때 여성과 남성의 몸을 동시에 갖고 태어나 어려서부터 어머니에 의해 여자로 자라게 되었다. 그러나 성장한 후 사방지는 남성의 본능을 감출 수 없어 판원사 이순지의 과부 딸과 부적절한 관계를 맺게 된다. 당시 이것은 대역죄에 해당되는 것이었지만, 세조는 사방지가 병을 가지고 있다고 판단한 후 크게 벌하지 않고 매를 치거나 유배를 보냈다. 이처럼 조선시대에도 성기능에 문제가 있는 경우 장애의 하나로 인식했음을 알 수 있으며, 그들이 죄를 지었을 때도 다른 장애인처럼 어느 정도 참작했던 것으로 보인다. 하지만 이들의 장애는 일반적인 장애와는 성격이 다르기 때문에 사회적 인식이 별로 좋지 않았던 것으로 보인다.

회화 속 장애인들

김준근필 『풍속화첩』 중 「병신」, 모스크바 국립동양박물관.

이 그림은 조선말기 기산 김준근의 풍속화로 각종 장애인의 모습을 담고 있다.
그림의 왼쪽부터 한쪽 다리를 가진 지체장애인, 한쪽 팔다리가 불편한 지체장애인,
키가 작은 왜소증 장애인, 허리가 굽은 척추장애인 등이 묘사되어 있다.

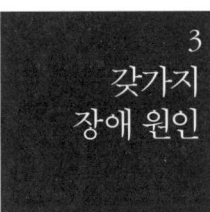

3
갖가지
장애 원인

뱀독을 먹고 언어장애인이 되다

어떤 초부樵夫(나무꾼)가 있었는데 높은 산에 올라 한 마리의 뱀이 구멍에 들어가면서 그 옆의 작은 돌을 핥고 들어가는 것을 보았다. 뒤에 오는 뱀 역시 똑같이 하였다. 초부도 무슨 맛이 있나 하여 시험 삼아 핥아보았다. 집에 도착하자 벙어리가 되어 말을 못하다가 다음 해 경칩이 되어서야 겨우 말을 하였다. (권별, 『해동잡록海東雜錄』, 『대동야승』 5, 민족문화추진회, 1973)

해제 이 글은 권별의 『해동잡록』에 나오는 것으로, 뱀의 독을 먹고 일시적으로 언어장애인이 된 사람에 대한 이야기이다. 언어장애는 대부분

선천적으로 걸리거나 큰 병을 앓고 나서 걸리는데, 이 글에 언급된 것처럼 음식을 잘못 먹고 혀가 마비되어 걸리기도 하였다. 이럴 때는 시간이 지나면 저절로 낫기도 하는데 이 사람도 그러하였던 듯하다.

과도한 슬픔으로 정신질환에 걸리다

판관 김처金處는 광신군 김양항의 아들이다. 김처는 그의 아버지가 이국에서 죽은 것을 상심하고 슬퍼한 나머지 광질狂疾에 걸렸다. 정신이 혼몽하고 일을 헤아리지 못하니, 어린아이나 우부들이 여러 가지로 속여도 모두 믿고 좇아 의심치 않았다. 항상 집안의 한 종을 두려워하여 그 지휘에 따르는데, 부앙俯仰(굽어봄과 올려다봄)도 마음대로 못하며 무엇을 하려다가도 만약 종이 꾸짖으면 두려워하여 움직이지 못하였다. 판관은 낮에 대부분 잠을 자고 이따금 깼는데, 깨면 「관동별곡」을 부르며 소매를 떨쳐 춤을 추고 춤이 끝나면 큰 소리로 울었다. 밤에는 시구를 길게 읊조리며 처량하게 혼자 거닐었는데, 혹 깊은 산에 들어가기도 하고 혹 울타리를 뚫기도 하며 잠시도 쉬지 않았다. 하루는 산속에 병자가 누워 있는 것을 보고는 판관이 불쌍히 여겨 물을 갖다 먹였는데 그로 인해 병이 옮아 죽었다. (성현,『용재총화』,『대동야승』1, 민족문화추진회, 1973)

해제 이 글은 조선전기 정신장애인 김처에 대한 이야기이다. 김처는 아버지의 죽음 이후 그에 따른 과도한 슬픔으로 인해 정신질환을 앓게 되었다. 그리하여 이상한 행동들을 일삼았지만, 그렇다고 다른 사람들에게 피해를 주는 일은 하지 않았다. 또한 그는 마음씨가 착해 병든 사람을 도와주다 자신도 그 병에 걸려 죽게 되었다.

과로로 미치광이 병이 발작하다

이익을 승지로, 이후를 장령으로, 오시복을 지평으로, 이민서를 고양군수로 삼았다. 이민서는 옥당에 있을 때에 여러 날 동안 술을 마시고 숙직을 하다가 갑자기 미치광이狂 병이 발작하여 당시 사람들로부터 해괴하다는 말을 들었기 때문에, 조정에 있기가 불안하여 외직을 맡게 된 것이다. (『현종개수실록』 23권, 현종 11년 10월 23일)

해제 이 기록은 현종 때의 정신장애인 신하 이민서에 대한 이야기이다. 이민서는 홍문관에 있을 때 과로로 인해 정신질환에 걸린 것으로 추정된다. 이후 그는 병을 이유로 벼슬을 할 수 없다고 청하지만, 현종은 그를 고양군수로 삼아 과중한 업무 부담을 덜어주었다.

스스로 팔뚝을 끊어 잔질이 되다

임금이 경상도 개령읍의 아전 임무가 스스로 팔뚝을 끊어 잔질殘疾이 되어 함길도에 들어가 사는 것을 피하려 했다는 말을 듣고, 드디어 승정원에 명하기를,

"사책史冊에 상고하여 보면 자기의 살을 훼손하여 구실役을 피한 자가 예전에도 많이 있었지만, 지금 이 사람의 일을 들으니 내가 심히 측은하게 여겨진다. 입거入居하는 사람들이 거쳐가는 주현으로 하여금 마음을 다해 구호하고 의식을 공급하여 기한飢寒에 이르지 않게 하라."

하였다. (『세종실록』 76권, 세종 19년 1월 4일)

해제 이 사료는 함길도(함경도)에서 살고 싶어하지 않는 임무라는 사람이 스스로 팔뚝을 끊어 지체장애인이 되었다는 이야기이다. 조선시대 함경도는 변방지역으로 일정 시기가 되면 백성들 중 일부가 그곳으로 이주하여 살아야 했다. 임무 또한 그러했는데, 고향을 떠나 낯설고 위험한 지역에서 살고 싶지 않았기 때문에 그런 과도한 행동을 했던 것으로 짐작된다. 임무와 같은 경우는 불의의 사고로 인해 장애를 갖게 된 것도 아니었지만, 세종은 이러한 백성들까지도 끌어안는 복지정책을 시행하였다.

4
폭넓은 사회생활

【 1. 자유로운 생활상 】

꽃도 보고 여행도 다니고

호사가들이 모여 앉아 화보(그림집)에 대해 이야기하였다. 마침 곁에서 맹인 지화가 듣고 있다가 나서는 것이었다.

"온갖 꽃들 중에서도 오직 황국黃菊이 보기에 가장 아름답지."

그러자 좌중이 크게 웃었다.

근래 김모라는 한 맹인이 있었다. 그가 영남 지방을 두루 돌며 점을 치다가 서울로 돌아왔다. 어떤 사람이 그에게 영남의 아름다운 경치에 대해 물었다. 그러자 그 맹인이 대답하였다.

"올라서 구경할 만한 산수로는 진주의 촉석루가 제일이고, 건물과 단청이 아름다운 것으로는 밀양의 영남루가 가장 뛰어나지. 그리고 기생들의 자색에 있어서는 경주부가 더없이 좋은 곳이야."

듣던 사람들은 그만 크게 웃었다. (서거정, 이내종 역주, 『태평한화골계전』, 태학사, 1998)

해제 이 글은 서거정의 『태평한화골계전』에 나오는 것으로 시각장애인들의 자유로운 생활상에 대한 이야기이다. 먼저 조선 세종 때 유명한 시각장애인 점복가 지화는 비록 눈이 보이지 않았지만 세상의 모든 꽃들에 대해 알고 있었고, 김모라는 시각장애인도 각 지방의 경치에 대해 마치 눈뜬 사람처럼 설명하였다. 그래서 좌중이 모두 감탄하면서도, 기생들을 얘기하는 부분에 있어서는 그 능청스러움에 크게 웃었던 것이다.

금강산 유람

어떤 장님이 수십 명의 사람들과 같이 금강산에 갔다가 돌아왔다. 어떤 사람이 유점사楡岾寺의 기둥과 지붕 형태를 물으니 대답하는 사람이 없었다. 그런데 장님이 말하기를,

"불전의 기왓골이 120이다."

라고 하였다. 그 까닭을 물으니 장님이 다시 말하기를,

"처음 갔을 때 갑자기 소나기가 내려 기왓골에서 떨어진 물이 땅을 파서 오목하게 되었다. 내가 그것을 더듬어 세어보아 알게 되었다."

하였다. (권별, 『해동잡록海東雜錄』, 『대동야승』 5, 민족문화추진회, 1973)

해제 이 기록은 금강산을 유람했던 어느 시각장애인에 대한 이야기이다. 사람들과 함께 금강산에 다녀온 시각장애인은 비록 눈은 보이지 않았지만 여행 중에 머물렀던 유점사의 지붕 형태를 다른 감각기관을 통해 정확하게 기억해낼 수 있었다. 이것은 장애인들의 경우 신체의 불편한 부분을 제외한 다른 감각들은 매우 뛰어난 능력을 지니고 있음을 알려준다. 또한 그들은 사람들이 그냥 지나치기 쉬운 부분들도 세세하게 느끼고 기억한다는 것을 알 수 있다.

해학가 김인복

습독 김인복金仁福은 해학을 잘하는데 한쪽 눈이 애꾸였다. 심전이 전주부윤으로 있을 때에 김인복이 그를 찾아갔다. 심전은 그의 말

기세를 꺾어버릴 셈으로, 모든 통인·방자·사령을 애꾸눈 가진 사람을 선택하여 그의 수종을 정하고, 또 여염집 여자들 중에서 애꾸눈을 가진 여자를 가려서 관비처럼 꾸며 천침(동침)하게 하고, 유숙할 거처도 애꾸눈을 가진 사람의 집에 정하였다. 조석으로 문안하고 내왕하는 사람들이 애꾸눈이 아닌 자가 없었는데, 김인복은 오히려 부끄러워하지 아니하고 조팽(심부름꾼)에게 말하기를,

"영감 덕택으로 편하게 자기는 하였으나, 만일 도적을 만나게 되면 살피고 망볼 사람이 적어서 무섭소."

라고 하였다. 심전은 그 말을 알아듣지 못하고 여러 차인들이 혹시라도 숙직을 잘못 설까 두려워하여 더욱 잘 살피게 하였다. 이에 김인복이 말하기를,

"그만두어라, 비록 다섯 사람이 있으나 모두 외짝 눈이어서 만일 도둑을 수비하게 한다면 두 사람 반이라는 말이다."

하니 온 부중이 크게 웃었다. (이제신, 『청강선생후청쇄어 소총』, 『대동야승』 14, 민족문화추진회, 1973)

해제 이 글은 이제신의 『청강선생후청쇄어 소총』에 나오는 것으로, 시각장애인 해학가 김인복에 대한 이야기이다. 김인복은 한쪽 눈이 보이지 않는 시각장애인이었는데, 심전이 이를 이용해 놀리는 등 장난을 쳤다. 그럼에도 김인복이 심전의 행동을 불쾌해하지 않고 함께 즐거워하는 것으로 보아 그의 행동이 장애인을 비하하는 것이 아니었음을 알 수 있다.

벗들의 장난

　　김량일金亮一 공은 애꾸눈이요 성질도 조급했다. 남이 애꾸눈이라는 말만 해도 문득 화를 내니, 당시 함께 놀던 사람들이 장난으로 우스갯소리를 하다가도 사팔뜨기나 애꾸눈이라는 말만은 함부로 못하였으므로, 홍문 정휘가 김에게 말하기를

　　"사람은 도량이 있어야 하는데 공은 어찌 남의 장난삼아 하는 말을 들어도 화를 내는가? 아마 남들은 공이 부귀하여도 도량이 모자란다 할 것이다."

하니, 김이 말하기를,

　　"그렇지 않다. 무슨 말인가. 내가 어찌 그처럼 성을 내던가?"

하였다. 정이 말하기를,

　　"이제 내가 공에게 욕을 할 터이니 공은 성을 내지 않겠는가?"

하니, 김이 말하기를,

　　"어찌 성을 내겠는가?"

하므로, 정이 말하기를,

　　"정말 성을 내지 않겠는가?"

김이 말하기를,

　　"틀림없다."

라고 맹세한 후에 정이 큰 소리로 욕을 하기를,

　　"애꾸눈 이 병신 놈아, 너는 반 조각 사람이요, 온전한 사람은 되

지 못한다. 너도 사람이냐, 왜 죽지도 않느냐."
하니, 김은 참지 못하여 성낸 빛이 발발하나 이미 성을 내지 않기로 하였는지라 한마디도 소리를 내어 힐난하지 못하였다.

다음 날 또다시 이야기하는 중에 채기지가 김에게 말하기를,
"공의 눈은 고칠 수 있는데 단지 그대만 모르고 있다."
하니, 김은 속으로는 무척 불쾌하지만 고칠 수 있다는 말을 듣고는 혹시나 도움을 얻을까 하여 문득 말하기를,
"그럼 말해보라."
하니 채가 말하기를,
"좋다, 좋아."
하였다. 김이 또 말하기를,
"얘기해보라."
하는지라 채가 말하기를,
"술을 마시고 매우 취하여 칼로 애꾸눈 속의 병든 눈동자를 빼고 1년생 개의 눈알을 급히 끼워두면 피가 식지 않고 근육이 합하여서 능히 볼 수 있다."
하니 김도 과연 그렇겠다고 재차 수긍하였다. 채가 다시 큰 소리로 말하기를,
"그렇다면 썩 좋다. 그러나 사람이 눈 똥을 보면 모두 고량진미가 되어 보이리니 이것을 잘 알아두어야 하리라."
하니, 앉아 있던 사람들이 모두 크게 웃었다. (이육,『청파극담』,『대동야승』6, 민족문화추진회, 1973)

해제 이 글은 이육의 『청파극담』에 나오는 것으로 시각장애인 김량일에 대한 이야기이다. 김량일은 한쪽 눈이 보이지 않는 시각장애인이었는데, 평소 자신을 놀리는 사람들에게 화를 잘 냈다. 그래서 벗들이 장난을 쳐서 그의 도량을 넓게 해주었다. 또 채기지라는 사람이 김량일에게 한쪽 눈이 나을 수 있는 방법을 알려주었는데, 그것은 오늘날의 안구 이식과 흡사한 것이었다. 하지만 당시의 의술로는 불가능한 일이었기 때문에, 역시 김량일의 도량을 넓히기 위한 농담이었다고 할 수 있다.

주위 사람들에게 속은 채 시각장애인 이야기

옛날 개성에 한 장님이 살았는데, 성품이 어리석고 비뚤어져서 기괴한 것을 잘 믿었다. 매양 소년을 만나면 갑자기,

"무슨 기이한 일이 없느냐."

하였다. 하루는 소년이 말하기를,

"요즈음 매우 기이한 일이 있습니다. 동쪽 거리에 땅이 천 길이나 벌어져서 땅 밑으로 오가는 사람을 훤히 볼 수 있고, 닭의 울음소리와 다듬이질하는 소리도 똑똑히 들을 수 있는데, 제가 방금 그곳에서 오는 길입니다."

하니, 장님은,

"과연 네 말과 같다면 그야말로 매우 기이한 일이다. 내가 두 눈이 어두워서 마음대로 보지는 못하지만 그 곁에 가서 한번 그 소리라도 들으면 죽어도 한이 없겠다."

하고 소년을 따라갔다. 온종일 도성 안을 두루 어정거리며 돌아다니다가 그의 집 뒤의 언덕에 와서 소년이,

"여기가 그곳입니다."

하니, 장님은 자기 집 닭의 울음소리와 다듬이질하는 소리를 듣고 손뼉을 치고 웃으며 말하기를,

"참으로 즐겁도다."

하니, 소년이 장님을 밀어 땅에 떨어뜨렸다. 아이종이 와서 그 까닭을 물으니 장님은 머리를 조아리고 합장을 하며 말하기를,

"나는 천상天上의 장님이로다."

하였다. 또 그의 아내의 웃는 소리를 듣고,

"당신은 또 언제 여기 왔소?"

하였다. (성현, 『용재총화慵齋叢話』, 『대동야승』 1, 민족문화추진회, 1973)

또 한 장님이 있었는데 이웃 사람에게 부탁하여 미녀에게 장가들려 하였다. 하루는 이웃 사람이 그에게 말하기를,

"우리 이웃에 체격이 알맞은 진짜 절세 미녀가 있는데, 그대의 말을 그 여자에게 들려주면 흔연히 응할 것 같으나, 다만 재물을 매우 많이 달라고 할 것 같소."

하니, 장님은,

"만약 그렇다면 재산을 기울여 파산破産에 이를지언정 어찌 인색하게 하리요."

하고 그의 아내가 나가고 없는 틈을 타서 주머니와 상자를 찾아 재물을 모두 꺼내주고 만나기를 약속하였다. 드디어 만날 날이 되어 장님은 옷을 잘 차려입고 나가고, 아내 역시 화장을 고치고 그의 뒤를 따라가서 먼저 방에 들어가 있으니, 장님은 아무것도 모르고 재배再拜 성례成禮하였다. 이날 밤에 자기 아내와 함께 동침하는데 그 아기자기한 인정과 태도가 평상시와 달랐다. 장님은 아내의 등을 어루만지며 말하기를,

"오늘밤이 무슨 밤이기에 이처럼 좋은 사람을 만났는고. 만약 음식에 비유하면, 그대는 웅번熊膰(곰의 발바닥으로 팔진미의 하나)이나 표태豹胎(표범의 태)와 같고, 우리 집사람은 명아주국이나 현미밥과 같구나."

하고 재물을 많이 주었다. 새벽이 되어 아내가 먼저 그의 집에 가서 이불을 안고 앉아 졸다가 장님이 들어오는 것을 보고 묻기를,

"어젯밤에는 어디서 주무셨소?"

하니 장님이,

"아무개 정승 집에서 경經을 외다가 밤 추위로 인해 배탈이 났으니 술을 길러 약으로 쓰게 하오."

하였다. 그러자 아내가 매우 꾸짖기를,

"웅번·표태를 많이 먹고 명아주국과 현미밥으로 오장육부를 요

란하게 하였으니 어찌 앓지 않을 수 있겠소."

하니, 장님은 아무런 대꾸도 하지 못하고 그제야 아내에게 속은 줄을 알았다. (성현, 『용재총화慵齋叢話』, 『대동야승』 1, 민족문화추진회, 1973)

    서울에 또 한 장님이 있었는데 젊은이와 벗하여 사이좋게 지냈다. 하루는 젊은이가 와서 말하기를,

  "길에서 나이 어린 예쁜 여자를 만났는데 그와 잠깐 이야기를 하고 싶으니, 주인께서 잠시 별실別室을 빌려줄 수 없겠습니까?"

하니, 장님은 허락해주었다. 젊은이는 장님의 아내와 별실에 들어가 곡진하고 애틋한 정을 서로 나누는데, 장님이 창밖을 돌면서 말하기를,

  "어째서 이렇게 오래 걸리느냐. 빨리 가거라. 집사람이 와서 보면 이야말로 큰일이니 반드시 욕을 먹을 것이다."

하였다. 조금 뒤 아내가 밖에서 들어오면서,

  "그새 어떤 손님이 왔었소?"

하며 일부러 성낸 듯이 하니, 장님은,

  "잠깐 내 말을 들으시오. 정오쯤에 동쪽 마을의 신생辛生이 나를 찾아왔을 뿐이었소."

하였다. (성현, 『용재총화』, 『대동야승』 1, 민족문화추진회, 1973)

해제 위의 세 글은 성현의 『용재총화』에 나오는 것으로, 사람들에게 속임을 당한 세 시각장애인의 이야기이다. 이들 시각장애인은 동네 아이

들과 심지어 자신의 아내에게도 속고 있다. 처음의 두 글은 다소 엉뚱하고 어리석은 성품을 지닌 시각장애인을 깨닫게 하기 위해 주변 사람들이 그를 속이는 이야기이다. 그리고 마지막의 글은 아내가 다른 남자와 정분이 났지만 이를 알지 못하는 어리석은 시각장애인의 이야기이다. 이처럼 당시 시각장애인들에 대한 이야기가 다양하게 존재하는 것은 그들이 조선사회에서 상당한 인구 비율을 차지하고 있었기 때문일 것이다.

이람과 원욱의 장난

이충의에게 아들이 있었는데 큰아들은 인상이고 둘째 아들은 효상이었다. 그들이 조금 자라자 아잇적 이름을 고쳐 인상은 람覽이라고 하고 효상은 멱覓이라고 하였는데, 람이라고 이름한 것은 그 아이의 한쪽 눈이 멀었기 때문이었다. 그러자 효상이 자기 부모에게 하소연하였다.

"형은 한쪽 눈이 멀었는데도 오히려 '본다'라고 하고 나는 양쪽 눈이 모두 멀쩡한데도 오히려 '찾는다'라고 하였으니 몹시 원통합니다. 이름을 고쳐주십시오."

부모가 웃으면서 이름을 고쳐 각이라고 하였으니, 이는 그 아이의 양쪽 눈이 밝음을 의미한 것이었다.

람은 사람됨이 의기가 많고 호협하였으며 한쪽 눈이 함몰된 애꾸눈이었다.

그때 원욱이라는 사람도 한쪽 눈이 멀었는데, 눈알이 툭 튀어나왔고 청백색이었다. 람이 원욱을 보고 자신의 얼굴 반쪽을 부채로 가린 채 원욱에게 말하였다.

"그대 눈을 보니 눈알이 툭 튀어나온 것이 구슬 같은데 색깔 또한 청백색이구려. 눈이 먼 것도 볼썽사납다고 이를 만한데 어찌하여 죽은 눈알을 그대로 달고 다녀 사람들이 보기에 더욱 추악하게 하시오?"

원욱이 처음에는 근심스러운 기색을 만면에 띠었다가 나중에는 노한 기색을 역력히 드러내며 눈을 똑바로 뜨고 질시하면서 어찌할 줄 몰랐다. 한참 후 람이 부채를 치우며 말하였다.

"만약 부득이해서 눈이 멀 수밖에 없다면 마땅히 나처럼 오목하게 들어가서 흔적이라도 없어야지!"

그제야 원욱도 기뻐하며 웃었고 드디어 서로 청안의 교우가 되었다. 후에 원욱은 과거에 급제하여 절충장군이 되었고 정옥으로 생애를 마쳤다. 람 또한 과거에 급제하여 3품관이 되었다. 각은 지금 형조참판이 되었고 완창군으로 책봉되었다. (유몽인, 시귀선·이월영 역주, 『어우야담』, 한국문화사, 1996)

해제 이 글은 유몽인의 『어우야담』에 나오는 것으로 시각장애인 이람과 원욱에 대한 이야기이다. 그들은 모두 한쪽 눈을 실명한 시각장애인이었는데, 동병상련의 처지라서 그런지 깊은 유대관계를 가질 수 있었다. 이후 이람과 원욱은 비록 한쪽 눈이 보이지 않았지만 모두 과거에 급제하여 높은 벼슬길에 올랐다. 이것은 당시 사회가 시각장애인에게 얼마나 관대하였는지 보여주는 것이며, 특히 한쪽 눈을 실명한 사람들은 양쪽 눈을 실명한 시각장애인보다 더욱 다양한 직업을 가질 수 있었다는 것을 보여준다.

아내에게 매 맞는 조관朝官 박모

조관朝官(조정의 신하) 박모라는 자가 있었다. 그는 한쪽 눈을 실명한 애꾸눈이었다. 그의 아내 이씨는 사납고 질투가 심한 여자였다. 그녀가 일찍이 화가 나서 박모에게 큰 소리로 욕을 하였다.

"이 늙은이야! 다시 한쪽 눈마저 먼다면 당신은 영락없는 봉사야. 어쩌자고 일찌감치 점쟁이 일이나 배워 훗날 벌어먹을 궁리는 하지 않는 것이야? 감히 아녀자와 싸움이나 하고 있다니⋯⋯."

그때 마침 어떤 동료가 찾아갔다가 그만 부부의 금슬이 불화하는 소리를 듣고 말았다. 그는 차마 왔다는 말을 할 수 없어 집밖에 멈추어 서성거렸다.

잠시 후 그의 아내는 화가 극에 받쳤다. 그녀는 전판을 집어 들고서 마구 남편을 때렸다. 박모는 다급하게 문밖으로 달아나다가 이내 동료와 마주쳤다. 그런데 마침 고양이 새끼가 눈앞을 훌쩍 지나가는 것이었다. 얼떨결에 박모는 양 손바닥을 두드리며 고양이 쫓는 시늉을 하였다. 그러면서 동료에게 둘러댔다.

"저 몹쓸 놈의 고양이 새끼가 병아리를 다 잡아 먹는단 말이야. 그래서 쫓고 있는 중이라네."

그러자 그 동료가 천천히 중얼거렸다.

"자네! 내 점이나 한번 보아주지 않겠나."

박모는 몹시 부끄러웠다. (서거정, 이내종 역주, 『태평한화골계전』, 태학사, 1998)

해제 이 기록은 서거정의 『태평한화골계전』에 나오는 것으로 한쪽 눈을 실명한 시각장애인 박모에 대한 이야기이다. 박모는 조정에서 일하는 사람이었으나 부인의 구박으로 매번 부부싸움을 하게 되었다. 특히 그의 부인은 박모에게 일찍감치 점보는 일이나 배워서 훗날 먹고 살 일이나 도모하라고 하면서 그를 괴롭혔다. 조선전기 여성의 지위가 상대적으로 높았던 시절, 한 시각장애인의 부부생활을 흥미롭게 표현한 글인 듯하다.

【 2. 구걸하는 장애인들 】

구걸하여 눈먼 어머니를 봉양하다

효종랑이 남산의 포석정鮑石亭에 나가 노는데 문객들이 모두 빨리 달려가 모였으나 유독 두 사람이 뒤늦게 왔다. 효종랑이 그 까닭을 물으니, 두 사람이 말하기를,

"분황사 동쪽 마을에 나이 스물 전후한 여자가 눈먼 어머니를 껴안고 마주 소리쳐 울고 있어 동리 사람에게 연유를 물었더니, 그들이 말하기를 이 여자의 집이 가난하여 몇 해를 두고 비럭질을 하여 어머니를 봉양했답니다. 마침 흉년이 들어 문전걸식도 어려워 남의 집에 품값으로 몸을 잡히고 곡식 30섬을 얻어 이것을 부잣집에 맡겨두고 일을 하면서 해가 저물면 쌀을 전대에 넣어가지고 집으로 와서 밥을 지어 어머니를 공궤(윗사람에게 음식을 드림)하고는 함께 자고 새벽이면 부잣집에 가서 일하기를 며칠이 되었습니다. 그 어머니가 말하기를 '이전에는 겨 껍데기도 마음이 편하더니 요즘의 이밥은 가슴을 찌르는 듯 마음이 불편하니 무슨 까닭일꼬?'라고 하였다. 딸이 사실대로 말했더니 그 어머니는 통곡을 하고 딸은 자기가 다만 구복을 봉양할 줄만 알고 부모의 마음을 살필 줄 모른 것을 한탄하였답니다. 이 때문에 마주 붙들고 울기에 이것을 보느라고 지체가 되었소이다."
라고 하였다.

효종랑이 이 말을 듣고 눈물을 지으면서 곡식 100석을 보내고, 효종랑의 양친도 역시 바지저고리 한 벌을 보내주었으며, 효종랑의 수많은 무리도 벼 1000석을 거두어 보냈다. 이 일이 국왕께 알려지자 당시의 진성왕이 곡식 500석과 아울러 집 한 채를 주고 군사들을 보내어 그 집을 호위하여 도둑을 막게 하였다.

그 동리에는 정문을 세워 효양孝養마을이라 했으며, 뒤에는 그 집을 희사하여 절을 만들고 이름을 양존사陽尊寺라 했다. (『삼국유사』 권5, 「효선」 제9, 빈녀양모)

해제 이 기록은 신라시대 어느 젊은 여인이 구걸하며 시각장애인 어머니를 모시고 살았으나, 그것도 여의치 않아 남의 집에 품값으로 몸을 저당잡히고 일했다는 것이다. 이러한 딱한 사정을 알게 된 효종랑과 주변 사람들이 먹을 것과 입을 것을 보내고 왕도 곡식과 집, 군사를 보내주었다. 이를 통해 전통시대 여성 장애인은 어느 누구보다 요보호 대상자였음을 알 수 있다.

임금이 길거리 장애인들에게 곡식을 내리다

임금이 환궁還宮하였다. 어가가 한강 중방원에 이르니, 늙은 할미 국화와 여승 지회, 맹인 김송·한용 등이 어가 앞에 나와 알현하니, 임금이 불쌍히 여겨 쌀과 콩 각각 1석씩을 하사하였다. (『태종실록』 11권, 태종 6년 3월 3일)

임금이 친히 제릉齊陵에 제사하고 어가가 성문에 이르니, 어떤 소경 여자盲女가 길에서 얻어먹고 있었다. 임금이 측연하게 여기어 쌀과 콩을 주게 하고, 또 환궁하여 탄식하기를,

"중외中外에 이와 같은 독질篤疾로 굶주리고 추위에 떨며 살 곳을 얻지 못하는 자가 많을 것이니 우순풍조雨順風調를 어떻게 이룰 수 있겠는가?"

하고 유후사留後司에 명하여 환과고독 169인을 연복사에 모아 쌀·콩 1석씩을 주었다. (『태종실록』 20권, 태종 10년 12월 26일)

해제 위의 두 자료는 태종이 구걸하는 시각장애인을 보고 그들을 불쌍히 여겨 곡식을 내렸다는 이야기이다. 어느 시대이든 가족이나 직업이 없는 장애인은 국가가 직접 나서서 구휼해야 했다. 그렇기 때문에 임금이 길에서 만난 시각장애인에게 곡식을 하사하고, 나중에는 다른 장애인에게도 똑같이 하게 했던 것이다.

죽기를 원합니다

내가 30년 전 어느 저문 날에 서울 거리를 지나는데 매우 추운 날씨였다. 어떤 장님 걸인이 옷은 떨어지고 배는 고프지만 집에 있을 수가 없어서 남의 집 문밖에 앉아 울면서 하늘에 하소연하기를,

"죽여주기를 원합니다. 죽기를 원합니다."

라고 하니, 그 뜻이 참으로 죽고 싶지만 뜻대로 안 되었던 것이다. 지금도 내가 그것이 잊히지 않아 생각하면 눈물이 쏟아질 정도이다. (이익, 『성호사설星湖僿說』 제12권, 인사문人事門, 개자丐者(걸인))

해제 이 기록도 구걸하러 다니는 어느 시각장애인에 대한 이야기이다. 조선후기에는 장애인을 위한 복지정책이 제대로 이루어지지 않아서 추운 겨울날 구걸하러 다니는 사람들이 많았던 것으로 보인다. 또한 그들을 향한 사람들의 시선도 전과 같지 않아서 장애인들이 먹고사는 데 어려움이 많았던 듯하다.

통영동이

통영동이는 이름이 무엇인지 모른다. 스스로 통영동이라 부르고 다녔는데, 다리 하나를 절었다. 그는 열 살 때 아우를 잃고 밤낮으로 울어 두 눈이 모두 어두워졌다. 부모가 돌아가신 뒤로는 거지가 되어 팔도를 두루 돌아다니며 혹 아우를 만날까 하는 희망을 가졌다. 스스로 백조요百鳥謠를 지어 부르기를,

"꾀꼬리는 노래 잘해 첩 삼기 제격이요, 제비는 말 잘하니 계집종 삼기 제격일세. 참새란 놈은 때때옷 입어 금군禁軍(궁궐과 임금을 호위하는 군사)이 제격이요, 황새는 목이 길어 포교捕校가 제격이라."
하였다. 온갖 새를 노래하니, 옛날에 새 이름으로 벼슬 이름을 지은 것이 떠오른다.

꾀꼬리는 노래 잘해 첩으로 삼고 제비는 말 잘해 몸종으로 뽑고
300종류 새마다 관직 이름 붙이다가
할미새 노래 부르다 말고 두 줄기 눈물 흘리니
형제가 어느 날에야 다시 만나려나.
(조수삼, 허경진 옮김, 『추재기이』, 서해문집, 2008)

해제 이 글은 추재 조수삼의 『추재기이』에 나오는 것으로, 조선후기 서울의 시장통에서 노래하며 구걸하는 통영동이統營童에 대한 이야기이

다. 통영동이는 경상도 통영 출신인 듯한데, 한쪽 다리를 저는 데다 두 눈마저 보이지 않는 중복장애인이었다. 사람들에게 말하기를 "혹시라도 아우를 만날까 해서 전국 팔도를 돌아다닌다"고 하였다 한다. 비록 장애를 갖고 있고 구걸하는 처지였지만, 위에서처럼 재미있는 노래를 부르며 다니는 모습이 자못 여유 있어 보인다.

구걸하는 모습들

김준근필 『풍속화첩』 중 「구걸」, 모스크바 국립동양박물관.

기산풍속도 중 「병신 동냥하는 모양」, 하인리히 F.J. 융커.

이 그림들은 19세기 후반 기산 김준근의 풍속화로 각종 장애인의 구걸하는 모습을 담고 있다.
이 그림에선 팔다리가 불편한 지체장애인이나 한쪽 팔을 가진 지체장애인이
지나가는 행인에게 적선을 바라고 있다. 여기에서 장애인을 '병신'이라 표현하고 있는데,
당시 민간에서는 장애인을 그렇게 지칭했음을 알 수 있다.

【 3. 과감한 집단 행동 】

우리에게 먹을 것을 달라

임금의 행차가 개성 유후사留後司에 이르렀다. 맹인 20여 명이 궁핍함을 고하니, 창고에서 묵은 쌀 각각 한 석씩을 내려주도록 명하였다. (『태종실록』 29권, 태종 15년 2월 8일)

임금이 사냥하는 것을 금교역 서산에서 보시고 수레가 개성에 이르니, 유후 한옹과 부유후 이적이 여러 부로父老와 회회인回回人(투르크계의 위구르 무슬림)들을 인솔하고 영빈관 앞에 봉영하였다. 또한 맹인 114명이 수레 앞에서 궁핍함을 고하므로 유후사에 명하여 쌀 40석을 주게 하였다. (『세종실록』 4권, 세종 1년 5월 3일)

해제 위의 두 기록은 임금이 궁핍한 시각장애인들에게 양식을 하사했다는 이야기이다. 이처럼 당시 시각장애인들은 먹고살기가 어려우면 임금에게 나아가 자신들의 경제적 어려움을 호소하기도 했다. 그때마다 임금은 해당 관리에게 명하여 쌀이나 콩, 베 등을 하사하도록 하였다.

환곡을 돈으로 대신 갚게 해달라

서울 안의 맹인으로 혼자 사는 여자 29인이 북을 치고 호소하기를,
"일찍이 환자還子를 받아먹었으나 가난한 탓으로 수를 채워 바치지 못하겠사오니, 저화楮貨(여말선초에 통용된 지폐)로 대신 바치기를 원합니다."
하므로, 호조에 명하여 그들의 소원을 들어주라고 하였다. (『세종실록』 18권, 세종 4년 11월 28일)

해제 이 기록은 세종 때 시각장애인 여성들이 자신들이 빌린 환자(환자곡)를 갚을 수 없으니 대신 저화로 갚게 해달라고 호소했다는 내용이다. 이처럼 당시 여성 시각장애인들도 자신들의 경제적 어려움을 해결하기 위해 북을 치며 왕에게 호소하기도 했다. 그때마다 임금은 별다른 조건이나 제약 없이 그들의 요구를 들어주었다.

장애인의 군역을 면제하라

병든 사람들이 한번 어사御史가 나온다는 말을 듣고는 억울함을 풀 수 있을 것이라고 여겨 고자, 봉사, 벙어리, 바보, 다리가 없는 자, 팔이 없는 자, 중풍이 든 자, 악질惡疾이 든 자, 전신을 가누지 못하는 자, 팔다리의 뼈가 부러진 자가 등에 업히거나 말을 타고 뜰로 모두 모여들었습니다. (…)

삼가 바라건대 전하께서는 병든 자의 군역을 면제하는 법을 신명申明하여 팔도의 감사와 병사에게 교서를 내려 수령들을 엄하게 신칙해서 그들 모두의 군역을 면제시키게 하소서. 그렇게 하면 쓰러져 넘어진 전하의 동포들이 전하의 어진 은덕을 입을 수 있을 것입니다. (김성일, 『학봉전집鶴峯全集』 제2권, 소疏)

해제   이 기록도 장애를 가진 사람들의 집단행동에 대한 이야기이다. 뒤에서 자세히 보겠지만 조선시대 장애인들은 각종 역에서 면제되었는데, 때로 탐관오리들에 의해 이러한 법이 제대로 지켜지지 않기도 했다. 그래서 위에서처럼 장애인들이 서로 모여 암행어사에게 자신들의 억울함을 호소하기도 하였다.

【 4. 장애인의 살인사건 】

맹인 임춘의 살인사건

형조에서 삼복三覆(사형에 해당하는 죄인에게 억울함이 없도록 세 번 심문하는 일)하여 아뢰기를,

"남평의 죄수 비婢 심방이 간부奸夫인 맹인 임춘과 더불어 본남편 성림을 모살한 죄는 그 율이 능지처사에 해당되고, 임춘은 참부대시에 해당되며, 공범인 인순부의 종 원봉은 교대시絞待時에 해당되는데, 임춘은 병이 독질이니 취지하고자 합니다."

하니, 명하되 원봉은 사형을 감하고 나머지는 모두 율律대로 처리하게 하였다. (『성종실록』 15권, 성종 3년 2월 21일)

해제   이 기록은 간통한 여자의 본남편을 죽인 혐의로 사형에 처해진 시각장애인 임춘에 관한 이야기이다. 여기서 형조는 임춘의 경우 장애를 가지고 있으니 그의 처결에 대해 왕의 의견을 묻는다는 대목이 나온다. 하지만 성종은 가차 없이 임춘에게도 참부대시의 형을 내린다. 참부대시란 참형에 처할 죄인 가운데 대역죄나 강상죄를 지은 이들을 제외하고는 만물이 소생하는 춘분과 추분 사이에는 참형시키지 않는 것으로, 추분이 지난 후 형을 집행하던 제도였다. 이로 볼 때 비록 시각장애인이라 할지라도 씻을 수 없는 죄를 지었을 경우에는 일

반인과 같은 형을 적용했던 것으로 보인다.

맹인 김명이 사람을 칼로 찌르다

형조에서 삼복三覆하여 아뢰기를,
"진주 죄수인 맹인 김명金明이 칼로 서유선을 찔러 죽인 죄는 율이 참대시斬待時에 해당됩니다."
하니, 그대로 따랐다. (『성종실록』 134권, 성종 12년 10월 5일)

해제 이 기록은 살인죄를 저지른 시각장애인 김명에 대한 이야기이다. 김명은 칼로 서유선을 찔러 죽인 죄로 형조에서 삼복에 걸쳐 재판을 받은 후 참대시의 형을 받게 되었다.

맹인이 같은 곳을 세 번 찌를 수 있는가

조계朝啓(신하들이 임금에게 죄인의 죄를 아뢰는 일)를 들었다. 승지가 안성에 갇힌 맹인 김철정金哲貞의 추안推案(죄인 등을 추문한 사실을 적은 문서)[이 사람은 무녀 맵지의 간부인데, 맵지와 같이 꾀하여 그 본부 송산을 찔러 죽였으므로 죄가 참대시斬待時(참형)에 해당하되 시기를 기다려 집행하며 삼복三覆이었다]을 아뢰었다. 이조참판 신거관이 아뢰기를,

"김철정은 병이 심하여 형문할 수 없는데도 복초服招를 억지로 받아 죽을 지경에 이르게 되었으니, 잘못한 짓이기는 하나 뒤에 폐단이 있을까 두렵습니다. 더구나 그는 맹인이고 나이가 늙었으며 본부는 나이가 젊었으므로 맵지가 가리켜주어야 찌를 수 있었고, 한 번은 찌를 수 있으나 두세 번을 모두 한군데를 찔렀으니 더욱 의심스럽습니다. 맵지가 이미 죽어서 물어볼 데가 없기는 하나 신의 생각에는 의심스럽습니다."

하고, 지사知事 이기는 아뢰기를,

"김철정은 맹인이니 신거관이 세 번이나 같은 곳을 찌른 것이 의심스럽다고 아뢴 것은 지극히 마땅합니다."

하니, 상이 이르기를,

"맹인이 한 번은 찌를 수 있으나 한군데를 두세 번 찌르는 것은 하기 어려운 형세이니 참으로 의심스럽다. 살리기를 좋아하는 덕德에 관계가 있으니 조정과 다시 의논하여 처리하고자 한다."

하였다. (『중종실록』 101권, 중종 38년 10월 16일)

해제 이 기록은 사람을 죽인 혐의로 잡혀온 시각장애인 김철정에 대한 이야기이다. 김철정은 무녀 맵지의 정부로서, 그녀의 남편 송산을 칼로 찔러 죽인 혐의를 받고 있었다. 그러나 신하들은 나이 든 시각장애인이 어떻게 송산을 여러 번 똑같은 지점을 찔러 죽일 수 있을까 의심하며, 그가 직접 살인을 저지른 것이 아닐 수도 있다고 주장하였다. 그리하여 임금은 그를 다시 재판하기로 결정한다.

살인사건의 공모자

평양에서 제 아비를 살해한 최정보와 공모자인 맹인 신고함에 대해 삼성 교좌三省交坐하고 당일에 형을 집행하였다. 의금부가 아뢰기를,
 "이전에는 제 부모를 시해한 극악 죄인은 집을 헐어 못으로 만들고 처자를 노예로 삼고 그곳 수령을 파직하였으니, 지금 최정보에게도 고례에 의거하여 시행해야겠습니다. 다만 본읍을 격하시키는 일에 대해서는 평양은 다른 군현에 비할 바가 아니니 어떻게 처리해야겠습니까?"
하니, 전교하기를,

"모두 아뢴 대로 하라. 다만 평양은 격하시키기가 극히 어려우니 전례를 살펴서 처리하라."

하였다. 의금부가 회계하기를,

"대개 본읍을 격하시키는 일 등은 본부가 판단할 바가 아니니, 해사로 하여금 의처하게 하는 것이 어떻습니까?"

하니, 아뢴 대로 하라고 전교하였다. (『선조실록』 22권, 선조 21년 7월 4일)

해제 이 기록은 평양에서 자신의 아버지를 살해한 최정보에 대한 이야기이다. 최정보는 시각장애인 신고함과 모의하여 자신의 아버지를 죽인 혐의로 사형에 처해진다. 신고함 역시 최정보와 마찬가지의 형을 받게 되는데, 이것은 존속살해로 강상죄에 해당되기 때문이었다.

김명익 집안의 집단 살인사건

경성鏡城(함경북도의 큰 읍성) 백성 김명익金鳴益의 온 집안이 발광發狂하여 서로 함부로 죽였다. 김명익은 스스로 그의 어미와 그의 두 딸 및 사촌 누이인 백삼길의 아내를 칼로 찔러 죽였고, 또 그의 아들 김유백으로 하여금 아내를 칼로 찔러 죽이게 하였으며, 백삼길로 하여금 그의 아들 두 사람을 칼로 찔러 죽이게 하였고, 그의 종으로 하여금 그 자식 한 사람을 찔러 죽이게 하였다. 김명익은 또 스스로 그 종을 찔러 죽이고, 백삼길은 또한 김명익을 잡아 죽여서, 서로 죽인 자가 모두 10인이었다. 경차관敬差官을 보내어 조사하여 다스리게 하였다.

　대개 김명익의 여러 아들이 천연두天然痘를 앓았는데, 한 아들이 미치광이의 말을 하니, 김명익은 이를 요사스런 귀신이 붙었다고 여기고는 곧 불침을 주었다. 그러자 여러 아들이 한꺼번에 발광하여 칼을 빼어 서로 죽이니, 몸과 머리가 여기저기 흩어져 있었다. 유독 김유백만이 칼에 다쳤어도 목숨이 끊어지지 않았는데, 스스로 말하기를, '그때에 그의 어미를 보니 마치 산짐승이나 들짐승 같았으므로 아비의 말에 따라 칼로 찔렀다'고 하였다. 대신들은 본부의 판관 이화진李華鎭이 자세하게 조사하여 알리지 않았다는 이유로 그를 잡아와서 심문할 것을 청하였는데, 임금이 특명으로 변방에 유배하였다. 그리고 김명익과 김유백이 어미를 죽였고 그의 종은 주인을 죽였으니, 한 집안의 세 사람이 강상綱常의 죄를 범하였다 하여, 김유백을 국문하여 목 베고 백삼길은 십악十惡으로써 논죄하였다. (『숙종실록』 14권, 숙종 9년 1월 11일)

> **해제** 이 기록은 숙종 때에 정신질환으로 온 집안이 풍비박산이 난 사건이다. 김명익의 아들들은 천연누에 걸리자 미치광이처럼 이상한 말을 하며 집안을 어지럽혔고, 이에 김명익이 불침을 놓아 진정시키려고 했지만 병이 더욱 심해져 서로 죽고 죽이는 데에 이르렀다. 이상한 점

은 천연두에 걸리지 않은 김명익 또한 미쳐 날뛰며 자신의 어머니와 두 딸을 죽이고 사촌인 백삼길의 아내를 죽이는 강상죄를 저질렀다는 것이다. 뿐만 아니라 아들인 김유백에게 어머니를 죽이게 하고, 노비들에게는 나머지 아들들을 죽이라고 하는 등 소위 '엽기'적인 살인을 서슴지 않았다. 하지만 아쉽게도 사건의 진상은 제대로 규명되지 않았던 듯하다.

맹인 어머니를 대신한 아들의 복수

효자 박성창朴聖昌을 복호復戶(요역 부담을 감면해주는 제도)하라고 명하였다. 박성창은 공홍도公洪道의 백성인데 아버지의 원수를 찔러 죽이고 관에 나아가 자수하였다. 관찰사 이종백이 논계論啓하였으므로 형조에 내렸는데, 형조에서 아뢰기를,

"지금 이 박성창은 바로 주관周官에서 이른바 '사람을 살해하였으나 의로운 것이다'라는 것에 해당이 됩니다. 경經에도 복수의 의리를 허여하였습니다만, 법에는 당연히 시행해야 할 율이 있는 것입니다. 당나라 신하인 한유의 복수장復讐狀에 이르기를, '무릇 아버지를 위해 원수를 갚은 경우에는 그 사건이 발각된 즉시 그 사건의 내용을 갖추어 상서성에 보고하고, 거기에서 의논을 모아 주문하여 사의事宜

를 참작하여 처리한다'고 했는데, 이는 경도經道와 권도權道에 마땅함을 잃지 않게 하기 위해서인 것입니다. 지금 박성창의 어미가 맹인盲人이어서 폐기된 사람이지만, 9년 동안 원수를 섬겼으니 그 죄가 윤상倫常에 관계되므로 또한 가볍게 용서할 수 없습니다. 모두 해조該曹로 하여금 품처하게 하소서. 대저 박성창은 어린 나이에 변을 당하였으므로, 숨어서 떠돌아다니다가 장성하자마자 통쾌하게 9년 전의 원수를 갚았으니, 그 일이 매우 기특하고 그 효성이 숭상할 만합니다. 도신이 인용한 주관周官의 의의가 진실로 온당합니다. 그러나 관에 고하지 않고 멋대로 사람을 죽인 경우에는 장杖 60이라는 것이 율문에 분명히 기재되어 있으므로, 이를 고치기 어려운 점이 있습니다. 박성창의 어미 김씨는 맹인인 데다 힘이 약하여 흉포한 장년의 남자에게 항거할 수 없었던 것은 치세가 진실로 그러하였습니다만, 자기 아들이 복수하겠다는 뜻이 있음을 알고는 기꺼이 따라서 도와 성공시켰으니, 이 또한 드러낼 만한 일인 것입니다. 여러 해 동안 누적되어온 통분한 마음에 설사 의를 자처하기에는 미진한 점이 있었습니다만, 폐질廢疾이 있는 몸이고 죄가 사형에는 이르지 않습니다. 그리고 법에도 논하지 말라는 조문이 있으니 너그럽게 사면하여 방송하는 것이 사의에 합당할 것 같습니다."
하니, 임금이 유신儒臣으로 하여금 널리 고사를 상고하게 하였다. 옥당 유건기가 말하기를,

"옛날 장심소의 아들 장황수는 양왕이 자기 아비를 무함하여 살해한 것을 원통하게 여겨 영표에서 도망하여 돌아와서 양왕을 죽였

습니다. 장구령은 이를 살리려고 했습니다만 이임보가 쟁론하였으므로 드디어 죽임을 당했는데, 사민들이 불쌍하게 여겨 그를 위해 애뢰哀誄를 지어 사당에 바쳤으며, 호씨의 의논도 장구령을 옳게 여겼습니다. 양나라 천감 연간에 회양 사람이 그 태수 성안락을 죽이고 성을 가지고 내부內附하자 무제가 상을 내렸습니다. 그런데 그의 아들 성경준이 사람을 사서 자기 아비를 살해한 자를 찔러 죽이자 무제는 이를 의롭게 여겨 석방하였습니다. 본조의 신용개 아비 신면이 함길도 관찰사로 있다가 이시애의 도당에서 살해당하였는데, 신용개가 아비의 원수를 도심의 시가에서 칼로 베고서 대궐에 나아가 청명하였으나 조정에서 죄주지 않았습니다. 따라서 지금 박성창도 죄를 줄 수가 없을 것 같습니다" 하니, 임금이 판결하기를,

"다만 한유의 복수의復讐議뿐만이 아니라 왕첩과 국조의 고사에도 모두 원인援引으로 할 만한 것이 있으니, 특별히 장형을 제하고 방송하도록 하라. 박성창은 그의 나이 9세의 어린아이로서 아비의 원수를 기억하였다가 9년 뒤에 어미를 찾아서 대낮에 원수를 갚았으니, 옛사람에 견주어 특이하다고 할 만하다. 그리고 관청에 자수하여 죽는 것을 집으로 돌아가는 것처럼 여겼으니, 또한 옛날 왕세명에 견주어 부끄러울 것이 없다. 특별히 복호를 제급하여 그의 효성을 표창하는 바이다. 그의 어미 김씨도 방송하여 박성창으로 하여금 보호하여 돌아가게 하도록 도신道臣에게 유시諭示하라."
하였다. (『영조실록』 42권, 12년 11월 23일)

해제 이 기록은 영조 때에 아버지의 원수를 죽인 박성창의 죄를 덜고 옥에서 석방하라는 이야기이다. 박성창의 어머니는 시각장애인이었기 때문에 이전에 남편을 죽인 자를 막을 수 없었다. 박성창 또한 아홉 살의 어린 나이였기 때문에 아버지를 지킬 수 없었다. 이에 박성창은 9년 후 어머니와 함께 아버지의 원수를 직접 죽이고 관에 자수했다. 하지만 임금은 전고에 의거하여 아버지의 원수를 죽인 행동을 의롭게 여겨 죄를 덜어주고 시각장애인 어머니 또한 용서해주었다.

【 5. 남녀간 간통사건 】

제석비와 맹인 신전의 간통사건

고故 대언代言(왕명의 하달을 맡아보던 벼슬) 윤수의 아내 제석비帝釋婢와 장님 중 신전信奠의 목을 베었다. 처음에 윤수의 아내 제석비가 불경을 읽어 액막이하고자 하여 신전을 청해와서 피적률皮狄栗(껍질 밤)을 주면서,

"밤 맛이 어떠세요?"

하니, 장님이

"매우 답니다."

하였다. 제석비가 희롱하기를,

"밤보다 맛이 더 좋은 것이 있어요."

하고, 인하여 그와 함께 사통私通한 지 여러 해였는데, 자식을 낳았으나 드러내지 않고 어린 시비를 죽여서 입을 막았었다. 이때에 이르러 일이 발각되니, 사헌부에서 그 사실을 추핵하여 아뢰었다. 임금이 순성尊城(밀양의 별칭)에 있을 때에 여러 대언과 대가를 따라간 장상將相에게 명하여 그 죄를 의논하게 하니, 여러 사람이,

"맹인이 조사朝士 가문의 부녀자와 간통하였으므로 다른 여염 사람이 서로 간통한 예가 아니니, 마땅히 극형을 가하여 풍속을 바로잡으소서."

하였으나, 이숙번만은 홀로 세자에게 말하기를,

"화간和奸은 장杖 80대에 처한다는 율이 있으니, 참斬하라고 명하는 것은 불가합니다."

하였다. 임금이 듣고,

"이숙번은 나와 말하여야 옳을 것인데, 어찌하여 몰래 세자에게 청하는가?"

하였다. 제석비는 세가世家 조하趙何의 딸이고, 신전은 바로 하천경河千景이었다. 임금이 환궁하자 육조와 대간에서 아뢰기를,

"신전과 제석비를 극형에 처하기를 바랍니다."

하니, 임금이 그대로 따르고 이어서 하교하였다.

"옛사람이 이르기를 '이미 할 수 없는 일을 능히 하였다면 받지 않아야 할 형을 마땅히 받아야 한다' 한 것은 바로 이를 이름이다. 비

록 율律 외의 형刑에 연좌되었다고 하더라도 또한 해로울 것이 없다."
(『태종실록』 31권, 태종 16년 2월 25일)

해제 이 기록은 태종 때 대언의 아내 제석비가 남편이 죽자 시각장애인 신전(하천경)과 간통한 죄로 참형에 처해졌다는 이야기이다. 사실 일반적인 간통사건에 연루된 자들에게는 장 80대로 그 죄를 대신했지만, 제석비와 신전의 경우는 달랐다. 사대부가 여인이 시각장애인 승려와 사통하여 몰래 아이를 낳았고, 이를 무마하기 위해 사람까지 죽였기 때문이다.

【 6. 장애인관의 변화상 】

손님은 어찌 남의 단점을 말하시오?

재상 상진尙震은 사람됨이 관대하고 도량이 커서 평생 남의 과실을 말한 적이 없었다. 그때 다리 하나가 짧은 사람이 있었는데, 손님이 그것을 이야기하자 상진이 말하였다.

"손님께서는 어찌하여 남의 단점을 말하시오? 마땅히 다리 하나가 길다고 말하여야 할 것이오."

당시 사람들이 명언名言이라고 칭찬하였다. (유몽인, 시귀선·이월영 역주, 『어우야담』, 한국문화사, 1996)

해제 이 글은 유몽인의 『어우야담』에 나오는 것으로 조선중기의 재상 상진에 대한 이야기이다. 상진은 『중종실록』 편찬에도 참여하고 삼정승에 오르는 등 명망 높은 신하였다. 위에서처럼 어느 날 그의 집에서 손님과 함께 이야기하고 있었는데, 다리 하나가 짧은 지체장애인이 찾아왔다. 손님이 아무런 생각 없이 다리 하나가 짧다고 말하자, 상진이 이를 나무라면서 마땅히 다리 하나가 길다고 말해야 한다고 주장하였다.

외눈배기라 부르지 말라

사내아이들은 입이 가볍다. 모름지기 경계하여 신중을 기해야 한다. 이를테면 걸인을 대할 때 비렁뱅이라 부르지 말고, 애꾸눈을 대할 때 외눈배기라 부르지 말며, 또한 참혹하고 해괴하고 원통한 말을 입 밖에 내지 말아야 한다. (이덕무, 이동희 역, 『생활의 예절, 사소절』, 민족문화추진회, 1981)

해제 이 글은 이덕무가 편찬한 『사소절』에 나오는 것으로, 특히 어린아이들이 지켜야 할 예절에 대한 내용이다. 여기서 이덕무는 어린아이들로 하여금 장애인을 대할 때 함부로 말하지 말라고 신신당부하고 있다.

귀머거리는 잘 보고 소경은 잘 듣는다

구규九竅(사람의 몸에 있는 아홉 구멍)중에 귀와 눈이 가장 귀하여 서로 관통하고 있다. 귀가 아니면 다른 사람의 말을 알아듣지 못하여 세상의 인정과 사리를 통달할 수 없고, 또 말을 배우지 못하면 말로 남을 깨우쳐줄 수도 없다. 이렇기 때문에 나면서부터 귀먹은 사람은 반드시 나면서부터 벙어리가 되는 것이다.

눈이 아니면 모든 형색을 볼 수 없어 일체의 용모나 태도와 기미에 대하여 하나도 통달할 수 없고, 다만 남들이 형색을 보고 말하는 것을 들어서 알 뿐이다. 이렇기 때문에 나면서부터 소경은 반드시 귀로 눈까지 겸하는 것이다. 『음부서陰符書』에 '귀머거리는 보기를 잘하고 소경은 듣기를 잘한다'고 하였는데, 이는 대개 귀머거리는 힘을 귀에 쓸 수 없으므로 오로지 신기를 눈에만 쓰고, 소경은 힘을 눈에 쓸 수 없으므로 오로지 신기를 귀에만 쓰기 때문에, 장님은 잘 듣고 귀머거리는 잘 본다는 뜻이다. 그러나 실상은 귀와 눈이 모두 통하는

사람이 보고 듣는 것에는 미치지 못한다. (최한기, 『기측체의氣測體義』 신기통 제1권, 체통體通)

해제 이 기록은 최한기의 『기측체의』에 나오는 것으로 청각장애인과 시각장애인의 특성에 대한 이야기이다. 특히 최한기는 청각장애인의 경우 상대적으로 시력이 뛰어나며, 시각장애인은 반대로 청력이 좋다고 말하고 있다.

어찌 궁궐에서 독경할 수 있단 말입니까

대신과 비국의 여러 신하들을 인견하였다. 조태구가 아뢰기를,
"신이 듣기에 궁중에서 소경 4, 5명을 불러 송경誦經하는데 하루 낮밤을 지냈다고 하는데, 전하께서 어찌 이런 일을 하셨겠습니까? 또 듣건대 공장工匠의 무리들이 날마다 대령하고 있는데, 그들이 만드는 물건이 생각건대 복식 기용服飾器用에 불과하겠지마는 만일 완호玩好(좋아하는 물건)의 기구가 있다면 성덕에 누를 끼칠 터이니 어찌하여야 되겠습니까? 백랍白蠟에 대한 소문은 외부에 쫙 퍼져 있습니다. 듣건대 계체階砌(섬돌)를 조각하여 장식하고 이끼를 제거하려고 한다 하니, 진실로 이것이 사실이라면 호화스러운 집과 조각한 담장이 이러

한 데에서 말미암지 않을지 어떻게 알겠습니까? 무릇 신이 듣는 모든 소문으로는 사치의 조짐이 아닌 것이 없습니다. 바라건대 전하께서는 이런 사실이 있다면 고치시고 없으면 더욱 힘쓰소서."

하니, 임금이 말하기를,

"떠도는 말은 참으로 맹랑한 일이다. 백랍을 들여오게 한 것은 초燭를 만들려고 한 것이고, 계체를 꾸미고 이끼를 제거하려고 하였다는 것은 근거가 없는 말이다."

하였다. 윤지인이 말하기를,

"조태구가 한 말이 과격한 데가 없지는 않지마는 모두 충애忠愛의 정신에서 나온 것입니다."

하고, 최석정이 말하기를,

"간신諫臣이 하는 말이 이처럼 과격해도 전하께서 도리어 마음을 열어 용납하여주시면 모든 신하들이 누군들 흠앙하지 않겠습니까? 지금부터라도 모든 무익한 일에 관계되는 것은 일체 금지함이 마땅합니다" 하니, 임금이 말하기를,

"마땅히 유의하겠다."

하였다. (『숙종실록』 35권, 숙종 27년 7월 5일)

해제 이 기록은 숙종 때 신하들이 임금의 처신에 대해 의논한 것이다. 특히 조태구는 임금이 시각장애인 몇 명을 불러 송경(독경)을 했다는 소문이 있다고 하면서 절대 해서는 안 되는 일이라고 주장하고 있다. 이로 보아 조선후기에는 시각장애인의 독경에 대한 사회적 인식이

좋지 않았음을 짐작할 수 있다. 조선초기에는 궁궐에서도 시각장애인을 불러들여 제사를 지내기도 했는데, 이처럼 조선후기에 이르자 부정적인 인식으로 금기시했던 것이다.

정신질환이 있다고 상주에서 배제되다

영돈녕부사 김우명이 청대하니, 상이 사현합에서 인견하였다.
김우명이 아뢰었다.

"(…) 전 교관敎官 민업閔業이 죽은 뒤에 그의 아들 민세익閔世益은 정신질환이 있기 때문에 세익의 아들이 할아비 초상에 대신 복을 입었는데, 방제旁題하고 체천遞遷하는 절목에 이르러 일에 구애되는 바가 있어 결정을 짓지 못했다고 합니다. 민세익이 실성했다고는 하나 그래도 배고프면 밥 먹고 추우면 옷을 입으며 심지어는 인도人道가 있어 잇따라 자녀까지 생산하였고, 상을 당한 뒤에도 더러 포의布衣 차림으로 통곡할 때가 있었다고 하니 전혀 의식이 없다고는 할 수가 없을 것입니다." (『현종개수실록』 27권, 현종 14년 9월 9일)

상이 침을 맞았다. 부수찬 김만중金萬重이 청대하여 입시하였다. 상이 하문하기를,

"진달할 것이 무엇인가?"

하니, 김만중이 아뢰기를,

"듣건대, 김우명이 민업의 집안일을 가지고 경연에서 진달하자 해조로 하여금 조사해서 구명하도록 명하셨다 합니다. 대체로 민업의 아들 민세익이 정신질환에 걸려 상주 노릇을 할 수 없었기 때문에, 그 집안에서 예를 아는 사부에게 물어본 뒤에 민세익의 아들 민신에게 참최복을 입도록 한 것이었습니다. 민신은 예경禮經은 알지 못하나 그저 상식적인 수준에서만 의심해왔었습니다.

그런데 뒤에 주자의 글을 보건대, 송나라 광종과 영종 무렵에 상복 마련에 관한 주자의 차자箚子가 있습니다. 그 차자에서 말하기를 '삼년상은 서인庶人에게도 통한다' 하고, 또 '적자가 병이 있을 때는 적손이 대신하여 상을 주도한다' 하였는데, 그때 광종에게 정신병이 있어 영종이 상을 대신했었습니다. 신은 민신의 일이 과연 주자의 뜻에 부합되는 것인지는 모르겠습니다만, 이 경우는 옛글을 융통성 없이 따른 나머지 생긴 결과에 불과합니다. 따라서 설혹 미진한 일이 있다 하더라도 재물을 다투거나 적통을 빼앗는 일과 비교할 성질의 것은 못 되니, 신의 생각에는 조사할 필요가 없다고 여겨집니다." (『현종개수실록』 27권, 현종 14년 9월 13일)

해제 위의 두 기록은 현종 때 죽은 민업의 상수로 누가 되어야 할 것인가에 대한 논쟁이다. 민업에게는 민세익이라는 아들이 있었으나 정신질환을 앓고 있어 상주 노릇을 할 수 없었다. 그리하여 사람들이 민업의 상주로 그 아들인 손자가 해야 한다고 주장해서, 결국 민세익은 아버지의 장례식에서 상주 노릇을 할 수 없었다. 이는 조선후기 가정과 사회에서 정신장애인에 대해 어떻게 인식하고 있었는지를 잘 보여주는 자료이다.

소경의 점복 소리 죽기보다 듣기 싫어

(…) 어떤 여자 꽃다운 얼굴 어디로 가는지 갈림길에서 울고 섰네.
머리엔 송작을 쓰고 허리엔 가사를 두르고
목에는 백팔염주 걸었으니 율무로 만든 마니(여의주)로다.
붉은 입술 그으이 드러나고 파르란 눈썹 은은히 감추오니
깎이어 매끈한 살쩍 다시는 연지 기름 쓸 곳 없구나.
울먹이며 말을 하지 못하고 뚝뚝 두 눈에 눈물이 방울진다.
종놈 둘이 뒤따르며 매를 들고 으르렁
재촉하여 관가로 끌고 가는데 걸음걸음 슬픔이요 한숨이더라.
어느 마을 여자인가? 아버지는 누구시며 나이 지금 몇인고?
무슨 일에 잡혀가게 되었는가?
그 여자 고개를 숙인 채 대답을 못하는데 옆에 가던 어미가 대신 말하더라.

저 아이 본래 강진 사람이온데 어려서부터 읍내서 살았지요.
지금 나이 열여덟 살인데 참으로 팔자도 기구합니다.
시집이라고 간 것이 판수네(점치는 맹인)라 소경은 성질까지 고약
하여 우리 아이 삭발하고 중이 된 것은 곧 그 굴레 벗어나기 위함
이지요.
소경은 관가와 결탁하여 고발하니 붙잡으러 나오길 바람보다 빠
릅디다. (…)
소경은 이미 나이가 많아 칠칠이 사십구 마흔아홉이라오.
전에 벌써 두 번 초례를 치러 내 아이는 이제 세 번째 여자라
초취에서 두 딸을 낳고 재취에서 아들 하나를 얻어
사내자식도 이미 다 큰 아이고 작은딸이 지금 스물세 살이랍디다.
차라리 구렁창에 버릴지언정 이런 소경에게 시집보낼 리 있으리까.
저 아인 부모를 잘못 만난 탓이니 우리 영감이 본래 주정뱅이거
든요.
아름다운 꿩이 개에 물린 격이라 한탄한들 이제 무슨 소용 있으
리까.
중매쟁인 돈을 많이 먹고서 말을 공교히 꾸며 하는데, (…)
중매쟁이 말마다 꿀인 양 달콤하니 영감 귀는 어찌도 그리 여리고
영감 마음은 어찌도 그리 어리석은지 그래그래 좋다고 승낙하고
싱글벙글 집으로 돌아와서는 기쁜 빛이 눈썹 사이에 넘쳐
뒤죽박죽 늘어놓고 지껄여대길, 인생은 다 한때가 있거니
딸아이 마침 당혼이 되었구려.

읍내 서문에 좋은 낭재가 있으니, 인물이 준수한 데다 문장도 잘하고

나이는 이제 서른을 넘겨 수염이 한창 보기 좋은 터수에

가산도 넉넉하여 평생 먹고살기 걱정 없고 값진 보화 그득그득하다네

이 사람 홀아비로 배필이 아직 없고 여태껏 자식도 두지 못했다는군. (…)

신랑이라 생긴 모습 얼굴빛 숯덩이요 험상궂기 어디다 견줄손가? 턱주가리 입살에는 등나무 줄기 얼기설기 콧자리는 웬일인지 움푹이 파였구나.

멀찍이서 봐도 분명코 눈이 먼 사람 흰 창이 두 눈동자를 덮었는데 나이도 오륙십은 됨 직하여 하얀 수염 서릿발이 날리듯

동리 사람들 눈이 휘둥그레 서로 둘러보고 가까운 손들 낙심해서 도로 마루에 오르고 이모님들 차마 못 봐 달아나 숨더라.

어머니 눈물을 펑펑 쏟으며, 아이구 아이구 내 새끼!

무슨 죄로 이런다냐, 무슨 재앙으로 이런다냐?

영감이 와서 이치를 들어 타이른다.

이미 그르친 일 성급히 굴지 마오.

어쨌거나 초례라도 치러서 모양이 꼴사납게 하지 말아야지. (…)

딸아이 시집이라 보내긴 하였으되 속마음은 두고두고 쓰렸다오.

그리고 두세 달이 채 못 되어 아이가 서문거리서 걸어오는데

옷이 몸에 헐렁한 꼬락서니 그 곱던 살결 다 여위어 수척해 보이

었소.

네게 무슨 그리 서러운 일 있었기에 너를 모질게도 녹고 삭게 하였다냐?

아그배도 씹다보면 단맛이 돌거니 어찌 살다보면 즐거운 일 없겠느냐!

딸아이 눈물 머금고 대답하되, 저는 참으로 명도가 사납나봐요.

그 사람 눈을 들어 보기만 해도 저는 혼이 벌써 내닫는데

어찌 의탁할 생각이 들겠나요.

아무리 마음을 돌리자 해도 탄환에 한번 놀랜 참새 같은 걸요.

제 본디 점치는 건 죽어라 싫어하잖아요. 때때로 무슨 일만 났다 하면

급급히 산통을 흔들어대며 외우는 소리 귀에 시끌시끌

곽박이요 이순풍 씨 소강절 선생 원청강 씨

소리소리 구역질이 날 판인데 어찌 속인들 상하지 않으리요.

병신인신은 일곱이요 무계진술은 다섯이라.

외워대는 이 소리 참고 듣자면 송곳으로 창자를 찌르는 듯합니다.

그는 또 성질이 재물에 어찌나 인색한지 곡식 한 홉 가지고도 화를 버럭 내고

게다가 두 딸의 고자질이 얼마나 교묘한지 고약한 품이 늑대 같고 호랑이 같아

밤낮으로 백주에 없는 말 지어내어 살살 꼬아 바쳐 눈먼 아비 충동이는데

내가 장롱에 고운 베 훔쳐내다 몰래 몰래 제 아비 갖다준다
내가 뒤주의 양식을 퍼내다가 몰래 몰래 제 언니 갖다준다
내가 돈궤의 엽전을 훔쳐내다 삼시 세 때 떡이야 엿이야 사설랑
꾸역꾸역 혼자서 먹어치우고 동생에겐 꼴도 보이지 않는다 이러지요.
어린 아들놈 역시 거짓말이 난당이라 이리저리 헐뜯기를 시작하는데
내가 제 머리 빗겨줄 적에 빗으로 찔러서 뒤총수에 상처를 냈다네.
맛있는 열구자탕 새 애미 혼자 먹고 아버지 상엔 문드러지고 상한 것만 놓는다오.
이 아이 고자질 날로날로 더해가니 소경의 노여움도 날로날로 심하다오.
처음에는 그래도 야단만 치고 말더니 점차 말이 창날처럼 느껴져요.
전에는 방망이를 던지는 정도더니 요즘은 가랫자루로 두들겨 패요.
저는 이제 마음을 정했으니 다시는 여자의 도리 돌보지 않으렵니다.
진작부터 깊은 물에 몸을 던지자 했으나 성질이 모질지 못해 어려워요.
들으니 보림사 북쪽 계곡에 조용한 승방이 있답니다.
저는 그리 가기로 작정을 했으니 제 발길을 막으려 마옵소서. (…)
소경은 일어나 관가로 달려가서 제멋대로 꾸며 만든 소장을 올리니 원님의 판결하는 말 우레처럼 엄하여 건장한 사령을 풀어 보냈더라오.

캄캄한 밤중에 암자로 들이닥쳐 장삼 입은 몸을 끌어내서
몰아세워 동헌 앞에 당도하니 원님의 노여움은 어찌나 대단턴지.
부녀자의 행실 왜 그리 편협한고? 남편을 헌 버선짝처럼 팽개치다니
지금부턴 다시 머리를 기르고, 부부간의 금실 좋게 지내어라.
호령이 사자의 고함처럼 울리는데 한마디인들 제 뜻을 아뢸 수 있었겠소.
시집이라고 다시 돌아가 방 안에 들어서니 소경의 기세 자못 펄펄하더라오.
우리 아이 한밤중에 또 몰래 빠져나와 도망질을 쳐서 산마루 넘고 넘어
다다른 곳이 개천사라는 절이라 이 절에서 십여 일 묵었을 제
소경이 수소문하여 찾아냈더라오. 우리 아이 단지 속에 자라처럼 꼼짝없이
시방 다시 붙잡혀 관가로 끌려가는 길 저 아이 죽일지 살릴지 모를 일이라오.
사람들 담을 둘러서 듣다가 너나없이 혀를 차고 두런두런
애처롭구나, 저 아리따운 여자 어쩌다가 늙은 소경의 짝이 되었는가. (…)

(정약용, 「소경에게 시집 산 여자 道康瞽家婦詞」, 임형택 편역,
『이조시대 서사시』하권, 창작과비평사, 1992)

해제 이는 다산 정약용이 지은 「소경에게 시집간 여자」라는 장편서사시로, 소경에게 시집가서 불행한 삶을 살게 된 한 여인에 관한 이야기이다. 이 여인은 어린 나이에 늙고 눈이 먼 판수에게 시집갔다. 그러나 남편은 여인을 학대하고 괴롭혀 결국 머리를 깎고 절에 들어가 중이 되지만, 이내 다시 붙잡혀오게 되었다. 여기서 관아는 남자의 말만을 듣고 여자의 상황을 이해하려 하지 않았는데, 그것은 조선후기 가부장적인 세태가 만들어낸 것이라 짐작된다. 또한 남자가 시각장애인이기 때문에 사회가 어느 정도 그에게 관대하게 대하여 생겨난 일이라고 생각된다. 한편, 여기서 판수의 집안이 여인의 집보다 경제적인 부분에서 더욱 풍족했던 것으로 보이는데, 이로 보면 그 당시 판수들의 소득수준이 꽤 높았음을 알 수 있다.

선진적인
장애인 복지정책

예로부터 우리나라 장애인은 기본적으로 자신만의 직업을 가지고 자립自立하도록 하였다. 단적인 예로 시각장애인의 경우 점복과 독경, 음악 등 다양한 직업을 가지고 스스로 먹고살았다. 다만 나이가 들거나 가난하여 생계가 어렵다거나 거동이 불편한 중증장애인은 국가가 직접 나서서 진휼하였다.

이밖에도 국가의 장애인 복지정책은 매우 다양하고 체계적이었다. 고려나 조선 등의 임금들은 틈나는 대로 환과고독鰥寡孤獨과 함께 장애인에게 잔치를 베풀어 음식이나 의복 등 생필품을 하사했다. 그리고 혼자 사는 나이든 장애인에게는 부양자, 다시 말해 오늘날의 활동보조인을 제공했으며, 장애인과 그 부양자에게는 부역이나 잡역 등을 면제해주었다. 또 장애인이 설령 역모죄를 지었다 해도 그 죄를 연좌하지 않았으며, 판결에 있어서 장애 유무를 고려할 뿐 아니라 사형은 유배형으로, 유배형은 태형으로, 태형은 면포를 내고 속죄하는 감형제도를 두었다.

나아가 부모나 배우자, 자식들이 장애인을 정성껏 부양하면 그 집에 정표하고 포상하는 정려제도를 실시하였다. 그와 반대로 장애인을 학대하거나 살해하면 일반 범죄보다 훨씬 무겁게 처벌하는 엄벌제도를 실시하였다. 특히 장애인을 무고하게 살해하는 사건이 발생하면, 그 고을의 읍호邑號를 한 단계 강등시키는 최고의 형벌을 부과하였다.

1
직업과 자립생활

장애인도 배우고 일할 수 있다

장님은 가르칠 수 있다. 눈동자로 보는 것은 막혀서 빛깔을 보지는 못하지만, 신기神氣로 보는 것이 있어 빛깔에 대해서는 밝게 듣는다. 그래서 남의 언어를 잘 들어 생각함이 상당히 넓고, 수교手敎에 밝아서 사물의 형체로 상상한다. 무릇 인도人道와 인사人事에 대해서도 모두 참작하고 헤아려서 때로 눈은 있지만 마음이 어두운 사람보다 나은 경우도 있다. 벙어리를 가르치는 것과 비교하면, 비록 이것이 저것보다 낫기도 하고 저것이 이것보다 낫기도 하지만, 이들은 모두 병폐된 몸이라 신기의 통함이 다 갖추어지지 못해서 가르침이 온전할 수 없다. (최한기, 『인정人政』제8권, 교인문敎人門)

장님의 눈은 보는 데엔 쓸 수 없고 벙어리는 말하는 데엔 쓸 수 없으며, 귀머거리는 듣는 데엔 쓸 수 없고, 어리석은 자는 일을 모의하는 데엔 쓸 수 없다. 그러나 장님이라도 듣는 데엔 쓸 수 있고, 귀머거리라도 보는 데엔 쓸 수 있으며, 벙어리라도 말할 필요가 없는 데엔 쓸 수 있고, 어리석은 자라도 한 가지 전문 분야에는 쓸 수 있다. (최한기, 『인정人政』 제25권, 용인문用人門)

해제 위의 두 글은 최한기의 『인정人政』에 나오는 것으로, 어떤 장애인이라도 배우고 일할 수 있다는 것이다. 특히 그는 시각장애인의 경우 볼 수 없지만 들을 수는 있고, 청각장애인의 경우 들을 수 없지만 말할 수는 있으며, 지적장애인은 일을 모의할 순 없지만 한 가지 전문 분야에서 쓸 수 있다고 주장하고 있다. 즉, 세상에 버릴 사람은 아무도 없다는 것이다.

모두 일자리를 갖도록 해야 한다

면面에서 가르치는 데는, 그중 뜻이 높고 재주가 많은 자는 위로 올려 조정에서 쓰도록 하고, 자질이 둔하고 용렬한 자는 아래로 돌려 민간에서 쓰도록 하며, 그중 생각을 잘하고 솜씨가 재빠른 자는 공업工業으로 돌리고, 이익에 밝고 재물을 좋아하는 자는 상업商業으로 돌리며, 꾀를 좋아하고 용맹이 있는 자는 무반武班으로 돌리고, 소경은 점치는 데로, 궁형당한 자는 문 지키는 데로 돌리며, 심지어 벙어리와 귀머거리·앉은뱅이까지 모두 일자리를 갖도록 해야 한다. 그리고 놀면서 입고 먹으며 일하지 않는 자는 나라에서 벌주고 향당에서도 버려야 한다. (홍대용, 『담헌서湛軒書』 내집 4권, 보유補遺, 임하경륜林下經綸)

해제 이 글은 홍대용의 『담헌서』에 나오는 것으로 장애를 가진 사람도 각기 직업을 갖도록 해야 한다는 내용이다. 비록 장애가 있어 정상적인 생활을 할 수 없을지라도 자신의 능력에 맞게 일을 해야 한다는 것이다. 이것은 장애인과 비장애인이 함께 어울려 자연스럽게 살아갔던 시대의 모습을 단적으로 보여준 것이라 할 수 있다. 또한 장애인을 무조건 사회적 약자로 여기면서 자립심을 키워주지 않는 오늘날과는 사뭇 대조적인 모습을 보여준다.

2 지속적인 진휼제도

삼국시대의 진휼賑恤제도

겨울 11월에 왕이 나라 안을 순행하다가 어떤 노파가 굶주리고 얼어 금방 죽게 된 것을 보고 말하기를,

"내가 하찮은 몸으로 윗자리에 앉아 있으면서 능히 백성을 양육하지 못하고 늙은이와 어린아이로 하여금 이토록 딱한 지경에까지 이르도록 하였으니 이는 나의 죄이다."

하고 옷을 벗어 덮어주고 밥을 주어 먹게 하였다. 그리고 해당 관리에게 명하여 현지에서 위문하고 홀아비, 과부, 고아, 자식 없는 늙은이, 늙고 병들어 제 힘으로 살아갈 수 없는 자들을 먹여 살려주게 하였다. 그러자 이웃 나라 백성들이 듣고 오는 자가 많았다. 이 해에 백성

들의 생활이 즐겁고 평안해져서 처음으로 「도솔가」를 지었으니, 이것이 노래와 음악의 시작이었다. (『삼국사기』권 제1, 「신라본기」 제1, 유리왕 5년)

해제 이 사료는 『삼국사기』에 나온 것으로, 신라 유리이사금이 순행하다가 한 굶어 죽어가는 노파를 보고 나라 안의 환과고독과 함께 장애인을 구제하게 했다는 내용이다. 이 시기에는 장애인 복지를 위한 별도의 부서는 없었으나, 이처럼 때때로 환과고독과 함께 복지정책을 펼쳤다.

고려시대의 진휼제도

공민왕 원년 2월에 유지하기를,
"환과고독鰥寡孤獨과 독질篤疾·폐질廢疾이 있는 자에게는 소재지의 관사에서 진휼하여 때를 잃음이 없도록 하라."
고 하였다.
12년 5월에도 하교하기를,
"환과고독과 폐질이 있는 사람은 소재지의 관사에서 마땅히 사람들을 구휼救恤할 것이요, 궁핍하여 스스로 생활할 수 없는 자 또한 불쌍하게 여겨 소재하고 있는 관사에서 힘써 진휼賑恤하도록 하라." 고 하였다. (『고려사』 「지」 권 34, 식화, 진휼)

해제 이 사료는 고려 공민왕 때 독질, 폐질 등 장애가 있는 사람들에게 대대적으로 진휼하게 했다는 내용이다. 임금은 또한 중앙뿐 아니라 지방의 소재지 관아에서도 장애인들을 진휼하도록 하고 있다.

조선시대의 진휼제도

어려운 백성들을 진휼하였다. 호조에서 아뢰었다.
"도성 안에 환과고독이 164명인데, 그중에 80세 이상이 31명이고, 맹인盲人이 19명입니다."
임금이 각각 쌀을 1석씩 주라고 명하였다. (『태종실록』 27권, 태종 14년 6월 20일)

해제 이 사료는 조선 태종 때 도성에 사는 시각장애인들에게 쌀 1석씩을 지급했다는 이야기이다. 눈이 보이지 않는 그들은 경제활동을 하기가 쉽지 않았기에 정부 차원에서 그들에게 별도로 진휼정책을 시행했음을 알 수 있다.

환과고독과 피융疲癃·잔질殘疾은 왕자의 정치에서 마땅히 불쌍히 여겨야 할 바이니, 안으로는 한성부의 5부와 밖으로는 감사와 수령이 상세히 탐문하여 환상還上(환곡)과 진제賑濟(진휼)를 우선 베풀어 그들의 처소를 잃지 말게 할 것이다. (『세종실록』 2권, 세종 즉위년 11월 3일)

교지를 내리기를,

"근년 이래로 수재와 한재가 잇따라서 계속 흉년이 들었고, 지난해는 더욱 심하여 민생이 불쌍하게 되었으니, 각도의 감사와 수령들은 나의 뜻을 잘 받들어서 구제할 물품을 가지고 잔질인을 우선적으로 구제해주되 장차 조관朝官을 보내어 순행하여 물어볼 것이니, 만약에 여염 가운데 한 명의 백성이라도 굶어 죽은 자가 있다면 중죄로 처단할 것이다."

하였다. (『세종실록』 11권, 세종 3년 2월 5일)

호조에서 계하기를,

"지금 농사철을 만났으니 농사에 힘써야 할 건장한 남녀들에게는 모두 환상還上을 주고, 농사를 지을 수 없는 환과고독과 잔질 폐질과 빌어먹는 자에게만은 진제를 주도록 할 것입니다."

라고 하니, 그대로 따랐다. (『세종실록』 19권, 세종 5년 2월 4일)

군민 가운데 홀아비나 과부·고아들은 담당 관사에서 전례에 따라 구휼하여 죽지 않게 하고, 백성들 중 나이 70세 이상 되는 자와 독질·폐질·잔질자에게는 장정 한 명을 주어 봉양하게 하고, 장정이 없어서 자립할 수 없는 자에게는 관에서 생활비를 지급하고, 군민으로 나이 80 이상인 자는 관사에서 비단 2필, 솜 2근, 술 1말, 고기 10근을 주어 보호하도록 하라. (『세종실록』 26권, 세종 6년 10월 15일)

해제 위의 사료들은 세종대의 장애인 진휼정책에 관한 내용이다. 세종은 조선의 역대 왕 중에서 백성을 위한 복지정책을 가장 많이 시행한 것으로 평가되고 있다. 위의 글들에서 나타나듯이 세종은 장애를 가진 백성들이 생활고를 겪지 않도록 거의 매년 쌀을 내리는 등 지속적으로 장애인 복지정책을 펼쳤다. 또한 세종은 서울에 살고 있는 사람뿐만 아니라 전국 팔도의 장애인도 차별받지 않고 골고루 혜택을 받을 수 있도록 했다.

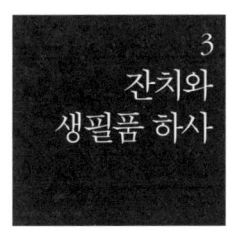

3
잔치와
생필품 하사

향연 및 물건 하사

기사에 개경에 사는 남녀 가운데 나이 80세 이상 된 자와 중환자, 폐질자에게 술과 음식과 차와 피륙을 내리되 차등 있게 하도록 하였다. (『고려사』「세가」권 4, 현종 13년 9월)

을해에 적전을 친히 경작하고 유죄(유형) 이하를 사면하고 환구단과 방택에서 제사를 주관하는 관리 및 효자孝子, 순손順孫, 의부義夫, 절부節婦, 기로耆老, 독질자에게 물품을 하사하되 차등 있게 하였다. (『고려사』「세가」권 5, 현종 22년 1월)

을해에 구정毬庭(격구장)에서 왕이 몸소 나이 80세 이상의 관원과 백성들 중에 남녀 효자, 순손, 의부, 절부, 환과, 고독, 폐질자들에게 향연을 베풀고 물품을 차등 있게 하사하였다. (『고려사』 「세가」 권 7, 문종 즉위년 9월)

계묘에 국로國老에게 선위宣慰(임금이 사람을 보내 위로하고 대접)하여 합문에서 주연을 하사하고 구정에 행차하여 왕이 몸소 서민 남녀 노인에게 향연을 베풀고 물품을 차등 있게 주었으며, 독질·폐질자에게는 따로 술과 음식을 주었다. (『고려사』 「세가」 권 10, 선종 3년 8월)

계묘에 신봉루에 거동하여 참죄斬罪, 교죄絞罪 이하의 죄를 사하고 명산대천에 모두 덕호德號를 더하고 백성들 가운데 나이 80세 이상 및 독·폐질자와 의부, 절부, 효자, 순손, 환과, 고독에게 반찬을 주고 물품을 차등 있게 나누어주었으며, 각종 군인에게도 또한 쌀과 포를 차등 있게 주었다. (『고려사』 「세가」 권 11, 숙종 즉위년 11월)

경자에 나이 80세 이상의 남녀와 의부·절부·효자·순손·환과·고독·독·폐질자를 대궐의 뜰에서 왕이 몸소 향연하고 선물을 하사하되 차등 있게 하였다. (『고려사』 「세가」 권 12, 예종 원년 9월)

목종 10년 7월 구정에 거둥하여 남녀 백성들 중에서 나이 80세 이상 및 독질·폐질자 635인을 모아 왕이 친림하여 주식酒食, 포백布

帛, 다약茶藥을 하사하되 차등 있게 하였다. (『고려사』「지」권 22, 예, 가례, 노인에게 사연賜宴하는 의식)

　서경에서 나이 80세 남녀와 효자, 순손, 환과고독, 독질·폐질자에게는 각각 주酒, 과果, 미味를 세 그릇씩 하사하고 나이 80세의 남녀에게는 포 3필을, 효자와 순손에게는 포 7필을, 환과고독과 독질·폐질자에게는 쌀 1석을 추가로 하사하였다. (『고려사』「지」권 22, 예, 가례, 노인)

　동북서남의 효자와 순손에게는 쌀 6석을 하사하고 나이 80세의 남녀와 환과고독, 독질·폐질자에게는 쌀 1석을 하사하였으며, 주酒, 과果, 미味는 서경과 똑같이 주었다. (『고려사』「지」권 22, 예, 가례, 노인)

해제　위의 기록들은 고려시대에 지속적으로 환과고독과 함께 장애인에게 잔치를 베풀어주고 생필품을 제공했다는 내용이다. 특히 이 행사는 왕이 직접 주관했으며, 또 물건을 나눠줄 때는 장애의 상태에 따라 차등 있게 했음을 알 수 있다.

80세 이상 맹인에게 베푼 잔치

예조의 공사를 정원에 내리면서 일렀다.

"오는 9월 4일에 문묘에 별제別祭한 다음 유생들을 낙점하여 명륜당에서 강경講經하는 일은, 재가를 받아 모든 사항을 미리 준비해야 한다. 또 예조가 80세 이상의 맹인들을 예조 안에서 음식을 대접한다고 했는데, 여타의 노인들도 모두 부축하여 대궐 뜰로 오게 하고 맹인들도 자제들이 부축하여 오게 하며, 아울러 대궐 뜰에서 대접하는 것이 좋다. 또 80세 노인들에게 잔치를 내리는 것은 상례이다. 일찍이 듣건대 100세인 사람들이 있다고 했으니 이는 매우 희귀한 일인데, 멀리 외방에 살고 있다면 불러다 대접할 수 없지만 경기 근방이나 서울에 사는 사람에게는 아울러 잔치를 내려야 하고, 잔치를 내릴 적에는 100세가 된 품계가 높은 사람은 전내殿內에 앉히고 품계가 낮은 사람은 따로 계상階上에 앉혀야 한다. 경기 근방과 서울에 사는 100세 이상의 노인들을 조사하여 아뢰라." (『중종실록』 62권, 중종 23년 8월 18일)

해제 이 사료는 조선 중종 때 예조에서 시각장애인과 80세 이상의 노인들에게 잔치를 베푼다는 이야기이다. 당시 예조에서는 장애인과 노인들에게 직접 음식을 대접하는 행사를 열었는데, 이것은 나라 안의 소외계층을 끌어안아 사회 통합을 이루려는 의도가 있었던 듯하다.

4 부양자 제공

고려시대 부양자 제도

    정유丁酉 초하루에 왕이 제制를 내려 죄인들의 죄를 감면하고 정사년丁巳年 이전의 공사 조세의 포탈을 면제하고 나이 80세 이상인 자 및 환과고독과 독질·폐질자에게 각기 봉양할 자를 한 사람씩 주고, 효자·순손·의부·절부는 그 문에 정표하고 연경燕京에 시종하였던 신료는 벼슬을 뛰어 받게 하고, 그 나머지는 모두 전대의 사령에 의하도록 하였으며, 위사공신의 차례를 고쳐서 제1이던 유경을 제5로 하고 김인준을 제1로 하였다. (『고려사』 「세가」 권 25, 원종 원년(1260) 6월)

충렬왕 34년 11월에 하교하기를,

"나이 70세 이상으로 수호할 사람이 없는 자로서 그 자손이 죄를 범하여 유배된 자는 마땅히 죄의 경중을 따져 이면移免하여 효양토록 하라. 또 나이 80세 이상의 자로서 독질·폐질로 능히 자존할 수 없는 자는 그 소망함에 따라 가족 중 한 사람에게 역을 면제하여 호양護養하도록 허락하고, 만약에 친척 가운데 호양할 사람이 없으면 마땅히 동서대비원으로 하여금 안집시키고 국가에서 식량을 지급하고 관원을 보내어 제조토록 하라."

고 하였다. (『고려사』「지」권 34, 식화, 진휼)

현종 11년 5월 을묘에 유사가 아뢰기를,

"이전 제도에서도 무릇 사람의 나이 80세 이상 및 독질자에게는 시정侍丁 1명을 주고, 90세 이상인 자에게는 3명을, 100세가 된 자에게는 5명을 주었으나 오직 정방인征防人만은 제외되었던 것입니다. (…)" (『고려사』「지」권 35, 병, 병제, 오군五軍)

해제 이 사료들은 고려시대 독질·폐질자 등 장애인에게 국가가 직접 부양할 사람을 내려주었다는 내용이다. 고려시대엔 장애인 복지정책의 일환으로 그들을 봉양할 사람들을 제공했는데, 이것은 현대의 장애인 활동보조인과 같은 제도임을 알 수 있다.

조선시대 부양자 제도

의정부에서 상서上書하였다.

"독질자는 비록 독자라 하더라도 또한 시정侍丁을 주되, 후처 없이 어린아이 나이가 10세 미만인 자는 면역免役하게 함이 어떻겠습니까?" 하니, 임금이 아직 머물러두게 하였다. (『태종실록』 25권, 태종 13년 4월 24일)

예조에 전지하기를,

"지금 『육전』을 상고해보니, 부모의 나이 70세 이상이 된 사람과 8세 이하의 아이로서 계모가 없는 사람은 모두 예전 제도에 따라서 시행하고, 아들 셋 이상을 낳고 국역에 종사하는 사람은 그 아버지의 역은 면제하고, 다섯 아들 이상이 국역에 종사하는 사람과 독질이 있는 사람으로서 아들 하나가 있는 사람은 나이 비록 70세가 되지 않았더라도 또한 시정侍丁 한 사람을 주고, 그중에 90세 이상이 된 사람은 그 집의 부역을 면제해주니, 이것이 양로養老의 의리에는 극진하지 못한 것 같다. 부모가 나이 70세 이상이 된 사람과 독질이 있는 사람은 비록 나이 70세가 차지 않더라도 시정 한 사람을 주고, 만약 여러 아들이 먼저 죽었으면 여러 손자 가운데서 시정 한 사람을 주고, 친손자가 없으면 외손자에서 시정 한 사람을 주고 (…)"

하였다. (『세종실록』 57권, 세종 14년 8월 29일)

해제 위의 두 사료는 조선시대 장애인에게 시정侍丁, 곧 부양자를 제공했다는 내용이다. 이처럼 조선시대에도 장애를 가진 사람들이 일반적인 생활을 영위할 수 있도록 부양자를 제공하였다.

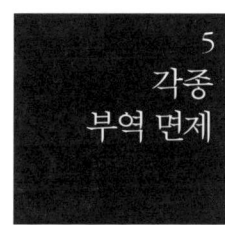

5
각종
부역 면제

장애인에겐 부역을 면제해주다

부역賦役이 고르지 못한 것은 백성에게 매우 해로우니, 폐질이 있는 사람으로서 동거하는 사람이 없는 자는 부역을 전부 면제하게 할 것이다. (『태조실록』 15권, 태조 7년 9월 12일)

해제   이 사료는 조선초기 부역제도에 관한 이야기이다. 부역은 백성들 모두가 균등하게 짊어져야 할 의무였다. 하지만 장애인들에게는 이것이 쉬운 일이 아니었기에 전부 면제해주었다.

시각장애인의 외동딸에겐 부역을 면제하다

병조에서 아뢰기를,

"맹인의 독녀獨女는 부역함이 옳지 않으니, 청컨대 살고 있는 마을에서 천 리 안의 잡역은 일체 면제하게 하소서."

하니, 그대로 따랐다. (『세조실록』 11권, 세조 4년 2월 22일)

해제 이 사료는 세조 때 병조에서 시각장애인의 외동딸에게는 노동력을 징발하는 것이 옳지 않다고 건의하자, 왕이 그에 따랐다는 내용이다. 이처럼 조선시대엔 시각장애인의 외동딸에겐 부역을 일체 면제해주었다. 『심청전』의 심청을 이해하는 데 도움이 되는 자료인 듯하다.

시각장애인과 그 솔정에겐 역을 면하게 하다

사간원 사간 김전 등이 와서 아뢰기를,

"원각사의 수리는 참으로 잘못된 일이니 빨리 파하지 아니할 수 없습니다. 종묘의 담장을 쌓는 군정으로 맹인과 독신녀도 모두 부역하게 하였는데, 신 등은 생각하기를 환과고독은 인정을 행하는 데에 먼저 할 바이며 불성인不成人(불구자)을 가엾이 여기는 것은 예부터 그러하였고, 또 국법에 모두 역을 면하게 하였습니다. 가령 솔정率丁이 있으면 부역하게 한다고 하였으나, 이 사람의 생활은 진실로 솔정에게 의탁하는데 만약 아울러 사역하게 하면 조석(끼니)을 갖출 수가 없어서 장차 그 생활을 보전하지 못할 것입니다."
하니, 전교하기를,
"절을 수리하는 일은 내가 장차 면대해서 지시하겠으며, 맹인과 독신녀를 사역하지 말게 하는 일은 그대들의 말이 아니더라도 이미 대신들과 더불어 의논하였다."
하였다. (『성종실록』 229권, 성종 20년 6월 26일)

해제 이 사료는 앞의 세조 때와 마찬가지로 원각사와 종묘를 수리하는 데에 있어서 시각장애인과 그 솔정(활동보조인)은 부역 대상에 포함시키지 말아야 한다는 내용이다.

맹인에게 더는 역을 지우지 말라

호조 판서 이덕량·참판 김승경과 순찰사 정난종을 불러들여 도랑 파는 일을 의논하게 하였다. 이덕량 등이 의논하여 아뢰기를,

"역군을 5결마다 1부夫를 내는 것과 그 도의 수군水軍으로서 긴요한 역사를 담당하는 자를 제외하고 모두 계산하면 역사役使에 동원할 수 있는 인부가 2만여 인이 되고, 또 본도에 있는 염장鹽醬으로써 모든 사람에게 각각 소금 1말, 간장 5되씩을 나눠주면 20일의 식량을 갖출 수 있습니다."

하니, 전교하기를,

"만약 맹인과 노약자를 구분하지 않고 인부를 동원하면 어찌 역사를 감당하겠는가? 순찰사는 자세히 살펴서 하고, 또 부역하는 군호는 올 겨울 동안만 하고 더는 시키지 말 것을 감사에게 전달함이 옳겠다."

하였다. (『성종실록』 184권, 성종 16년 10월 18일)

해제 이 사료는 조선 성종 때 도랑을 파는 일에 동원되는 인부들 중 시각장애인과 노약자는 제외해야 한다는 내용이다. 이처럼 조선시대엔 시각장애인처럼 장애를 가진 이들은 국가의 각종 부역에서 제외되었다.

시각장애인은 좌경법에서 제외시켜주다

판윤 김성응이 청하기를,
"좌경법坐更法은 한결같이 가좌家坐의 차례에 따라서 하면 고르지 못한 폐단을 없앨 수 있을 것입니다."
하니, 임금이 대신들에게 묻자 모두 그것이 편하다고 하였다. 영의정 김재로가 아뢰기를,
"맹인盲人과 독호獨戶도 빼지 않았으니, 공주·옹주·대신·국구의 집도 마땅히 모두 출역出役시켜 크게 공평한 뜻을 보여야 합니다."
하니, 임금이 그대로 따랐다. 다만 맹인과 독호는 빼라고 명하였다.
(『영조실록』 52권, 영조 16년 12월 9일)

해제 이 사료는 영조 때 왕족과 사대부의 집에서도 좌경법에 참여해야 한다는 이야기이다. 좌경법은 밤마다 시간을 나누어 일정한 장소를 순시하며 도적을 방비하는 일로, 오늘날의 자율방범대와 같은 것으로 판단된다. 좌경법은 신분에 상관없이 고을에 사는 모든 사람들이 참여한 것이었다. 하지만 앞을 볼 수 없는 시각장애인과 빈궁한 집안은 좌경법에 참여시키지 않도록 하였다.

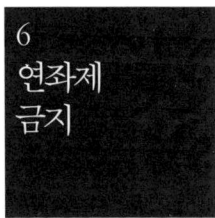

시각장애인을 연좌하지 않다

이철주·이철동에게 명하여 자원 부처自願付處(죄인이 자기가 원하는 곳으로 귀양 보내던 일로, 대개 고향으로 갔다)하게 하였다. 사헌부에서 아뢰기를,

"간신 이무의 아들 이공유가 맹인이기 때문에 연좌를 면하는 예를 얻어서 유후사留後司(개성을 통치하기 위해 둔 지방 관아)의 성내에 거주하였습니다. 이공유는 이미 죽었으나 그 아들 이철주·이철동 등이 아직도 성내에 있으니 진실로 불편한데, 하물며 전하께서 이 도읍에 온 때이겠습니까? 청컨대, 외방으로 내쫓으소서."

하니, 그대로 하라고 하교하였다. (『태종실록』 35권, 태종 18년 4월 19일)

해제 이 사료는 태종의 비이자 원경왕후의 동생인 민무구가 어린 세자를 통해 권세를 누리려다가 사형된 후, 그에 연루된 사람들이 죄를 받은 사건이다. 여기에서 이공유는 시각장애인이기에 연좌제로 다스리지 않았고 그의 아들들도 죄를 받지 않았다. 이것으로 보아 조선시대엔 역모에 준하는 사건에 연루된 사람일지라도 그가 장애가 있는 경우라면 죄를 연좌하지 않았음을 알 수 있다.

역모죄도 연좌하지 말라 1

충훈부 도사 조섬이 상언하기를,
"부친 조관생은 독질篤疾에 걸린 지 이미 17년이나 되었는데, 지금 의금부에서 조순생의 형이라는 이유로 연좌하려고 하니, 바라건대 이를 면하여주소서."
하니, 교지를 내려 연좌를 면하게 하였다. (『단종실록』 12권, 단종 2년 9월 9일)

해제 이 사료는 계유정난 때 죽임을 당한 소순생의 형 조관생에 대한 이야기이다. 조순생은 안평대군 일파로 몰려 계유정난 때 죽임을 당하게 되었는데, 이때 연좌제로 그의 형 조관생 또한 벌을 받게 되었다. 하지만 그의 아들이 아버지에게 장애가 있으니 죄를 면하게 해달라고 청하였고, 정부에서는 이를 받아들여 역모로 인한 연좌제에서 조관생을 면죄해주었다.

역모죄도 연좌하지 말라 2

드디어 의금부에 전교하기를,
"김처례는 제주 관노에 소속시키고, 최윤의 형인 환자宦者(내시) 최습과 봉석주의 아들 맹인 봉계동은 아울러 연좌하지 말라."
하였다. (『세조실록』 35권, 세조 11년 4월 19일)

해제   이 사료는 세조 때 역모를 꾀한 공신들의 처벌에 관한 이야기이다. 봉석주는 세조와 함께 계유정난을 이끈 공신이었으나, 이후 역모를 일으키려다가 죄가 두려워 자백한 인물이다. 그는 역모죄로 모의한 자들과 함께 효수되었고, 그의 가족들은 연좌제로 모두 노비가 되거나 죽임을 당할 처지에 놓였다. 그러나 세조는 그의 아들 봉계동이 시각장애인임을 들어 연좌제로 다스리지 말도록 전교를 내렸다. 비록 자신의 아버지가 역모를 일으킨 죄인이기는 하나, 장애를 가진 아들에게는 선정을 베푼 것이라 볼 수 있다.

장애인 고문 금지법

의금부 판사 권감과 지사 김겸광이 와서 아뢰기를,

"난신에게 연좌된 자와 교류한 이검충은 눈이 멀었으니, 법에서는 형장으로 신문할 수가 없으므로 실정을 알아내기가 어렵겠습니다. 또 살인한 사람 허귀손은 형장으로 신문한 것이 23차례인데도 오히려 복죄服罪(죄를 순순히 인정함)하지 않으니, 청컨대 성상께서 재결하소서."

하였는데, 명하여 영돈녕 이상의 관원들에게 의논하게 하였다. 정창손·한명회·윤호는 의논하기를,

"이검충은 독질篤疾에 걸린 사람이니 마땅히 형률 조문에 의거하여 시행해야 하며, 허귀손은 그가 반드시 죽을 것을 알고 있기 때문에 비록 형장을 참고서도 복죄하지 않지만 영안도永安道에서 추고할 때 이미 승복했으며, 수종인隨從人도 모두 죽었으니, 청컨대 법대로 조치하소서."

하니, 전교하기를,

"이검충의 일은 형률 조문을 상고하여 아뢰도록 하고, 허귀손은 승복은 하지 않았지만 중한 형벌을 시행하는 것은 온당하지 못하며, 또 공신의 후손이니 그는 시형을 감면하라."

하였다. (『성종실록』 147권, 성종 13년 10월 8일)

해제 이 사료는 시각장애인 이검충의 처벌에 대한 내용이다. 이검충은 역모에 가담한 죄로 연좌제에 걸린 사람을 몰래 숨겨준 죄를 저질렀다. 하지만 법에서 장애인은 형장으로 심문할 수 없다고 하였기에, 왕은 이런 상황과 관련된 형률을 다시 살펴보라고 지시하였다. 이것으로 볼 때 당시에는 시각장애를 가진 사람을 형장으로 신문하는 것이 쉽지 않았음을 알 수 있다.

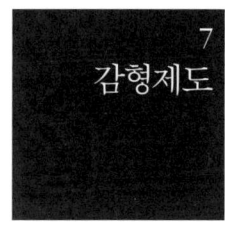

7 감형제도

사형을 유배형으로 감해주다

문종 33년에 강음현에 있는 한 맹인이 다른 사람의 아내를 모간 謀姦하다가 이로 인하여 살인한 것은 마땅히 사형에 처할 것이나, 율문에 나이 80세 이상과 10세 이하 및 독질자의 예에 의하여 사형을 감하여 섬으로 유배하였다. (『고려사』「지」권 39, 형법, 휼형恤刑)

인종 16년에 판결하기를,
"나이 80세 이상 및 독질인은 비록 살인죄를 범하여도 장형杖刑을 제하고 섬으로 유배한다."
하였다. (『고려사』「지」권 39, 형법, 휼형)

해제 이 사료는 고려 문종과 인종 때 장애인은 비록 사형에 해당하는 죄를 지었을지라도 그 죄를 감면하여 유배형에 처한다는 것이다. 이처럼 고려시대에는 비록 살인죄를 저지른 사람이라 할지라도 그 사람이 처해 있는 상황에 따라 유연하게 판결하였다.

무고죄를 감해주다

전 호군 최안국을 바깥으로 귀양 보내었다. 최안국은 전조前朝의 장신 최공철의 아들이다. 일찍이 누이의 남편인 전서 우희열과 화목하지 못하였는데, 이때에 이르러 미친병狂病이 발하여 말하기를,

"우희열이 성주에 있을 때에 군사를 발하여 난을 일으키려고 하였다."

하니, 희열이 상고하였다. 이에 최안국을 의용순금사에 가두고 국문하니, 최안국이 말하기를,

"우희열이 일찍이 나를 어머니에게 고자질하여 노비를 주지 않았으므로 이 때문에 원망하고 있다."

하였다. 임금이 말하기를,

"심한 병에 걸린 사람을 죄줄 수 없다."

하고, 명하여 직첩을 거두고 귀양 보냈다. (『태종실록』 7권, 태종 4년 1

월 4일)

해제 이 기록은 조선 태종 때 정신질환을 앓았던 최안국에 대한 이야기이다. 최안국은 평소 사이가 좋지 않았던 매형 우희열이 난을 일으킬 것이라고 모함했다. 하지만 그가 정신병을 앓고 있었기 때문에 태종은 그를 국문하지 않고 귀양 보내는 것으로 마무리지었다.

위폐를 사용한 시각장애인을 풀어주다

위조한 저화楮貨를 사용한 3인의 죄를 의논하여 차등 있게 하였는데, 그 하나는 장님盲人이고, 또 하나는 무녀巫女이며, 또 다른 하나는 역리驛吏였으므로, 임금이 말하였다.
"무지한 사람이 잘못하여 사용한 것뿐이다. 스스로 만든 것이 아니니, 맹인은 죄를 면해주고 그 나머지는 등급을 감하여 처벌하라."
(『태종실록』 24권, 태종 12년 10월 18일)

해제 이 사료는 조선시대에 위조된 저화를 사용한 이들 중 시각장애인은 죄를 면해준다는 것이다. 눈이 보이지 않는 시각장애인은 저화가 위조되었는지도 모르고 사용할 수 있었다. 왕은 이를 간파하고 불이익을 받지 않도록 처리한 것이라 볼 수 있다.

살인죄를 감해주다

형조에서 아뢰기를,
"함길도 홍원에 거주하는 맹인 김성길이 사람을 찔러 죽였으니 죄가 참형斬刑에 해당합니다."
하니, 임금이 불치不治의 병이 있다고 하여 사형을 감면해주었다. (『세종실록』 114권, 세종 28년 11월 5일)

해제 이 기록은 살인을 저지른 시각장애인 김성길의 형을 감면해주었다는 내용이다. 세종은 시각장애인에 대한 정책에 있어 유난히 너그러운 모습을 보여주었다. 다른 왕들이 사형을 결정한 사건에 대해서도 세종만큼은 그들의 입장을 고려하여 자주 형을 줄여주었던 것이다. 아마도 그것은 세종 자신이 시각장애를 앓고 있었기 때문에 그러한 것이 아닌가 한다.

혹세무민한 시각장애인의 죄를 감해주다

경상도 관찰사가 보고하기를,

"영천군에 사는 맹인 김고음룡金古音龍이 말하기를 '임자년에 신이 내려와 사람의 운명을 추산하여 공중에서 사람의 화복을 불러내고, 또 신이 스스로 말하기를 '내 성은 주씨요 을사년에 벼락 맞아 죽었다'고 하였습니다'라고 하였는데, 대개 중국 황제를 가리킴이오나, 요사한 말로써 뭇사람을 미혹하게 한 것이 되니, 청하옵건대 법에 의하여 처치하게 하소서."

하므로, 임금이 정부에 이르기를,

"예전에도 경성에 공창(관청의 허가를 받은) 무녀巫女가 있었는데 모두 다 성 밖으로 내쳤다. 이 맹인도 그와 같은 무리이나 황제를 가리켜 말하니, 이 말은 진실로 큰 것이라 어떻게 처리할까?"

하니, 하연이 말하기를,

"이 맹인은 감히 큰 소리를 쳤으니 중형重刑을 가함이 마땅하옵니다."

하고, 황보인 등은 말하기를,

"죄는 진실로 크지만 병이 위독한 사람에게 형벌을 가함은 불가하오니, 마땅히 형조에 내려 조율한 뒤 변방의 먼 곳으로 옮겨놓아 요망함을 끊게 하옵소서."

하니, 임금이 황보인 등의 논의를 따라 고음룡과 그의 처자를 남해에 방치放置하게 하였다. (『세종실록』 126권, 세종 31년 11월 30일)

해제 이 사료는 조선 세종 때에 혹세무민한 죄를 지은 시각장애인 김고음룡에 대한 이야기이다. 평소 시각장애인에 대해 관대했던 세종은 이 사건에 대해서도 형벌을 감하여, 김고음룡과 그의 가족을 남해에 방치하도록 하였다.

억울한 장애인을 풀어주고 구호하다

임금이 숭문당에 나아갔다. 종친 1품 이상, 영돈녕 이상과 의정부·육조 판서·의금부·도총부·의빈이 입시하였다. 임금이 맹인 이만에게 묻기를,

"너는 소경으로 본래 추명推命(운명을 점침)으로 직업을 삼는데, 너희 고을에 어떤 사람이 네게 점을 쳤는가?"

하니, 이만이 말하기를,

"신은 본래 점칠 줄을 모릅니다. 또 정미년(성종 18)부터 나질癩疾을 앓아 오랫동안 누워 있었는데 누가 즐겨 신에게 점을 치겠습니까?"

하니, 김방이 말하기를,

"이만이 점을 잘 친다는 것은 김경과 임계선도 모두 압니다."

하니, 김경과 임계선이 모두 말하기를,

"이만은 택일擇日은 조금 알지만 점을 치는 것은 알지 못합니다."

하자, 임계선의 말이 어긋남이 있으므로 형신하기를 명하였으나 그 말을 바꾸지 아니하였다. 정지예·정일남·이계번 등에게 물으니 모두 말하기를,

"이만은 단지 택일과 독경讀經만 알고 점을 치는 것은 알지 못합니다."

하므로, 이만에게 다시 묻기를,

"이서가 네게 몇 번이나 점을 쳤는가?"

하니, 이만이 말하기를,

"그런 일이 없습니다."

하였는데, 이만의 말도 어긋남이 있어서 형신하기를 명하여 형장 열두 대를 쳤다. 하지만 임금이 중지시키고 말하기를,

"이는 병인病人이다."

하였다. (『성종실록』 225권, 성종 20년 2월 18일)

승정원에 전교하기를,

"맹인 이만이 곤장을 맞았는데 누가 즐겨 돌보겠는가? 빨리 구호하도록 하라."

하였다. (『성종실록』 225권, 성종 20년 2월 19일)

해제 위의 사료는 억울하게 형장을 맞은 시각장애인 이만에 대한 이야기이다. 이만은 남에게 점을 쳐주었다는 이유로 붙잡혀왔는데, 그는 끝까지 점을 칠 줄 모른다고 주장하였다. 이만이 형장을 맞자 성종은

이를 중지시키고, 다음 날에는 승정원에 명하여 그를 구제하도록 하였다.

강상죄를 저지른 장애인을 감형할 수 있나

삼성 죄인三省罪人(『대명률』에 규정된 모반謀反·모대역謀大逆 등의 10악을 비롯하여 강상에 관계되는 죄를 범해 사헌부, 사간원, 형조 등으로 구성된 삼성의 추국을 받는 죄인) 무명이 복주伏誅(형벌을 순순히 받아 죽음)되었다. 좌의정 윤방이 위관委官으로서 아뢰기를,

"무명은 범죄 사실을 일일이 승복하였으니 다시 물을 만한 것이 없습니다. 그러나 그 위인을 보건대 미치광이로서 실성하여 어미를 구타해서는 안 된다는 것과 아우를 죽여서는 안 된다는 것도 모르는 듯하니, 정상을 참작하여 용서해줄 점도 있습니다. 신이 삼가 율문을 상고하건대 심한 병이 있는 자로서 반역·살인죄를 범하여 사형에 해당되는 자는 여러모로 헤아려 가부를 결정하여 임금께 아뢰고 재가를 받는다고 하였습니다. 다른 대신에게 물어본 뒤에 품재하여 시행하소서."

하였는데, 우의정 신흠이 아뢰기를,

"무명은 그 어미를 구타하고 아우를 죽였으니 아무리 미치광이라

고 하나 전례에 따라 복죄되어야 합니다."
하니, 상이 신흠의 의논을 따랐다. (『인조실록』 13권, 인조 4년 7월 19일)

해제 이 사료는 살상 죄인 무명에 대한 이야기이다. 무명은 혈육인 동생을 죽이고 어머니를 구타한 죄로 잡혀왔는데, 자세히 알아보니 정신질환을 앓고 있었다. 그의 처벌에 대해 대신들의 의견 또한 분분했는데, 결국 사형에 처해졌다. 비록 그가 정신질환을 앓고 있었다고 하나 동생을 죽이고 부모를 구타했기 때문에 그 죄가 감면되지 않았던 것으로 보인다.

장애를 고려한 법률들

살인한 죄인이 귀머거리이거나 벙어리여서 조사할 수 없기 때문에 자복을 받을 수 없다 하여 곧바로 처단하는 것은 상법에 어그러짐이 있다. 사형에서 등급을 낮추어 정배한다. (한국역사연구회 중세2분과 법전연구반, 『수교집록』, 청년사, 2001)

미쳐서 본성을 잃고 살인한 자는 사형에서 등급을 낮추어 정배한다. (한국역사연구회 중세2분과 법전연구반, 『신보수교집록』, 청년사,

2000)

해제 이 사료들은 조선 숙종과 영조 때에 왕명으로 편찬된 법전인 『수교집록』과 『신보수교집록』에 나오는 것으로, 장애를 가진 사람들의 형벌을 감해준다는 내용이다. 조선시대에는 비록 살인을 저지른 죄인이라 할지라도 그가 장애를 가지고 있을 때에는 그 정상을 참작하여 형을 줄여주었다.

국경을 넘은 언어장애인들을 감형하다

(…) 이에 의거하여 장수를 수행하는 통사 영서가 자세히 물었으나, 벙어리로 말을 하지 못하고 또 문자를 알지 못하였다. 그래서 조사해보니 겨우 요패腰牌 1개가 있었는데, 선천이란 지명과 김진성이란 이름 등의 내용이 적혀 있었다. 단신으로서 이미 선박도 없고 또 표장도 없는데, 어떻게 국경을 넘었는지와 혹은 별다른 정상과 도망해서 숨은 곳이 있었는지를 알아내기가 어려웠다. 이에 의주로 이문하여 선천이란 지방이 있는지와 그곳에 벙어리 김진성이란 사람이 있는지를 속히 알려주어 판단하기에 편리하도록 하였다. (『순조실록』 27권, 순조 24년 1월 18일)

비국에서 아뢰기를,

"방금 전에 평안감사 정원용과 병사 신경과 의주부윤 김재삼의 장계를 보니, '봉황성의 장수가 통지문과 국경을 넘은 여자 한 명을 압송하였기에 즉시 그를 문초해보니, 본래 의주에서 구걸하던 여인으로서 벙어리에다 어리석어 경계를 판단하지 못하였습니다. 때마침 강이 얼 때 저쪽 땅으로 잘못 들어갔던 것인데, 언어가 통하지 않아서 거주지와 신분에 대해 명확하게 공초를 받지 못했다'고 하였습니다."

하교하기를,

"이는 병으로 폐인이 되어 지각이 없는 사람이니, 고의적인 범죄와는 다르다. 특별히 차율次律로 시행하라."

하였다. (『순조실록』 34권, 순조 34년 2월 9일)

해제 위의 두 기록은 순조 때 평안도에서 국경을 넘다가 잡힌 사람들에 대한 이야기이다. 공교롭게도 그때 잡힌 두 사람은 모두 언어장애인이어서 신분을 파악하기가 힘들었다. 첫 번째 기록에 등장한 사람은 요패를 지니고 있어 김진성이라는 이름을 확인할 수 있었지만, 의사소통이 제대로 되지 않아 그 또한 확실하지 않다고 여겨졌다. 두 번째 기록의 여인은 신분을 확인할 만한 물건이 하나도 없어 더욱 곤경에 처하게 되었다. 하지만 순조는 그들이 언어장애를 가지고 있었기에 이러한 사태가 발생했다고 여겨, 국경을 넘은 대역죄인들에게 내리는 사형이 아닌 귀양을 보내는 것으로 처리하도록 하였다.

8
정려제도

아전 정희개의 효심을 칭찬하다

초계의 기관記官 정희개는 어미를 친애하여 봉양하기를 남과 다르게 했을 뿐만 아니라 양숙부養叔父와 아비의 첩도 잘 섬겼고, 또 아비의 첩이 낳은 자녀들과 우애가 깊고도 지극했습니다. 그리고 부모가 없는 어린 조카들과 사촌들도 각별히 부양하였으니, 그의 효성과 우애가 대략 이러했습니다. 그동안 그가 어버이를 봉양해온 상황을 일일이 거론하기는 어렵습니다만, 그의 어미가 난리 뒤에 눈병을 앓다가 맹인盲人이 되었는데, 그 이후로는 친애하고 봉양함이 더욱 돈독하여 마치 어린애를 보호하듯이 하였고, 식사 때에 이르러서는 반드시 손수 조리하여 드렸습니다. 또 영리營吏이기 때문에 매양 번番을 서게 될 때에는 차마 곁을 떠나지 못하여 사모하면서 방황하느라 오래도록 놓지 못했고, 돌아오면 자신의 뺨으로 어미의 뺨을 부비며 차마 떨어지지 못해 하는 정상을 나타냈는데, 이를 본 사람들은 눈물을 흘리고 듣는 사람들은 탄복하여 이웃 사람들이 모두 칭찬했습니다. (『선조실록』 175권, 선조 37년 6월 6일)

해제 이 사료는 경상도 초계에 사는 정희개의 효심을 칭찬하는 것이다. 정희개의 어머니는 임진왜란 후 눈병에 걸려 시각장애인이 되었는데, 아들 정희개가 극진히 모셔 이를 본 이웃 사람들이 모두 탄식하였다. 그리하여 조정에서도 그를 효자로 정표하였다.

우의정 민진장의 효심

우의정 민진장이 졸卒하니 나이 52세였다. 민진장은 가정 안에서의 행실이 매우 지극하여 아버지 민정중을 섬김에 뜻을 잘 받들어 어김이 없었고, 그 어머니가 독질을 앓았는데 밤낮으로 간호하면서 수십 년을 하루같이 하여 효성이 천성에서 타고나와 사람들이 모두 감탄하였다. (『숙종실록』 34권, 숙종 26년 3월 16일)

해제 이 사료는 우의정 민진장의 죽음을 애도한 것이다. 민진장은 생전에 장애를 가지고 있던 어머니를 극진하게 모셔 효자로 칭송받았다고 한다.

장애 부모를 모신 유석진과 이탁영

유석진은 고령 고을의 아전이다. 아버지 천을이 악질에 걸려 매일 한 번 발작할 때면 번번이 숨이 끊어지곤 하였다. 석진은 밤낮 곁에서 병시중을 들며 게으른 적이 없었고, 하늘을 향해 소리 내어 울고, 사방으로 의원과 약을 찾아다녔다.

어떤 사람이 말하기를 그것은 산 사람의 뼈를 피에 타서 마시면 낫는다고 하였다. 이 말을 듣고 석진이 즉시 자신의 왼손 무명지를 잘라 그 사람의 말처럼 약으로 만들어 해올렸더니 아버지의 병이 나았다. (유재건, 이상진 역주, 『이향견문록』 상권, 자유문고, 1996)

이탁영은 의성의 호장인데, 사람됨이 신실하고 부지런하였다. 임진왜란 때 나랏일을 도운 것이 많아 왜란이 평정된 뒤 동료들이 부역을 면제해줄 것을 청하였으나 탁영은 사양하였다.

"신하가 되어 나라를 위해 노고하는 것은 평소의 본분이다."

은퇴하여 둔산 아래에 살면서 지극한 효성으로 어머니를 봉양했고, 스스로 호를 효사재孝思齋라고 하였다.

저술로는 『정만록』, 『해이록』이 있다.

『의성읍지』에는 이렇게 쓰여 있다.

'그의 나이 겨우 열일곱에 아버지가 객지에서 죽자 관을 지고 수백 리 길을 걸어 고향으로 돌아와 장사지냈다. 어머니가 나이 예순에 두 눈이 모두 멀자 밤낮 그 곁을 떠나지 않으며 자신이 수저를 쥐고 식사를 올렸다. 의원을 부르고 약을 구하는 일이라면 천 리를 멀다 하지 않았고, 병세가 심해지자 변을 맛보아 병세를 살폈다. 어머니가 세상을 뜨자 슬퍼함이 정해진 예를 넘었고, 상喪에 관계된 일이 아니면 말을 하지 않았다.

따로 집 한 칸을 지어 돌아가신 아버지와 어머니의 위패를 모셔두고는 '모선당慕先堂'이라 하고 아침저녁으로 배알하였다. 뒤에 감사가 임금에게 글을 올려 이 사실을 아뢰고 부역을 면하도록 해주었다.'
(유재건, 이상진 역주, 『이향견문록』 상권, 자유문고, 1996)

해제 위의 두 기록은 유재건의 『이향견문록』에 나오는 것으로 장애를 가진 부모를 극진히 모신 두 효자에 대한 이야기이다. 고령의 아전인 유석진은 악질(간질)에 걸린 아버지를 위해 자신의 손가락을 잘라 약으로 만들어 올려 병이 낫게 했으며, 의성의 호장 이탁영은 시각장애인이었던 어머니를 생사를 초월하여 극진히 봉양했다. 그래서 사람들에게 효자로 널리 알려졌다.

9
장애인 학대와 처벌제도

완평군이 시각장애인을 때려죽이고 유배되다

완평군 이조를 옹진으로 귀양 보내었다. 이조는 본래 광포하여 사람을 시켜 맹인 조만을 불렀으나 오지 않았으므로, 마침내 그를 때려죽였다. 사헌부에서 조사하고 법대로 논하기를 청하였으나, 임금이 친족이기 때문에 다만 직첩을 거두고 귀양 보내었다. 사헌부에서 다시 청하였으나, 끝내 윤허하지 않았다. (『태종실록』 6권, 태종 3년 11월 19일)

해제 이는 태조의 조카로 악행을 일삼았던 완평군 이조에 대한 이야기이다. 완평군은 종친이라는 지위를 내세워 나쁜 행동을 일삼았는데,

한번은 시각장애인 조만을 때려죽인 일로 귀양을 가게 되었다. 포악한 행동으로 장애가 있는 사람을 죽인 것은 도덕적으로나 법적으로 중죄에 해당되는 일이다. 하지만 완평군은 왕의 친족이었기 때문에 법대로 처결되지 않고 귀양만 갈 뿐이었다.

시각장애인을 속여서는 안 된다

사헌부에서 아뢰기를,
"전 찰방 황제黃濟는 조사朝士로서 맹인 신연의 재물을 탐하여 그의 딸을 첩으로 삼으려고 거짓 혼서를 만들어 속이고 꾀어서 혼인을 하였으니, 마음을 쓴 것이 간사하고 탐오하여 징계하지 않을 수 없습니다. 그리고 그의 모친 경신옹주敬慎翁主는 황제를 위하여 혼서를 작성하였으니, 그 또한 죄가 없다고 할 수 없습니다. 청컨대 종부시宗簿寺로 하여금 국문하게 하소서."
하니, 그대로 따르고 명하여 신연의 딸을 처로 삼게 하고, 곽우의 딸은 이혼하게 하였다. (『성종실록』 122권, 성종 11년 10월 14일)

경연에 나아갔다. 강하기를 마치자 장령 이인석이 아뢰기를,
"전 찰방 황제는 처음에 맹인 신연의 딸을 첩으로 삼고, 뒤에 곽

우의 딸에게 장가들어 처로 삼았는데, 지금 신연의 딸을 처로 삼는 것은 그것이 대체大體에 어떻겠습니까?"

하니, 임금이 좌우를 돌아보며 물었다. 영사 윤사흔이 대답하기를,

"사헌부에서 아뢴 바가 옳습니다. 황제는 부마 회천군의 아들이며 태종의 손자입니다. 어찌 신연의 딸을 적처嫡妻로 삼을 수 있겠습니까?"

하고, 이인석이 아뢰기를,

"이웃 사람들을 불러서 물어보니 모두 말하기를 '황제가 결혼할 때에 길복을 입지 않았다'고 하였습니다."

하니, 임금이 말하기를,

"황제가 신연의 집에서 살고 혼서가 있는데 그것이 성례하지 않은 것인가? 사헌부는 마땅히 법을 집행하라."

하였다. (『성종실록』 122권, 성종 11년 10월 17일)

> **해제** 위의 두 사료는 시각장애인 신연의 딸과 거짓으로 혼인했다가 발각된 황제에 관한 이야기이다. 황제는 태종의 외손자로 그의 어머니는 경신옹주였다. 그런데 신연의 재물을 탐하여 거짓으로 그 딸과 혼인하고, 뒤에 다시 곽우의 딸과 혼인하였다. 그리하여 임금이 신하들의 반대에도 불구하고 신연의 딸을 적처로 삼으라고 명하였다.

참형에 처해진 시각장애인의 아내

형조에서 삼복三覆하여 아뢰기를,

"춘천의 죄수인 양인 문소학이 맹인 득비의 처 목가이를 간통하고 공모하여 득비를 죽인 죄는, 그 율이 문소학은 참형에 해당되고 목가이는 능지처사에 해당됩니다."

하니, 그대로 따랐다. (『성종실록』 122권, 성종 11년 10월 27일)

해제 이 사료는 시각장애인 남편을 죽인 아내와 내연남에 대해 엄벌을 내렸다는 내용이다. 시각장애인 득비는 아내와 그 내연남인 문소학에 의해 억울한 죽음을 맞게 된다. 이에 임금이 그들을 최고 형벌에 처하도록 한다.

군을 현으로 강등시키다

사헌부 대사헌 성준 등이 차자를 올려 아뢰기를,

"신들이 듣건대, 태천은 본래 군郡이었는데 현縣으로 낮춘 까닭은 그 고을에 사는 맹인의 아들이 아비를 모살하였기 때문이라 합니다."

(『성종실록』 220권, 성종 19년 9월 12일)

    권경희가 아뢰기를,
    (…) 또 평안도 태천군 맹인이 그 자식에게 죽임을 당한 일로 국가에서 명호를 깎아 현縣으로 만들었거늘, 하물며 박성근은 친지가 하는 일에 관여했을 뿐만 아니라 친히 스스로 범역犯逆하였으니, 실로 천지가 용납할 수 없는 것이므로 마땅히 음죽을 혁파하여 대악을 징계하신다면 매우 다행이겠습니다. 일국의 법을 두 가지로 써서는 안 됩니다." (『성종실록』 221권, 성종 19년 10월 28일)

해제 위의 사료는 평안도 태천현이 군에서 현으로 강등된 이유는 시각장애인 아들이 아버지를 모살했기 때문이라고 기록하고 있다. 특히 이 사건은 아들이 시각장애인 아버지를 존속살해했기 때문에 개인적인 처벌과 함께 고을 전체가 군에서 현으로 낮춰졌음을 알 수 있다.

빌린 면포를 갚아라

    맹인 윤효온이 상언하여 이천의 시골 아전 장적이 면포를 빌려가고 갚지 않음을 호소하니, 전교하기를,

"옛날 문왕이 어진 정사를 베풀 때에 반드시 먼저 환과고독鰥寡孤獨부터 돌보았다. 맹인은 불구자이니 마땅히 불쌍히 여기고 구제해야 하거늘, 만약 그 호소한 바가 사실이라면 한성부로 하여금 징수하여 주도록 하라."(『성종실록』 260권, 성종 22년 12월 17일)

해제 이 기록은 성종 때 시각장애인 윤효온이 이천의 아전에게 면포를 빌려주고 돌려받지 못하자 조정에 상언해서 돌려받았다는 이야기이다. 특히 성종은 이 상소를 듣고 한성부에 명하여 직접 해결해주도록 명했다.

맹인 귀동이의 억울함을 풀어줘라

승지 최한원이 아뢰기를,
"전주의 죄수 승금이 간부姦夫 매동과 더불어 본부本夫 맹인 귀동이를 모의하여 죽였으니, 그 죄가 삼복三覆에 해당하옵니다."
하니, 왕이 이르기를,
"법률에 의해 처리하라."
하였다. (『연산군일기』 31권, 연산군 4년 11월 22일)

해제 이 기록은 연산군 때 전주에 사는 승금이란 여자가 내연남 매동과 함께 자신의 맹인 남편 귀동이를 죽였다가 세 차례의 심문을 받고 처형되었다는 내용이다.

유석의 존속살해 사건

권응창이 또 원주의 죄수 사노비 유석의 추안推案[위의 죄수는 아버지를 살해하기 위해 물 속으로 밀어 넣고 몽둥이로 머리를 때린 죄로 참부대시斬不待時로 조율되었다]을 아뢰니, 상이 이르기를,

"이 공사는 어떻게 처리해야 하겠는가?"

하였다. 홍언필이 아뢰기를,

"그가 아비를 살해하려던 절차를 보니 그 정상이 호세장보다 더 극심합니다. 이 사람은 그 아비가 죽지 않았기 때문에 율이 여기에 그친 것입니다만, 통쾌하게 전형典刑을 보이는 것이 타당합니다."

하니, 상이 일렀다.

"호세장과 똑같이 초복에서 결단하는 것이 마땅하다."(『중종실록』 93권, 중종 35년 6월 22일)

정부·육조·한성부에 전교하기를,

"내가 계복啓覆(조선시대 사형 죄인에 대한 최종 심리 및 판결을 위하여 국왕에게 세 번 아뢰는 제도)을 보니 아비를 죽인 자가 두어 사람이나 되어 매우 경악스럽다. 내가 덕이 부족한 몸으로 즉위한 지가 벌써 35년이 되었는데 치화治化는 보지 못한 채 대악만 자주 나오니, 이는 교화를 밝히지 못한 소치로 매우 통탄스럽다. 근래 관찰사와 수령들이 교화를 앞세우지 않고 있는데, 부서簿書를 제 기한에 맞추어 올리는 것 따위는 말단의 일이다. 교화에 관계되는 글을 자주 내려 하유하고 있는데도 관찰사와 수령들은 으레 보통으로 여기고 있으니 교화가 밝지 못한 것은 바로 이 때문이다.

계복에 '길 가는 사람도 그가 맹인【유석의 아버지인데 맹인이었음】임을 불쌍히 여겨 구활했다'고 하였다. 이는 측은지심을 사람이 타고난 아름다운 양심임을 말해주는 것이니 먼저 교화가 밝아지면 아무리 어리석은 백성이라도 교화시킬 수 있는 것이다. 이런 대악인은 부득이 형전을 시행해야 하겠지만, 고발한 자와 구활한 자에게 상을 내린다면 완악한 자들이 체포되는 것을 두려워하여 저절로 조심할 것이다. 이런 등등의 일에 대해 함께 의논하여 아뢰라."
하였다. (『중종실록』 93권, 중종 35년 6월 22일)

충주에 사는 유학 허초 등이 상언을 올리기를,
"지난날 원주에 사는 유석이 아비를 해친 일로 본주의 읍호를 강등하여 예성이라 했습니다. 유석은 전일 비록 본주에 살기는 하였으나 그의 아비와 마찬가지로 맹인으로서 구걸하러 다니고 일정한 거주지가 없었기 때문에 본주에 호적대장이 없었고, 유석이 아비를 따라 구걸하러 다닌 기간은 어림잡아 4~5년이었습니다. 후에 원주 서면 강천리에 사는 양인 이금산의 딸에게 장가들어 살다가 극악무도한 죄를 저질러 원주 관아에 수금되어 처결되었으니 이는 곧 원주 사람입니다. 그런데 추안에 본주 태생이라고 했다는 이유만으로 읍호를 강등시키고 말았습니다."(『중종실록』 93권, 중종 35년 9월 6일)

해제 위의 세 가지 사료는 아버지를 살해하려고 한 유석에 관한 이야기이다. 유석과 그의 아버지는 모두 시각장애인이었는데, 유석은 아버지를 물속에 넣고 몽둥이로 머리를 쳐서 죽게 하려고 했다. 이후 그의 아버지는 죽지 않고 가까스로 살아났고, 유석은 사형에 처해지는 한편 그가 살던 집터는 연못으로 처자는 노비로 전락하는 죄를 받게 된다.

순화군의 민간인 폭행사건

경기관찰사 남이신이[사람됨이 거칠고 경박하여 일찍이 해서관찰사로 있을 때 적합하지 않다는 비난이 많이 있었다] 치계하기를,

"수원부사 박이장의 정문呈文에 '이달 9일 순화군順和君이 약주藥酒를 가지고 간 원금을 수문으로 잡아들여 무수히 구타하였고, 12일

에는 약주를 가지고 간 비婢 주질개를 수문으로 잡아들여 옷을 전부 벗겨 알몸으로 결박하고 날이 샐 때까지 풀어주지 않았다고 하며, 18일에는 읍내에 사는 군사 장석을시가 그의 집에 역질이 들어 역신을 쫓고 있을 때 장석을시와 맹인 윤화의 아내 맹인 무녀 등을 잡아가 수문으로 끌어들여 순화군이 직접 결박하고 한 차례 형문刑問한 뒤에 밤새도록 매어두었다. 그리고 맹녀盲女의 위아래 이빨 각 1개, 장석을시의 위아래 이빨 9개를 작은 쇠뭉치로 때려 깨고 또 집게로 잡아 빼 유혈이 얼굴에 낭자하였으며 피가 목구멍에 차 숨을 쉬지 못하였다. 무녀는 궁 안에서 즉시 치사하였고 장석을시는 이튿날 수문으로 끌어내왔는데 목숨이 위급하여 곧 죽을 상황이었다' 하였습니다.

　순화군의 행동이 이처럼 전일보다 한층 더 참혹하므로 고을의 모든 사람이 놀라 일시에 흩어지고 봄갈이가 한창 시급한데도 농사지을 생각을 하지 않으며, 부사 박이장은 그의 노여움을 범할까 두려워 그 근처에 얼씬도 못하니 본부의 일이 매우 염려스럽습니다."
하였다. 이에 임금이 의금부에 계하하였다. (『선조실록』134권, 선조 34년 2월 23일)

해제　이 기록은 선조의 여섯 번째 아들 순화군이 백성들을 잔인하게 폭행했다는 이야기이다. 순화군은 군사 장석을시와 시각장애인 윤화의 아내 및 무녀를 데려다가 잔혹하게 폭행했다. 이밖에도 순화군은 임진왜란 때 함경도 회령會寧에서 왕자임을 내세워 행패를 부리다가 함경도민의 반감을 샀고, 그곳 사람들의 손에 의해 왜군에 넘겨져 포로 신세가 되기도 했다. 또 포로에서 풀려난 뒤에도 사람들을 함부로 죽이고 재물을 약탈하는 등 불법을 저질러 양사兩司(사헌부와 사간원)의 탄핵을 받았고, 1601년에는 순화군의 군호君號까지 박탈당했나 사후에 복구되었다.

10 보장구

의족과 의수

봉풍운의 자는 태공이며, 거부의 장자이다. 아름다운 딸을 낳아 몹시도 사랑하였다. 그래서 화공을 구하여 한 미남자를 그려 문 위에 걸어놓고 방을 붙였다.

"내 딸을 위하여 사윗감을 고르나니 이만하면 허락할 것이요, 그렇지 못하면 내 사위가 될 수 없노라."

그 문에 들르는 사람은 날마다 천백에 달하였으나 한 명도 적합한 자가 없었다.

하루는 수염을 길게 기른 노인이 들러 절하고는, 이윽고 물러나서 자세히 바라보더니 손뼉을 치고 웃으면서 말하는 것이었다.

"내가 늙어 망령이 들었구먼. 그림을 보고 우리 도련님인 줄 알고 절을 올리다니."

말을 마치더니 옷소매를 떨치고 일어나 갔다. 장자의 계집종이 헐레벌떡 달려 들어가 알렸다.

"이 그림을 걸어놓고 1년이 다 가도록 응하는 자가 없더니, 방금 어떤 한 노인이 그 집 도령님으로 착각하여 절을 올리고는 크게 웃고 갔습니다."

장자는 사람을 시켜 뒤쫓게 하여 물으니 과연 그렇다고 하였다. 이에 함께 의논한 뒤 직접 길일을 택하여 사위를 받아들였다.

그런데 소위 낭군이라는 자는 외눈 외발에 한쪽 팔은 마비된 불구였고 얼굴도 마비된 데다 검기까지 하였다. 그래서 부모들이 좋은 중매인에게 뇌물을 주어 혼처를 구하여 납폐하였다가 돌려받은 것이 세 번이요, 이름만 듣고도 중매쟁이를 꾸짖어 돌려보낸 것이 다섯 차례였다. 그러나 무당이나 판수에게 물어보면 모두 '틀림없이 아름다운 신부를 얻을 것'이라고 말하는 것이었다. 지금 나이 서른여덟에 독신으로 살면서 혼자서 마음 아파했는데, 노복으로 인해 장차 그 집에 청혼하게 된 것이었다.

길일이 되어 혼인 예식을 치르러 가야 하는데, 일부러 날이 어두워질 때까지 지체하여 얼굴에 분칠하고 의족義足을 짚고 의수義手를 소매 속에 넣고 절을 마친 뒤 쌍촉을 들고 방으로 들어갔다. 그 처자는 누구와도 견줄 수 없을 만큼 뛰어난 미인이었다. 즉시 분칠한 얼굴과 의족, 의수를 감추고 등불을 내놓고 누웠다.

밤이 깊어지자 노복은 짚 끝으로 몸을 동여매고 붉은 흙으로 온몸을 두루 바르고 관솔불을 꽂아 불을 지피고는 장차 그 집의 지붕에 올라 소리쳤다.

"장자 나와라! 나는 동쪽 못의 화룡이다. 너에게 예쁜 딸이 있다는 말을 듣고 배필로 삼으려 하였는데 아무개 아들놈에게 그 딸을 주어버리고 말다니. 이미 잃은 몸을 강제로 빼앗아올 수는 없고 장차 아무개 아들놈에게 벌을 주겠노라."

그리고는 신랑을 나오라고 소리쳤다. 신랑이 뜰에 나와 절을 올리자 성을 내어 소리쳤다.

"너의 눈을 멀게 하겠노라!"

신랑은 갑자기 눈이 아프다며 몹시 아픈 시늉을 하였다.

"너의 팔뚝을 부러뜨리겠노라!"

그 즉시 큰 소리를 지르며 팔이 아프다고 호소하였다.

"너의 다리 하나를 못쓰게 만들겠노라!"

신랑은 큰 소리를 지르며 다리가 아프다고 고통스러워했다.

"너의 얼굴을 마비시키고 검게 칠하겠노라!"

신랑은 얼굴이 아프다고 큰 소리를 질렀다. 그래서 거의 죽을 지경에까지 이르렀다 소생하는 것처럼 하였다. 노복이 곧 지붕에서 내려와 달아나 대복을 못에 던지니 통통 하는 소리를 냈다.

다음 날 아침 장자가 신랑을 불러 보니 한쪽 눈이 멀고 한쪽 다리는 불구였으며 한쪽 팔뚝은 마비되어 놀리기가 거북했고 얼굴은 마비되고 검었다. 장자가 눈물을 흘리며 탄식하였다.

"아, 애석하도다! 동쪽 못의 화룡씨가 나의 아름다운 사위를 병들게 하고 말았구나." (유몽인, 『어우야담』 보유편, 한국문화사, 2001)

해제 이 글은 유몽인의 『어우야담』에 나오는 것으로 중복장애를 가진 한 남자가 아름다운 아내를 얻었다는 이야기이다. 그는 시각장애와 지체장애를 가지고 있어 38세가 될 때까지 결혼하지 못했다. 하지만 노복의 재치로 동네에서 가장 아름다운 여인과 결혼하게 된다. 특히 그는 처갓집 식구들을 속이기 위해 의족과 의수를 착용한다. 이로 볼 때 조선시대에도 지금과 같이 지체장애인들을 위한 보장구가 일부 존재했음을 알 수 있다. 비록 지금처럼 정밀하게 제작된것은 아닐지라도 지체장애로 인해 불편한 몸을 어느 정도 보완해주는 기구가 있었던 것이다.

세계 최초의
장애인 단체

아직까지 '세계의 장애인사'가 쓰이지 않아서 단언하긴 어렵지만, 세계 최초의 장애인 단체는 바로 우리나라에 있었던 것이 아닌가 한다. 조선전기 시각장애인 독경사 단체인 '명통시明通寺'가 바로 그것으로, 그들은 정기적으로 이곳에 모여 독경을 연습하거나 나라에서 주관하는 기우제, 일식과 월식, 질병 치료 같은 행사에 참여하곤 하였다. 그래서 국가에서도 명통시에 건물을 제공하거나 이를 고쳐주고, 노비와 쌀을 내려주기도 하였다. 명통시는 당시 국가의 지원을 받는 엄연한 공적 기관이었던 것이다. 지금으로부터 벌써 600여 년 전에 세계 최초의 장애인 단체가 우리나라에 존재했다니, 정말 놀라운 사실이 아닐 수 없다.

1 명통시

시각장애인 단체, 명통시

예조에 전지하기를,

"내가 죽은 자들을 애도하여 추천追薦(죽은 사람의 넋의 괴로움을 덜고 그 공덕을 회향함)하기를 지극히 하지 않는 바가 없을 정도로 나의 생각을 거의 너그럽게 가지나, 그래도 나의 생각이 오히려 궁한 백성에게 미치지 못할까 염려하여 이를 다음의 조목별로 열거한다.

1. 다시 정업원淨業院을 세우고 노비 30구와 전지 100결을 주어서 승과 여승들로 하여금 살아갈 곳을 얻게 할 것.

1. 여러 산에서 구걸하는 사람들이 곤궁하고 굶주린 나머지 죽기에 이르러도 구휼하는 자가 없으니 진실로 불쌍하다. 혹시 그 가운

데 부역을 피하여 도망간 자도 있을 것이며, 혹은 은밀히 불러 모아서 무리를 이루어 즐겨 무뢰배가 된 자도 있을 것이다. 이는 관가에서 마땅히 변통하여 처리할 바이나, 병조에서 너무 급히 추적해 체포하지 말고 그들로 하여금 스스로 느끼도록 할 것이며, 산지기로 하여금 위의 사람들을 발견하거든 천천히 무휼撫恤하는 뜻을 일깨워서 본조로 데리고 오게 하고, 본조에서는 그 족친 및 본주와 보수保授를 찾아서 구휼하게 하고 자주 고찰을 가할 것이며, 족친 및 본주가 없는 자는 동·서 활인원에 주어서 구휼하게 하고 계절마다 계문啓聞하게 할 것.

    1. 잔질·독질로 인해 더욱 의탁할 곳이 없는 자와 맹인을 위해서는 이미 명통시明通寺를 설립하였고, 농아聾啞와 건벽蹇躄 등의 무리는 한성부로 하여금 널리 보수할 바를 찾고, 동·서 활인원에서 후히 구휼하되 계절마다 계문하게 할 것.

    이 사항을 해당 관사에 알리도록 하라."

하였다. (『세조실록』 9권, 세조 3년 9월 16일)

해제 이 기록은 조선시대의 사회적 약자들을 위한 복지정책에 관한 내용이다. 그중 시각장애인들을 위해서는 이미 명통시를 설립했다고 언급한 것으로 보아, 세조 때 명통시는 국가가 인정하던 최고의 시각장애인 단체였음을 알 수 있다.

명통시의 기우제와 포상 사례들

문무 신료에게 명하여 각각 시정의 폐단을 말하게 하고, 서울과 외방의 이죄二罪 이하의 죄수들을 석방하고, 저자를 옮기고, 무녀들을 사평부에, 소경들을 명통시에, 승도를 연복사에 모아 비를 빌었다. (『태종실록』 4권, 태종 2년 7월 2일)

예조에 명하여 산천 제신에 비를 빌고, 또 무당을 백악에, 맹인을 명통시에 모이게 하여 빌게 하였다. 검교 한성판윤 공부를 불러서 광연루 아래에서 석척蜥蜴(도마뱀)으로 비를 빌고, 또 말하기를 '『시경』에 이르기를 '신神을 낱낱이 들지 않는 것이 없다' 하였다' 하고, 승도 100인으로 하여금 흥천사 사리전에 빌고, 또 명하여 토룡土龍에게 제사하였다. (『태종실록』 22권, 태종 11년 7월 11일)

여러 맹인이 스스로 명통시에 모여서 비를 빌었다. (『태종실록』 26권, 태종 13년 7월 5일)

명통시의 맹인 등에게 쌀 30석을 내려주었다. (『태종실록』 26권, 태종 13년 11월 5일)

선공감繕工監에 명하여 명통시를 다시 짓게 하고, 이어서 노비를 합하여 10구를 주니, 오부五部의 맹인이 모이는 곳이기 때문이었다. (『태종실록』 33권, 태종 17년 6월 16일)

좌의정 박은을 보내어 원구단에 제사지냈다. 원단은 제천하는 곳인데, 가물면 나아가서 비가 오기를 빈다. 승도들을 흥복사·연복사에 모으고, 맹인은 명통시에 모아서 기우제를 베풀고, 또 호랑이 머리를 박연朴淵에 잠그었다. (『태종실록』 36권, 태종 18년 7월 1일)

선·교 양종과 명통시에 비가 오기까지 기도하도록 명하였다. (『세종실록』 29권, 세종 7년 7월 2일)

맹인들이 명통시에 모여 비 오기를 빌었다. (『세종실록』 32권, 세종 8년 4월 27일)

명통시에서 기우하는 맹인에게 쌀 30석을 내리었다. (『세종실록』 32권, 세종 8년 5월 25일)

중들을 흥천사에 모으고 무당들을 한강에 모아 기우하고, 맹인들은 명통시에 모여 기우하였다. (『세종실록』 36권, 세종 9년 6월 20일)

명통시에서 기우하던 맹인들에게 쌀 30석씩을 내렸다. (『세종실록』 36권, 세종 9년 6월 26일)

흥천사와 명통시에서 비 오기를 빌었는데, 맹인 또한 비 오기를 빌었다. 비 오기를 기도한 동자에게 베를 차등 있게 내리었다. 또 박연朴淵에 비 오기를 기도했는데, 그 제문에,

"생각하고 생각건대 영연靈淵에 사는 신룡이여, 구름을 일으켜 만물을 적시니 많고 많은 은공은 헤아릴 수 없사오나, 해마다 가물어서 많은 백성이 배를 주립니다. 고요히 뉘우치고 쉼 없이 자책해도 금년에는 봄철부터 초가을까지 가물었나이다. 곡식은 병이 들고 산과 내가 메말랐으니, 하토下土의 백성들은 무엇을 의뢰하랴. 더욱더 조심되고 두려움만 절실토다. 신령님이 아니시면 아무 일도 안 되리니, 진실한 나의 정성 오로지 바치오나 조금만 내렸으니 흡족하지 않습니다. 무럭무럭 자라는 벼와 갓 피기 시작한 곡식들이 여물지 못하게 이처럼 극단에 이르도록 하십니까? 신령님 당신만은 신령스런 변화가 특이한데 어찌 나에게만 그 변화를 부리지 아니하여 찌는 듯한 무더움을 구제하지 않습니까? 이에 좋은 날을 가려서 사자를 시키어 술잔을 진설하니, 신령님은 도우시어 하늘의 비를 인도하여 구름을 뭉게뭉게 일어나게 하옵시고, 비를 쏟게 하여 단비를 때맞추어 내리게 하옵시어 많은 농작물을 여물게 하소서."

하였다. (『세종실록』 37권, 세종 9년 7월 11일)

동지중추원사 이진과 첨지중추원사 김청에게 각각 내구마 한 필씩을 내려주었으니, 헌관獻官으로 기우해서 감응이 있었던 까닭이었다. 도마뱀으로 기우한 동남童男과 명통시에서 기우한 맹인에게도 모

두 쌀을 차등 있게 내려주었다. (『세종실록』 72권, 세종 18년 6월 2일)

해제 위의 기록들은 조선초기에 설립된 시각장애인 단체인 명통시에 관한 것이다. 명통시는 한양 북부에 있던 11방 중 하나인 명통방에 설립되어 그 이름이 생겨났다 전해지며, 태종 때 처음으로 실록에 등장한다. 명통시에 소속된 시각장애인들은 평소 독경이나 점복을 하였으나, 또한 기우제를 지내는 등 나라의 큰 제사도 관장하였다. 특히 나라에 가뭄이 들면 명통시의 시각장애인들이 중심이 되어 기우제를 지냈으며, 이에 따라 국가에서 명통시에는 노비를 내리거나 건물을 고쳐주고 혹은 쌀을 하사하기도 하였다.

정기적으로 쌀과 콩을 주었다

호조에서 명통시 맹인들의 상언에 의하여 아뢰기를,
"기유년으로부터 매년 본사에 쌀 30석과 황두 20석을 의례로 주어서 부처에게 봉양하고 축복하는 재물로 삼았사온데, 정사·무오년에 흉년든 것으로 인하여 폐지하였사오니, 청하건대 이제부터는 다시 쌀과 콩 각 20석을 하사하게 하소서."
하니, 그대로 따랐다. (『세종실록』 84권, 세종 21년 3월 27일)

해제 이 기록은 명통시에 다시 곡식을 하사하기 시작했다는 내용이다. 명통시의 시각장애인들은 기우제를 치른 후 국가로부터 상을 받기도 했지만, 이처럼 정기적으로 쌀과 콩 등을 하사받았던 것으로 보인다. 이것은 국가가 명통시를 일종의 사조직으로 여기지 않고 시각장애인들이 모이는 공식적인 단체로 여겼기 때문인 것으로 보인다.

명통시에 건물을 하사하다

호조에 전지하기를,
"난신亂臣 김종서의 집을 일찍이 청성위 심안의에게 내려주었는데, 이제 김종서와 김승규의 집을 충훈사에 주고, 민신의 집을 심안의에게 내려주라. 그리고 또 이용의 큰 집을 문종의 후궁에게 내려주고, 이양의 집을 경숙옹주에게 내려주고, 조석강의 집을 신빈에게 내려주고, 황귀존의 집을 혜빈에게 내려주고, 조수량의 집을 시녀 춘월에게 내려주고, 조극관의 집을 시녀 소근에게 내려주고, 윤처공의 집을 시녀 충개에게 내려주고, 안완경의 집을 내시 복회에게 내려주고, 허후의 집을 함귀에게 내려주고, 윤위의 집을 박귀동에게 내려주고, 지화의 집을 수산에게 내려주고, 이우직의 집을 계수에게 내려주고, 이승윤의 집을 군자에게 내려주고, 이보인의 집을 막동에게 내려주고, 하석의 집을 중이에게 내려주고, 박이령의 집을 조득림에게 내려주고, 황보인의 새집을 임어을운에게 내려주고, 이현로의 집을 명통시明通寺에 내려주고, 이용의 첩 대어향의 집을 금화도감禁火都監에 내려주고, 황보인의 집을 수강궁의 이접소移接所로 하라."
하였다. (『단종실록』 9권, 단종 1년 12월 2일)

해제 이 기록은 계유정난으로 파직되거나 사형에 처해진 대신들의 집을 왕족과 각 관청 등에 나누어주었다는 것이다. 여기에 계유정난 때 이용(안평대군)의 심복이었다는 죄로 처형된 이현로의 집을 시각장애인 단체인 명통시에 내려주었다는 기록이 있다. 또한 위의 기록에서 지화池和는 세종 때부터 나랏일을 맡아보던 시각장애인으로 특히 눈여겨봐야 할 인물이기도 하다.

명통시에서 독경을 연습하다가

도성 안에 명통시라는 절이 있었는데 장님들이 모이는 곳이었다. 장님들은 초하루와 보름날에 한 번씩 모여 경經을 외며 축수祝壽하는 것을 일삼았다. 높은 사람은 불당에 들어가고 낮은 사람은 문을 지키는데, 문을 겹겹이 잠그고 창을 들고 지키므로 사람이 들어가지 못하였다. 그런데 한 서생書生이 몸을 솟구쳐 바로 들어가 대들보에 올라가 있다가 장님이 작은 종을 치기에 서생이 종을 끌어 올려버렸으므로 장님은 북채를 휘둘러 허공을 쳤다. 그런 뒤에 다시 종을 내려주자 장님이 손으로 만져보니 종은 여전히 있었다. 이와 같이 하기를 서너 번 하다가 장님은 말하기를,

"불당 안의 작은 종이 무엇인가에 끌려 올라간다."

하였다. 그러자 모든 장님이 둘러앉아 점을 쳤는데, 그중 한 장님이,

"이것은 틀림없이 벽 사이에 박쥐가 붙어서 그렇게 하는 것이다."

하니, 모두 일어나 벽을 만져보았으나 아무것도 없었다. 또 어느 장님이,

"이것은 틀림없이 저녁닭이 들보 위에 앉아서 그렇게 하는 것이다."

하여, 서로 다투어 장대로 들보 위를 때렸으므로 서생이 고통을 못 견디어 땅에 떨어지니, 서생을 묶고 종아리를 쳤으므로 그는 엉금엉금 기어서 돌아왔다.

이튿날 그는 삼노끈 두어 발을 얻어가지고 절 변소에 숨어 있다가, 주인 장님이 변소에 와서 웅크리고 앉자 서생이 갑자기 노끈으로 그의 음경을 매어 당기니, 장님은 크게 소리치며 구원을 청하였다. 여러 장님이 다투어 와서 주문을 외기를,

"주인 장님이 변소 귀신에게 화를 입게 되었다."

하며, 혹은 이웃을 불러 약을 구하고 혹은 북을 울려 명을 비는 자도 있었다. (성현, 『용재총화慵齋叢話』, 『대동야승』 1, 민족문화추진회, 1973)

해제 이 글은 조선전기 시각장애인들이 명통시에 모여 독경을 연습하다

가 일어난 사건을 흥미롭게 기록해놓은 것이다. 당시 명통시는 위계질서가 엄격하였고, 창을 들고 문을 지키는 자가 있어 함부로 출입할 수 없었음을 알 수 있다.

4장

유형별 장애인의 역사

현재까지 발견된 장애인사를 종합해보면, 시각장애인에 관한 기록이 가장 많이 남아 있다. 당시 질병과 전염병의 만연으로 시각장애를 입는 경우가 많았으며, 또 국가는 이들 시각장애인을 대표적으로 자립 가능한 사람으로 분류하여 다양한 직업을 갖고 스스로 먹고살도록 유도했기 때문이다. 다음으로 청각·언어 장애인의 경우는 의사소통의 어려움을 호소하는 기록이 많고, 지체장애인의 경우는 팔이나 다리 등 신체의 한 부분이 장애를 입어 살아가기가 어려웠다는 기록이 많은 편이다.

또 키가 작은 왜소증 장애인은 뚜렷한 신체적 특징으로 인해 결혼의 어려움을 호소하거나 비장애인의 시선이 곱지 않았다는 기록이 많다.

정신질환의 경우는 어렸을 때 부모의 사랑을 받지 못했거나 살아가면서 지나치게 슬퍼하고 스트레스를 받은 나머지 정신질환을 갖게 되었으며, 대체로 이들은 떠돌이 생활을 하거나 욕심 많은 가족들에게 피해를 당했다는 기록이 많은 편이다. 그와 함께 지적장애인은 지능이 조금 떨어져도 가족이나 이웃 사람들의 배려로 특별한 불편 없이 잘 살았다고 한다.

끝으로 간질장애는 워낙 증상이 무서워서인지 주로 치료법에 대한 기록이 많은데, 대부분 인육人肉으로 치료했다는 경험담들이다. 그만큼 간질은 고치기 힘들었다는 것을 반증하는 듯하다.

**1
시각장애인과
자립생활**

개안담 開眼譚

경덕왕 때 한기리에 사는 여인 희명希明의 아이가 다섯 살에 갑자기 눈이 멀었다. 하루는 희명이 아이를 안고 분황사로 가서 왼편 전각 북쪽 벽에 그린 천수대비 앞에서 아이를 시켜 노래를 지어 빌었더니, 드디어 눈을 뜨게 되었다. 그 노래에 이르고 있다.

무릎을 꿇으며 두 손바닥을 모아 괴어서
천수관음전에 축원의 말씀을 올리노라
일천 개 손으로 일천 개 눈으로 하나를 내놓아 하나를 덜도록
두 눈이 다 먼 내라 나나나마 주어 고칠네라

아야야
네게 끼치어 준다면 내놓아도 자비심 뿌리로 되오리

그 찬미하는 시에 이르고 있다.

대말 타고 파잎 피리 불며 놀던 애기
그만 하루아침에 어여쁜 두 눈알 잃을 줄이야
보살님의 자비로운 보살핌이 없었던들
버들꽃 피는 좋은 봄 헛되이 보낼 것을.
(『삼국유사』 권 제3, 탑상-분황사천수대비 맹아득안)

해제 이 글은 신라 경덕왕 때 희명이라는 여인의 아이가 후천적으로 시각장애인이 되자, 분황사의 천수대비 앞에 나아가 노래를 부르자 눈을 뜨게 되었다는 이야기다. 신라시대 사람들은 이처럼 부처님의 자비로 자신들의 염원이 이루어지기를 바랐다.

도미 이야기

도미는 백제 사람이었다. 그의 신분이 비록 보잘것없는 백성에 속하였으나 의리에 대단히 밝았으며, 그의 아내도 어여쁘고 고울 뿐만 아니라 절조가 있어 당시 사람들의 칭찬을 받았다. 개루왕이 이 말을 듣고 도미를 불러 말하기를,

"대체 부인의 덕은 정절로써 으뜸을 삼지만, 만일 으슥하고 컴컴한 사람 없는 곳에서 달콤한 말로써 꾀이면 마음이 쏠리지 않는 여자가 드물겠지."

하니, 도미가 대답하기를,

"사람의 마음이란 알 수 없는 것이지만 저의 아내와 같은 여자는 죽어도 변함이 없을 자입니다."

하였다.

왕이 그를 시험하여보고자 도미를 머물러 두어 일을 시키고, 한 사람을 시켜 왕의 복색과 말과 하인을 갖추어 왕으로 가장하여 밤에 도미의 집으로 가면서 미리 사람을 보내어 왕이 온다고 기별하였다. 가짜 왕이 도미의 아내에게 이르기를,

"오래전부터 네가 어여쁘다는 얘기를 듣고 도미와 내가 내기를 하여 너를 가지게 되었다. 내일 너를 데려다가 궁녀로 삼겠으니 지금부터 너의 몸은 나의 것이다."

하고, 드디어 덤벼들려고 하니 그 여자가 말하기를,

"국왕이 빈말을 하지 않을 것이니 제가 어찌 감히 순종하지 않겠습니까? 바라옵건대 대왕은 먼저 방으로 들어가시옵소서! 제가 옷을 갈아입고서 모시겠습니다."
하고 물러나와 어여쁜 여종 하나를 단장시켜 들여보냈다.

왕이 뒤에 그 여자에게 속임을 당한 줄 알고 크게 노하여 도미에게 죄를 뒤집어씌워서 그의 두 눈을 뽑아버렸다. 그러고는 사람을 시켜 끌어내어 조그마한 배를 태워 강 위에 띄운 다음 그의 아내를 끌어들여 억지로 간음하려 하니, 그 여자가 말하기를,

"이미 남편을 잃고 과부의 몸으로 혼자 생활을 할 수 없을 뿐만 아니라 왕을 모시게 되었으니 어찌 감히 반대하오리까? 그러나 지금 첩이 월경 중이라 온 몸이 더러워졌으니 다른 날을 기다려 목욕을 깨끗하게 한 뒤에 와서 모시겠습니다."

하였다. 왕이 이 말을 곧이듣고 허락하였다. 그 여자가 곧 도망하여 강 어귀에 이르렀으나 건널 수가 없어서 하늘을 우러러 부르짖으며 통곡하고 있었다. 그러자 갑자기 배 한 척이 물결을 따라 이르매 그 배를 잡아타고 천성도에 이르러 남편을 만났는데, 도미가 아직 죽지 않고 풀뿌리를 캐어먹고 있었다. 그 길로 배를 타고 고구려의 산산蒜山 밑에 이르니, 고구려 사람들이 그들을 불쌍히 여겨 옷과 밥을 모아 주었다. 그리하여 그들은 구차하게 살면서 나그네의 생활로 일생을 마치었다. (『삼국사기』 권 제48, 「열전」 제8, 도미조)

해제 이 글은 『삼국사기』에 나오는 것으로 백제 개루왕 때 평민인 도미가

그의 아내를 탐한 왕에게 두 눈이 뽑혀 시각장애인이 된 후, 부인과 함께 고구려로 도망가 살았다는 이야기이다. 고구려 사람들은 도미 부부를 불쌍히 여겨 옷과 밥을 모아 주며 생계를 이어가도록 했다.

그림으로 보는 도미 이야기

「도미염초」, 『삼강행실도』 열녀편.

이 그림은 조선 세종 대에 편찬된 『삼강행실도』에 나오는 것으로 백제 개루왕 때
아름다운 부인으로 인해 시각장애인이 된 도미에 관한 이야기이다.
그림에는 도미가 개루왕에 의해 두 눈이 뽑혀 실명을 당하는 장면이 생생하게 그려져 있다.
세종은 이러한 부부의 신의를 지킨 사례를 통해 백성들을 교화하고자 하였다.

한국 시각장애인 소사小史

우리나라의 맹인은 해서海西(황해도)의 봉산·황주 등지에서 많이 살고 있다. 세상에 전하는 말에 따르면, 해서에는 땅이 꺼지는 재변이 있었기 때문에 맹인이 많다고 하는데, 그 말이 사실이다. 맹인은 사민四民(사·농·공·상)의 대열에 끼지 못하여 의식을 해결할 방법이 없으므로, 그들은 으레 역복易卜(역리에 의한 점)을 배우고, 겸하여 경문·도경이나 불경 따위를 외워서 잡귀를 몰아내고 병을 다스리고 주문을 외워 생활을 영위하는데, 사제 간의 질서가 매우 엄중하다. 그들은 항상 산통과 점대를 휴대하고는 서로 지팡이를 짚고 길거리에 다니면서 '신수들 보시오問數'하고 외치는데, 그 소리가 마치 노랫소리와 같기 때문에 사람들이 가만히 앉아서도 맹인이 지나가는 것을 알 수 있다. 그들을 불러서 점을 보면 그들은 양식(옛날에 곡식을 주고 점 본다는 말이 있는데, 정림 고염무가 이에 대해 해석하기를 "옛날에는 돈이 널리 쓰이지 않았으므로 『시경』, 『서경』 같은 책에 모두 돈에 대한 글이 없으며, 점 보는 사람도 곡식을 사용하였다. 한나라 초기에도 그러하였는데, 『사기』 「일자전」에 의하면 점을 보아서 설령 맞지 않을지라도 한번 받은 곡식은 빼앗기지 않는다" 하였다)을 받는 것으로 본업을 삼는다.

우리 국조에 들어와서 맹인 점쟁이에 대해서는 홍계관洪繼寬·유은태劉殷泰·함순명咸順命과 합천 맹인陜川盲人 등을 맹인 점쟁이의 시조로 친다.

홍계관에서 합천 맹인에 이르기까지가 모두 야사·패승에 나타나 있지만, 자세한 설명을 붙일 겨를이 없으므로 그만두고 상고가 되는 대로 다시 기록하려 한다. 그러나 홍계관은 쥐 한 마리를 다섯 마리라고 하였다가 사형을 당하게 되었을 무렵에 쥐의 배를 갈라서 실험해보기를 원하므로, 그 쥐를 잡아서 배를 갈라보니 새끼 네 마리가 들어 있어 과연 어미 쥐와 합해서 다섯 마리였다. 이리하여 세상에서 그를 신복神卜이라 하였다.

잠곡 김육 상공의 『필담筆談』에,

"임오년 무렵에 성이성이 합천군수로 있을 때, 어떤 맹인이 소송을 제기하였기에 그 일을 처리하고 나서 그에게 '네가 점을 칠 줄 아느냐?' 하고 묻자, 그가 '조금 배웠습니다' 하였다. 그래서 국운의 길흉을 말해보라 하니, 그가 '명월 4월 아무 날 서방에서 군사를 일으키면 동북방에서 다시 이를 이어 크게 군사를 일으킴으로써 왕실이 교체될 것입니다' 하였다. 성이성이 '이런 요망스런 말을 어디서 하느냐?' 하며 빨리 그 맹인을 내쫓도록 하였는데, 과연 갑신년(1644, 인조 22)에 이르러 이자성이 산서에서 반란을 일으켰고 이어 청인淸人이 쳐들어옴으로써 명나라 의종이 순절하고 명나라가 종말을 고하였으니, 그 날짜도 틀리지 않았다."

하였다. 그러나 근래에는 시원찮은 점쟁이만이 있을 뿐이다.

아무리 숭품崇品(종1품의 별칭)의 재상이라 할지라도 맹인을 만났을 때는 '너'라는 천한 말로 대하지 않고 중인中人(양반도 아니고 상인도 아닌 사람의 칭호) 정도로 대한다. 간혹 살다가 실명하여 앞을 보지 못한 사람도 남의 안방에 드나들면서 점을 보고 신수를 보곤 하니, 이야말로 해괴망측한 일이다.

대체로 맹인들은 길을 다니는 데 있어 밤낮을 가리지 않고, 또 한 번도 가보지 않은 두메산골이라도 한 번만 들으면 척 알고 평소 다니던 곳처럼 잘 찾아가곤 하여 눈이 밝은 사람보다 도리어 낫다. 그들이 자녀를 낳았을 경우에는 손으로 만져만 보고도 곱고 미운 것을 알며, 조그마한 칼을 손에 쥐고 종이를 잘라 인형을 조각하는 데도 오체五體(머리와 수족)가 온전하여 한 치수도 틀리지 않게 한다. 그리고 부싯돌을 치고 담배를 썰거나, 투전·골패·쌍륙·장기 등의 놀이에도 일반인과 다를 것 없이 잘한다.

여자 맹인 또한 바느질과 길쌈하는 일이 눈 밝은 여자보다 오히려 낫다. 정신이 한번 이른 곳에는 형체가 없는 것을 마음으로 보아서 백체百體에 보이는 눈이 있다. 속담에 '장님은 상상으로 눈을 삼고 손으로 본다' 하였으니, 그 말이 거짓이 아닌가보다. 또한 석가가 이른바 육근六根(안眼·이耳·비鼻·설舌·신身·의意)이 서로 작용한다는 것이 아닌가 싶다.

유산 원호문元好問의 『속이견지續夷堅志』에,
"평양에 사는 가씨라는 늙은이는 눈을 보지 못하면서도 불상을 잘 조각하여 불상의 상호相好가 단정 엄숙하였다. 그는 불상을 만들 때 맨 처음 목재木材를 앞에 세워놓고 손으로 매만져 모형을 구색하다가 마음에 깨달은 바가 있으면 자귀를 바람처럼 휘둘러 조각하였다. 또 조주趙州의 장님 중은 먹물을 입으로 뿜어서 그림을 그렸고, 그림 위에 오색 물감을 포치할 때도 입으로 뿜어서 하였다. 모제거毛提擧(제거는 송나라 때의 관명)의 집에, 큰 나무 밑에 범 한 마리가 쭈그리고 앉아 있고 그 옆에는 푸른 색깔의 작은 범 한 마리가 누워 있는 그의 그림이 소장되어 있는데, 범의 눈이 마치 금빛처럼 번쩍거렸다. 조막착趙邈齪(송나라 때의 화가로 범을 특히 잘 그렸다 한다)도 이보다 나을 수 없다."
하였다.

왕사진王士禎의 『지북우담池北偶談』에,
"송강에 사는 동자 당훈唐勳이 5세에 장님이 되었는데, 12세 되었을 때에 지은 시가 썩 좋은 것이 많았다. 그의 선대에 자가 중언仲言인 여순汝詢이란 사람도 장님인 데다 시에 능하여 당시唐詩에 주를 달았다. 그리고 영평의 맹원보 웅필孟元輔熊弼이 젊어서 장님이 되었는데, 글읽기를 좋아하고 한번 들은 것은 다 외었으며, 일찍이 당인 50가家의 시를 선집하였으니, 이 또한 기이한 사람이다."
하였다.

신돈복辛敦復이 말하였다,
"처사處士 학산鶴山 김성침金聖沈이 5세 되던 해에 두진痘疹을 앓다가 두 눈을 다 못 보게 되었는데, 천성이 매우 슬기롭고 영리하였다. 그의 아버지가 서전書典을 가르쳐 문리가 트인 후에는 날마다 남이 읽는 소리를 듣고 따라 읽었는데, 한번 들으면 대번에 외곤 하여 군서群書를 박람하였다. 그는 글 짓는 것이 남의 표본이 될 만하고, 시 또한 청절淸絶하였다. 그의 저서에 『잠와집潛窩集』두 권이 있다. 그의 아내 홍씨洪氏는 만적의 딸로 잠와潛窩보다 나이가 한 살 위인데, 그 역시 5세에 장님이 되었다. 그러나 뛰어난 효행과 훌륭한 행실이 있었다. 『소학』, 『내훈』 및 다른 서책을 배웠는데, 한번 읽은 것은 잊지 않고 시도 잘 지어서 시가 매우 청절하였다. 잠와와 결혼한 이후 50여 년 동안 해로하면서 집안을 다스리고 자녀들 교육시키는 데 모두 법도가 있어 훌륭한 사범師範이 되었으니, 이는 참으로 전대前代에 듣지 못했던 일이다."

사천槎川 이병연李秉淵이 이를 위해 「이인전異人傳」을 지은 이외에는 우리나라 제가들의 저술을 많이 보지 못하였으므로, 우선 생략해 두었다가 견문을 얻는 대로 기록하련다.

상고하건대, 허백당虛白堂 성현成俔의 『용재총화慵齋叢話』에 다음과 같이 적혀 있다.

"도시 복판에 명통시明通寺가 있었는데, 장님들이 모이는 곳이었다. 장님들은 초하루와 보름에 한 번씩 모여 경문을 외며 축수祝壽하는 것을 일삼았는데, 그중에 높은 사람은 당으로 들어가고 낮은 사람은 문을 지키면서 겹문에 창을 세워놓으므로 사람이 마음대로 들어

가지 못한다."

　지금 도성 안의 남쪽 영희전(열성列聖의 영정을 봉안한 궁이다)의 뒷골목 하마비下馬碑의 건너편에 이른바 맹청盲廳이라는 것이 있으니, 이것이 바로 옛날의 명통시가 아닌가 싶다. 이미 시寺라 칭하였으니 이는 곧 관서의 호칭인데, 장님에게 관청을 설치할 리가 없고 보면 시라 이름한 것은 알 수 없는 일이다. 이를테면 국局이라는 것도 관사의 명칭인데 내의원을 약국(훈련도감을 훈국이라 하고, 비변사를 비국이라 한 류와 같다)이라 한 것을 인하여, 개인 점포에서도 약을 팔면 문득 약국이라 호칭한 예와 같은 것이 아닌가 싶다. 맹인을 세속에서 판사判事라 호칭하니, 판사는 바로 각사 장관의 호칭인데, 장님에게 이 호칭을 쓰는 것은 외람된 일이다. 아무튼 이미 판사라고 칭해왔기 때문에 그들이 모인 청廳도 시寺라 칭했나보다.

　임금이 능침을 알현하기 위해 거둥할 때에는 어가가 궁궐 밖으로 나갈 때나 돌아올 때에 여러 맹인이 으레 도포를 입고 떼를 지어 성 밖으로 나가 어가를 공경스럽게 전송하고 공경스럽게 맞아들이는 등 조사朝士 사마司馬와 반열을 같이하니 매우 해괴한 일이다. 어느 때의 법을 본받아서 그러는지 알 수가 없다. 그러나 삼대(하·은·주 시대)에는 장님을 시켜 시를 외고 북을 두드리게 하였으니, 시를 외어 바른일을 말하고, 북을 두드려 일식·월식을 막았다고 한다. 이는 『주례』에서 상고할 수 있다. 그들은 또 악樂을 맡았기 때문에 우리나라에서도 이를 본받아 장님을 장악원에 예속시켜두고 내전에서 진연할 때면 맹인에게 눈화장을 하고 악기를 들고서 연주하도록 하였으므로, 여기에 의거하여 반열에 참여시켜서 어가를 전송하고 맞아들이는 것이다.

시축의 호칭을 명통明通이라 한 것도 우의이고 보면, 이 또한 맹인 스스로가 호칭한 것은 아닌 듯하다. 여기에 대한 고사가 반드시 있을 것이나 상고할 만한 사적이 없다. 맹인이란 혼돈세계 속에서 사는 사람으로 그 욕망은 오직 명통明通(눈이 밝게 뜨이는 것)에 있으므로, 그 청廳을 그렇게 이름한 것이다. 그러나 맹인이란 눈은 뜨지 않았으나 마음으로 사물을 보고, 또 귀는 어둡지 않아서 밖의 소리를 환히 들을 수 있어 이주離朱의 밝은 눈과 사광師曠의 밝은 귀에 다름이 없으니 어째서인가? 이는 다름이 아니라 그 뜻과 생각이 전일하여 정신이 흩어지지 않기 때문이다. 명통明通의 의의도 여기에 있는 것이 아닌가 한다. (이규경, 『오주연문장전산고』 경사편 5, 논사류 1)

해제 이 글은 이규경의 『오주연문장전산고』에 나오는 것으로, 조선시대 시각장애인들의 역사에 대해 대략적으로 기록해놓은 것이다. 우선 조선시대 시각장애인들은 해서 지방에 많이 살았다고 한다. 이규경은 그것을 해서 지방에 재변이 있었기 때문이라고 했는데, 어떤 이유로 인해 그곳에 시각장애인이 많이 모여 살았던 듯하다. 다음으로 명통시의 장애인들은 서로 서열을 정해놓고 그것을 엄격하게 지켰다고 한다. 또한 시각장애인들은 왕이 능침을 알현하거나 거둥할 때 어가의 맨 앞에 서서 맞이하고 전송하는 등 지위가 꽤 높았으며, 기타 장악원의 악공으로도 활약했다고 한다. 한편 당시 사람들은 아무리 정승이라 할지라도 시각장애인들을 함부로 대하지 않았다고 하는데,

이것은 조선시대 사람들이 평소 장애인들을 어떻게 대했는지 알려주는 것이기도 하다. 이처럼 조선시대에 시각장애인들은 사회의 중요한 일원으로서 다양한 직업을 가지고 상당한 영향력을 발휘하며 살았던 것으로 보인다.

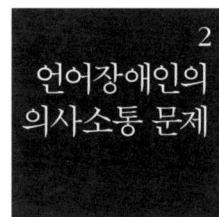

2 언어장애인의 의사소통 문제

죄 없는 언어장애인을 고문하다

왕이 벙어리를 친국(임금이 중죄인을 직접 신문함)하였다. 이에 앞서 박치의의 친속이 '치의가 도망칠 때에 종 막동이를 데리고 갔다'고 말하였다. 이 때문에 사방으로 그를 체포하기 위해 수색하였는데, 이름이 막동인 자는 모두 조사를 당하여 옥중에는 언제나 4, 5명의 막동이가 있었다. 여산군수 권곤이 한 벙어리 거지를 체포하여 서울로 보냈는데, 그의 장첩狀牒에,

"이 사람이 처음에는 벙어리 증세가 아주 심하여 단지 손으로 입술과 두 귀를 두드렸는데, 끝까지 캐묻자 비로소 어지럽게 횡설수설하였습니다. 그의 허망하고 변환함이 이와 같으니 그가 필시 막동일

것입니다."

하였다. 왕이 마침내 친국하였으나 벙어리가 공초를 하지 못하므로, 치의의 친속 중 갇혀 있는 임연 등을 시켜 증험하게 하였더니 모두 막동이 아니라고 하였다. 또 박응서를 시켜 증험해보게 하였는데 응서도 치의의 종이 아니라고 말하였다. 그 뒤에 잇따라 국문을 하고 마침내 한 차례 형신刑訊을 하였으나 벙어리는 끝내 말을 하지 않고 그저 우우 소리만 낼 뿐이었다. 대신들이 아뢰기를,

"이 사람은 분명히 벙어리 불구자이니 장첩에서 이른바 손으로 입을 가리켰다고 말한 것은 필시 스스로 자신이 말하지 못한다는 것을 가리키는 모습이었을 것입니다. 만일 이 사람이 정말 벙어리가 아니라면 준엄한 형신 아래에서 어찌 한 번도 어미를 부르지 않았겠습니까? 신들의 보는 바는 이와 같습니다."

하였으나, 왕이 유의하지 않았다. 【권곤은 본디 유희분의 문객으로 익사공신이 되기를 도모하여 언제나 임해군의 반역하는 상황을 염탐한 것을 자랑스럽게 여겼으나 끝내 증거할 만한 실상이 없었다. 지금 금관자·옥관자를 다는 품계로 큰 고을의 군수로 나갔으니 음관의 명예와 벼슬로는 부족함이 없다. 그런데도 불구하고 높은 상을 희망한 나머지 불치의 병으로 하소연할 데 없는 사람을 잡아서, 심지어는 아아 우우 하는 소리를 어지럽게 변환하였다고 하였다. 그가 거짓을 꾸며 공을 요행히 바라는 짓이 이와 같았으나 국청도 감히 다 말하지 못하였다.】 (『광해군일기』 81권, 광해군 6년, 8월 27일)

해제 이 기록은 광해군 때 박치의란 자가 사람을 죽이고 그의 종 막동이와 함께 달아났는데, 그 막동이를 찾는 과정에 대한 이야기이다. 그때 여산군수 권곤도 막동이라는 이름을 가진 사람들을 모두 잡아올렸는데, 그중에는 말을 하지 못하는 언어장애인도 포함되어 있었다. 이 사람은 자신이 말을 하지 못한다는 것을 알리기 위해 손가락으로 입과 귀를 여러 차례 가리키거나 두들겼지만, 광해군 등은 그것을 이해하지 못하고 엄한 형벌을 가하였다. 즉, 당시 언어장애인은 의사소통이 어려워 부당한 고초를 당하기도 했던 것이다.

살인 죄인 애립

경상도 의령의 살인 죄인 애립愛立이 귀머거리에다 벙어리였으므로 동추同推(같이 심문함)하지 못한 일을 대신에게 의논하라 명하니, 대신들이 모두 말하기를,
"애립이 비록 벙어리에다 귀머거리라고는 하지만 도리어 몽둥이를 쥐고서 사람을 죽였으니, 상명償命(살인한 사람을 죽임)하는 것이 진실로 마땅합니다. 그러나 귀로는 듣지 못하고 입으로는 말하지 못해 능히 취조할 수가 없으니, 가볍게 결단하기에는 어려움이 있습니다."
하자, 정배定配하라고 명하였다. (『숙종실록』 14권, 숙종 9년 7월 8일)

해제 이 기록은 숙종 때 살인죄를 저지른 청각·언어장애인 애립에 대한 이야기이다. 애립은 들을 수도 말할 수도 없는 장애인이었지만 어떤 이유로 몽둥이로 사람을 죽이는 살인죄를 저질렀다. 하지만 의사소통이 어려워 계속 취조하여 사건의 진상을 밝힐 수가 없었다. 이에 임금이 그냥 유배를 보내라고 명하였다.

벙어리 최방한

벙어리 방한의 성은 최씨인데, 손짓 발짓으로 마음속의 뜻을 잘 드러냈다. 관기官妓와 사창私娼을 모두 관할했으므로, 날마다 부잣집 자제들을 맞이하여 화류계에 흠뻑 빠져 지냈다. 한평생 신의를 어긴 말이 한마디도 없었기에 풍류를 즐기는 남녀 가운데 그를 아끼지 않는 자가 없었다. 비록 입는 옷이나 재물은 부족했지만 부잣집 자제들과 격 없이 지냈다.

만약 황혼이 아름답다고 말하려면
손가락을 해처럼 둥글게 하고 서쪽을 비껴 보네.
사람 만나면 꽃가지 잡고 혼자 웃으니
소년들이 글자 없는 수수께끼를 다투어 추측하네.

(조수삼, 허경진 옮김, 『추재기이』, 서해문집, 2008)

해제 이 글은 추재 조수삼의 『추재기이』에 나오는 것으로, 조선후기 언어장애인 최방한에 대한 이야기이다. 그는 말을 하지 못하여 손짓과 발짓으로 사람들과 얘기했지만, 기생방에서 즐겁게 일하며 부잣집 자식들과 격 없이 지냈다.

3
지체장애와 가족의 헌신

지체장애인 남편에게 정절을 지키다

서울의 중촌에는 부자들이 많이 살았다. 한 부호가 젊고 잘생겼는데 기생과 하룻밤 자는 돈으로 날마다 천 꿰미를 날렸다. 어느 날 한 여자가 앉은뱅이를 업고 와서 하인으로 써줄 것을 사정하였다. 서울의 풍속에는 사람을 두어 곁채를 돌보게 하는 이를 일컬어 '속득'이라 하고 종으로 부린다. 부자가 곁눈으로 여자의 아름다움을 보고는 '저 여자가 우리 집에 살게 되면 반드시 내 말을 어기지는 못하리라' 생각하고 곧 허락했다. 시간이 제법 지난 뒤에 여자를 유혹하니 여자가 부드러운 말로 대답했다.

"저는 종에 불과합니다. 낭군께서 하시는 말씀은 집안을 망치는 것이니 첫째로 안 될 이유이고, 또 온전한 사람의 아내는 아니지만 앉은뱅이도 남편입니다. 어찌 눈앞에서 속이겠습니까? 이것이 두 번째로 안 될 이유입니다. 낭군께서는 자중자애하십시오."

부자가 그 말을 듣고 부끄러워 감히 여자를 범하지 못했다. 그러나 그럴수록 더욱 사랑하는 마음이 생겨 마음을 정하지 못하고 갖은 방법으로 그 여자의 뜻을 헤아리고 마음을 살 궁리만 했다. 진심으로 언행을 닦고 삼가며 몸가짐을 바르게 했으나 단 한 번도 그 마음을 얻지 못할 것 같자, 하루는 부자가 무릎으로 기어 앞으로 와서 말했다.

"내가 곧 죽는다고 해도 계속 그럴 것이냐?"

여자가 얼마간 생각하더니 한숨을 쉬고 웃으면서 말했다.

"그건 어렵지 않지요. 낭군께서 제 말을 들어주시겠습니까?"

부자가 말했다.

"말만 해다오."

여자가 말했다.

"앉은뱅이가 자기 손으로 먹고살지 못해 낭군의 행랑까지 흘러온 것이니 참으로 불쌍합니다. 만약 낭군께서 드시고 남은 좋은 음식과 입던 옷을 거두어 도와주시면 제가 감히 몸으로 보답하지 않을 수 있겠습니까?"

부자가 기뻐하며 말했다.

"그래, 그래. 참으로 그렇구나. 왜 진작 말하지 않았느냐?"

때마다 그 말대로 해주고 여자의 마음을 엿보았다.

일 년 남짓 지나 앉은뱅이가 죽었다. 여자가 머리를 풀고 와서 말했다.

"앉은뱅이가 낭군의 은혜를 입어 두터운 보살핌을 많이 받아 명대로 살다 갔습니다. 은혜를 더하여 수의와 관을 들고 갈 인부를 주셨으면 합니다."

부자가 그 말대로 해주자 여자는 장례를 치르러 성 밖으로 나갔다. 부자가 '이제야 여자가 내 것이 되었구나. 집을 하나 사서 거기 있게 해야겠다'고 생각하고, 수시로 목을 빼서 문을 바라보며 그녀가 돌아오기를 기다렸다. 그러나 날이 저물어도 여자는 끝내 돌아오지 않았다. 부자가 하도 이상해서 새벽에 찾아가 멀리서 바라보니 흰옷이 무덤 앞에 넘어져 있었다. 여자가 너무 슬퍼하다 넘어져 있는 것이라 생각하고 얼른 일으켰더니 목을 찔러 죽은 지 이미 오래였다. 부자가 크게 통곡하며 말했다.

"열녀로다, 이 사람은! 내가 이제 천지신명께 죄를 지었구나."

마침내 후하게 장례를 치르고 앉은뱅이의 묘에 합장해주었다. 부자는 시간이 지날수록 더욱 슬퍼하여 죽을 때까지 다시는 주색에 빠져 방탕하게 놀지 않았다.

서울의 인백원이라는 사람이 나에게 이 여자의 일을 이야기해주었다. 그 마을의 노인 중에 그 일을 직접 본 사람도 있다고 하는데, 안타깝게도 그 마을이나 이름과 성은 다 전하지 않는다. (이혜순, 김경미, 『한국의 열녀전』, 월인, 2002)

해제 이 글은 황현의 「벽부열전」에 나오는 것으로 지체장애인 남편을 정성껏 봉양한 한 여성에 대한 이야기이다. 그녀는 지체장애를 가진 남편을 위해 평생을 희생하고, 결국 그 남편을 따라 죽음까지 선택했다. 또한 자신을 향해 끈질기게 구애를 펼친 주인에게도 큰 가르침을 남겼다. 이처럼 중증 지체장애를 가진 사람들은 가족들의 봉양을 필요로 했는데, 그중에서도 부모나 배우자의 역할이 가장 컸다고 볼 수 있다.

그림 속의 지체장애인

「대쾌도大快圖」, 전 신윤복, 국립중앙박물관.

이 그림은 신윤복이 그린 것으로 추정되는 「대쾌도」로 조선후기 지체장애인 중 척추장애인의 모습이 잘 표현되어 있다. 성 밖 공터에서 젊은이들이 한창 씨름과 택견 대결을 펼치고 있고, 그 아래의 술판에선 한 척추장애인이 친구인 듯한 사람과 함께 얼굴이 빨갛도록 취했음에도 불구하고 또다시 술을 사먹으려 하고 있다.

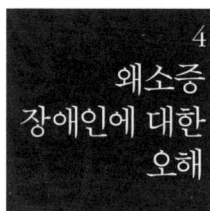
4
왜소증
장애인에 대한
오해

정신과 재기는 신체에 구애받지 않는다

내가 과거 한양 명례방을 지나다가 어떤 가게 곁에서 작고 추한 몸집에다 머리는 온통 백발인 한 여자를 보았다. 멀리서 바라볼 때는 사람 같지가 않더니 가까이 가보고는 깜짝 놀랐고, 이윽고 안정을 되찾아 자세히 보고서야 병든 사람으로 세상에서 이른바 '난쟁이'임을 알았다. 지금도 그때 일을 생각하면, 그 여자의 괴이한 형상이 왕왕 꿈자리를 어지럽힐 때가 있어 늘 혀를 차며 탄식하곤 한다.

그런데 내가 황보리에 우거하게 되었을 때 마을 사람들이 다투어 인사하러 왔는데, 그 말석에 삿갓으로 몸을 덮은 채 턱에서 땅까지의 거리가 한 자도 채 안 되는 사람이 있기에, 처음에는 옛날 한양의 가게 곁에서 보았던 그 여자가 머리에 삿갓을 쓰고 온 것이 아닌가 하다가, 다시 자세히 보았더니 머리털이 희지 않고 키가 더 작았다. 사람으로서 이러한 지경에 이르다니, 아, 참으로 크게 괴이한 일이다. 옛날에 보았던 그 여자도 여태껏 잊히지 않아 괴로운 판인데 지금 또 뜻하지 않게 이러한 사람을 만났으니, 어쩌면 천지 사이에 사람으로서 형체를 갖추지 못한 자가 둘이 있는데 내가 이들을 다 본 것은 아닐까.

황보리에 산 지가 오래되어 그 사람됨을 알고 보니, 언어와 응대가 보통 사람들보다 훨씬 민첩하고 인간사의 조백皁白(옳고 그름)과 곡절이 마음에 명료하지 않음이 없었다. 그의 몸은 불구이지만 마음은 불구가 아니었던 것이다. 게다가 씨름을 잘하여, 그가 처음 상대와 맞붙었을 때는 마치 모기가 산을 흔들려는 것처럼 터무니없어 보이다가, 비틀대며 상대의 가랑이 사이로 파고들어 허리춤을 잡고 다리를 걸면 누구도 손길 따라 넘어지지 않는 이가 없어, 비록 무인이나 장사라 할지라도 그를 이기는 이가 드물었다.

그는 아들 넷을 두었다. 그중 장남은 성인이었는데 일반 사람에 비하면 키가 작지만 그 아버지보다는 훤칠하였다.

이, 사람의 성신과 재기가 형체에 구애받지 않음은 물론이다. 형체가 아무리 작더라도 사단四端과 칠정七情이 그 속에 빠짐없이 갖추어져 있으니, 진실로 고유한 천성을 따라서 확충해나간다면 충성도 할 수 있고 효도도 할 수 있고 착한 사람이 될 수도 있어 바라는 대로 무엇이든 이룰 수 있을 터이니, 이 무슨 문제될 게 있겠는가? 하물며 하늘과 땅이 만물을 생성함에는 치우침이 있으니, 사람이라고 해서 유감스런 부분이 없을 수는 없다. 그렇기에 사람으로서 불구인 자로 미치광이, 장님, 귀머거리, 벙어리, 멍청이 등에 어찌 한량이 있으랴마는, 그러나 또 형체는 멀쩡하면서 마음이 불구인 자들이 있으니, 이 둘을 서로 비교해본다면 과연 어떠하겠는가.

  황보리에 살던 그 사람은 안씨이고 응국이 그 이름인데, 그를 주부主簿라 부르는 것은 키가 작기 때문이다. (이산해, 『아계유고鵝溪遺稿』 제3권, 기성록箕城錄-잡저雜著, 안주부전安主簿傳)

해제 이 글은 조선시대 경상북도 울진군의 황보리에 사는 왜소증장애인 안응국에 대한 이야기이다. 이산해는 한양에서 처음 왜소증장애인인 난쟁이를 만난 후, 경북 울진군 황보리에서 안응국이라는 왜소증장애인을 또 만나게 되었다. 비록 그는 키가 매우 작았지만, 힘은 누구보다 세고 마음도 곧고 발랐다. 이산해는 장애를 지녔다 하더라도 몸과 마음이 같지 않다고 하면서, 이들에 대한 인식이 바뀌어야 함을 주장하고 있다. 이것은 현대를 살아가는 우리에게도 해당되는 것이라 할 수 있다.

풍산씨 입장入丈

비안정比安正에게 병신 아들이 있어 풍산豊山이라고 하였는데, 몸이 작고 짧아서 난쟁이 모양이었다. 종실의 거대한 집안으로서 사방으로 구혼하였으나 번번이 퇴짜를 당하였다. 하루는 이미 정혼했다고 속여서 말하고 옷을 차려입혀 옹위하고 신부의 집으로 들어가니, 신부 집은 창졸간에 당한 일이라서 달리 대책을 강구할 겨를이 없었다. 이윽고 백방으로 헤아려보아도 상서롭지 못하였다. 도로 내쫓으려면 부득이 올 때에 입고 온 옷을 다 입힌 연후에야 내쫓을 수 있었다. 그러므로 온 가족이 둘러앉았으나 계책이 없었더니, 한 일가 사람이 자못 권모술수가 있었다. 그는 신랑에게 말쑥하고 예절과 규범이 있다고 추어올려 어린 마음을 들뜨게 한 뒤에 말하기를,

"이 가문에 복이 있어 오늘 아름다운 신랑을 얻게 되었소. 그런데 80세 된 노친이 계셔 여생이 많지 않으므로 영화스러운 일을 보실 날도 몇 번 없는데, 신랑이 행례할 때 마침 변소에 가서서 돌아오시지 않았소. 가족들은 모두 신랑의 단아한 태도를 칭찬하나 노친께서는 그 광경을 보시지 못함을 한탄하십니다. 청컨대 아까 입었던 옷을 갖추고 잠깐 처음의 의식을 되풀이해주오."

하였다. 그러자 난쟁이는 자기 몸이 남에게 칭찬받을 것이라고는 생각지 않다가 오늘 처음으로 칭찬을 받으니 매우 의기양양하였다. 마침내 그가 옷을 차려입었더니, 힘센 사람이 메어다가 큰길에 내치고

는 문을 굳게 닫아 들어오지 못하게 하였다. 난쟁이는 진퇴양난이어서 어두운 밤에 비틀거리며 집으로 돌아와 대문에 다다랐는데, 집 안에 늙은 여종이 있어 마침 등불을 돋우고 바느질을 하다가 혼잣말로,

"풍산씨도 장가가는 날이 있구나."

하고 중얼거렸더니, 난쟁이는 창밑에서 훌쩍거리고 있다가 처량한 목소리로,

"나 지금 여기 와 있다."

하므로, 촛불을 들고 나가보니 바로 신랑이었다. 이로부터 세상 사람들은 우스갯말을 삼아 잘되지 않는 일이 있으면 으레 말하기를,

"풍산씨 입장入丈이로군."

한다. (이제신, 『청강선생후청쇄어 소총』, 『대동야승』 14, 민족문화추진회, 1973)

해제 이 글은 조선 명종 때 문신 이제신의 『청강선생후청쇄어 소총』에 나오는 것으로 왜소증장애인 풍산의 결혼에 대한 이야기이다. 풍산은 왕실 종친의 후예였지만, 왜소증장애인이라 장가가기가 쉽지 않았다. 결국 이미 정혼했다고 억지로 우겨서 장가를 갔지만, 그날 밤에 곧장 쫓겨나고 말았다. 조선시대엔 사회적 지위가 아무리 높은 사람일지라도 왜소증 장애를 갖고 있다면 사람들의 시선이 곱지 않았던 것이다.

5
정신장애인의 열악한 사회적 처지

재산에 눈이 멀어 정신장애인 형을 죽이다

학생學生 유연을 처형하였다. 이에 앞서 대구부에 살던 유유가 10여 년 전에 마음의 병을 앓아 미쳐서 떠돌아다니다 해주 경내에 흘러 들어와 우거하였다. 첩을 얻어 머물러 살았는데 혹 유유라 일컫기도 하고, 혹 성명을 바꾸어 채응룡이라고도 하더니, 올봄에 첩을 데리고 서울에 왔다. 그의 매부 달성의 도정 식䄝이 소문을 듣고 불러보았더니, 떠돌아다니면서 고달픈 나머지 얼굴 모습은 변하였으나 말과 동작은 실로 유유였다. 그의 아우 유연은 대구 본가에 있었는데, 식이 연에게 통지하여 데리고 가게 하였다. 연이 올라와서 서로 보고는 드디어 함께 돌아가던 중에 맏이의 자리를 빼앗아 재산을 모두 차지하려는 못된 꾀를 내어 결박을 짓고 상처가 나도록 구타하고는 그 형이 아니라고 하면서 대구부에 소송하였다. 부사 박응천은 유연의 말을 먼저 믿고는 단지 유유만을 가두었는데, 유유의 아내 백씨가 그때까지 그의 집에 있었다. 만일 대면하게 하였으면 당장 분별할 수 있었으니 의심스러워서 판단하기 어려운 일이 아니었다. 나중에 유유가 병을 얻어 풀려나자, 연이 형을 해치는 꾀를 행하도록 하여 끝내 증거를 없애는 지경에까지 이르렀다. 형을 해쳐 인륜을 어지럽힌 자를 즉시 시원하게 다스리지 않았으므로, 온 도의 사람들은 모두 통분스럽게 여기었다. 뒤에 언관의 아룀으로 인하여 의금부에 내려 추국하였는데, 이때에 이르러 유연이 그 죄를 자복하였다.

【사신은 논한다. 유연은 흉악하고 무도한 자로서, 맏이의 자리를 빼앗아 재산을 모두 차지하려는 꾀를 내어 박석에게 후한 뇌물을 주고 몰래 서로 호응하여 모의했었다. 그의 종을 시켜 유유를 업어 내오게 하여 돌을 달아서 결박을 짓고는 금호琴湖에 던져 자취를 없애게 하였으니, 그 악함이 극도에 이른 것이다. 다만 강상을 범한 큰 죄는 당연히 반복하여 상세히 물어서 흉악한 짓이 밝게 드러나 의심이 없도록 한 뒤라야 인심이 모두 쾌하게 여기는 것이다. 그런데 식과 심융·김백천 같은 자들의 진술에 '진짜 유유'라고는 했지만 모두 처음에는 그의 얼굴 모습을 알아보지 못했다고 하였으니, 의심할 만한 단서가 없지 않다. 나중에 그 자취까지 없앤 뒤에 또 유유의 시체를 찾지 못했는데, 단지 매를 때리어 자복한 것으로써 갑자기 형을 해친 죄를 성안成案하였으므로 항간의 시비가 한결같지 않았으니, 또한 열흘 동안이나 깊이 생각하여 중요한 죄수의 사건을 잘 판결한다는 뜻이

아닌가 한다.】

【사신은 논한다. 유유는 어릴 적에 심질心疾이 있어서 집을 버리고 달아났으므로, 그의 집안에서는 살았는지 죽었는지조차 모른 지가 10여 년이나 되었다. 하루는 유가 달성 령의 집에 와서 묵었는데, 령이 그 아내에게 알리니 그 아내가 그의 아우 유연을 시켜 가서 보호하여 데리고 오게 하였다. 연이 서울에 올라와서 형과 함께 돌아가다가 중간에서 낯가죽을 벗겨내어 그가 유인 줄 알지 못하게 하고는 결박을 지어 대구부에 고하기를 '이 사람은 나의 형이 아닌데 나의 형이라고 일컬으니, 구속하여 끝까지 조사하여 다스려달라' 하니, 부사 박응천이 하옥을 시키고 말았다. 연이 몰래 옥리에게 죽이도록 하여 뒤탈이 없도록 하고자 하였으나, 옥리는 원통하고 억울함이 있을까 걱정하여 들어주지 않았다. 응천은 연의 죄를 벗겨주려고 몹시 혹독하게 유를 다스리고 고을 사람들을 모아놓고는 그 진위를 가리게 하니, 고을 사람들이 응천의 뜻을 알고는 모두들 유가 아니라고 하였다. 그 중에서도 생원 서형이 응천에게 더욱 그릇되게 동조하였는데, 오직 교수 서시웅만이 이에 말하기를 '얼굴은 변하였으나 그 목소리를 들으니 진짜 유이다' 하였다. 유는 옥중에 있으면서 진위를 밝힐 방법이 없었다. 이에 '내가 장가든 첫날 아내가 겹치마를 입었기에 억지로 벗기려 하자 지금 월경이 있다고 하였다. 이 일은 타인이 알 수 있는 일이 아니니 만일 아내에게 물어보면 거짓인지 진실인지를 알 수 있을 것이다' 하였다. 연이 사실이 드러날까봐 두려워서 비밀에 부치고 묻지 못하게 하였다. 뒤에 그 아내에게 물었더니 유의 말과 딱 맞았다. 응천이 하는 수 없이 유를 인가에 풀어주고 연을 구속하였다. 연은 이에 증거를 없애려고 보방을 맡은 집과 모의하여 유

가 도망쳤다고 핑계 대고는 몰래 업고 갔다. 강물에 던지지 않았으면 도랑에 묻었을 것이 틀림없다. 연이 형을 죽인 죄는 몹시 분명하여 엄폐하기 어렵다. 연이 그 형을 꾀하여 죽인 것은 맏이의 재물을 송두리째 차지하고 싶어서였다.】(『명종실록』 30권, 명종 19년 3월 20일)

해제 이 기록은 조선 명종 때 정신질환이 있는 형 유유를 죽인 학생 유연에 대한 이야기이다. 유유는 본래 정신이 온전치 못하여 집을 나가 10년이 넘게 돌아오지 않았는데, 어느 날 서울에 온 후 매부에 의해 다시 가족을 만나게 되었다. 유유의 아내는 그의 시동생 유연으로 하여금 남편을 집으로 데려오게 하였는데, 유연은 재산에 눈이 멀어 결국 형을 모함하고 죽이고야 말았다. 조선중기까지만 해도 장애의 유무에 상관없이 모든 자식이 공평하게 재산을 분배받았다. 이러한 이유로 유연은 형에게 재산이 나눠지는 것이 아까워서 이와 같은 짓을 저지른 것이었다.

어느 정신장애인의 떠돌이 생활

우의정 서경우가 상차하기를,
"신이 지난해에 들으니, 유백증의 아들이 계모에게 사랑을 받지 못하여 정신병을 얻었는데, 끝내는 그가 살았는지 죽었는지 어디로 갔는지조차도 모르는 지경에 이르렀다고 했습니다. (…)"
하니, 알았다고 답하였다. (『인조실록』 45권, 인조 22년 12월 28일)

해제 이 기록은 정신장애를 앓고 있던 유백증의 아들에 관한 이야기이다. 그는 계모로부터 사랑을 받지 못해 정신장애를 앓게 되었는데, 이후 어디론가 사라져 거처를 알 수 없었다고 한다.

인육人肉으로 정신장애를 치료하다

예조에서 함길도 관찰사의 관문關文에 의거하여 아뢰기를,
"경원에 거주하는 양녀良女 잉화이가 그 남편 김인득이 전질癲疾(정신질환)로 여러 해 동안 고생하는 것에 상심하고 있었는데, 고을 사람 위영필의 말을 듣고는 즉시 손가락을 잘라 그 피를 약에 타서 먹여

구제하였으니, 그 마음이 칭찬할 만합니다. 청컨대 나라의 법전에 의거하여 정문旌門을 세우고 복호復戶(부역 면제)하소서."
하니, 그대로 따랐다. (『세조실록』 17권, 세조 5년 7월 30일)

경상도 청송부의 정병正兵 이계남은 형 계동이 전질을 앓는데 손가락을 끊어 약에 타서 먹이고 재발하니 다시 손가락을 끊었는데, 이 일이 임금에게 알려져 물건으로 상을 주고 복호하였다. (『중종실록』 49권, 중종 18년 11월 30일)

해제 위의 두 기록은 조선시대 전질의 치료법에 대한 이야기이다. 전질은 흔히 정신질환이라 일컫는 것으로, 때론 헛소리를 하기도 하고 때론 발작을 일으키기도 한다. 조선시대 전질의 치료법은 뒤의 간질과 매우 유사했던 것으로 보인다. 즉, 사람의 손가락을 잘라 그 피나 뼈를 약에 타서 먹게 하는 것이었다. 하지만 그것의 효과에 대해서는 정확히 말하기 어려운 실정이다.

6
한없이 순박한 지적장애인

바보 온달과 눈먼 노모

온달은 고구려 평강왕 시대의 사람이다. 그의 용모는 여위고 허름하여 우습게 보였으나 마음은 순박하였다. 집안이 몹시 가난하여 항상 밥을 빌어서 어머니를 봉양하였으며, 떨어진 옷과 낡은 신으로 저자거리에 왕래하니 당시 사람들이 그를 '바보 온달'이라고 지목하였다.

평강왕의 딸이 어려서 울기를 잘하므로 왕이 농담으로 말하기를,

"네가 늘 울어서 나의 귀를 따갑게 하니 커서도 필시 점잖은 사람의 아내가 못 될 것이요, '바보 온달'에게 시집을 보내야겠다."

하고, 그가 울 때마다 왕이 이런 말을 하였다. 딸의 나이 16세가 되매 왕이 상부 고씨에게 시집을 보내려 하니 공주가 왕에게 말하기를,

"대왕께서 늘 말씀하시기를 너는 반드시 온달의 아내가 되리라고 하였는데 오늘 무슨 까닭으로 전일의 말씀을 변경하십니까? 보통 사람도 빈말을 하려 하지 않거늘 하물며 임금으로서 빈말을 할 수 있습니까? 그러므로 '임금은 농담이 없다'는 말이 있습니다. 이제 대왕의 명령이 그릇되었으므로 제가 받들 수 없습니다."
하니, 왕이 성을 내어 말하기를,

"네가 내 말을 듣지 않는다면 도저히 내 딸이 될 수 없으니 어찌 한집에 살겠느냐? 너는 너 갈 데로 가려무나!"
하였다.

이에 공주가 진귀한 금은 팔걸이 수십 개를 손목에 걸고서 대궐문을 나와 혼자 길을 떠났다. 길에서 웬 사람을 만나 온달의 집을 물어 그의 집까지 찾아갔다. 공주는 늙고 눈먼 어머니를 보고 앞으로 가까이 가서 절을 하면서 그 아들의 있는 곳을 물으니, 늙은 어머니가 대답하기를,

"내 아들은 가난하고 누추하여 귀인이 가까이할 만한 사람이 못 된다. 지금 그대의 냄새를 맡으매 꽃 같은 향기가 보통이 아니며, 그대의 손을 만지매 부드럽기가 솜과 같으니, 필시 천하의 귀인인데 누구의 허튼 수작을 듣고 여기까지 왔는가? 지금 내 자식은 주림을 참다못하여 느릅나무 껍질을 벗기려고 산속으로 갔다."
하매, 오랫동안 있었으나 온달은 돌아오지 않았다.

공주가 그 집으로부터 나와 산 밑에 이르러서 온달이 느릅나무 껍질을 지고 오는 것을 만났다. 공주가 온달에게 자기의 심회를 이야

기하니, 온달이 불끈 성을 내어 말하기를,

"여기는 어린 여자가 다닐 데가 아닌데 필연코 사람이 아니라 여우나 귀신이로구나. 나에게 가까이하지 말라!"

하고 그만 돌아보지도 않고 떠나버렸다. 공주가 쓸쓸하게 돌아와 사립문 바깥에서 자고, 이튿날 아침에 다시 방으로 들어가서 온달 모자에게 세세한 말을 하였으나, 온달은 이럴까 저럴까 뜻을 결정하지 못하였다. 그 어머니가 말하기를,

"내 자식은 지지리 못나서 귀인의 짝이 될 수 없고 내 집은 몹시 가난해서 아예 귀인이 있을 수 없다."

하니, 공주가 대답하기를,

"예전 사람이 말하기를 '한 말의 곡식도 찧어서 함께 먹을 수 있고 한 자의 베도 기워서 같이 입을 수 있다' 하였으니, 만일 마음만 맞는다고 하면 어찌 꼭 부하고 귀하여야만 같이 살겠습니까?"

하고 이에 황금 팔찌를 팔아서 전택, 노비, 우마, 기물들을 사들이니 살림이 완전히 갖추어졌다. 처음 말을 살 때에 공주가 온달에게 말하기를,

"부디 저자 사람의 말을 사지 말고 나라 말로서 병들고 수척하여 버리게 된 것을 고른 다음 값을 치러야 한다."

하니, 온달이 그 말대로 하였다. 공주가 말을 기르는 데 매우 부지런히 하매 말이 날로 살지고 건강해졌다.

고구려에서는 매년 봄 3월 3일을 기하여 낙랑 언덕에 모여서 사냥을 하여 잡은 돼지와 사슴으로 하늘과 산천 신령에 제사를 지내었

다. 그날이 되어 왕이 사냥을 나가는데 여러 신하와 5부의 군사들이 모두 따라갔다. 이때에 온달이 자기가 기르던 말을 타고 왕을 수행하는데 온달이 항상 앞에서 달렸으며 잡은 짐승도 제일 많아서 다른 사람은 온달만 한 자가 없었다. 왕이 온달을 불러 성명을 듣고 놀라는 한편 그를 기특하게 여기었다.

　　이때에 후주의 무제가 군사를 출동시켜 요동을 침략하였다. 왕이 군사를 거느리고 배산 들판에서 맞받아 싸우는데, 온달이 선봉이 되어 재빨리 싸워서 적병 수십 명의 목을 베니 모든 군사들이 이 기세를 타고 달려들어 크게 이겼다. 전공을 평정할 때에 모두들 온달의 공로가 제일이라고 하였다. 왕이 온달을 칭찬하고 감탄하여 말하기를,

　　"이 사람이 나의 사위로다."

하고 예를 갖추어 그를 영접하였다. 또한 그에게 대형이라는 벼슬을 주니 이때부터 그에 대한 왕의 총애와 영광이 더욱 두터워졌으며, 온달의 위풍과 권세가 날로 커갔다.

　　그 후 양강왕이 왕위에 오르게 되매 온달이 아뢰기를,

　　"지금 신라가 우리의 한북 지역을 떼내어 자기들의 군현을 만들었으므로 백성들이 통분하게 생각하여 부모의 나라를 잊은 적이 없사옵니다. 바라옵건대 대왕께서 저를 어리석고 변변치 못하다 하지 마시고 저에게 군사를 주신다면 한 번 걸음에 우리 땅을 도로 찾겠습니다."

하니 왕이 이를 허락하였다. 온달이 떠날 때에 맹세하기를,

　　"계림령과 죽령 서쪽 지역이 우리 땅으로 회복되지 않으면 돌아오지 않겠다."

하고, 드디어 행군하여 아단성 밑에서 신라 군사와 싸우다가 날아오는 화살에 맞고 도중에 죽었다. 그를 장사하려 하였으나 널이 움직이지 않으매 공주가 와서 널을 어루만지면서 말하기를,

"죽고 사는 것이 결판이 났구나! 아아 돌아가시라!"

하니, 그제야 널이 들리어 하관을 하였다. 대왕이 이 말을 듣고 매우 슬퍼하였다. (『삼국사기』 권 제45, 「열전」 제5, 온달조)

해제 이 글은 『삼국사기』에 나오는 것으로 고구려 평강왕 때의 바보, 곧 지적장애인 온달에 대한 이야기이다. 온달은 시각장애인 어머니와 함께 살다가 평강공주와 결혼한 뒤, 부인의 교육을 통해 고구려의 유명한 장수가 된다. 온달이 심각한 지적장애인이었는지는 알 수 없지만, 어릴 적 가난과 배고픔으로 인한 영양 결핍 때문에 지적 능력이 다소 떨어졌던 것으로 짐작된다.

박을손의 이상한 계산법

금양 고을에 박을손이라는 자가 있었다. 그는 정신병을 얻어 하나를 말하고 나서는 둘을 잃어버리고, 둘을 말하고 나서는 셋을 잃어버렸다. 동서남북과 일월조모도 구분하지 못하던 터였다.

어느 날 석양이 조금밖에 남지 않은 무렵이었다. 그가 행장을 꾸려 먼 길을 떠나려 하였다. 그를 본 이웃 사람이 말렸다.

"날이 이미 저물려 하네. 지금은 길을 떠날 수 없어."

그러자 박을손이 대답하였다.

"아침 해가 이제 막 동산에 올랐어. 어쩌자고 나를 속이려 하는가?"

하지만 십 리 길도 가기 전에 날이 어두워졌다. 그는 길을 잃고 헤매다가 다시 집으로 돌아갔다. 이튿날 아침 해가 떠오르자 이웃 사람이 말했다.

"이제 길을 떠나게."

그러자 박을손이 대답하였다.

"어제 해가 바로 저기 있을 때였지. 길을 떠났다가 밤이 어두워 낭패를 당했어."

이윽고 그는 문을 닫고는 밖으로 나가지 않았다.

또 박을손의 집에서는 개를 길렀다. 그 개가 새끼 다섯 마리를 낳아 젖을 먹이고 있었다. 그가 이웃 사람 앞에서 강아지 숫자를 헤아렸다.

"누렁이가 세 마리, 바둑이는 두 마리."

그렇게 하면서 그는 손가락 다섯 개를 꼽았다. 그런데 잠시 후에 다시 두 개를 펴면서 말했다.

"이미 저 두 마리를 세었었지."

그러고는 한참 동안 손가락을 바라보다가 말했다.

"우리 강아지가 본래는 다섯 마리였지. 그런데 지금 일곱 마리로 변했네. 이상도 해라! 강아지 두 마리를 더 얻다니."

그는 다시 뛰어나와 강아지를 살펴보는 것이었다. (서거정, 『태평한화골계전』, 태학사, 1998)

해제 이 글은 서거정의 『태평한화골계전』에 나오는 것으로 조선전기의 지적장애인 박을손에 대한 이야기이다. 조선전기에는 이처럼 지능이 조금 떨어졌을지라도 일반인과 어울려 자유로운 삶을 살아갔다.

지능이 조금 떨어져도 괜찮아

옛날에 두 형제가 있었는데, 형은 어리석고 동생은 민첩하였다. 아버지 제삿날이 되어 제를 올리려 하였으나 집이 가난하여 아무것도 없었으므로, 형제가 밤중에 몰래 이웃집 벽을 뚫고 들이갔다. 마침 늙은 수인이 밖으로 나오므로 형제가 숨을 죽이고 섬돌 밑에 엎드려 있는데 늙은이가 마침 섬돌에다 오줌을 누니, 형이 동생에게,

"뜨뜻한 비가 내 등을 적시니 웬일이냐."

하다가 결국 늙은이에게 잡히게 되었다. 늙은이가 말하기를,

"너희들에게 무슨 벌을 줄까."

하고 물으니 동생은,

"썩은 새끼로 묶으시고 겨릅대로 치시기를 원합니다."

하고 형은,

"칡끈으로 묶으시고 수정목으로 치십시오."

하였다. 늙은이가 그들의 말대로 벌을 주고 난 뒤에,

"어디에 쓰려고 도둑질하려 했느냐."

하고 물으니 동생이,

"제삿날이라 아버지의 제사를 지내려고 그랬습니다."

하였다. 늙은이가 불쌍히 여겨 곡식을 주면서 마음대로 가져가게 하니, 동생은 팥 한 섬을 얻어 힘을 다하여 짊어지고 집으로 돌아왔는데, 형은 팥 몇 알을 얻어서 새끼줄에 끼어 끌면서,

"야허, 야허."

하면서 돌아왔다. 이튿날에 동생이 팥죽을 쑤면서 형을 시켜 중을 청하여 제를 올리게 하였더니, 형이 말하기를,

"중이란 어떻게 생긴 물건이냐."

하므로 동생이,

"산중에 들어가서 검은 옷을 입은 것이 있으면 청해오시오."

하였다. 형이 가다가 나무 끝에 까마귀가 앉아 있는 것을 보고,

"선사님, 저희 집에 오셔서 제를 올려주소서."

하니 까마귀는 울면서 날아갔다. 형이 돌아와서,

"중을 청했더니 후려치고 가버리더라."

하였다. 동생이,

"그것은 까마귀요 중이 아니니, 다시 가서 누런 옷을 입었거든 청

해오시오."

하였다. 형이 다시 산중에 들어가서 나무 끝에 꾀꼬리가 앉아 있는 것을 보고,

"선사님, 저희 집에 오셔서 제를 올려주소서."

하니 꾀꼬리도 울면서 날아가버렸다. 형이 돌아와서,

"중을 청했더니 예쁜 모습으로 물끄러미 보면서 가더라."

했다. 동생이,

"그것은 꾀꼬리요 중이 아니니, 내가 가서 중을 청해오리다. 형님은 여기 계시다가 만약 솥 안의 죽이 넘치거든 국자로 떠서 오목한 그릇에 담아놓으시오."

하였더니 형은 처마 물이 떨어져서 움푹 팬 섬돌을 보고 죽을 그 속에 모두 부었다. 동생이 중을 청하여 돌아오니 한 솥의 죽이 모두 없어져 있었다. (성현, 『용재총화』, 『대동야승』 1, 민족문화추진회, 1973)

해제 이 글은 성현의 『용재총화』에 나오는 것으로 조선전기의 한 지적장애인 형과 그 아우에 대한 이야기이다. 아버지의 제사상을 치리는 과성에서 지적장애인 형은 번번이 실수를 저지르며 아우를 힘들게 했는데, 그럼에도 불구하고 아우는 별다른 화를 내지 않고 형과 함께 일하고 있다.

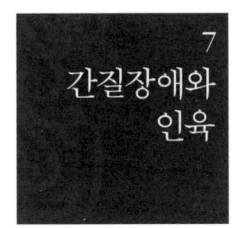

7 간질장애와 인육

인육으로 간질을 치료하다

서북면 안주 사람 조존부의 집에 정표旌表하게 하였다. 조존부는 별장 조영의 아들로서, 나이 12세에 그 어미의 간질癎疾을 민망하게 여기어 산 사람의 뼈로써 치료할 수 있다는 말을 듣고, 밤에 칼로 그의 바른손 무명지를 잘라 술을 구해다가 마시게 하였다. 이에 병이 곧 나았으므로 이러한 명령이 있었고, 또 그 집을 복호復戶(부역 면제)하였다. (『태종실록』 24권, 태종 12년 12월 1일)

경상도 곤양 사람 진겸의 아비가 간질로 고생하였다. 겸이 손가락을 잘라서 불에 태워 가루로 만들어 물에 타서 먹였더니 즉시 나았다. 그 사실이 조정에 보고되자 임금이 관직을 제수하게 하였다. (『세종실록』 87권, 세종 21년 10월 4일)

·

예조에서 전라도 관찰사의 보고에 의거하여 아뢰기를,
"임피현 사람 오맹근은 스스로 다리의 살을 베어 그 아비의 화종火腫을 다스렸고, 같은 고을 사람 최운손은 스스로 무명지를 끊어 그 아비의 간질을 치료하였으니, 두 사람의 효행이 가상합니다. 청컨대 『대전』에 의거하여 정문·복호하게 하소서."
하니, 그대로 따랐다. (『성종실록』 249권, 성종 22년 1월 23일)

해제 위의 세 기록은 조선전기 간질에 걸린 사람들을 치료한 이야기이다. 특이하게도 그들은 사람의 손가락을 잘라 약으로 쓰고 있으며, 실제로 모두 간질이 나았다고 기록하고 있다. 참고로 간질은 어릴 때 발병했다가 청소년기와 청년기에는 그 발작 횟수가 줄어든 후, 노년기에 다시 증가하는 추세를 보인다고 한다.

충개의 단지斷指

「충개단지」, 『삼강행실도』 효자편.

이 그림은 『삼강행실도』에 나오는 것으로, 간질에 걸린 어머니를 위해
자신의 손가락을 잘라 치료했다는 내용이다. 간질은 현대 의학으로 쉽게 고치기 어려운데,
위의 내용이 진실인지는 확신하기 어렵다.

토정 이지함의 간질 치료담

율곡이 일찍이 토정을 방문하였는데, 머리에는 흙을 구워 만든 갓을 쓰고 허리에는 굵은 줄을 두르고 있었다.

율곡이 웃으며 말하였다.

"선생은 어째서 그렇게 이상한 복장을 하셨습니까?"

"내가 세상의 길흉과 선악을 시험해보았더니, 온갖 병 가운데 간질병이 가장 고약합니다. 일부러 벽 틈에 누워 백회혈에만 바람을 쐬었더니, 석 달이 되자 과연 간질병이 생기더군요. 약으로 치료를 해보려고 하였으나 끝내 두드러진 효험이 없으니, 병이란 것은 뜻대로 바로 낫게 할 수 있는 것이 아닌가봅니다. 흙으로 구워 만든 이 갓을 쓰고 굵은 띠를 두른 채 어느 절에 가서 석 달 동안 벽을 보고 수도를 한 뒤에야 비로소 병을 물리쳤답니다." (김동욱 역, 『동패락송』, 아세아문화사, 1996)

해제 이 글은 토정 이지함의 간질 치료에 대한 이야기이다. 이지함은 서경덕의 문하에서 학문을 배우고, 이후에는 한 해의 운수를 미리 알려주는 책인 『토정비결』을 지었다고 후세 사람들이 말하곤 한다. 또한 그는 의학과 점복에도 뛰어나 많은 사람이 그에게 의뢰했다고 전해진다. 한편 이지함은 위와 같이 몸소 체험하며 간질치료법의 개발에도 많은 관심을 기울였던 듯하다.

장애인 직업사

과거의 장애인 복지정책은 기본적으로 직업과 자립自立정신을 강조하였다. 특히 시각장애인의 경우 대표적으로 자립 가능한 사람으로 분류하였는데, 먼저 점을 치는 점복업은 시각장애인의 가장 오래된 직업이고, 오늘날까지도 천여 명의 시각장애인이 점복업에 종사하고 있다. 과거엔 점복업이 널리 성행하였다. 당시 사람들은 병이 나면 먼저 점복가를 불러 그 길흉을 물었고, 과거시험을 보러 가기 전에도 먼저 점복가에게 그 급제 여부를 묻곤 하였다. 심지어 임금조차도 점복에 관심이 많아서 도읍을 정하거나 왕릉을 정할 때, 왕비를 간택할 때도 그들에게 물어서 결정했다.

독경讀經은 자리에 앉아 북을 치며 경문을 읽는 것으로, 이들은 각 가정에 불려가 복을 빌어주거나 재앙을 물리치는 한편 질병을 치료하기도 했다. 또 나라에 가뭄이 들면 단체로 불려가서 기우제를 지내주고 쌀이나 베를 받기도 했다.

음악도 시각장애인의 오랜 직업 중 하나였다. 중국의 하·은·주 삼대에는 시각장애인을 시켜 시詩를 외우게 했다고 하는데, 우리나라에서도 그것을 본받아 시각장애인 악공들을 별도로 장악원에 예속시켜두고 내전內殿에서 잔치를 베풀 때면 그들로 하여금 악기를 연주하도록 했다.

그 밖에 일부 지체장애인은 안경을 가는 안경장이나 그물을 뜨는 그물장이로 먹고살았으며, 기타 어떤 언어장애인은 대장간에서 대장장이로 일하면서 살아가기도 하였다.

1
점을 치는 점복가

맹승 백량이 점을 쳐주고 사형당하다

김준이 이 말을 듣고 문황, 최주, 문광단, 문영단, 이수지 등을 국문하여 죽이고, 권수균 부자와 유종식을 섬에 유배하고, 문황, 이수균의 가산을 적몰하여 김인문과 현군수에게 주었으며, 또 맹승盲僧 백량伯良이 그 길흉吉凶을 점쳤으므로 바다에 던져 죽이고 그 집을 적몰하였다. (『고려사』 130권, 「열전」 43, 반역 4, 김준)

해제 이 기록은 『고려사』에 나오는 것으로 맹승 백량이 반역사건에 길흉을 점쳐준 죄로 사형당하고 재산까지 몰수당했다는 이야기이다. 고려시대엔 시각장애인들이 승려로 행세하며 점을 쳐주며 살았는데,

때론 정치적인 목적에 연루되어 처벌받기도 했다.

맹승 석천록의 점복

오인택의 아들 전 군부판서 오영주와 삼사판관 오영좌는 그 어머니와 더불어 맹인 석천록石天祿에게 점치기를,
"최영과 이구수가 언제 배척을 당하겠느냐."
하니 석천록이 말하기를,
"오래지 않으리라."
고 하였다. (『고려사』 114권, 「열전」 27, 오인택)

해제 이 기록은 『고려사』에 나오는 것으로 오인택의 아들과 부인이 맹승 석천록에게 점을 봤다는 이야기이다. 고려시대 시각장애인들도 점복업을 통해 먹고살았는데, 그들은 일반 백성뿐 아니라 귀족들에게까지 영향을 불려가 점을 쳐주었다.

천대받았던 점복업

사헌부에서 별사전別賜田을 없애기를 청하니, 임금이 윤허하지 아니하였다. 그 소는 이러하였다.

"대중을 인도하는 도는 공公과 신信에 지나지 않을 뿐입니다. 전법田法의 조문에 있기를, '공사 천구와 무격·창기와 공상·승니와 점복하는 맹인은 수전受田을 허락하지 않는다' 하였으니, 그 당초의 뜻을 생각하여 보면 백성에게 믿음을 보이고 그 문란을 방지하자는 것이었으니, 그 뜻이 지극합니다. 사람마다 한 통씩 가지고 있어서 보고 들은 바가 이미 익숙해졌사온데, 한 번이라도 허물어뜨리게 되면 사람들이 반드시 말하기를 '전하께서 간행한 법문도 오히려 허물어뜨리는데, 하물며 다른 것이야 말할 것이 있겠는가?' 할 것입니다. 원하건대 이제부터 몸을 망치거나 생명을 잃어서 공로가 기록할 만한 것이 있으면 반드시 도평의사사에 내려 그 가부를 의논한 연후에 줄 것이며, 세력에 인연하여 말을 꾸미고 속여서 별사전을 받게 하는 것은 일체 억제하여 근절하고, 그 용렬하고 천한 무리가 일찍이 공로가 있어서 이미 별사전을 받은 것 또한 담당 관리로 하여금 그 전지를 환수하게 하고, 다른 물건으로 상을 주어 한결같이 공문의 제도에 따라 행하소서."(『정종실록』 1권, 정종 1년 6월 1일)

해제 이 기록은 조선 정종 때 이전까지 승려나 지리업, 점복업에 종사하던 사람들에게 내리던 별사전을 폐지해야 한다는 이야기이다. 여기서 시각장애인 점복가들이 천한 무리로 치부되는 것은 그들이 장애를 가졌기 때문이 아니라 점 보는 일을 직업으로 삼았기 때문이라 여겨진다. 즉, 근본적으로 장애인 자체에 대한 차별은 아니었다는 것이다.

태종의 맹승 유담에 대한 신뢰

대사헌 이원 등이 검교의 직을 혁파하기를 청하였으나 윤허하지 않았다. 그 상소에 이르기를,

"전하께서 새로 천자의 명을 받고 맨 먼저 관제를 바로잡아 힘써 불필요한 벼슬 자리를 제거하여 자손 억만 세의 아름다운 법을 삼으시면서, 오직 이 검교만은 마땅히 제거해야 할 것인데도 제거하지 않으시니, 신 등은 생각하건대 명기名器의 중한 것을 가볍게 사람에게 줄 수 없는 것입니다. 검교는 수가 많아서 다만 책임 없이 녹봉만 소모할 뿐 아니라 용렬한 의원과 이마理馬의 무리들까지도 혼잡하게 되니, 원컨대 전하께서는 내시부의 윤번 시위를 제외하고는 모두 검교를 혁파하소서. 지금 맹인 유담柳湛 또한 내시부의 직책을 받았으니 명기를 중하게 하는 바가 아닙니다. 만일 상을 줄 것이 있거든 물건으로 상을 주소서."

하였다. 임금이 삼부三府로 하여금 함께 의논하게 하니, 한결같이 사헌부에서 청한 것과 같았다. (『태종실록』 2권, 태종 1년 8월 5일)

검교 호조전서戶曹典書 유담의 직책을 삭탈하였다. 사간원에서 상소한 대략은 이러하였다.

"본조의 검교직은 훈구지친勳舊之親으로 말미암아 있는 것이온데, 이제 맹인 유담을 검교 호조전서로 삼아서 점치는 사람을 훈친의 반열에 있게 함은 벼슬을 마련한 뜻에 어그러질 뿐만 아니라 후세에 드리울 법에도 이지러짐이 있사오니, 청컨대 그 직책을 거두고 벼슬로 상을 주는 공정함을 보이소서. 만약 작은 공이 있으면 곡식과 비단으로 상을 줌이 옳습니다."

임금이 윤허하지 않다가, 다시 청하니 이에 따랐다. 유담은 곧 맹승盲僧 선명善明인데 점을 잘 치기 때문에 이름이 나 있었다. (『태종실록』 9권, 태종 5년 1월 11일)

전 개성유후開城留後 유담이 늙었다고 하여 글을 올려 전장田庄으로 돌아가고자 하니, 임금이 윤허하지 아니하고 말하였다.

"유담은 곧 여흥부원군의 바둑 벗이다. 그 청을 따름이 마땅하나 2품 이상은 외방에 사는 것을 불허한다는 규정이 있으니, 사사로이 이를 폐함은 옳지 못하다." (『태종실록』 25권, 태종 13년 1월 27일)

해제 위의 세 기록은 조선 태종 때 맹승 유담에 관한 이야기이다. 유담은 당시 유명한 점복가였는데, 임금의 사랑으로 처음에는 내시부의 직을 맡았다가 이후에는 검교 호조전서의 임시 직책을 맡았다. 유담의 점술 실력이 뛰어나 맹승의 신분으로 그러한 직책을 맡았던 것으로 보인다. 그는 비록 신하들의 주장으로 검교직을 삭탈당했지만 이후 개성유후였다는 것으로 보아, 태종이 여전히 그를 신뢰하고 아꼈음을 알 수 있다. 참고로 유후란 절도사가 죽었을 때 임시로 그 직무를 맡았던 관직을 말한다.

점괘가 틀렸을 경우

성녕대군 이종이 완두창剜豆瘡이 나서 병이 위독하였다. 임금이 총제 성억에게 명하여 향을 받들고 흥덕사에 나아가서 정근精勤하고 기도하게 하였다. 또한 승정원에 명하여 점을 잘 치는 사늘을 불러 모이시 이종의 길흉을 물어보게 하니 맹인 한각운·정신오 등이 점을 치고 말하기를,

"길吉합니다."

하였다. 검교판내시부사 김용기가 성녕대군의 구병 원장求病願狀(임금 등 귀인이 병들었을 때 부처의 공덕으로 병을 낫게 해달라고 기원하는 글)을 싸서 받들고 절령 나한전에 갔으니, 병이 날로 심해지기 때문이었

다. 청성군 정탁이 『주역』으로 점을 쳐서 임금에게 올리자 충녕대군이 나와 이를 풀이하기를 심히 분명하게 하니, 세자가 마음으로 감복하고 좌우 신하들이 모두 감탄하여 칭찬하였다. (『태종실록』 35권, 태종 18년 1월 26일)

형조에서 맹인·무녀의 죄를 청하였는데,

"맹인으로서 점치는 자들이 그 업에 정미하지 못하여 이에 성녕대군이 목숨을 연장한다고 계문하였고, 또 국무國巫 가이는 능히 기양하여 화를 면하지 못하였고, 무녀 보문은 병세를 살피지 아니하고 궁위宮闈에서 잡신에게 음사하여 불측한 데 이르렀으니, 청컨대 모두 법대로 처치하소서."

하니, 명하여 맹인과 가이를 제외하고 보문은 율에 의하여 죄를 내리도록 하였다. (『태종실록』 35권, 태종 18년 2월 11일)

해제 위의 두 기록은 태종의 아들 성녕대군이 홍역에 걸려 위독하자 맹인 점복가를 불러 점을 치고 기도했다는 이야기이다. 하지만 끝내 성녕대군이 죽자 신하들은 무녀와 함께 맹인 점복가에게도 책임을 묻도록 임금에게 요청하였다. 이처럼 시각장애인 점복가들은 국가의 대소사에 불려가 점을 치거나 제사를 지내기도 했는데, 그 결과가 좋지 않을 경우 책임을 면하기 어려웠다.

맹인의 공녀 선발

진헌색進獻色(공녀 선발관)이 아뢰기를,

"크고 작은 양반집 처녀를 다만 맹인과 무녀들을 시켜서 신고하게 함은 미편하오니, 현직이건 산관散官(일정한 관직 없이 관계만을 가지던 벼슬아치)이건 간에 동서의 각 품관에게 각자 자기의 딸과 형제 및 친족의 딸을 7월 18일에 한하여 신고하게 하고, 외방 각 관의 소유인 노비와 대소 품관과 향리의 처녀를 그 도의 관찰사가 몸소 감시하여 골라 공문으로 보고하게 하고, 그중에 숨기고 고하지 아니한 자나 나이 비슷한 얼굴이 못생긴 다른 계집으로 대신 내놓은 자는 한결같이 정유년의 예에 의하여 왕지에 불복종한 것으로 논죄하고, 가산을 관에서 몰수하여 고한 자의 상급에 충당하게 하고, 과전을 가진 자를 다른 사람이 신고하여 대신 받는 것을 허락하고, 마음을 써서 고찰하지 아니한 수령과 각도 관찰사를 모두 처벌하소서."

하니, 그대로 따랐다. (『세종실록』 25권, 세종 6년 7월 13일)

진헌색이 아뢰기를,

"대소 조신들의 각 가정의 처녀를 맹인과 무당만을 시켜 보고하게 하는 것은 철저하지 못한 듯하오니, 바라옵건대 문무관의 각 품과 오부의 한산閑散과 양가의 호수戶首로 하여금 나이가 10세 이상 16세 이하인 자기의 딸과 친형제나 일갓집의 딸을 금년 3월 20일까지 빠짐

없이 이름을 적어 올리게 하고, 각도의 크고 작은 문무 관원과 산인散人과 향리의 각 가정의 처녀는 이상의 예에 의하여 곧 내사內史와 색色의 관원 한 사람씩을 보내어 그 도의 감사와 함께 선정하게 하며, 전조의 왕씨로서 우리 조정에 마음을 바친 사람과 국가의 죄인에 관련된 사람의 딸은 모두 선발하지 아니하도록 하소서. 간사한 무리가 대체를 돌아보지 아니하고 자기와 일갓집 딸을 혹은 나이가 너무 많다거나 혹은 나이가 어리다거나 혹은 병이 있다고 칭탁하며, 혹은 서울과 지방에서 서로 미루며 핑계만 대고 받아들이지 아니하는 정상이 명백한 자는, 먼저의 예에 의하여 통정 이하는 잡아들여 바로 가두어놓고 그 자리에서 심문하여 죄를 처결하고, 2품 이상은 나라에 보고하여 죄를 처결하게 하소서."

하니, 그대로 따랐다. (『세종실록』 31권, 세종 8년 3월 14일)

해제 위의 두 사료는 명나라에 바칠 처녀를 선발하는 일을 맹인과 무녀뿐 아니라 각 가정이나 관리들도 참여하게 하자는 내용이다. 조선시대 맹인 점복가는 공녀를 뽑기 위해 각 가정을 돌아다니며 처녀들의 수를 파악하기도 했다. 이는 눈이 보이지 않는 시각장애인들의 경우 사대부가의 안방에도 출입이 가능했기 때문으로 판단된다.

단종은 복위될 것입니다

임금이 사정전에 나아가니, 당직 도진무겸사복관이 시위하였다. 이에 명하여 의금부 제조와 승지·대간 등을 부르게 하고, 박기년·심신·이정상·이지영 등을 끌어다 곤장을 때리면서 그 당여黨與를 신문하였다. (…)

또 판수 나가을에게 묻기를,

"몇 사람이 몇 번이나 와서 점을 쳤는가?"

하니, 대답하기를,

"지난번에 봉보부인奉保夫人(외명부의 종1품으로 임금의 유모에게 내리는 칭호)이 사람을 시켜 묻기를 '부엉이가 대궐 북쪽에서 우니 무슨 까닭이냐?'고 하기에, 신이 대답하기를 '평안하고 즐거울 것입니다' 하였습니다. 그 사람이 말하기를 '상왕께 무슨 일이 있는 게 아닌가?' 하기에, 신이 말하기를 '상왕께서 오래지 않아 왕위로 돌아갈 것입니다'라고 하였습니다."

하였다. (『세조실록』 4권, 세조 2년 6월 18일)

해제 이 기록은 세조 때 판수, 곧 맹인 점복가 나가을에 대한 이야기이다. 그는 단종복위 세력에게 점을 쳐주고 궁궐에 끌려와 형벌을 받으며 심문을 당하였다.

국복國ト 김영창

상이 인정전에 나아가 왕세자의 정친례定親禮를 거행하였다.【세자빈은 전 참봉 황대임의 딸이다. 황대임은 안함의 매부이고 함의 양자 안덕대는 곧 윤원형의 사위이다. 윤원형은 임금의 은총이 점점 쇠해지고 문정왕후가 하루아침에 승하하면 다시 더 의지할 세력이 없다고 여겨 안대임 및 그와 친한 국복國ト 맹인 김영창金永昌과 함께 몰래 모의해 황대임의 딸의 생년월일을 길한 사주로 고치고, 또 반드시 안대임의 딸을 세자빈으로 맞이하라는 뜻을 은밀히 문정왕후에게 고해서 결정지었다. 상과 중전은 자기들의 뜻에 맞지 않았지만 자전의 분부에 눌려 할 수 없이 그대로 하였다. 세자는 국본國本이고 세자빈을 정하는 것은 대례大禮이다. 그런데 윤원형이 사사로이 자기를 위하는 모의를 하여 군부를 위협함으로써 기어이 제 욕심을 이루었으니, 예부터 신하로서 이 같은 큰 죄를 짓고도 천벌을 받지 않은 자가 있었던가?】(『명종실록』 27권, 명종 16년 1월 15일)

해제   이 기록은 국가적인 일을 점치는 시각장애인 점복가 김영창에 대한 이야기이다. 김영창은 자신의 지위를 남용하여 거짓을 아뢰고, 윤원형 일가의 사리사욕을 채우는 일에 동참하였다. 그래서 실록을 기록한 사관은 그의 잘못을 서술함으로써 후대 사람에게 본보기로 삼고자 하였다.

홍계관리의 유래

서울 안에 홍계관리洪繼寬里가 있으니, 즉 국초의 맹인 점쟁이 홍계관이 살던 마을이다. 홍계관이 점을 잘 치는 것으로 이름이 났으므로, 그의 이름으로 지명을 삼은 것이라고 한다.

인산군 홍윤성은 호서 사람으로 젊었을 적에 뜻은 컸으나 때를 만나지 못하였다. 향시에 합격하여 서울에 들어왔다가 홍계관의 명성을 듣고 찾아갔다. 홍계관이 그의 운명을 꽤 오랫동안 점치더니 꿇어앉아 공경히 말하기를,

"공은 남의 신하로서 더할 수 없이 귀하게 될 운명입니다."

하고, 바로 이어 말하기를,

"어느 해 어느 때에 공께서는 반드시 형조 판서가 될 것입니다. 그때 저의 아들이 반드시 죄를 받고 옥에 갇혀 마땅히 죽게 될 것입니다. 부디 공께서는 나를 생각하여 살려주십시오."

라고 하였다. 이어 그의 아들을 불러서 말하기를,

"네가 어느 때에 옥에 갇혀 심문을 받게 되거든 아무개의 아들이라고 말만 하여라."

라고 하였다. 공은 깜짝 놀라 감히 승낙하지 못하였다.

그 뒤 10년이 못 되어서 공은 세조를 추대한 공으로 차례를 뛰어넘어 형조 판서에 임명되었다.

하루는 큰 옥사를 국문하는데 한 죄수가 부르짖기를,

"죄수는 맹인 점쟁이 홍계관의 아들입니다."
라고 하였다. 공은 드디어 깨닫고 놓아주었다고 한다. (김시양,『부계기문涪溪記聞』,『대동야승』 17, 민족문화추진회, 1973)

해제 이 기록은 시각장애인 점복가 홍계관에 대한 이야기이다. 홍계관은 조선 명종 때의 유명한 점복가로, 특히 신수점에 탁월한 능력을 지녔다고 전해진다. 그래서인지 위의 '홍계관리'와 같이 그의 이야기가 담긴 지명까지 생겨나기도 했다.

광통교 선사가 흉하다 하면 길하다

경 읽는 맹인들은 모두 머리를 깎았는데, 세상 사람들은 이를 선사禪師라 하였다. 늙은 맹인 김을부라는 사람이 광통교 가에 살았는데, 점치는 것으로 업을 삼았다. 사람이 다투어 점을 쳤으나 맞지 않는 것이 너무 많아 부인들이 모두 말하기를,
"광통교 선사가 흉하다고 하면 길하다."
하였다. 참판 김현보가 아들이 과거를 볼 때 점을 치도록 하니, 김을부가 그 글을 지은 것을 보고 말하기를,
"너의 문사가 너무 속되어서 선택되지 못할 것이다."

하였다. 하지만 방이 걸릴 때 그 아들은 높은 점수로 뽑혔다. 동료들이 웃으면서 말하기를,

"광통교 선사가 흉하다 하면 길하다."

하였다. (성현, 『용재총화』, 『대동야승』1, 민족문화추진회, 1973)

해제 이 기록은 조선전기 시각장애인 점복가 김을부에 대한 이야기이다. 김을부는 서울 광통교에 살았는데 점복 실력이 좋지 않아 그가 흉하다고 하면 오히려 길했다고 한다. 이를 통해 보면 모든 시각장애인 점복가의 점복 실력이 좋았던 것은 아님을 알 수 있다.

대궐 안에 잡인이 출입할 수 없다

맹인 신경달申景達이 주상의 명을 받고 대궐 안으로 들어갔다. 사신은 논한다.

"무릇 왕은 하늘을 본받고 땅을 본받아 복을 모으고 표준을 세우는 법이다. 덕을 쌓음으로써 하늘의 도움을 받아 대명大命을 모으는 것도 여기에 있으며, 스스로 나쁜 죄를 지어서 자신을 재앙에 빠뜨리는 것도 여기에 있다. 경사가 있고 재앙이 있음이 각각 유類에 따라 오는 것이며, 길함과 흉함이 여기에서 벗어나지 않음이 분명하다. 어

찌 성왕의 도를 떠나고 명군의 법을 내버리고서 요망한 맹인 점쟁이의 괴설을 따라 화와 복을 점치는 경우가 있단 말인가. 더구나 맹인 점쟁이는 임금이 가까이 대할 자가 아니며, 대궐 안은 잡인이 출입할 수 있는 곳이 아니다. 그런데도 대궐 안으로 불러들였으며, 그가 말한 것은 괴이하여 근거가 없는 말인데도 믿고 떠받들었으니 역시 의혹된 것이다. 아, 옛날의 임금은 잠언을 외우면서 신하들에게 공적을 보고하게 하였는데, 오늘날의 임금은 운명을 담론하면서 복을 받으려 하고 있다."(『광해군일기』 114권, 광해군 9년 4월 3일)

해제 이 기록은 광해군의 부름으로 대궐에 들어간 시각장애인 점복가 신경달을 비판하는 내용이다. 신경달은 임진왜란 때 공을 세운 뒤 선조에게 맹청의 설립을 건의한 인물로 알려져 있는데, 광해군 또한 그를 신뢰했던 것으로 보인다. 그러나 광해군이 폐주가 되었다는 이유로 사관은 그들을 요망한 점쟁이라고 평가절하하면서, 그와 광해군 모두를 비난하고 있다.

세자빈 간택

한성부가 처녀를 숨긴 집의 가장을 적발하여 죄를 다스릴 것을 청하니 상이 그대로 따랐다. 이때 왕자 부인을 간택하느라 처녀단자를 받들도록 한바, 사람들이 궁가와의 결혼을 기피하여 숨기고 내놓지 않았으므로 부관들이 적발할 수가 없었다. 이에 오부의 맹인을 불러 모아다가 사대부의 집에 가서 점복할 적에 처녀를 각기 보고하게 하였는데, 보고하지 않은 자에게는 형벌을 가하며 묻는 등 그 집의 가장을 죄로 다스렸다. 사대부가 처녀를 숨긴 것도 진실로 잘못이 있지만 국가의 체모를 손상시킨 것도 컸으니 안타까운 일이다. (『인조실록』 3권, 인조 1년 윤10월 27일)

해제 이 기록은 인조 때 시각장애인 점복가들이 세자빈을 간택하기 위해 양반 사대부의 딸들을 조사했다는 이야기이다. 조선시대에는 왕실과의 혼인을 꺼렸기 때문에 처녀단자의 조사에 제대로 응하지 않았나. 그리하여 임금은 사대부의 안채를 자유롭게 드나들 수 있는 시각장애인 점복가를 통해 각 가정의 처녀들을 조사하게 하였다.

남을 대신 저주해주다

포도청이 아뢰기를,

"근래에 인심이 사나워 저주하는 변고가 도처에서 발생하고 있습니다. 포수 박경춘이 와서 고하기를 '바로 전에 수구문 밖에서 두 여자가 성 밑에 버려진 시체의 머리를 칼로 잘라 포대에 감추는 것을 보았다' 하기에, 곧바로 쫓아가 잡을 것을 명하였는데 한 사람은 재빨리 도망가서 못 잡고 시체의 머리를 가지고 있던 자만 잡았습니다. 그를 추문하였더니 바로 맹인 박귀복朴貴福의 여종 춘이라는 자였습니다.

그는 공초하기를 '종루 노변에 사는 자근이라는 여인이 그의 사위가 다른 여자를 얻은 것 때문에 저주하려고 나의 주인 박귀복에게 많은 뇌물을 갖다주며 부탁하였다. 그러자 박귀복이 나에게 두골을 구해오라고 했기 때문에 자근의 비 언덕과 함께 가서 그 일을 하다가 마침 적발되어 붙잡힌 것이다. 그리고 전날에도 양반·상인 집 비복들이 박귀복의 집을 왕래하면서 저주할 것을 은밀히 도모한 경우가 한두 번이 아니었는데, 여무女巫 가시와 서리 임의신도 동참해 알고 있다' 하였습니다.

간사한 무리들이 원수를 갚으려고 흉악한 짓을 저지르면서도 전혀 꺼리질 않습니다. 지금 공초한 것을 보건대, 박귀복과 가시가 주모자인 것은 의심할 여지없이 명백하니 끝까지 문초하지 않을 수 없습니다. 그런데 박귀복과 자근 및 가시가 모두 곤장을 맞다 죽었습니다. 이는 필시 함께 나쁜 짓을 저지른 자들이 독약을 먹여 지레 죽인 것이니 일이 매우 놀랍습니다. 그 외에 춘이·언덕·임의신 등은 모두 박귀복의 지휘에 따라 저주하는 데 함께 모의한 자들로 그 정상이 극악하니 해당 관사로 하여금 모두 잡아다가 조사하게 하소서."

하니, 답하기를,

"아뢴 대로 하라. 박귀복 등이 지레 죽은 것은 매우 의심스러우니 당시의 옥졸을 찾아내 엄중히 조사하여 훗날의 폐단을 막도록 하라. 그리고 고변한 포수에게는 해조로 하여금 적당히 시상하게 하라."

(『인조실록』 30권, 인조 12년 12월 18일)

해제 이 기록은 남을 대신 저주해준 시각장애인 점복가 박귀복에 대한 이야기이다. 당시 박귀복은 유능한 점복가로 이름을 날렸으나, 자신의 재능을 좋지 않은 일에 사용함으로써 죄를 짓고 포도청에서 죽고 말았다. 특히 박귀복은 집안에 노비를 부릴 정도로 상당히 부유한 시각장애인 점복가였던 듯하다.

명점술가 두타비

옛날에 돌石은 재상의 아명이었는데, 어려서 이웃집 아이 두타비 豆他非와 더불어 죽마놀이를 하고 놀았다. 돌이 재상이 되었을 무렵 두타비는 실명하였고, 점치는 것을 배우긴 하였으나 재주가 짧았던지라 명성을 얻지 못하고 구차하게 구걸하며 자립하지 못하고 있었다.

돌이 그를 불쌍히 여겨 살 길을 열어주고자 서로 몰래 약속하였다.

"내가 거짓으로 말을 잃어버린 체하고 말을 동문 밖 도장곡 제 몇 번째 소나무에 매어놓겠네. 그리고 자네를 시켜 점을 치게 할 것이니 자네는 말이 도장곡 제 몇 번째 소나무에 매어 있다고 말하게. 그러면 우리나라 장안에서 점을 보려고 하는 자들이 모두 자네에게 몰릴 것이네."

마침내 약속한 대로 하여 과연 말을 도장곡 소나무 숲 사이에서 찾게 되니 이로부터 두타비의 명성이 크게 떨치게 되었다.

그때 임금께서 옥대를 잃어버렸는데, 두타비가 점을 잘 친다는 소문을 들으시고 역마를 달려 그를 불러들였다. 두타비는 본래 재능이 없는지라, 임금의 부름을 받게 되니 스스로 잘못 응대하여 위험에 빠지지나 않을까 두려워하였다.

한편 옥대를 훔쳐간 도둑은 은밀히 사람을 시켜 길에서 두타비를 맞이하게 하였다. 두타비는 말 위의 안장에 의지하여 탄식하며 '불가설이不可說耳'라고 말했는데, 이 '불가설이'는 근심하는 말이었다. 그런데 마침 옥대를 훔쳐간 사람의 이름은 화구火狗이고 직업은 서리書吏로 방언 발음이 서로 비슷하였다. 도둑은 두타비가 탄식하는 말을 듣고 크게 놀라 두타비에게 많은 뇌물을 바치며 '불가설이' 네 자만은 제발 말하지 마시고, 옥대가 궁정 서쪽 오른쪽 계단 아래 감춰져 있다고만 말하시어 그로 하여금 사형을 당하지 않게 해달라고 간청하였다. 두타비는 그의 말대로 계단 아래를 파게 했고, 그곳에서 과연 옥대를 얻게 되었다.

그러자 임금은 이를 몹시 기이하게 여겨 말하였다.

"이는 무한의 영기와 짝할 만하다. 과인이 재차 시험해보겠노라."

말을 마치고 드디어 곁길로 가는데, 큰 두꺼비가 보이자 내시로 하여금 돌로 두꺼비를 누르게 하였다. 그리고 두타비에게 물었다.

"내가 어떤 물건을 얻었는지 말해보아라. 만약 맞추지 못하면 너를 마땅히 죽일 것이요, 맞추면 큰 상을 내릴 것이다."

그때 재상이 임금을 모시고 곁에 있었는데, 두타비는 크게 민망하여 땅에 엎드려 재상을 향해 말하였다.

"돌씨로 인해 두타비 죽네!"

이는 돌 재상이 자신에게 헛된 명예를 만들어주어 사지死地에 이르게 한 것을 말함이었는데, 임금은 그 연유를 알지 못하고 다만 돌씨는 돌이고 두타비의 방언이 두꺼비인 것만 알고 있은지라 두타비의 이 말을 듣고 크게 놀라 말하였다.

"과인이 과연 두꺼비를 한 마리 얻어 돌로 눌러놓았느니라. 이 자는 천하의 신령스런 점쟁이로다."

드디어 수백에 달하는 지극한 상을 내리셨다.

아! 허명이 우연히 맞아 참된 복이 돌아갔도다. 한 번이야 요행이라고 할 수 있겠지만, 어찌 두 번째도 요행이었겠는가! 하늘이 한 것이지 사람이 한 것은 아니도다. (유몽인, 시귀선·이월영 역주, 『어우야담』, 한국문화사, 1996)

해제 이 글은 유몽인의 『어우야담』에 나오는 것으로 조선후기 시각장애인 점복가 두타비에 대한 이야기이다. 그는 재능 있는 점복가가 아니었으나, 몇 번 우연의 일치로 당대의 명점술가가 되었다. 조선시대 시각장애인 점복가에 대한 재미있는 일화인 듯하다.

점복 비용은 얼마였을까?

맹인 점쟁이가 와서 나의 운수 사나운 해에 대해 말하기에
"운수 사나운 해를 좋게 넘길 수 있겠는가? 그렇게 하려면 비용이 얼마나 드는가?"
하고 물으니,
"메조 한 말에 삼베 두어 자만 가지면 충분합니다."
하므로, 나도 모르게 포복절도하면서 장난삼아 시를 짓다. (이항

복, 『백사집白沙集』 제1권, 시詩)

해제 이 글은 백사 이항복의 『백사집』에 나온 것으로 시각장애인 점복가의 점복 비용에 대한 이야기이다. 여기서 시각장애인 점복가는 운수가 좋지 않은 해를 잘 넘기기 위해 메조 한 말과 삼베 두어 자를 요구하고 있다. 아마도 그것이 당시의 일반적인 점복 비용이었던 듯하다.

운명은 피할 수 없는 법!

참판 박이서의 자는 석오로, 충후하고 선량하고 친구와 독실히 지냈는데 나와 가장 친하였다. 기미년(광해군 11, 1619) 겨울에 내가 황해감사로 있다가 벼슬이 바뀌어 돌아오니, 그 이튿날 석오가 찾아왔다. 그와 한참 동안 앉아서 이야기하는데 마침 맹인 지억천池億千이 찾아왔다. 석오가 말하기를,

"이 맹인이 점을 잘 친다기에 내가 보고자 한 지가 오래일세."

하고는, 조그만 종이에 다섯 가지 조목을 써서 주면서 나더러 물어보라는 것이다. 나는 대강 인사를 끝내고 나서 곧 석오가 써준 다섯 가지 조목을 물어보니, 지맹인이 말하기를,

"오는 신유년이 불길합니다."

했다. 나는 또 묻기를,

"소위 불길하다는 것은 심상한 액환厄患인가?"

했더니 지맹인이,

"점괘로 보면 큰 화액일 듯합니다."

했다. 나는 듣고 몹시 무료했다. 석오는 나의 얼굴빛을 살펴보더니 비로소 친히 묻기를,

"이것은 바로 나의 운수요. 그런데 신유년에는 마땅히 죽을 운수란 말이요?"

하니, 지맹인은 본래 노신老神한 사람이라 얼른 대답하기를,

"다시 생각해보니 신유년에는 길성吉星이 구해주어서 슬하에 슬픈 일이 있겠고 75, 76세에 명이 다하겠습니다."

했다. 석오는 다시 더 묻지 않고 일어나 가버렸다. 그가 간 뒤에 내가 또 물었더니, 그가 말하기를,

"신유년에 반드시 횡사할 액운이 있는데, 아마 면하기 어려울 것 같습니다."

하였다.

석오는 경신년 가을에 중국에 갔는데, 오랑캐가 요동에서 길을 막는 바람에 수로로 가다가 신유년 5월에 바다에 빠져서 죽었으니, 지맹인의 말이 과연 맞았다. (이덕형, 『죽창한화』, 『대동야승』 17, 민족문화추진회, 1973)

해제 이 글은 이덕형의 『죽창한화』에 나오는 것으로 시각장애인 점복가

지역천의 점복에 관한 것이다. 박이서는 조선 광해군 때의 문신으로 인목대비의 폐서인을 반대했던 인물이기도 하다. 하지만 지역천의 점괘에 따라 비명횡사하고 만다. 즉, 지역천은 남의 운명을 정확히 알아맞히는 뛰어난 점복가였던 것이다.

주역周易점을 치다

곽옥郭玉이란 자는 삼화 사람으로 맹인이다. 성품이 총명하고도 민감하였다. 날마다 서당에 가서 사람들에게 『소학』을 읽으라 하고 자신은 단정히 앉아 듣기만 하였는데, 『소학』을 거침없이 다 외었다. 또한 『소학』에서 배운 것을 실천했는데, 그의 어머니를 섬김에 있어 정성과 효도가 지극하였다. 또 일찍이 점치는 것을 배우면서,

"주역은 점복의 종宗이 되는 것이다."

하고서 그 이치를 깨달아 내용을 외었다. 노래나 피리 소리가 떠들썩하게 울리면 희색을 나타내어 손뼉 치면서 통쾌하게 웃곤 하였다. 그러니 진실로 맹인 중에 호탕한 사람이 아닌가. (이덕무, 『청장관전서青莊館全書』 제50권, 이목구심서 3)

해제 이 글은 이덕무의 『청장관전서』에 나오는 것으로 시각장애인 곽옥

에 대한 이야기이다. 곽옥은 시각장애인이었지만 서당에 가서 남의 책 읽는 소리를 듣고 글을 깨쳤고, 또 특별히 『주역』을 배워 주역점을 치기도 했다.

시각장애인 점복가 모습

「맹인 점쟁이가 서 있는 모습盲人呼占」, 김준근, 조선말기, 서울역사박물관.

김준근필 풍속화첩 중 「판수」, 모스크바 국립동양박물관.

위의 그림들은 조선말기 기산 김준근의 풍속화로 시각장애인 점복가의 모습을 담고 있다. 김준근은 19세기 말의 인물로 백성들의 삶을 사실적으로 그려내어 김홍도, 신윤복과 함께 조선의 3대 풍속화가로 불린다. 그의 그림에 등장하는 시각장애인들은 대부분 판수나 독경사로, 이들은 기다란 지팡이와 부채를 손에 들고 길거리를 걸어가는 모습을 하고 있다. 이 그림들을 통해 우리는 당시 시각장애인 점복가의 모습을 보다 생생하게 그려볼 수 있다.

기산 김준근의 조선풍속 중 「소경문수」, 스왈른 수집본, 숭실대 한국기독교박물관.

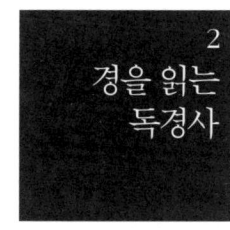

맹승을 모아 기우제를 지내게 하다

임자에 우박이 내려서 맹승盲僧들을 모아 비를 빌었다. (『고려사』 29권, 「세가」 29, 충렬왕 6년 5월)

해제 이 기록은 고려 충렬왕 때 나라에 가뭄이 들자 맹승들을 모아 기우제를 지내게 했다는 것이다. 이처럼 고려시대 맹승들은 나라에 가뭄이 들었을 때 불려가서 기우제를 지내곤 하였다.

맹승의 아들도 과거를 보게 하라

어사대에서 아뢰기를,

"사문진사四門進士 이제로는 맹승 법종의 아들이니 과거에 응시하는 것은 합당하지 못합니다."

하니 왕이 말하기를,

"공자께서 중궁을 두고 말하기를 '검정소 새끼의 털빛도 붉고, 또 뿔 모양이 좋아서 비록 제물로 쓰지 않으려 해도 과연 산천의 신이 버릴 것인가' 하였다. 과거라는 것은 장차 어진 이를 구하려는 것이니, 이제로가 진실로 재주와 학문이 있으니 어찌 아비 때문에 과거를 못 보게 할 것인가. 과거를 보게 하라."

하였다. (김종서, 『고려사절요高麗史節要』 제6권, 숙종 7년)

해제 이 기록은 고려 숙종 때 맹승 범종의 아들인 이제로의 과거 문제에 관한 것이다. 조선과 달리 고려시대에는 맹승제도가 있었는데, 그것은 고려의 국교가 불교였기 때문인 듯하다. 조선시대 시각장애인 독경사의 기원은 바로 이들에게 있었는데, 위에서처럼 그들은 사회에서 어느 정도 차별을 받고 살았던 듯하다.

맹승 종동

9월. 왕이 태비太妃 경창궁주 유씨를 쫓아내어 평민으로 만들고, 순안공 종을 섬으로 귀양 보냈다.

당초에 궁주는 왕과 사이가 나빴는데 이때에 맹승 종동終同을 불러 액막이할 방법을 물어서 초제醮祭(하늘에 지내는 제사)를 지내고 그 제물을 땅에 묻었다. 내시 양선 등이,

"궁주가 순안공과 모의하여 임금을 저주하고 종을 공주에게 장가들게 하여 왕이 되게 하려 한다."

하였다.

왕이 이습 등에게 명하여 종동을 국문하게 하고 김방경 등에게 궁주와 종을 국문하게 하였는데 모두 자백하지 않았다. 왕이 종을 불러서 직접 심문하니, 재상 유경 등이 궁궐에 나아가서 석방하여줄 것을 요청하였으나 듣지 않았다. 당초에 원종元宗이 종을 사랑하여 보물을 준 것이 많았다. 공주는 왕에게 청하여 그의 집을 몰수하고 그것을 다 빼앗았다. 그리고 조인규와 인후를 원나라에 보내어 다음과 같이 표를 올렸다.

"사람이 집안의 좋지 못한 소문을 드러내는 것은 부끄러운 일이나 친척이 나에게 원수가 되려 하는 데야 원한이 없을 수 있겠습니까? 명령을 받들어 처치하려 합니다."

이에 원주는,

"왕의 마음대로 처단하라."
고 조서로 회답하였다. 왕은 마침내 태비를 쫓아내어 평민으로 만들고 종과 종동을 섬에 귀양 보냈다. (안정복, 『동사강목東史綱目』 제12상, 충렬왕 3년)

해제 위의 기록은 고려시대 맹승 종동에 대한 이야기이다. 종동은 원종의 왕비인 경창궁주의 의뢰로 그녀의 아들 종의 건강을 빌어주는 초제를 지냈다. 하지만 종동의 행동이 충렬왕을 저주하는 것이라 여겨져 경창궁주는 폐서인이 되고 종동은 귀양을 가게 되었다. 종동은 뛰어난 맹승이었지만 정치싸움에 휘말려 억울하게 희생되었던 것이다.

도류승을 불러 병을 치료하다

행재소在行在에 출입할 때에는 도류승道流僧들로 하여금 목탁을 치며 주문을 외우게 하였다. (『정종실록』 1권, 정종 1년 3월 9일)

임금과 양녕·효령이 대비를 모시고 도류승 해순으로 하여금 먼저 둔갑술을 행하게 하고, 후에 풍양 오부의 집으로 향하려 하였다가 길을 잃어 다른 집에 이르니 집이 심히 좁고 누추하였다. 또 풍양 남촌 주부 최전의 집을 찾아가서 이에 머물러 기도하였으나, 대비의 병이 오히려 낫지 아니하였다. (『세종실록』 8권, 세종 2년 6월 10일)

도류승 14인을 모아서 밤에 도지정근桃枝精勤(복숭아 가지 신장대로 귀신을 쫓는 일)을 베풀었는데, 임금이 깊이 근심하여 정신이 흐려지자 역마를 탄 자들이 그치지 아니하였다. (『세종실록』 8권, 세종 2년 6월 11일)

한성부에서 널리 구하여 검교판관 정줄과 중·속인 수십 인을 얻어 풍양으로 보내니, 3, 4인만 가려 두고 나머지는 다 돌려보내라고 명하였다. 임금이 밤에 대비를 모시고 몰래 이궁 남교 2리쯤 되는 풀밭에 행차하여 자리를 잡으니, 두 대군과 청평·평양 두 공주 또한 따르고, 그 나머지 따르는 자는 남녀 합하여 불과 40인이었다. 정줄과 도류승 을유 등이 앞을 인도하여 행하였다. (『세종실록』 8권, 세종 2년 6월 21일)

해제 위의 기록들은 조선초기 정종과 세종 때 왕실에서 도류승을 불러 경을 읽게 하여 질병을 치료하려 했다는 이야기이다. 조선초기에는 여전히 고려의 영향으로 도교가 왕실과 백성들 사이에서 유행하고 있었다. 특히 세종은 어머니 원경왕후의 병이 악화되자 도류승을 불러 쾌차할 수 있도록 빌었다.

맹승을 불러 독경하다

청평부원군 이백강을 개경사에 보내어 약사여래에 기도하게 하고, 길창군 권규는 소격전에 가서 북두칠성에 초제醮祭하게 하고, 사알·사약을 나눠 보내어 두루 송악·백악·감악·양주 성황의 신에 기도하고, 저녁에 맹승 7인을 불러 모아 삼십품도량三十品道場을 낙천정 안뜰에 배설하니, 임금이 수라도 진어하지 아니하고 침소에도 들지 아니하면서 정성을 다하여 기도하였다. (『세종실록』 8권, 세종 2년 6월 1일)

해제 이 기록은 세종이 신하들을 각지에 보내어 기도하게 하고, 자신 또한 맹승들을 불러 정성을 다해 기도했다는 이야기이다. 세종은 어머니 원경왕후의 병이 낫도록 하기 위해 앞에서처럼 도류승뿐 아니라 맹승들을 불러 삼십품도량이란 제사를 배설하고 기도하였다.

왕의 종기를 치료하다

승정원에 전지하기를,

"무릇 사람의 수종다리㾜는 양기가 막힌 데서 말미암은 것이니, 만약 주술을 행하여 음기가 속으로 들어오게 하여 음양이 서로 화하게 하면 혹 병이 낫는 경우도 있을 것이다. 내가 수종다리의 병이 발생하자 주술하는 한 소경을 불러 다스리게 하였더니 조금 나았다. 비록 이로 인해 쾌히 낫지는 못하였으나 주술에 힘입어 삶을 얻은 것이니, 그 소경에게 옷 한 벌과 쌀 2석을 하사하라."

하였다. (『세종실록』 108권, 세종 27년 4월 29일)

해제 이 기록은 왕의 다리에 난 종기를 치료해준 시각장애인에게 옷과 쌀을 하사한다는 내용이다. 시각장애인은 점복을 하는 것 외에도 독경을 통해 병에 걸린 사람들의 치료도 하였다. 물론 그것이 과학적인 치료법은 아니었을지라도 환자의 심리를 안정시켜 병을 낫게 하는 데 효과가 컸던 듯하다.

독경은 도교의 일종이었다

어떤 사람이 내게 묻기를,

"중국에서는 불교와 도교가 병행하고 있으나 도교가 더욱 성하고, 우리나라에서는 불교는 비록 성하나 도교는 전무한 형편이다. 만약 두 개의 종교가 병행한다면 나라는 작고 백성은 가난한데 장차 어찌 견디겠는가?"

한다. 내가 말하기를,

"우리나라의 소격서와 마니산 참성에서 지내는 초제醮祭 같은 것은 곧 도가의 일종이다. 서울과 지방을 통하여 항간에서 도가의 복식을 입고 도가의 말을 하는 사람은 없으나, 사대부 집에서 매년 정월에 복을 빌고 집을 짓고 수리하는 일에 재앙을 제거하려고 비는데도 반드시 맹인 5·6·7명을 써서 경을 읽는데, 그 축원하는 바가 모두 성수星宿와 진군眞君의 부류이며, 거기에 제공되는 비용이 적지 않으니, 우리나라에서 도교가 행해지지 않는다고 말한 것은 일을 잘 헤아리지 못한 것이다. 맹인들이 복을 빌고 재앙을 물리치는 것은 옛사람에게서 들은 바 없고, 중국에서도 행해지지 않는다. 다만 우리나라 시속에서 서로 전수되는 하나의 고사이다."

라고 말하였다. (서거정, 『필원잡기筆苑雜記』, 『대동야승』 1, 민족문화추진회, 1973)

해제 이 기록은 시각장애인들이 하는 독경의 성격에 관한 내용이다. 조선시대에는 억불숭유 정책으로 인해 불교와 도교가 거의 힘을 발휘하지 못했다. 하지만 조선전기에는 여전히 불교와 도교가 명맥을 이어가고 있었다. 특히 도교는 시각장애인 독경사들이 경문을 외우는 데에 큰 영향을 미쳤다. 시각장애인들이 기우제를 지내거나 민간에서 병을 고치고, 액땜을 해주는 것 모두가 도교적 성향을 띠었던 것이다.

독경사에게 비를 빌게 하다

예조에서 아뢰기를,
"청컨대 맹인을 모아 영통사靈通寺에서 기우제를 올리소서."
하니, 그대로 따랐다. (『성종실록』 44권, 성종 5년 6월 26일)

승정원에 전교하기를,
"이제 날씨를 보면 비가 내릴 조짐이 아주 없으니, 백성들의 생활할 길이 지극히 어렵다. 맹인·중들을 시켜 비를 비는 것은 내가 믿는 것이 아니나, 이것도 국가에서 예전부터 하던 일이니 행해보는 것이 어떠한가?"
하자, 도승지 김승경 등이 아뢰기를,

"옛말에 '나라에 흉년이 들면 모든 신에게 다 제사한다' 하였습니다. 올해의 가뭄은 경인년(1470, 성종 원년)보다 심하여 재변이 매우 급박하니 비를 비는 일은 무엇이든 다 해야 하겠습니다."
하고, 우승지 노공필이 홀로 아뢰기를,

"신은 온당치 못하다고 생각합니다. 종묘·사직에 빌어도 다 효험이 없었는데, 이제 절에 빌어서 마침 비가 내리면 사람들이 다 종묘·사직에는 신이 없고 부처에게만 영이 있다고 생각할 것이니, 이것은 어리석은 백성의 의혹을 더욱 심하게 하는 것입니다. 더구나 부처가 비를 내리게 할 수 없다는 것은 틀림없습니다. 오직 맹인·동자童子는 그 마음이 전일하니 빌게 할 만합니다."
하니, 전교하기를,

"중들이 비를 비는 것도 예전부터 하던 일이니 그만둘 수 없다."
하였다. (『성종실록』 130권, 성종 12년 6월 28일)

해제　이 기록들은 가뭄이 들자 시각장애인과 독경사에게 기우제를 지내게 했다는 이야기이다. 성종은 『경국대전』을 간행한 왕으로 억불숭유의 정책을 펼친 것으로 유명하다. 하지만 이러한 성종도 오랫동안 비가 오지 않자 시각장애인을 동원해 기우제를 지냈는데, 그만큼 당시의 가뭄이 국가의 중대사였으며 사태가 심각했음을 알 수 있다.

독경사의 기우제는 무익한 일입니다

주강晝講에 나아갔다. 임금이 무당을 모아놓고 비를 빌었다는 말로 인하여 이르기를,

"가뭄은 큰 재변인데 어찌 무당이 빌어서 없앨 수 있는 것이겠는가? 사신史臣이 이른바 공경하고 두려워하는 마음가짐으로 하늘의 질책에 답하여야 한다는 말이 옳다. 우리나라도 가뭄이 있으면 역시 맹인과 무당을 모아 비를 비는 예가 있는데 이는 진실로 무익한 일이다."

하매, 특진관 심정이 아뢰기를,

"임금의 분부가 지당합니다. 한재는 하늘의 꾸짖음이니 의당 경계하고 조심하는 마음가짐으로 답하여야 하는 것입니다. 그런데 황탄하기 짝이 없는 무격巫覡(무당과 박수)을 쓰는 것은 진실로 불가한 일입니다. 그러나 이 방법은 행해온 유래가 오랜 것으로 춘추시대에도 무왕巫尪을 불태워 죽여 비를 빌었다는 말이 있습니다. 무릇 한재가 발생하는 것은 모두 한때 백성들의 원망에서 말미암는 것이니, 임금은 마땅히 근신함으로써 그 재앙을 없애야 하는 것이요, 무당을 시켜 빈다고 될 일이 아닙니다."

하고, 사강관 서후는 아뢰기를,

"우리나라에서 무당을 시켜 비를 비는 것은 옛사람이 정성을 다해 몸을 닦아 하늘의 질책에 답한 일과는 차이가 있습니다. 옛날 상나라의 탕왕이 육사六事(상나라 탕왕이 큰 가뭄을 만나자 비를 빌면서 여

섯 가지 일을 들어 자책한 것을 말하는데, 그 내용은 '정사에 절도가 없었는가, 백성의 생활이 고통스러운가, 궁실이 너무 화려한가, 여알女謁이 성행했는가, 뇌물이 성행하는가, 참소하는 자가 많은가?'였다)를 들어 자책하니 하늘이 즉시 효험을 발하였습니다. 한때의 폐단이 상하의 질서가 무너지고 뇌물이 공공연히 행하여지고 권병權柄을 농락하는 지경에 이르게 되면 반드시 이런 재앙이 있는 법이니, 상하가 진실로 근신하는 것으로 하늘의 뜻에 답하여야 하는 것입니다. 소경과 무당을 써서 비를 빌 필요가 뭐 있겠습니까? 몸을 닦는 것은 실제적인 일이고 무당을 시켜 비를 비는 것은 겉치레인 것인데, 겉치레만 일삼고 실제적인 일에는 자책을 가하지 않는다면 이는 하늘을 속이는 것입니다. 충숙왕이 사냥을 좋아하여 산 밑에 임시 가옥을 짓기까지 하면서 백성의 원망을 샀습니다. 그러면서도 무당에게 비를 빌 것만 독책하였으니 이는 말할 가치도 없는 것입니다."
하였다. (『중종실록』 41권, 중종 16년 1월 26일)

해제 이 기록은 중종 때 신하들이 왕에게 시각장애인 독경사와 무당을 시켜 기우제를 지내게 하는 것은 옳지 못한 행동이라고 말하는 것이다. 과거의 임금들은 가뭄과 같은 천재지변이 생겼을 때 시각장애인 독경사나 무당을 불러 하늘에 제사지내는 일을 자주 했다. 하지만 조선중기 사림들이 정권을 잡은 뒤로부터는 이러한 일들이 모두 금지되는 추세였다. 그리하여 일반인들과 어울려 사회 속에서 당당히 살아가던 시각장애인들의 입지가 점차 좁아졌다.

독경사의 기우제를 그만두소서

예조가 아뢰기를,

"측수기測水器를 살펴보니 내린 비가 6푼으로 두루 흡족하지는 못합니다. 그러나 비 올 기미가 그치지 않을 것 같으니 춘당대 못가의 석척제蜥蜴祭(도마뱀을 넣는 제사), 가항의 기우祈雨, 맹인의 기우 및 피고皮鼓(북을 치는 것)를 치지 못하게 하는 일, 시장을 옮기는 일, 숭례문을 닫고 숙정문을 여는 일 등에 대해서 고쳐 택일하기 위해 감히 아룁니다. 동적전東籍田에서 보고해오기를 '비가 온 뒤로 황충의 10분의 9가 없어졌다' 하므로 감히 아룁니다."

하니, 전교하기를,

"알았다. 우세가 이처럼 아직 흡족하지 않으니 석척제 및 맹인의 기우는 정지하지 말게 하라. 가항의 기우는 아이들 놀이와 같으니 정지시키라. 문을 닫고 시장을 옮기고 피고를 치지 못하게 하는 일 등은 고쳐 택일하도록 하라."

하였다. (『중종실록』 57권, 중종 21년 5월 14일)

해제 이 기록은 중종 때 가뭄 뒤에 드디어 비가 내리자 대신들이 지금 행하고 있는 기우제를 중지해야 한다고 왕에게 건의하는 내용이다. 이처럼 사람들은 기회만 되면 시각장애인 독경사의 기우제를 없애고자 했다. 하지만 왕은 백성들에게 미치는 영향을 고려하여 이를 계속 이어나가고자 했던 것으로 보인다.

독경사의 기우제 부활

주강에 나아갔다. 동경연 이익상이 구례에 의거하여 시험 삼아 맹인으로 하여금 기우하게 할 것을 청하자, 임금이 어려워하며 말하기를,
"이는 효종 임금 때 불경하다 하여 혁파한 일이다."
하였다. 옥당의 남치훈·서종태가 또한 이미 전례가 있으므로 시행하여도 무방하다고 말하니, 임금이 시험 삼아 행해보라고 명하였다.
(『숙종실록』 14권, 숙종 9년 6월 14일)

해제 이 기록은 효종 때 금지한 시각장애인 독경사의 기우제를 다시 지낸다는 내용이다. 조선중기부터 신하들의 반대에 부딪히곤 했던 기우제는 결국 효종 때에 이르러 혁파되었다. 하지만 숙종 때 심한 가뭄이 들자 이번엔 신하들이 나서서 시각장애인 독경사를 불러 기우제를 지낼 것을 건의하고 있다. 이것으로 보아 시각장애인 독경사의 기우제는 어느 정도 효과가 있는 한편, 사람들의 심리를 안정시켜주기도 했던 것으로 보인다.

맹인 일곱 명이 궐내 출입을 저지당하다

중관中官(내시)이 대비의 명에 따라 맹인 일곱 명을 흥원문 안으로 끌어들였는데, 이는 대개 기복하기 위해서였다. 그러나 병조좌랑 김육이 지휘하여 들이지 못하게 하면서 말하기를,

"주상의 명이 있지 않는 한 감히 궁궐에 잡인을 받아들일 수 없다." 하였다. 중관이 온갖 공갈을 다하였지만 끝내 데리고 들어오지 못했다. (『인조실록』 8권, 인조 3년 1월 19일)

해제 이 기록은 인조 때 내시부에서 대비의 명에 따라 시각장애인 독경사를 궁궐로 불러들이려 했으나 병조좌랑 김육이 반대하여 들어가지 못했다는 내용이다. 조선전기부터 궐내의 왕족들은 시각장애인 독경사를 불러 점복을 보거나 독경하는 것을 즐겨했다. 하지만 조선중기 사림들이 진출하면서 그러한 행사들을 일체 반대하기 시작했다. 인조 때에도 대비가 제사를 지내기 위해 시각장애인 독경사를 궁궐로 불러들이려 했으나 신하들에 의해 저지당하고 말았다.

시각장애인이 주관하는 모든 제사를 없애버리다

영종(영조) 21년에 명하여 맹제盲祭·무제巫祭·독경제讀經祭의 명칭을 모두 없애버렸다. 맹인기우盲人祈雨와 무녀기우巫女祈雨 및 거동할 때의 맹인독경제盲人讀經祭 등은 그 이름만 남고 없어진 지 오래인데도 오히려 봉상시 제안祭案에 기록되어 있었는데, 이때에 이르러 모두 없애버렸다. (이긍익, 『연려실기술』 별집 제4권, 사전전고祀典典故, 음사淫祠)

해제 이 기록은 영조 때 시각장애인이 주관하던 제사를 모두 폐지했다는 내용이다. 이처럼 조선후기에는 궁궐에서 제사를 지내거나 독경을 하는 것이 일체 금지되었다. 그리하여 시각장애인 독경사나 점복가들은 공식적인 경로를 통해 자신들의 능력을 발휘할 수 있는 기회를 상실하였고, 그들의 사회적 지위도 점차 낮아졌다.

가정에서도 독경하지 못하게 하다

또 판수를 맞아 주문을 외는데 그 이름을 송경誦經이라 한다. 북을 치고 어지럽게 소리를 지르며 노소의 성명과 잡귀의 명목을 요란하게 함부로 불러댄다.

무릇 이와 같은 일들은 반드시 요사스런 여비나 간사한 노파가 있어서 주부를 유인하여 이처럼 잡란雜亂하게 된 것이니, 가정의 법도를 바로잡으려면 먼저 이런 무리들을 다스려야 할 것이다. (이덕무, 『청장관전서』 제30권, 사소절 제7-부의2, 제사祭祀)

해제 이 기록은 이덕무의 『청장관전서』에 나오는 것으로, 가정에서도 시각장애인 독경사의 제사를 폐지해야 한다는 것이다. 이렇게 조선중기 사람들뿐 아니라 조선후기 실학자들도 시각장애인 독경사에 대해 매우 부정적인 인식을 드러냈다.

시각장애인 독경사의 모습

기산 김준근의 조선풍속 중 「판수독경」, 스왈른 수집본, 숭실대 한국기독교박물관.

기산 김준근의 풍속도 중 「판수 독경하는 모양」, 덴마크 국립박물관.

이 그림들도 조선말기 기산 김준근의 풍속화로 당시 시각장애인 독경사의 모습을 표현하고 있다. 그들은 큰 북을 매달고 앉아 열심히 경을 외우고, 의뢰자는 뒤에 앉아 병이 낫도록 간절히 기원하고 있다.

3 음악을 연주하는 악공

시각장애인 악공이 가무를 가르치다

가무 여아歌舞 女兒 중천금 등 다섯 명을 뽑아서, 기생 여섯 명과 맹인 세 명으로 하여금 세 번으로 나누어 날마다 돌려가며 입궐하여 이들을 가르치게 하였다. (『세종실록』 44권, 세종 11년 5월 3일)

해제 이 기록은 세종 때 궁궐에서 노래하고 춤추는 여자아이들을 뽑아 맹인과 기생들로 하여금 교육시키게 했다는 것이다. 이처럼 조선시대 시각장애인은 점복과 독경 및 음악에도 종사하였다. 그래서 궁궐에서 주관하는 행사에 불려가기도 하고 가무하는 아이들의 교육을 맡기도 하였다.

내연에 시각장애인 악공을 쓰다 1

예조에 전지하기를,
"금후로 내연內宴에는 악공을 제거하고 맹인矇瞍으로 하여금 연주하게 하라."
하였다. (『성종실록』 8권, 성종 1년 12월 27일)

해제 이 기록은 조선 성종 때 내연에는 일반적인 악공 대신 시각장애인 악공으로 하여금 연주하게 했다는 내용이다. 내연은 주로 여성들만 참여하는 행사였기 때문이다.

내연에 시각장애인 악공을 쓰다 2

의정부·육조·충훈부에서 삼전三殿에 잔치를 베풀었다. 원상 정창손이 아뢰기를,
"음악을 사용할 것을 두 번이나 청했지마는 마침내 윤허를 얻지 못했는데, 비록 연회를 마치도록 음악을 연주하지는 못하더라도 전하께서 술잔을 올릴 때에는 음악을 연주하도록 허가하는 것이 어떻

겠습니까?"

하니, 의지懿旨를 내리기를,

"주상께서도 술잔을 올릴 때에는 음악을 연주할 것을 두 번이나 청하고 지금 정승의 말 또한 이와 같으니, 이는 반드시 주상의 명령일 것이다. 이는 실로 들어주기가 어려운 것이지만, 그러나 정승의 청을 거듭 어기게 되므로 억지로 이를 그대로 따르게 하니, 기생 15인과 맹인으로써 다만 주상이 술잔을 올릴 때에만 음악을 연주하도록 하라."

하니, 정창손이 머리를 조아리면서 사례하였다. (『성종실록』 58권, 성종 6년 8월 15일)

해제 이 기록은 내연에서 임금이 술잔을 올릴 때 기생과 맹인들이 음악을 연주할 수 있도록 인수대비가 허락했다는 내용이다. 이를 통해 시각장애인 악공들은 궁궐의 내연에 거의 의례적으로 참여했음을 알 수 있다.

장악원의 관원을 불러 질책하다

전교하기를,

"어제 진연進宴할 때에 기녀 및 관현管絃하는 맹인들이 모두 마음을 써서 연주하지 아니하고 또한 가곡도 조화를 이루지 못했으니, 장악원(조선시대 궁중에서 연주하는 음악과 무용에 관한 일을 담당한 관청)의 관원을 불러 묻도록 하라."
하였다. 제조 윤필상이 와서 대죄하자, 전교하기를,
"경 등으로 하여금 알게 하고자 함인데 어찌 번거롭게 대죄하는가? 다만 기생들은 노래 부르는 데 태만하였고 노래 부르는 것 또한 항상 한 곡만 불렀으니, 어찌 사체에 합당하겠는가?"
하였다. 윤필상이 아뢰기를,
"참으로 상교上敎와 같습니다."
하고, 이어 아뢰기를,
"거둥하실 때에 몹시 적막할 것이오니, 청컨대 가동歌童과 공인工人으로 하여금 많이 어가를 따르게 하고 아울러 아쟁도 싣고 가게 하소서."
하니, 전교하기를,
"가하다."
하였다. (『성종실록』 219권, 성종 19년 8월 16일)

해제 이 기록은 궁중 연회에서 기녀와 관현맹인들이 노래와 연주를 제대로 하지 못하자 임금이 장악원의 관원을 불러 질책했다는 것이다. 시각장애인 악공들은 장악원 소속의 공식적인 악공들이었다. 그렇기 때문에 진연에서 음악이 제대로 연주되지 않자 장악원에 그 책임을 물었던 것이다.

시각장애인 악공들이 생계 대책을 요구하다

맹인 박연朴連 등 26인이 상언上言하기를,
"맹인들이 각기 거문고와 비파를 타는 것으로 직업을 삼아 생계를 이어왔는데, 근래 국상으로 인하여 음악을 정지하였으니 살아가기가 어렵습니다."
하니, 각기 쌀 한 섬씩을 주라고 명하였다. (『세종실록』 25권, 세종 6년 7월 22일)

해제 이 기록은 세종 때 국상으로 인해 악기 연주를 할 수 없는 시각장애인 악공들이 생계의 어려움을 토로하는 내용이다. 다시 말해 집단행동을 감행하여 자신들의 생계를 이어나갈 수 있도록 요구한 것이다. 이에 따라 임금은 그들의 요구를 들어주어 쌀을 하사하였다.

퉁소 부는 시각장애인들

칠월 칠일에 일감정 신씨 어른이 퉁소를 잘 부는 장님 두 사람을 대동하고서 배를 타고 나에게 들렀다.

오랜 더위엔 나막신 신기 불편했고	久暑妨行屐
첫가을이라 배 띄우기 좋구려	新秋利泛船
물 위의 퉁소 소린 애절함이 흥겹고	水簫哀可樂
들 자리는 끊겼다 다시 연해지네	野席斷還連
흰머리는 곱게 서로 비추고	白髮姸相照
푸른 그늘은 빽빽하여 옮기지 않네	蒼陰密不遷
우리 무리도 훌륭한 모임 갖고	吾曹亦嘉會
위하여 작교선을 노래한다오	爲唱鵲橋仙

(정약용, 『다산시문집』 제7권, 시詩, 귀전시초歸田詩草)

해제 이 글은 정약용의 『다산시문집』에 나오는 것으로 퉁소를 부는 시각장애인들에 대한 이야기이다. 조선시대 악기를 다루는 시각장애인은 궁중에서 관현맹인으로 근무했을 뿐 아니라, 이처럼 개인을 위해 연주하기도 했다.

4 안경장이

안경장이 노인

절름발이는 집이 동쪽 밖에 있었다. 매일 성문 안으로 들어가서 안경을 가는 일을 업으로 하였다. 내가 7, 8세 때에 그이를 보았는데 나이 60쯤 되어 보였다. 이웃의 70, 80 되시는 노인이 말씀하시기를 초립동 시절에 그이를 벌써 보았노라 했다. 날이 저물어 술에 취하여 집으로 돌아가다가 달이 떠오르는 것을 보면 걸음을 멈추고 달을 바라보며 심호흡을 한다. 그리고 그 자리를 오래 떠날 줄 몰랐다.

"달이 떠오르는 것을 보고 안경 가는 법을 깨닫지요."

썩 운치 있는 말이 아닌가.

마경磨鏡 노인 돌아가는 발걸음이 더디니,
동성에 뜨는 달을 취하여 바라본다.
하늘에 숨을 내쉬면 달무리가 희고
구름이 흩어지며 고운 달이 나타난다.
(이우성, 임형택 공편, 『이조한문단편선』 중권, 일조각, 1978)

해제 이 글은 조선후기 조수삼의 『추재기이』에 나오는 것으로 안경 가는 일을 하는 지체장애인 노인에 대한 이야기이다. 조선시대에는 아무리 장애인이라 할지라도 저마다 자신이 할 수 있는 일을 하며 자립적으로 살아갔다. 그중에서 다리를 저는 지체장애인은 청나라를 통해 들어온 안경을 수리하는 일을 맡기도 했다. 비록 그들은 하반신을 제대로 쓸 수 없었지만 상대적으로 손 기술이 좋아 섬세한 작업이 가능했기 때문이다.

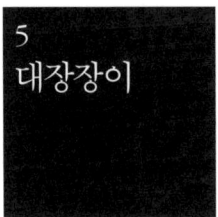

5
대장장이

대장장이 탄재

탄재는 성이 신이고, 청도군에 사는 벙어리 대장장이였다. 그는 이름이 알려지지 않았고, 호로 행세하였다. 칼을 잘 만들었는데, 칼이 날카롭고 가벼워서 왕왕 일본의 것을 능가하였다. 칼 만드는 대장장이는 대개 쇠를 세심하게 고르는데, 탄재는 쇠의 품질은 묻지 않고 다만 값만을 물었다. 값이 중한 것이 상품이기 때문이었다. 하지만 탄재는 성질이 매우 포악해서 자신을 거스르는 자가 있으면 부젓가락과 쇠망치를 겨누었다. 본도의 감사가 일찍이 그에게 명령하여 일을 하라고 했는데, 심부름꾼 앞에서 상투를 자르며 거절하였다.

탄재는 물건에 대해 박식하였다. 군수가 구슬갓끈을 살펴보게 하였는데, 그는 침으로 긋고 지푸라기를 꽂아 도이島夷(중국에서 남방의 이민족을 이르던 말)의 채색 호박 모양을 만들어 연경에서 사온 것이라 알려주면서 손을 들어 남에서 북으로 북에서 동으로 돌려 보였는데, 사람들은 아직도 믿지 못하는 기색이었다. 탄재가 크게 노하여 갓끈을 잘라 불 속에 던지니 송진 냄새가 났다. 군수가 말하였다.

"진정 확신을 하겠다. 그러나 갓끈이 완전히 못쓰게 되었으니 장차 어찌 하겠나?"

탄재는 집으로 달려가 무엇을 움켜쥐고 돌아왔는데, 모두 그 종류들이었다.

태어나면서 벙어리인 자는 반드시 귀머거리인데, 탄재도 벙어리이면서 귀머거리였으므로 다른 사람과 의사소통을 할 수 없었다. 오직 고을 아전 중에 손으로 말을 대신할 줄 아는 자가 있어서 몸짓으로 말을 하면 서로 그 마음의 곡절을 다 표현할 수 있었으므로 매양 그가 와서 통역해주었다. 그런데 아전이 탄재보다 먼저 죽게 되자, 탄재는 상가에 가서 널을 치며 종일 개처럼 부르짖었다. 얼마 안 있어 그도 병으로 죽었다. 탄재가 만든 칼은 이제 세상에 드물다.

탄재는 처음 아내를 얻었을 적에 몹시 흡족해했는데, 우연히 아내의 월경대를 보고는 매우 더럽게 여겨 그로부터 아낙네가 짓는 밥은 먹지 않았다. 그의 조카가 쌀을 씻고 밥을 지어서 그를 끝까지 봉양했다.

매계자는 말한다.

그가 상투를 자른 것은 자수自守하는 이와 닮았고, 호박을 알아

본 것은 생지生知와 닮았다. 이 벙어리는 혹시 도가 있는 자였는가? 그렇다면 그는 한갓 대장장이만은 아닐 것이다. 아! 아전이 죽으매 애통해하였으니, 지음知音의 어려움이란 그런 것이 아니겠는가?

내가 일찍이 그가 만든 칼을 얻었는데, 그 날카로움이 머리카락을 자를 수 있을 정도이고 얇기가 금방이라도 부서질 것만 같은 정도였다. 칼을 감상하는 이들이,

"참 잘된 것입니다만 약간 메마르니 솥에 찐 고기를 다루어보면 좋아질 것입니다."

라고 하였다. (고전문학연구회, 「신아전」, 『이옥전집』 2권, 소명출판, 2001)

해제 이 글은 정조 때의 문인 이옥의 『이옥전집』에 나오는 것으로 언어와 청각장애인 대장장이 탄재에 대한 이야기이다. 그는 칼을 만드는 솜씨가 좋아 때로는 일본도를 능가할 정도였다. 하지만 성격이 매우 포악해서 남의 부탁을 쉽게 들어주지 않았다. 또한 그는 언어장애를 갖고 있어 말로써 의사소통을 할 수 없었는데, 다행히 그곳의 아진이 손으로 말을 할 줄 알아 그의 마음을 대신 얘기해주었다. 이로 보면 조선시대에도 지금과 같이 정교한 것은 아닐지라도 초기 형태의 수화가 존재했음을 알 수 있다.

6장

장애인 관직 및 관료들

오늘날과 달리 과거에는 장애인만을 위한 관직을 별도로 두어 그들의 복지 증진을 꾀하였다. 대표적으로 시각장애인 점복가를 위해서는 관상감에 명과학命課學을, 시각장애인 악공들을 위해선 장악원에 관현맹인管絃盲人을, 성기능 장애인을 위해선 환관(내시)제도를 두고서, 일반 관원들처럼 정기적으로 품계와 녹봉을 올려주었다.

또한 과거에는 장애의 유무有無보다는 그 사람 자체의 능력과 노력을 더욱 중시했다. 그래서 장애인이라 할지라도 나라에 공을 세우면 종9품의 미관말직에서 정1품의 정승까지 어떠한 관직에도 오를 수 있었다. 예컨대 조선시대만 국한해서 보더라도 시각장애인임에도 원종 3등공신에 오른 이영선, 척추장애를 갖고 있어도 우의정과 좌의정 등 정승이 된 허조, 기형아로 태어나 생육신이 된 권절, 북벌의 공으로 사직司直이 된 시각장애인 이옥산, 성균관 사성이 된 시각장애인 신자교, 정신질환을 갖고 있어도 대사헌에 오른 공서린, 간질장애인임에도 우의정에까지 오른 권균, 지체장애인임에도 영부사에 오른 심희수, 한쪽 다리를 못쓰는 지체장애인임에도 우의정이 된 윤지완, 청각장애인임에도 이조판서와 대제학에까지 오른 이덕수 등이 바로 그들이다.

민주주의와 합리주의 시대를 산다는 오늘날 우리들조차 장애인 장관이나 국무총리를 생각하기란 결코 쉽지 않다. 하지만 조선시대에는 장애인 장관이나 국무총리가 역사적으로 계속해서 출현하고 있었던 것이다.

1
장애인 관직의 기원

백운이 신의를 지켜 벼슬을 받다

신라가 백운·김천과 여자 제후에게 벼슬을 내렸다.

처음에 두 달관達官이 같은 마을에 살면서 같은 때에 아들과 딸을 낳았는데, 남자는 백운, 여자는 제후였다. 양가가 혼인하기로 약속하였더니, 백운이 15세에 장님이 되었으므로 제후의 부모가 무진태수 이교평에게 시집을 보내려고 하매 제후가 백운에게 은밀히 말하기를,

"한때에 같이 나서 부부로 언약된 지 이미 오래다. 부모가 그 약속을 어기니 부모의 명을 어기면 불효가 되고, 무진으로 시집을 가면 죽고 사는 것이 나에게 있다. 그대에게 신의가 있거든 무진으로 와서

나를 찾아라."

하였다. 제후가 시집을 가서 교평에게 청하기를,

"혼인이라는 것은 업도의 시작이니 길일을 택해서 예를 올립시다."

하니, 교평이 이를 따랐다. 백운이 무진으로 찾아가니, 제후가 따라 나와 같이 산속으로 숨어 가다가 갑자기 협객을 만나 붙잡혀갔다.

백운의 동료인 김천은 용사로서 말을 잘 타고 활도 잘 쏘았는데, 쫓아가서 협객을 죽이고 제후를 빼앗아 돌아왔다. 이 사실을 들은 왕은,

"세 사람의 신의가 가상하도다."

하고 벼슬을 내렸다. (안정복, 『동사강목東史綱目』 제3상 갑술)

해제 이 글은 안정복의 『동사강목』에 나온 것으로 신라 진흥왕 27년에 시각장애인 백운과 그의 아내 제후에 관한 이야기이다. 백운은 열다섯 살에 후천적으로 시각장애인이 되었는데, 그리하여 제후의 부모에 의해 두 사람의 결혼은 이루어지지 못했다. 하지만 제후는 백운과의 정혼을 잊지 않고 다시 만나게 되었고, 이에 왕이 그들을 치하하고 상으로 벼슬을 내렸다.

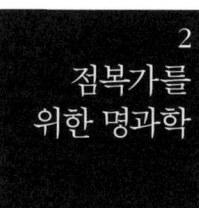

2 점복가를 위한 명과학

점복가를 위해 명과학을 설치하다

의정부에서 예조의 정문에 의거하여 아뢰기를,

"명과학命課學(운명·길흉·화복을 판단하는 학문) 하는 장님 중 젊고 영리한 자로 10인을 골라서 서운관書雲觀에 소속시키고, 훈도訓導 네댓 사람을 두고 사흘마다 한 번씩 모여서 그 업을 익히게 하소서."

하니, 그대로 따랐다. (『세종실록』 107권, 세종 27년 3월 5일)

해제 이 기록은 점복을 하는 시각장애인들을 뽑아 서운관에 소속시키고 훈도로 하여금 교육시키도록 하라는 것이다. 명과학은 시각장애인들이 담당하였는데, 비록 앞은 볼 수 없지만 길흉화복을 예견하는데 뛰어난 능력이 있었기 때문이다. 이러한 그들만의 관직으로 인해 당시 시각장애인 점복가들은 자신의 능력을 그나마 발휘할 수 있었다.

명과학의 존폐 문제

관상감 제조가 아뢰기를,
1. 『경국대전』안의 지리학地理學에는 체아遞兒 2, 생도生徒 15인이고, 명과학命課學에는 체아 2, 생도 10인인데, 그윽이 지리학을 상고하면 능실을 보수하고 대소 상장喪葬의 일을 관장하니, 직임은 심히 번거롭되 생도가 부족합니다. 명과학은 단지 명서命書만 익혀 그 직임이 긴요하지 않으니, 청컨대 양학인兩學人으로 하여금 지리·명과의 책들을 겸강兼講하게 하여 그 분수가 많은 자는 체아직을 주소서. (『성종실록』 10권, 성종 2년 6월 30일)

관상감 제조가 아뢰기를,
"당초에 명과학을 설립할 때에 체아직 2, 훈도 2, 생도 18을 설치하였는데, 이제 설립한 지 오래되었는데도 학업을 성취한 자가 적고 또 새로 소속될 자가 없어서 장차 폐지하게 되었습니다. 청컨대 체아직 2를 다시 지리학에 소속시키고, 그곳의 생도는 지리학 훈도로 옮겨 소속시키며, 체아직 2를 전례에 의하여 잡직을 더 설치하여 맹인을 모아서 오로지 연습을 위임하고, 사맹삭四孟朔(1월·4월·7월·10월)에 시험하여 제수하게 하소서."
하니, 그대로 따랐다. (『성종실록』 49권, 성종 5년 11월 27일)

해제 위의 두 기록은 성종 대에 있던 명과학의 존폐 문제에 관한 내용이다. 첫 번째 기록에서는 명과학은 그리 중요하지 않으므로 지리학과 명과학을 통합하고 벼슬도 임시적인 체아직을 주자고 하고 있다. 두 번째 기록에서도 명과학이 폐지될 지경이므로 지리학과 통합하자고 주장하고 있다. 이로 보아 조선전기 명과학은 계속 존폐 문제를 겪었던 듯하다.

왕비 간택자의 팔자를 점치게 하다

승정원에 전교하였다.
"명과학으로 하여금 지금 내린 처녀 4인의 팔자를 궐내에서 점치게 하라."【4인은 손준·김총·윤지임·윤금손의 딸이다.】(『중종실록』 23권, 중종 10년 11월 8일)

해제 이 기록은 중종 때 명과학 관리자들로 하여금 왕비 간택자들의 팔자를 점치게 하였다는 내용이다. 이처럼 명과학은 나라의 왕비를 간택하는 일에도 참여하였다.

명과학은 없어도 되는 것입니다

주강에 나아갔다. 윤은보가 아뢰기를,

"천문학은 예로부터 있는 것이지만, 명과학은 없어도 되는 것입니다."

하니, 상이 이르기를,

"명과는 그 직임으로 인해 궐내에 드나들기 때문에 아랫사람들이 인견하는 것으로 의심한 것이다."

하매, 정응이 아뢰기를,

"천문은 곧 역상일월曆象日月로서 이는 당우 때부터 전해오는 제도이고, 태사는 곧 분침氛祲(요악한 재앙)을 관측하고 재변을 살피는 것으로 하지 않을 수 없는 일이고, 복서卜筮 역시 예로부터 귀복龜卜(거북점)이 전해오는데 후세에는 운명 해설에 빠지게 되었습니다. 음양과 오행은 모두 천리와 자연에 관계되는 것이어서 비록 안다 하더라도 도움됨은 없고 한갓 좌도에만 빠지는 것입니다."

하니, 상이 이르기를,

"천문과 복서는 아름답지 않은 것이 아니나 지금은 오류가 매우 심하다."

하였다. 채침이 아뢰기를,

"천문·지리·복서는 곧 삼대(하·은·주) 시절부터 전해온 것인데, 지금 지리는 풍수설의 이단이 되고, 복서는 운명만 말하는 궤변이 되었습니다. 옛사람이 운명론에 대해 논란하기를 '남양의 귀한 선비들이 어찌 모두 꼭 육합六合에 맞은 것이며, 장평에서 학살된 군사들이 어찌 꼭 모두 삼형三刑에 걸린 것이겠는가?' 하였는데, 이는 정확한 논리입니다."

하였다. (『중종실록』 26권, 중종 11년 10월 23일)

"천문학 이외에 그 나머지 지리나 명과의 학문은 모두 폐해야 합니다. 맹인들은 보고 듣지 못하니 음양·사생·길흉·소장消長의 이치를 아는 사람이 없고, 지리의 학문 또한 잘 아는 사람이 없는데 세속이 그런 속설에 현혹되어 더러 시기가 지나도록 장례를 지내지 않음은 매우 옳지 않으니 모두 없애야 합니다." (『중종실록』 26권, 중종 11년 10월 29일)

해제 이 기록은 중종 때 명과학은 불필요하니 없애야 한다고 주장하는 내용이다. 조선초기에는 나름대로 명과학을 중요시했으나, 시간이 흐를수록 인간의 길흉화복을 점친다는 것이 이치에 맞지 않고, 또 오류도 심하다 하여 천시하게 되었다. 이에 따라 점을 치는 시각장애인들이 국가의 공식적인 영역에서 활동하는 것에 제약을 받았으며, 이러한 현상은 날이 갈수록 점점 더 심해졌다.

명과학의 기강을 바로잡으라

또 전교하기를,

"근래 명과학이 모양새를 이루지 못해 전혀 향방을 모르는 자를 구차스럽게 충원하고 있으니 이것이 말이나 되는가. 고허왕상孤虛旺相(술법가들이 날과 계절의 길흉을 따지는 방법)의 방법이야 방서方書가 매우 많고 그 영역도 넓으므로 진실로 이들에게 기대할 수는 없지만, 생기生氣·복덕福德과 날씨의 흐리고 개는 현상은 풍우부風雨賦를 한 번이라도 본 사람이 누가 모르겠는가. 그런데 이번 신실神室의 개수 작업을 하는 날을 잡은 것으로 말하면 잘 살피고 신중히 하지 않아서 이처럼 일을 그르치게 되었다. 관상감에는 제거 한 사람만이 천문학에 관해 약간 알고 있을 뿐이다. 녹을 받는 관원 가운데 술법이 정하고 밝은 자는 그 공로를 살펴서 교수로 승진시키고, 학생 가운데 재주가 있어서 가르칠 만한 자는 잘 공부하도록 권장해 성취시키도록 할 것이며, 비록 공부를 권장해도 끝내 성취를 못하는 자는 모두 도

태시키라. 공부를 권장해 성취시키는 방법은 몇 해를 기한으로 정하되 바로잡아야 할 제반 사항을 세칙으로 만들어 후일 경연에서 아뢰어 처리하게 하라."

하였다. (『정조실록』 33권, 정조 15년 7월 28일)

해제   이 기록은 정조 때 명과학이 제대로 운영되지 않으니 그 기강을 바로잡으라고 지시한 내용이다. 이로 보면 조선후기에 이르러 명과학은 명맥만 겨우 이어졌을 뿐 유명무실한 기관이 되었던 듯하다.

다산 정약용의 명과학 폐지론

지금 관청을 설치하여 직무를 분담하면서 지리학과 명과학을 두는 것은 옳은 제도가 아니다. 그러므로 나는 생각하기를 지리학과 명과학은 지금부터 철폐하고 다시는 선발하지 말 것이며, 역서 안에 기록된 '제사하기에 적당하다', '혼인 치르기에 알맞고 출행하기에 적당치 못하다', '침자針刺하기에 알맞지 않다' 등의 여러 가지 글은 아울러 삭제할 것이다. (정약용, 『경세유표』 제1권, 천관 이조天官吏曹 제1, 치관지속治官之屬)

해제 이 글은 정약용의 『경세유표』에 나오는 것으로 명과학을 폐지해야 한다는 내용이다. 명과학은 세종 때 관상감에 설치된 관직으로 시각장애인들 점복가를 위한 관직이었다. 대개 그들은 천문이나 길흉, 운명 등을 점치며 나라의 크고 작은 일에 관여하였다. 하지만 조선후기에 이르러 이들은 점점 유명무실해졌고, 결국에는 존폐 위기에 놓였다.

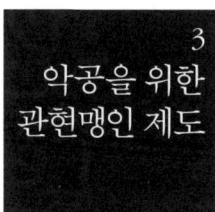

관현맹인도 일반 악공의 예에 따르다

호조에서 아뢰기를,

"관현악管絃樂을 연주하는 맹인들에게도 악공樂工의 예에 따라 춘추로 쌀을 주게 하시기를 청하옵니다."

하니, 각각 콩 한 섬을 더 주기를 명하였다. (『세종실록』 52권, 세종 13년 5월 27일)

예조에서 아뢰기를,

"관습도감慣習都監의 관현을 다루는 맹인은 재주를 시험하여 직책을 받도록 이미 입법되어 있으나, 그중에 천구賤口(천인)에 관계된 자는 재주를 시험하여 직책을 받지 못하니, 각종 장인匠人의 천구수 직賤口受職의 예에 따라 재주를 시험하여 유품流品 이외의 잡직에 서용하게 하소서."

하니, 그대로 따랐다. (『세종실록』 66권, 세종 16년 11월 24일)

    예조에서 아뢰기를,

    "향악鄕樂·당악唐樂의 맹인을 악공의 예에 따라 1년 만에 서로 교대하여 직책을 받게 하소서."

하니, 그대로 따랐다. (『세종실록』 68권, 세종 17년 5월 8일)

해제 위의 기록들은 시각장애인으로 악기를 연주하는 자(관현맹인)에게 일반적인 악공에 준하는 직책과 녹봉을 주었다는 내용이다. 이들 관현맹인은 양인과 천민 중에서 재주를 시험하여 선발했으며, 장악원의 일반적인 악공들처럼 정기적으로 관직과 녹봉을 받았다.

사회적 약자층에서 선발하다

    예조에서 아뢰기를,

    "전자에 봉상소윤 박연이 상언하여 받은 수교에 '조회에 복무할 악공은 모두 공사비公私婢의 자식으로서 갑오년 6월 이후에 양민에게 출가하여 출생한 자 또는 간척干尺과 보충군補充軍에게 출가하여 출생한 자로서 서울에 거주하는 자를 뽑아서 소속시키라' 하셨으니, 앞으로는 서울에 거주하는 점복가·맹인·독경사·무당 및 각색 보충군의 자손을 모두 찾아내어 소속시키게 하옵소서."
하니, 그대로 따랐다. (『세종실록』 50권, 세종 12년 11월 4일)

해제 이 기록은 관현맹인을 선발하는 일에 대해 박연이 건의한 일을 예조가 왕에게 아뢰는 이야기이다. 박연은 세종 때 궁중음악을 대대적으로 개혁한 인물로 한국의 3대 악성으로 추앙받고 있다. 또한 그는 장애인의 처우 개선을 적극적으로 주장한 인물이기도 한데, 이것은 그가 관현맹인들과 지내는 시간이 많았기 때문이리라 짐작된다. 여기에서도 박연은 관현맹인들을 사회적 약자계층에서 뽑아야 한다고 주장하고 있다.

관현맹인의 처우를 개선해주다

관습도감사 박연이 상언하기를,
1. 관현의 음악을 맡은 장님은 모두 외롭고 가난하여 말할 데가

없는 사람들로서, 지난해에 뽑아서 관습도감에 들어온 사람이 겨우 18인 정도인데 재주를 취할 만한 사람은 4, 5인에 지나지 않고, 그 나머지는 모두 처음 배워서 익숙하지 못하고 나이가 이미 반이 넘어서 잔폐殘廢함이 심해졌습니다. 대개 관현의 음악을 익히는 일은 고생을 면치 못하지마는 복서卜筮의 직업은 처자를 봉양할 만한 까닭으로, 총명하고 나이 젊은 사람들은 모두 음양학으로 나가고 음률을 일삼지 않으니, 만약 격려하는 법이 없다면 고악瞽樂은 끊어지고 장차 힘쓰지 않을 것입니다. 옛날의 제왕은 모두 장님을 사용하여 악사를 삼아서 현송絃誦(거문고를 타며 시를 읊음)의 임무를 맡겼으니, 그들은 눈이 없어도 소리를 살피기 때문이며, 또 세상에 버릴 사람이 없기 때문인 것입니다. 이미 시대에 쓰임이 된다면 또한 그들을 돌보아주는 은전이 있어야 할 것 같습니다. 신의 어리석은 의견으로는 이미 도감에 소속된 18인 가운데 연회에 모신 지 시일이 오래된 사람은 동반 5품 이상의 검직檢職을 제수하고, 그 나머지도 모두 배참을 허용하며, 만약 총명하고 나이 젊어서 여러 음악을 통해 알면서 자원하여 입속하는 사람은 처음에 7품 검직을 제수했다가, 그들이 익힘을 기다려 예에 의거하여 참직을 주어서 자손들의 후일의 길을 열어준다면, 우리에게 있어서도 비용 없이 베풀어주는 은혜가 될 것이며, 저들에게 있어서도 권장하지 않는 권장이 될 것이니 도리에 해롭지 않을 듯하온데, 더군다나 점치는 장님에게 검직을 주는 것은 이미 그 전례가 있지 않습니까. 또 그들에게 쌀을 내리는 것도 봄·가을 두 철에 국한하지 말고 사시로 나누어주서 권려하고 흥기시키도록 하소서. 사대부의 자손으로서 폐질(장애)이 있는 사람이 한둘만이 아닌데, 이 무리들이 이미 벼슬할 도리도 없으며 또한 음직을 물려받은 예도 없으니, 이것은 이른바 세상의 버린 사람입니다. 만약 승중承重을 하여 이런 변고를 만난 사람이 있다면, 비록 공경의 아들과 훈벌의 자손일지라도 자신이 이미 관작이 없으므로 조종에 봉사할 수 없게 되니, 이것은 성주께서 피아彼我의 차별이 없이 똑같이 사랑하는 덕화가 그늘진 골짜기와 엎은 동이 밑에는 미치지 못하는 유감이 없지 않을 것입니다. 원컨대 그들에게 4, 5품의 검직을 주어 겸하여 구제하고, 이어서 전책에 써서 영구히 일정한 규정으로 삼으소서."

하니, 임금이 상정소에 내려 함께 의논하여 아뢰도록 하였다. (『세종실록』 54권, 세종 13년 12월 25일)

예조에서 아뢰기를,

"이제 상호군 박연이 상언한 내용을 가지고 상정소의 제조와 더불어 의논하였더니, '각 고을의 나이 어린 관노 60인을 뽑아서 남악男樂에 대비할 것과 방향方響 3대를 알맞게 더 만들자'고 한 조항에 대하여는 모두가 좋다고 말하고, '관현악은 소경으로서 나이가 어린 자를 선택하여 검직을 제수하고 사시로 미곡을 주며, 사대부의 자손으로서 승중할 자가 소경병에 걸린 사람에게 또한 검직을 주게 하자'는 조항에 대하여는 정초가 말하기를, '검직은 이미 폐지하였으니 다시 설치할 수 없으나 영관伶官(음악을 맡아보던 벼슬아치)은 옛날에는 다 소경을 썼으니, 지금도 전악서의 위계에 따라 한두 명씩 증원하여 소경의 전직자前職者에게 제수하면 사시로 미곡을 줄 수 있을 것이고, 잔질자(장애인)에게 만약 구휼함이 없다면 어떻게 살아갈 수 있겠는가'라고 하였습니다."
하니, 그대로 따랐다. (『세종실록』 55권, 세종 14년 1월 28일)

해제 위의 두 기록은 세종 때 박연이 건의한 내용을 그대로 받아들여 시행하기로 했다는 것이다. 박연은 형편이 어렵거나 계층이 낮은 시각장애인뿐만 아니라 사대부가에서 태어난 시각장애인에게도 관현맹인의 길을 열어줘야 한다고 주장했다. 그리하여 다음 해 임금이 박연의 주장을 받아들여 관현맹인에게 관직과 녹봉을 올려주는 것을 허락함으로써 그의 노력은 빛을 발하게 된다.

관습도감의 관현맹인을 해체하소서

의정부에서 아뢰기를,
"관습도감의 관현맹은 당초에 창기가 사죽絲竹(관현)과 장고를 배우지 못하였을 때 궁중의 잔치와 제향을 위하여 부득이 설치했던 것이온데, 이제는 창기가 모두 향악鄕樂과 당악唐樂을 배워서 궁중의 잔치와 제향 때에 각각 그 소임을 다하게 되어 관현맹은 이미 소용이 없사온데도 아직껏 관적官籍에 매여서 임의로 편하게 살 수 없사옵니다. 청하옵건대 이를 혁파하여서 그 생업을 이루도록 하소서" 하니, 그대로 따랐다. (『세종실록』 116권, 세종 29년 4월 9일)

해제 이 기록은 세종 때 관습도감의 관현맹인을 해체해야 한다는 주장이다. 내연은 왕비와 공주들을 위한 잔치였기 때문에 남성 악공들이 참여할 수 없었다. 그래서 눈이 보이지 않는 시각장애인들이 그 관현악 연주를 담당했던 것이다. 그러나 시간이 흘러 창기들이 대부분의 악기를 다룰 수 있게 되자, 이처럼 그들의 직위를 박탈해야 한다는 주장이 나오게 되었다.

중종 대 여악 폐지 논쟁

상이 이르기를,

"여악은 내가 즉시 혁파하려 하였으나 대신의 의논을 들으니 궁중의 내연內宴뿐만 아니라 진하陳賀할 때에 쓰이는 것이 또한 더 많다고 한다. 만약 대용할 것이 있다면 즉시 혁파하는 게 뭐 어렵겠는가?"
하매, 조광조가 아뢰기를,

"내연에 여악을 쓰는 것은 그 유래가 이미 오래나 제왕의 도에는 매우 어긋납니다. 이제 외방에 혁파하라고 명하였으니 매우 성대한 뜻입니다만, 도리어 궁중에서는 혁파하지 않고 있으니 이는 매우 불가합니다. 또 세종조 적에도 폐한 적이 있었습니다."

하니, 상이 이르기를,

"삼대 때에도 어찌 내연에 쓰는 악이 없었겠는가?"

하매, 조광조가 아뢰기를,

"내연에서 쓰는 악은 과연 어렵습니다. 그러나 먼저 혁파해버리면 반드시 대처할 것이 생길 것입니다. 옛날에 밤에는 고사瞽師로 하여금 시를 외게 하였으니, 하례賀禮 때에는 의녀로 그 예를 지휘하게 하고 궁녀를 쓰는 것도 무방할 것 같습니다."

하니, 상이 이르기를,

"고악瞽樂만 쓰면 모든 절주節奏를 스스로 지휘할 수 없으니 달리 대처할 것이 없겠는가? 여기에 대하여 의논하라."

하매, 신용개가 아뢰기를,

"만약 내연을 폐한다면 그만이거니와 그렇지 않고 여악을 폐한다면 대처할 것이 없습니다. 주나라 때에도 규문에서 쓰는 악이 있었으나 상고할 수가 없습니다."

하고, 조광조는 아뢰기를,

"주나라 때에는 악을 쓰지 않았습니다. 이는 시가詩歌일 뿐입니다."

하니, 상이 이르기를,

"먼저 대처할 일을 의논한 뒤에 혁파하는 것이 가하다."

하매, 신용개가 아뢰기를,

"궁중의 악을 다 폐하지 않는다면 혁파할 수 없습니다."

하고, 조광조는 아뢰기를,

"옛사람은 악을 연주할 적에 소경을 썼으니, 이제 팔도에 지시하여 여고女瞽를 뽑아 의복을 지급하고, 가무의 절차를 가르쳐 내연에 쓰는 것이 어떻겠습니까?"

하고, 신용개는 아뢰기를,

"악을 갖추지 않는다면 모르거니와 만약 갖추려 한다면 가무를 폐할 수 없는데, 여고가 어찌 절선折旋(가곡)에 맞추어 춤추는 것을 알겠습니까?"

하고, 조광조는 아뢰기를,

"소경은 그래도 자기 집의 소재를 알아 소소한 작은 길도 능히 찾아 들어가는데, 어찌 무도舞蹈의 절선을 모르겠습니까?"

하고, 신용개는 아뢰기를,

"종경鐘磬과 석경石磬을 소경으로 하여금 분별하여 치게 할 수 있겠습니까?"

하고, 김정은 아뢰기를,

"금슬琴瑟도 오히려 탈 수 있거늘 하물며 종경이리까!"

하고, 조광조는 아뢰기를,

"신용개는 지식이 매우 편협합니다. 만약에 옛날 임금은 여악을 혁파하려 하는데 대신이 혹 혁파해서는 안 된다고 말하였다면, 신용개 같은 사람은 또한 혁파해서는 안 된다고 할 것입니다."

하고, 검토관 구수복은 아뢰기를,

"옛날에도 방중악房中樂이 있었으나 지금의 기악妓樂과는 같지 않습니다."

하고, 동지사 이유청은 아뢰기를,

"자전을 위한다면 고악만 써서는 안 됩니다. 또 변방 장사들이 먼 변방에서 방어하느라 고생할 때 이것으로 자위하는데, 이제 혁파한다면 이 일은 또 어떻게 하시겠습니까?"

하고, 팽손은 아뢰기를,

"이것으로 자전께 봉환奉歡할 수 있다고 말해서는 안 됩니다."

하고, 이유청은 아뢰기를,

"비록 범인이라 할지라도 어버이를 받들 적에 잔을 올리려면 한 곡조 연주하여 즐겁게 하기를 바라는데, 더구나 나라의 임금이 어버이를 받듦에 있어 성악聲樂을 폐할 수 있겠습니까?"

하고, 조광조는 아뢰기를,

"옛날에, 부인은 연향宴享하는 예가 없었습니다. 비록 어버이에게 효도하고 싶으나 의로써 절제하였으니 이렇게 해서는 안 됩니다. 유청의 말은 대개 그 정을 말한 것이나 주상 앞에서는 감히 아뢸 수 없는 것입니다."

하고, 김정은 아뢰기를,

"이른바 방중악房中樂은 가시歌詩일 뿐이요, 정위鄭衛의 음악을 합주하는 것이 아닙니다."

하니, 상이 이르기를,

"대신 및 예조·장악원이 의논하는 것이 가하다."

하매, 신용개가 아뢰기를,

"악을 폐한다면 그만이지만 그렇지 않다면 대처할 것이 없습니다."

하고, 조광조는 아뢰기를,

"이것은 매우 잘못입니다. 이제 혁파하려 하니 이는 성대한 일인데, 신하로서 성의를 받들어 찬성하지 않는다면 후세의 견책을 면할 수 있겠습니까?"

하니, 상이 이르기를,

"여악의 일은 다시 마련하여야 한다."

하였다. (『중종실록』 35권, 중종 14년 2월 12일)

집의 박수문이 아뢰기를,

"여악은 결연히 없앤 뒤에 대용할 것을 강구해야 합니다."

하고, 조광조는 아뢰기를,

"이는 왕화王化에 관계되는 것입니다. 내연 때문에 그대로 두면 후세의 기롱을 면하지 못할 것이니 혁파해야 합니다."

하니, 상이 이르기를,

"혁파하는 것은 어려운 일이 아니다. 단 내연 때에 악을 연주하는 절차를 없애는 것은 용이하게 할 수 없으므로 이미 마련하라고 명하였으니 우선 기다리라. 또 남자 소경과 여자 소경을 쓴다면 어떻게 지휘할 수 있겠는가?"

하매, 조광조가 아뢰기를,

"궁인宮人을 쓰기도 하고 환자宦者를 쓰기도 하고 여의女醫를 쓰기도 하여, 절주節奏를 지휘하게 하는 것이 가합니다."

하니, 상이 이르기를,

"궁인은 할 수 없는 것이고 또 환자는 내전內殿에 들어올 수 없다. 내 생각에는 여자 소경은 절차를 모르니 남악男樂으로 담을 사이에 두고 연주하게 하면 소리가 내전으로 들릴 것이다. 다시 의논하여 조처하도록 하라."

하였다. (『중종실록』 35권, 중종 14년 2월 14일)

해제　이 기록들은 중종 때 내연에서 여악을 폐지해야 한다는 내용이다. 중종 때에는 사림들이 정권을 잡고 성리학을 더욱 신봉하게 되는데, 내연에 여악을 쓰는 일에 대해서도 신하들이 거의 한 달 동안 논쟁하곤 하였다. 하지만 내연은 중궁과 자전 등 궁중 여성들을 위한 잔치였기 때문에 남자 악공은 더욱 쓸 수 없었던 것이다. 그래서 이에 대한 대안으로 남녀 시각장애인 악공을 쓰는 것이 어떻겠느냐는 의견이 제시되었으나, 이것 또한 보류되었다.

전쟁으로 관현맹인이 혁파되다

장악원이 예조에 서면으로 보고하기를,

"이번에 등극한 지 40년째를 기념하는 진하進賀가 있은 뒤의 진연進宴은 가을에 하라는 승전을 받들었습니다. 외연外宴에는 남악을 써야 하니 현재 있는 악공을 미리 연습시키면 됩니다. 그러나 내연內宴에는 여악을 써야 하는데 여기女妓와 관현악기를 연주할 맹인을 전쟁 후 모두 혁파하였으므로 짧은 기간 내에 갑자기 준비할 수 없습니다. 기일에 앞서 정하여 연습을 편리하게 해줄 내용으로 보고합니다."

하였는데, 예조의 계목에,

"서면 보고를 연속으로 접하였습니다. 평상시 외연에는 남악을 쓰고 내연에는 여악을 썼으며 관현 악기를 연주하는 맹인도 참예하였습니다. 그래서 이번 상수연上壽宴(장수를 축하하는 잔치)을 당하여 해사의 관원이 미리 알려왔습니다. 전쟁 후 남악은 대략 갖추었지만 여악은 전부 폐하였습니다. 만약 연향할 적에 음악을 쓰지 않는다면 국가의 막대한 경사에 대소 군정群情이 쓸쓸해할 뿐만 아니라 신하가 임금을 위해 연향을 베푸는 의리에 있어서도 매우 서운한 바가 있게 되어 정성을 다하고 기쁨을 극진하게 할 수가 없습니다. 전례에 따라 음악을 쓰게 하는 것이 어떻겠습니까?"

하니, 거행하지 말라고 전교하였다. (『선조실록』 200권, 선조 39년 6월 11일)

해제 이 기록은 선조의 즉위 40주년 축하 잔치에 쓰일 음악에 대한 내용이다. 임진왜란 이후 내연에서 쓰이던 여기女妓와 관현맹인이 모두 폐지되고 말았는데, 그래서 이번 잔치에 쓰일 음악에 문제가 생겼던 것이다. 신하들은 어떻게든 전례에 따라 음악을 행하는 것이 좋다고 하지만, 선조는 이를 윤허하지 않았다. 전쟁 직후였던 터라 백성들의 경제 상황이 좋지 않았기 때문이다.

관현맹인의 복구 문제

왕이 예조에 명하여 다시 여악女樂을 설치하라고 명하자 예조가 대신에게 의논하기를 청하니, 영의정 이덕형과 영중추부사 윤승훈은 의논드리기를,

"이때를 당하여 국가의 여러 관청이 모두 허기虛器만을 끼고 있고 종묘의 무일舞佾 또한 갖추지 못하였으니, 즐겁게 하고 기쁘게 하는 일은 편의에 따라 예를 다하는 것이 옳습니다. 소경 악사에게 월급을 주는 문제는 갑자기 의논하기 어려울 듯합니다."

하고, 좌의정 이항복은 의논드리기를,

"예가 기쁘게 하는 데에 관계된다는 점에 대해서는 이론이 없습니다마는, 중대한 일이어서 시행하는 문제를 갑자기 의논하기가 어렵

습니다. 맹악盲樂과 동가童歌의 경우는 더욱 사치인 듯하니 서서히 의논하여 거행해도 늦지 않습니다."

하니, 전교하기를,

"대신의 뜻이 참으로 옳다. 다만 해사該司에서 이 의논이 있었던 것은 또한 어버이에게는 검소하게 하지 않는다는 뜻에서 나온 것이니, 비록 평상시처럼 다시 설치하지는 못하지만 합당한 것을 참작하고 나누어 예습하여 기다리게 하라."

하였다. (『광해군일기』 26권, 광해군 2년 3월 4일)

해제 이 기록은 광해군 때 여악을 다시 설치하는 문제에 대해 의논하는 것이다. 광해군이 여악을 다시 설치하라고 하자, 대신들이 관현맹인과 동가를 다시 설치하는 일에 대해서는 잠시 보류하는 것이 좋겠다는 의견을 내놓는다. 이를 다시 설치하려면 비용이 많이 들어가기 때문이었다.

장악원掌樂院과 관현맹인

일방一房 장악원은 내외 악기·풍물과 각 차비 전악·악공·관현맹인·정재기생呈才妓生(궁중 잔치에 춤추고 노래 부르는 기생)의 복색 등을

관장한다. (서영보, 심상규, 『만기요람萬機要覽』 재용편 4)

해제 이 기록은 『만기요람』에 나오는 것으로 장악원의 업무에 관한 내용이다. 장악원은 일반 악공뿐만 아니라 관현맹인과 정재기생 등을 따로 두어 관리하였다. 또한 그들이 어떤 옷을 입어야 하는지 등 연회에 필요한 것들도 총괄했다.

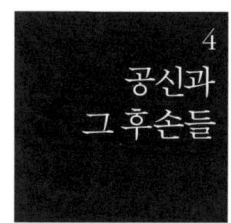

4
공신과
그 후손들

공신 이영선

이조에 전지하기를,

"맹인 이영선, 제생원의 종 화상 등은 모두 원종 3등공신에 기록하라."

하였다. (『세조실록』 20권, 세조 6년 5월 25일)

해제 이는 세조가 시각장애인 이영선에게 원종 3등공신을 내린다는 내용이다. 세조는 자신을 왕위에 오르게 도와준 사람들에게 크고 작은 공신 칭호를 내려주었다. 그들 중에는 이와 같이 시각장애인 이영선도 포함되었다.

공신 성석린의 시각장애인 자손들

사헌부에서 아뢰기를,

"참의 성지도는 창녕부원군 성석린의 적장자인데, 그 아우 참찬 성발도의 사위인 김연지·김수지·송석동 등이 사당 있는 집을 나누어 가지고 성지도를 업신여기고 욕보여서 자못 조상을 높이는 뜻이 없으니 풍속의 아름답지 못함이 이와 같을 수 없습니다. 일을 쉽게 추론할 수는 없으나, 마땅히 그 집을 찾아서 성지도에게 주어야 옳겠습니다."

하니, 그대로 따랐다. (『세종실록』 65권, 세종 16년 9월 2일)

허성을 중추원사로, 홍인을 동지중추원사로 삼고, 이전생을 첨지중추원사로 삼되 멀리서 그대로 제수받게 하고 사은하는 것은 면제하도록 명하였다. 이전생은 이징석·이징옥의 아비이며, 검교공조전서로 영산에서 살았는데 나이 80이 넘었다. 그 아들이 공로가 있었으므로 특별히 제수하였고, 또 맹인 성귀수를 부사직으로 삼으니, 곧 공신 창녕부원군 성석린의 손자이다. 성석린의 막내아들 성발도는 아들도 없이 죽었고, 맏아들 성지도는 살았으나 눈이 멀었다. 성지도의 아들 성귀수 또한 눈이 멀었던 까닭으로 성석린이 죽었으나 후사가 되지 못했는데, 이때에 와서 성귀수가 아들을 낳자 임금이 듣고 관직이 없음을 가엾게 여겨 특별히 제수하였던 것이다. 그 후에 유사의 아룀에 따라 관직을 해임시키고 그 할아비의 과전을 대대로 받게 하였는바 장차 그의 후사를 잇게 하려는 것이었다. (『세종실록』 80권, 세종 20년 3월 27일)

정문형·이극돈·이세좌·노공필이 아뢰기를,
"옛날 세조조에 성석린의 아들이 소경이었으나 공신의 장자이기 때문에 집에 있으면서 가선에 제수되었습니다" 하였다. (『연산군일기』 24권, 연산군 3년 6월 16일)

해제 위의 기록들은 공신 성석린의 자손들에 대한 이야기이다. 성석린은 고려 말과 조선 초를 살았던 사람으로 신돈과 대립하고 왜구를 격퇴했으며, 공양왕과 이성계를 왕으로 추대한 후 태종 때에는 영의정에까지 오른 인물이다. 그의 장남은 성지도로 시각장애인이었으며, 아버지가 죽은 후에 후사를 잇지 못하고 동생 성발도가 잇게 되었다. 그런데 성발도가 아들 없이 죽게 되면서 그 사위들이 성석린이 남긴 집을 차지하려 하였다. 이에 세종은 성지도가 집을 지킬 수 있도록 해주었으며, 또 그가 시각장애인임에도 불구하고 공신의 장자란 이유로 관직을 주기도 하였다. 세종은 또한 성지도의 아들 성귀수에게도 부사직을 내려주었는데, 이후 그는 첨지중추원사에 제수되었음을 알 수 있다. 성지도와 그의 아들 성귀수 모두 눈이 보이지 않는 시각장애인이었는데, 아마도 두 사람은 같은 병을 앓았거나 혹은 유전으로 인해 시각장애인이 되었던 듯하다.

성석린의 자손들이 눈이 먼 이유

방석의 변이 있은 뒤에 태조가 왕위를 버리고 함흥으로 갔다. 태종이 여러 번 중사中使를 보내어 문안을 하였는데, 태조가 번번이 활을 버티고 기다리고 있어서 전후 여러 차례 갔던 사자가 감히 문안을 전달하지 못하였다. 성석린成石璘은 태조의 옛 친구로 그가 자청하여 태조의 뜻을 돌이킬 것을 다짐하므로 태종이 허락하였다. 성석린이 백마를 타고 베옷 차림으로 과객같이 하고 말에서 내려 불을 피워 밥을 짓는 시늉을 하였더니, 태조가 바라보고 내시를 시켜 가보게 하였다. 성석린이,

"용무가 있어 지나가다가 날이 저물어 말을 매고 유숙하려 한다."

말하니, 내시가 돌아가서 그대로 태조에게 아뢰었다. 태조가 매우 기뻐하여 곧 불렀다. 성석린이 조용히 인륜의 변고를 처리하는 도리를 진술하니, 태조가 변색하며 이르기를,

"너도 너의 임금을 위하여 나를 달래려고 온 것이 아니냐."

하였다. 성석린이 대답하여 아뢰기를,

"신이 만약 그래서 왔다면, 신의 자손은 반드시 눈이 멀어 장님이 될 것입니다."

하니, 태조는 이 말을 믿었다. 그래서 태조와 태종이 이때부터 화합했으나, 뒤에 성석린의 두 아들은 과연 눈이 멀었다.

성석린의 맏아들 성지도와 그의 아들 창산군 성귀수, 그의 아들

이 다 뱃속에서부터 장님이 되어 삼대를 이었고, 성석린의 작은아들 발도는 후사가 없었다. (이긍익, 『연려실기술燃藜室記述』 제1권, 태조조 고사본말太祖朝故事本末)

해제 이 기록도 공신 성석린과 그의 자손들에 관한 이야기이다. 성석린은 태조와 함께 고려 말 왜구를 격퇴하고 공양왕을 왕으로 추대한 사람으로 조선의 개국공신이기도 했다. 또한 이성계와 태종을 화해시키기 위해 태조를 만나러 함흥에 가기도 했다. 이때 그는 태조에게 자신의 본심을 거짓으로 고하면서 그것이 사실이 아닐 경우 자신의 자손들이 모두 눈이 멀 것이라고 말했다. 이후 그의 아들과 손자들이 과연 시각장애인이 되었는데, 이것이 성석린의 말 때문이라고 하기에는 억지스러운 면이 있다.

5 정1품 정승들

척추장애인 정승 허조

문경공文敬公 허조許稠는 간엄하고 방정하며 청렴하고 근신하여 행동은 성현을 사모하였다. 매양 닭이 울 때에 일어나서 세수하고 머리 빗고 갓과 띠를 갖추고 단정히 앉아서 날이 다하도록 피로한 빛이 보이지 않았으며, 항상 나랏일을 근심하고 집안일에는 말이 없었다. 또 국정을 논의할 적에는 자신의 신념을 지키고 남을 좇아서 이리저리 아니하니, 당시 사람들은 어진 재상이라 칭찬하였다. 가법家法 역시 엄하여 자제들에게 과실이 있으면 반드시 사당에 고하고 벌을 주었으며, 노비들에게 죄가 있으면 법에 의하여 다스렸다. 공은 어려서부터 체격이 깎은 듯이 여위고 파리했으며, 어깨와 등이 구부러져 있었다肩背傴僂. 일찍이 예조판서가 되어 상하의 복색제도를 정하여 등분을 엄격하게 구별하니, 시정의 경박한 무리들이 심히 미워하여 이름하기를 수응瘦鷹(여윈 매) 재상이라 하였는데, 대체로 보아 매는 살찌면 날아가고 여위면 새 잡기를 생각한다는 뜻인 듯하다. (서거정, 『필원잡기』, 『대동야승』 1, 민족문화추진회, 1973)

문경공 허조는 조심성이 많고 엄하여 집안을 다스리는 데에도 엄격하고 법도가 있었다. 자식들은 『소학小學』의 예로써 가르치되, 털끝만 한 행실이라도 모두 스스로 근신하게 하였다. 사람들이 말하기를 "허공은 평생에 음양陰陽의 일을 알지 못하리로다" 하니, 공이 웃으면서 말하기를 "만약 내가 음양의 이치를 알지 못한다면 두 아들 후와 눌은 어디서 났으리오" 하였다. 그때 각 고을의 창기를 없애자는 의논이 있어서 임금이 대신들에게 물었더니 모두 "없애는 것이 마땅합니다" 하였다. 사람들은 모두 공이 맹렬히 반대할 줄 알았더니, 공이 웃으면서 말하기를 "누가 이 일을 말했습니까? 남녀 간의 대욕大慾은 금하지 못하는 것입니다. 더욱이 각 고을의 창기는 공가公家의 것이므로 상관해도 무관한데, 만일 이를 엄하게 금지하면 나이 젊은 사신이나 벼슬아치들이 불의不義로써 사가의 민가의 여자를 귀찮게 하는 일이 있어 영웅호걸이 많이들 죄에 빠지게 될 것입니다. 신의 의향은 고치지 않는 것이 마땅하다고 생각합니다" 하니, 마침내 공의 의논에 따라 그대로 두고 고치지 아니하였다. (성현, 『용재총화』, 『대동야승』 1, 민족문화추진회, 1973)

정승 허조는 법규를 지킴이 강렬하고 정직하여 사람들이 감히 사사로운 일로 간청하지 못하였다. 매양 부모의 기일이 되면 모부인이 손수 바느질한, 어려서 입던 푸른색 작은 단령을 입고 눈물을 흘리며 제사를 지냈고, 자제로서 허물이 있으면 반드시 사당에 고하여 종아리를 때렸다. 공의 형인 허주許周는 판한성부사判漢城府事로 벼슬을 마쳤는데, 공은 모든 정사를 그 형과 함께 의논하였다. 새벽 첫닭이 울면 반드시 가서 인사하는데, 형의 집에 갈 때는 어김없이 하인들을 동네 입구에 세워두고 수레에서 내려 걸어 들어갔고, 그 형도 공이 올 것을 알고 매일 밤 의관을 단정히 하고 등불을 돋우고 바르게 앉아 몸을 침상에 기대고 공이 오기를 기다리다가, 공이 오면 반드시 작은 술상을 내오도록 하였다. 공이 서서히 그날 정부에서 무슨 일이 있을 것인데 그 일을 어떻게 처리하면 좋을지를 물으면, 판부사는 그 일은 이같이 처리하면 사리에 당연하겠다고 하였다. 공이 기뻐하며 물러와서 말하기를 "옛말에 사람은 어진 부형이 있는 것이 즐겁다고 하더니, 나를 두고 이름이다" 하였다. (이육, 『청파극담』, 『대동야승』 6, 민족문화추진회, 1973)

우리 조정에서 어진 재상을 들어 말하면, 황희와 허조를 우두머리로 칭찬한다. 모두 세종을 섬기면서 정사를 도와 태평성대를 이룬 업적이 국사에 쓰여 있기에 사람마다 잘 알고 있는 바이다. 다만 두 공은 전조前朝에서 벼슬하던 이들이라, 지나친 자는 이것을 흠으로 삼는다. (허봉, 『해동야언』, 『대동야승』 2, 민족문화추진회, 1973)

해제 이 기록은 조선 개국 후 네 명의 왕을 모신 문경공 허조에 대한 이야기이다. 특히 허조는 조선초기 예악을 정비하고 국가의 기틀을 다잡는 등 공이 큰 신하였으며, 청백리로도 이름을 날렸다. 그는 어릴 때부터 등이 굽은 척추장애인이었는데, 그럼에도 불구하고 이조판서, 우의정, 좌의정에까지 오르는 등 높은 벼슬을 하였다. 이는 조선초기의 사회적 분위기가 장애인들에게 얼마나 편견 없이 대하였는지 보여주는 사례라 할 수 있다.

우의정 권균의 간곡한 요청

우의정 권균權鈞이 병으로 사직서를 제출하기를,

"신이 근래 병세가 침중하니 중임重任에서 해면시켜주소서. 성상께서 말미를 내리시어 병을 조리하게 해주시면 성은이 하해와 같겠습니다. 신은 숙환宿患인 간질癎疾 때문에 해마다 침 맞고 뜸뜨면서 마지못해 근무해왔습니다. 그러나 지금은 나이가 많은 데다 고질병이 겹쳐서 음식을 전혀 먹지 못하므로 혈기가 고갈되었고, 숙환인 간질까지 겹쳐 발병하였습니다. 그래서 다방면으로 치료를 해보았지만 전혀 효험이 없었습니다. 이는 신의 복이 과분한 데서 온 소치입니다. 천도天道는 차면 기우는 것이고 그릇도 가득 차면 넘치는 것인데 신의 복이 이미 극도에 찬 것 같습니다. 병이 골수에 스몄으니 당연히 치료해야 합니다. 그러나 정부는 병을 조리할 수 있는 데가 아님은 물론이고, 신이 몸져누운 지도 2순(旬)이 넘었습니다. 신이 있거나 없거나 관계가 없겠지만 마음은 감히 잠시라도 편할 수가 없습니다. 그러니 짐을 벗겨 한가히 지내면서 안심하고 병을 치료할 수 있게 해주시면 이보다 더 다행함이 없겠습니다."

하니, 전교하기를,

"말미를 더 주도록 하라. 단 대신의 사직이니 허락하지 않는다는 글을 지어 아뢰라."

하였다. (『중종실록』 57권, 중종 21년 8월 26일)

> **해제** 이 기록은 중종 때의 우의정 권균이 사직을 청하는 내용이다. 권균은 중종반정의 정국공신으로 영창군에 봉해지고, 이후에 영창부원군이 되어 우의정에 오른 인물이다. 또한 그는 『성종실록』 편찬에 참여하기도 하는 등 명망이 두터운 사람이었다. 그런 그가 간질장애를 갖고 있었다는 것은 놀라운 일이 아닐 수 없다.

용문선생 조욱

전 장수현감 조욱趙昱이 졸하였다. 욱의 자는 경양인데, 사람됨이 허심탄회하고 담박하여 영리를 생각하지 않았으며, 경사經史를 많이 읽고 시율詩律에 능하였다. 처음에 공천公薦으로 참봉을 제수하였는데, 바로 심질心疾을 얻어 벼슬에 나가지 않았다. 드디어 용문산 아래에 살 곳을 정하고는 산속에 노닐면서 즐겼고 시를 읊으며 회포를 풀었다. 조정에서 유일遺逸로 천거하여 장수현감을 제수했는데, 병 때문에 다시 벼슬을 버리고 돌아가서 이내 죽었다. 그의 형 조성도 성품이 너그럽고 온화했는데, 의약에 정통했으며, 음률·산학·천문 같은 것을 환하게 알지 못한 게 없어 동생과 함께 당세에 유명했다. (『명종실록』 23권, 명종 12년 11월 30일)

해제 이 기록은 명종 때의 신하 조욱에 대한 이야기이다. 조욱은 조광조와 친분이 있어 기묘사화에 연루되었으나, 나이가 어리다는 이유로 처벌받지 않았다. 이후 참봉에 제수되었으나 정신질환이 있어 스스로 거절한 후 용문산에 들어가 병을 치료하였다. 아마도 조욱 또한 공서린처럼 기묘사화로 인해 충격을 받고 정신질환에 걸린 듯하며, 이후 마음을 편안하게 하여 병을 고친 것으로 생각된다.

지체장애인 정승

판부사 심희수가 삼차하기를,

"건습병蹇濕病 증세가 심해 형세상 입시하기가 어려웠습니다만 전하께서 친국親鞫하실 때마저 며칠씩 물러가 있었으니, 그 죄를 아울러 다스리게 하소서."

하니, 상이 답하기를,

"경이 질병을 무릅쓰고서 출사했다는 것을 알고 무척 위로되었다. 사직하지 말고 안심하고서 국문에 참여하여 역적을 토벌하는 의리를 중히 하도록 하라."

하였다. (『광해군일기』 65권, 광해군 5년 4월 28일)

영부사 심희수沈喜壽가 입시하였으나 앉은뱅이병 증세가 있었으므로, 왕이 중관中官에게 명하여 그를 부축해서 오르내리도록 하였다. (『광해군일기』 66권, 광해군 5년 5월 18일)

해제 이 기록은 광해군 때에 지체장애인 관료였던 심희수에 대한 이야기이다. 심희수는 임진왜란 때 선조를 의주로 호종하고 중국어에도 능통했던 인물로, 중추원의 수장이었던 영부사를 거쳐 우의정까지 지냈다. 또한 선조 때 청백리에 선정되는 등 명망 높았던 관리였다. 하지만 광해군이 즉위한 60세 이후에는 다리에 병이 들어 절뚝거리는 지체장애를 입게 된다. 그리하여 자주 상소하여 사직을 요청하나, 광해군은 쉽게 받아들이지 않고 속히 조리하고 나와서 공무를 보도록 한다.

일각一脚 정승 윤지완

우의정 윤지완尹趾完이 상소하여 아뢰기를,

"다리의 병이 이미 심하여 대궐의 섬돌을 오르내리며 출입하기 어려우니 바라건대 강등하여 면직시켜주소서."

하니, 임금이 승지를 보내 잘 타이르기를,

"이미 출입할 때 부축하라는 하교가 있었는데, 어찌 사양하기를 이렇게까지 하는가?"

하였다. 윤지완이 대답하기를,

"신의 병은 부축을 받고 다닐 수 있는 정도가 아니니, 만일 엉금엉금 기어서라도 다니도록 허락하신다면 아마 분부를 받들 수 있을 것입니다."

하니, 임금이 말하기를,

"부축을 받고 출입하는 것은 이미 전례가 있으니, 경은 내일 아침부터 그렇게 나오라."

하였다. (『숙종실록』 26권, 숙종 20년 윤5월 28일)

　　동산공 윤지완尹趾完은 종아리에 병이 들었는데, 일찍이 사람들에게 이렇게 말하였다.
　　"내가 폐질에 걸린 건 까닭이 있다네. 일본에 사신으로 갔을 때 바다 한가운데 닻을 내리고 배 안에 있던 사람들에게 '사사로이 인삼을 가져가는 자들은 목을 베어 멸문을 시킬 것이니라' 하고 말한 뒤, 조금 뒤에 살펴보니 바다에 떠 있는 인삼 봉지가 줄을 이어 있었다네. 인삼을 가져가는 거야 무거운 죄지. 하지만 내 한마디로 몇 사람이나 목숨이 끊겼는지……. 그래서 재앙이 이렇게 빨리 닥친 것은 당연한지도 모르지." (김동욱 역, 『기문총화』 5권, 아세아문화사, 1999)

　　윤지완은 파평 사람이니 자는 숙린이요 호는 동산이다. 정유에 생원·진사가 되고 현종 임인에 문과에 급제하여 형 지선과 함께 동방에 발표되었다.
　　8세에 시를 읊는데,
　　"눈은 천산에 떨어져 희고, 하늘은 일월보다 높아 밝다."
하니 어른들이 원대한 것으로 기억했다. 일찍이 중원의 점쟁이에게 운명을 물었더니 딴 말은 없고 다만 '무족가관無足可觀'(다리가 없으니 볼만하다) 네 글자를 써서 주었다. 공은 그가 아는 것이 없는 것으로 여겼으나, 뒤에 풍증으로 다리를 자른 후에 명망이 더욱 나타나서 갑술에 우상이 되고 청백리에 뽑혔으니 무족가관이란 말이 과연 맞았다.

윤지완의 글씨

윤지완의 글씨, 『근묵槿墨』, 성균관대 박물관.

이 글씨는 조선후기 문신이었던 윤지완의 친필이다.
윤지완은 경기도 관찰사, 병조판서를 거쳐 우의정을 지낸 인물인데,
다리에 병이 생긴 뒤 낫지 않아 결국 절단하기에 이르렀고,
결국 한쪽 다리를 못쓰는 지체장애인이 되었다.
하지만 그는 자신의 능력을 인정받아 왕으로부터 무한한 신임을 받기도 하였다.

세상에서 일각상—脚相이라 일컬었고, 시호는 충정이다. (강효석, 이민수 역주, 『대동기문』 상권, 명문당, 2002)

해제 이 기록들은 조선 숙종 때 문신이었던 윤지완에 대한 이야기이다. 윤지완은 일본에 사신으로 다녀온 후 풍증으로 한쪽 다리를 잃고 지체장애인이 되었다. 하지만 그는 몸이 불편함에도 불구하고 자신의 능력을 인정받아 우의정이 되었고, 청백리로 이름을 떨쳤다. 이것은 조선 사회가 사람을 등용할 때 겉모습보다는 실력과 인품을 더욱 중시했음을 잘 보여준다. 그렇기 때문에 한쪽 다리가 없었던 윤지완도 우의정이라는 가장 높은 벼슬자리에까지 오를 수 있었던 것이다.

6. 2품 벼슬들

청각장애인 이덕수의 벼슬살이

도승지 이덕수李德壽가 상소하여 중청重聽(귀가 어두워 소리를 잘 듣지 못하는 증세) 때문에 사직하였으나 허락하지 않았으므로, 마침내 직무에 나아갔다. 이덕수가 귀머거리가 되어 연석筵席에 오를 적마다 번번이 곁에 있는 사람으로 하여금 높은 소리로 크게 부르짖어 대신 상교上敎를 전해주게 하니, 사람들이 대부분 눈으로 웃었다. (『영조실록』 38권, 영조 10년 7월 21일)

또 아뢰기를,

"동지정사冬至正使 이덕수는 문학과 지조에 있어서 비록 당세에 제

일가지만, 다른 나라에 가서 서로 상대하는 일은 아마도 그 적임이 아닐 듯합니다. 만약 뜻밖에 수작할 일이 있을 경우 이는 진실로 염려스러우니 마땅히 바꾸어야 합니다."
하였다. 대개 이덕수는 귀가 어둡기 때문이었는데, 임금이 이르기를,
"한어漢語에 대해서는 사람마다 모두 귀머거리인데 어찌 이를 병폐로 여길 것이 있겠는가마는, 이미 대관臺官의 말이 나왔으므로 반드시 가지 않으려고 할 것이니 아뢴 대로 하라."
하였다. (『영조실록』 47권, 영조 14년 10월 15일)

임금이 소대를 행하였다. 우참찬 이덕수도 함께 입시할 것을 명했는데, 이덕수는 늙어서도 책을 좋아하여 다방면으로 박식했으므로 임금이 매우 귀하게 여겼다. 『주자어류』를 강연했는데, 어려운 것을 묻는 것이 있으면 이덕수가 대답하는 것이 매우 상세하였다. (…)
또 이덕수는 본디 귀머거리 병이 있어 여러 신하들이 강독하는 소리를 들을 수 없었다. 그래서 책만 어루만지면서 좌우를 보며 대답을 하지 못하였다. 그의 형모가 시세에 맞지 않았으나, 말은 질박하였다. 임금이 물어볼 것이 있으면 번번이 사관에게 글을 써서 보이게 하는 등 대우가 자못 두터웠으나, 이덕수가 성현聖賢의 뜻으로 임금의 마음을 열어주지 못한 채 불로佛老를 이야기하는 곳에 이르러서도 싫어하지 않고 친절히 설명하였으므로 식자들이 이를 단점으로 여겼다. (『영조실록』 52권, 영조 16년 11월 21일)

해제 위의 기록들은 영조 때의 청각장애인 신하 이덕수에 대한 이야기이다. 이덕수는 청각장애를 앓고 있었으나, 문학과 지조가 뛰어났을 뿐만 아니라 대사성, 대제학, 대사헌, 공조판서, 형조판서 등 여러 직책을 맡아 잘 수행하였다. 또한 1735년에는 동지정사로 청나라에 다녀오기도 하였다. 이처럼 이덕수는 주변 사람들의 도움으로 별다른 어려움 없이 관직생활을 해나갈 수 있었다.

정신질환으로 체직된 공서린

사헌부가 아뢰기를,

"대사헌 공서린孔瑞麟은 근래 심질心疾에 걸려 정신착란증이 있어서 어제 모여서 일을 의논할 적에도 멍하니 시비를 모르고 있었습니다. 이 병은 기한을 정하여 조리할 수가 없는 것이고 그렇다고 장관의 자리를 오래 비워둘 수도 없으니 체직시키소서……."

하니, 답하였다.

"공서린은 논박을 받았으니 체직하라. 이기와 정세호는 아뢴 대로 하라. 안사언은 이미 준직準職이 되었으므로 향표리는 가벼운 것 같아서 가자加資하였다. 그러나 특이한 실적이 없다면 향표리에게만 내려주어라."(『중종실록』 93권, 중종 35년 5월 27일)

동지중추부사 공서린이 졸卒하였다. 그는 자상한 사람으로 성품이 온아하고 선을 좋아했다. 관청에 나가거나 집에 있거나 항상 검소했지만, 특별히 남다르게 빼어난 절조는 없었다. 일찍이 기묘년(중종 14년, 1519)에 시종신侍從臣으로 있다가 승지로 승급되었고 사화士禍(기묘사화)가 발생한 뒤에 파직은 당하지 않았으나, 심정과 허황에게 미움을 받아 조정에서 용납되지 못했다. 그 뒤 김안로와 채무택이 집권했을 때 배척을 당해 외직에 나갔다. 정유년(중종 32년, 1537)에 다시 들어와 부제학에 제수되었고 얼마 지나지 않아 대사헌이 되었지만, 심질心疾 때문에 결국 해놓은 일 없이 세상을 마쳤다. (『중종실록』 94권, 중종 36년 1월 3일)

해제 위의 두 기록은 중종 때의 신하 공서린에 대한 것이다. 처음에 공서린은 여악을 쓰지 말 것을 건의하고, 후에 좌승지에 올랐으며, 기묘사화 때에는 조광조와의 친분으로 함께 투옥되어 관직을 박탈당하기도 하였다. 이후 공서린은 부제학과 대사헌이 되었지만, 정신장애 때문에 해임되었다.

공서린의 친필 글씨

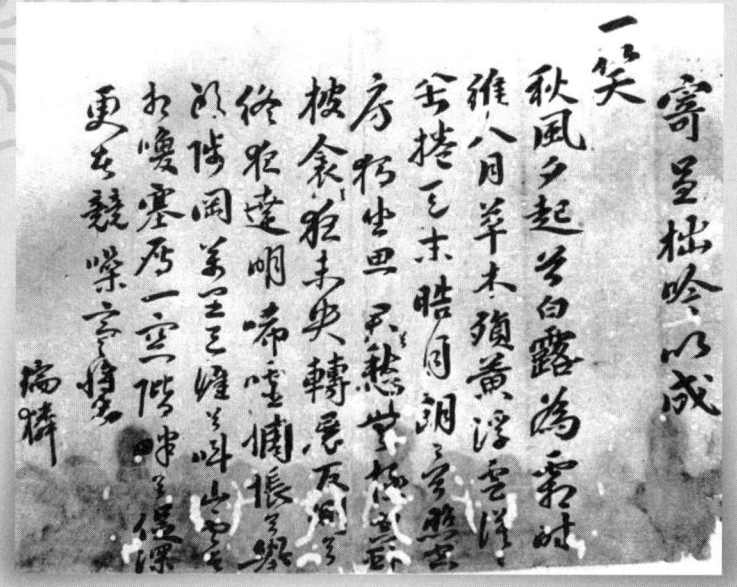

공서린의 글씨, 『근묵槿墨』, 성균관대 박물관.

이것은 조선 중종 때 문신이었던 공서린의 친필 글씨이다. 공서린은 기묘사화 때 조광조와 함께 투옥되었다가 풀려났는데, 이때의 정신적 충격으로 인해서인지 정신분열증이 앓게 되었다. 이후 그는 관직이 대사헌에 이르렀으나 병이 더욱 심해져 그만두게 된다.

7
그 외 관료들

기형아로 태어나 생육신이 된 권절

　율정 권절權節이 처음 태어날 때에 두 손의 여덟 손가락이 모두 붙어 있었다. 그의 부모가 한쪽 손의 네 손가락 가운데를 각각 잘라 두 손가락씩만 붙게 하였다.
　권절은 자라면서 점차 기운이 빼어나게 세졌고, 문과에 급제하여 홍문관의 교리가 되었다.
　당시는 수양대군이 아직 임금이 되기 전이었는데, 큰 뜻을 품고 날마다 권절의 집에 찾아오곤 하였다. 권절은 거짓으로 미친 체하며 수양대군의 의중을 살펴보았다.
　권절이 아직 장가를 들기 전에 어떤 친척이 미녀를 보내 인사를 올리게 하였다. 그러자 권절의 어머니가 집의 기둥을 들고 그녀의 치마를 그 밑에 넣었다. 그녀가 매우 민망하게 여겼다. 권절의 누이동생도 기운이 권절과 비슷하여, 기둥을 들고 그녀의 치마를 빼주었다.
(김동욱 역, 『기문총화』 1권, 아세아문화사, 1996)

　권절은 태어날 때 양손의 여덟 손가락이 모두 붙어 있었다. 부모는 네 개의 손가락 가운데서 각각 한 곳씩 갈라 둘씩 붙어 있도록 하였다. 조금 성장하자 그의 완력은 비길 데 없이 뛰어났다. 두 개의 맷돌을 들어 공을 삼아 열 지어 있는 독 사이로 마구 던졌는데 모두 열 길의 높이까지 올라갔다. 언뜻 날아 올라갔다가 내려와 사라지는 것이 마치 나는 듯했지만 독은 깨지지 않았다. 늘 개암, 잣, 호두를 먹었는데 모두 두 손바닥을 사용하여 갈아서 부스러뜨려 그 알맹이를 취하였다.
　일찍이 산사에서 노니는데 중이 부엌에 앉아 나무를 때면서 두 손으로 땔나무를 당겨 자르는데 잘린 곳이 마치 칼로 자른 듯하였다. 권절이 그의 관을 가져다 한 손으로는 집의 기둥을 들고 다른 한 손으로는 그 관을 주춧돌에 끼워놓았다. 중이 두 손으로 기둥을 들려 하였지만 들 수 없어 관을 꺼낼 수 없는지라 분하여 우니, 권절이 다시 한 손으로 기둥을 들고 다른 한 손으로 그 관을 꺼내어 중에게 주었다.
　권절이 아직 장가들지 않았을 때 어떤 친족이 예쁜 계집아이를 시켜 대부인에게 문안인사를 드리도록 하였는데, 권절이 집의 기둥을 들어 그의 치맛자락을 끼워놓자 여자가 무척 근심하였다. 권절에게는 누이동생이 있었는데 그녀 또한 완력이 대단해 서로 대등하였다. 이를 본 누이동생이 기둥을 들어 치맛자락을 꺼내주었다.

권절이 늙어 사기그릇을 열 겹쯤 쌓아놓고 한 손가락으로 튕겼으나 손가락에서 피만 흐를 뿐 사기그릇을 부수지 못하자 탄식하였다.

"나도 이제 늙었구나! 젊었을 적에는 한 손가락으로만 튕겨도 온전한 그릇이 없더니 이제 주발 귀퉁이를 깨뜨리기도 전에 내 손가락에서 피부터 나는구나."

문과에 급제하여 관직이 홍문관 교리에까지 올랐다. 혜장대왕이 잠저潛邸시 큰 뜻이 있어 하루는 그의 집에 찾아왔는데 권절은 미친 척하여 자신의 의지를 보여주었다. (유몽인, 『어우야담』 보유편, 한국문화사, 2001)

권절은 안동 사람이니, 자는 단조요 호는 율정이다. 어려서부터 기이한 상이 있고 힘이 남보다 뛰어나서 남이와 함께 이름이 났고 널리 여러 서적에 능통했다.

세종 정묘에 문과에 뽑히자, 임금은 그가 문무에 온전한 재주가 있다는 것을 알고 그로 하여금 궁마를 익히게 했으며, 특별히 사복시 직장을 제수하고 집현전 교리에 뽑아 썼다.

세조가 아직 왕위에 오르기 전에 여러 번 그의 집을 찾아서 비밀히 큰일을 이야기했으나, 권절은 거짓 귀먹은 체하며 대답하지 않고 드디어 종자 안에게 갈 것을 계획하니, 이는 곧 몸을 숨기려는 계획이었다. 몸을 가지고 일에 응하는 것에 남의 검속을 받지 않았다.

　임금이 즉위하자, 그 재기를 아깝게 여겨 첨지중추부사에 발탁하고 금병을 맡아 다스리게 했으나, 그는 거짓으로 미친 체하여 명령을 듣지 않고 사람을 보면 문득 머리를 조아리면서 말하기를,

　"국가가 태평하고 성주 만년하소서."

하니 이로 인해서 일 없이 그 몸을 마칠 수 있었다.

　숙종 갑신에 이조판서에 증직했고, 시호는 충숙이라 내렸다. (강효석, 이민수 역주, 『대동기문』하권, 명문당, 2002)

해제　이 글들은 조선전기 문신이자 생육신의 한 사람인 율정 권절에 대한 이야기이다. 권절은 손가락이 붙은 기형아로 태어났으나 양반의 자제로 문과에 급제한 후 홍문관 교리가 되었다. 또한 수양대군의 요청을 끝까지 뿌리치고 생육신의 한 사람이 되기도 하였다.

북벌의 공으로 사직司直이 된 이옥산

　호군 이다양개李多陽介를 만호萬戶(각 도의 여러 진에 배치되었던 종4품의 무관직)로, 김지하를 천호千戶로, 소리필을 상호군으로, 부사정 다양개·김아라두를 호군으로, 이옥산李玉山을 사직司直(오위에 딸려

있던 정5품 벼슬)으로 삼고 각각 면포 7필을 주었으니, 북정北征할 때에 싸움에 나아갔기 때문이며, 오파를 부사정으로 삼고 면포 4필을 주었으니 북정할 때에 뒤를 호위했기 때문이다. (『세조실록』 22권, 세조 6년 윤11월 23일)

의금부지사 정회아가 아뢰면서 사실대로 대답하지 아니하였으므로, 율律에 따르면 도형徒刑에 해당되었으나 임금이 원종공신이라 하여 다만 해임하도록 하였다. 이에 앞서 맹인 이옥산이 부평에 온정溫井이 있다고 고하였는데, 정회아가 망령된 말이라고 하여 남형을 하여 취조하였으므로 임금이 불러서 물으니 거짓으로 대답하였다. (『세조실록』 41권, 세조 13년 1월 20일)

해제 위의 두 기록은 세조 때 사직이 된 이옥산에 대한 이야기이다. 이옥산은 북벌의 공으로 사직에 임명되었는데, 이후 부평에 온정(온천)이 있다고 임금한테 아뢰었다가 정회아에 의해 억울하게 형을 받기도 하였다.

시각장애인 성균관 사성 신자교

전前 성균관 사성成均館 司成 신자교申自橋가 남원에 있으면서 글을 올렸는데, 그에 이르기를,

"신은 하품下品의 용렬한 재주로써 늦게 과거에 급제하여 벼슬이 사성에 이르렀으므로, 항상 스스로 맹세하여 충정을 다해 나라의 은혜에 보답하기를 기약하고 어렵고 험한 것을 피하지 아니하여 죽은 뒤에야 그만두려고 하였습니다. 그런데 얼마 되지 아니하여 두 눈에 병이 있어서 천지일월天地日月의 빛을 보지 못하고 거룩한 시대에 문물의 성함을 보지 못한 지 이제 거의 14년이나 되었습니다. 맹인盲人이 되면서부터 몸을 의탁할 곳이 없어서 지팡이를 짚고 남쪽 길을 찾아 선조의 무덤 곁에 와서 있으면서 죽을 날을 기다리고 있습니다. 비록 살과 뼈는 있을지라도 마음과 뜻은 이미 불 꺼진 재가 되었습니다. 다행히 전하의 요순 같은 다스림을 만나서 아전들이 함부로 거두지 아니하고 백성은 억울하고 원통함이 없으니, 태평시대에 노닐면서 호흡이 화하여 먹는 것은 전하께서 먹이는 것이고 입는 것은 전하께서 입히는 것이며 구부리고 우러르는 것과 굽히고 펴는 것이 모두 전하께서 내리신 은혜입니다. 눈은 비록 보지 못할지라도 귀로 들음이 있으니, 매양 듣건대 전하께서 소의간식宵衣旰食(임금이 정사에 부지런함)하며 다스리기를 도모하여 행동함에 요순을 본받아서 간하는 말에 따르고 어기지 않으시며, 성학聖學에 게을리 하지 아니하시어 옛것을 좋

아하고 예를 사랑하셔서서 친경親耕·친잠親蠶·대사大射·배로拜老의 예를 행하시며, 삼전三殿을 효성으로 섬기시고 군신群臣을 예로 대우하시며, 충성되고 어진 이가 벼슬자리에 있고 간사하고 아첨하는 자가 물러나니, 멀고 가까운 곳에서 함께 태평한 운을 기대하는 것이 바로 오늘날에 있습니다. 신의 어리석음으로 때로 알지 못하는 사이에 병든 몸을 붙들고 탄식하면서 일어나 앉아 성조聖朝의 성인이 되어 충성된 본뜻을 힘쓰지 못하게 된 것을 한탄합니다. 그러나 신의 운명이 여기에 이르렀는데, 다시 무엇을 한스러워하겠습니까? 죽음이 조석에 있음을 달게 여기나 구구한 충성은 오히려 남아 있습니다. 그러므로 미나리를 바치는 정성獻芹之誠을 잊지 못하여 침묵을 지키고자 하여도 할 수가 없어서 감히 한 말을 아뢰니, 엎드려 바라건대 전하께서 굽어 살피소서······." (『성종실록』 91권, 성종 9년 4월 22일)

해제 이 기록은 전 성균관 사성 신자교가 왕에게 보내는 전언이다. 신자교는 후천적으로 눈에 병이 들어 시각장애인이 되면서 관직을 그만두고 고향으로 돌아가 하루하루를 살아갔다. 그러나 그는 자신의 상황이 전과 달라졌다고 해서 나태해지지 않고, 왕에게 글을 올려 정사를 돌보심에 경계를 늦추지 말도록 진언했다. 이것으로 보아 그는 조정에서 꽤 영향력 있는 관리였으며, 시력을 잃은 후에도 왕이 계속 신뢰했던 인물이었으리라 짐작된다.

함경도 평사 이정호

성균관 전적 이정호李挺豪가 경성 판관으로 왔다가 사은하고, 이어 아뢰기를,

"경성교수 박원겸, 평사 문계창, 수성찰방 유영원 우세로, 김양필, 황맹원 등이 항상 신을 죽이고자 하였으니 반역할 뜻이 있는 듯합니다."

하니, 상이 곧 선정전에 나아가 대신을 인견하고, 이어 명을 내려 이정호를 불러 힐문하게 하였다.

정광필이 아뢰기를,

"신의 생각에는 이정호가 미치광이 병을 앓아 그런다고 생각됩니다."

하였다. (『중종실록』 22권, 중종 10년 8월 16일)

유순이 아뢰기를,

"이정호는 미친병을 앓기 때문에 고한 바가 이와 같습니다. 관직에 있게 하여서는 아니되니 파직시키는 것이 가합니다."

하니, 상이 이르기를,

"무고한 자는 저절로 반좌反坐(거짓 고자질을 해서 남을 벌받게 한 이에게 그와 똑같은 벌을 줌)하는 율이 있으나, 이는 미친 사람이니 다만 파직하는 것이 가하다."

하니, 권민수가 아뢰기를,

"이정호가 미친병으로 나온 것을 북쪽 사람들이 반드시 알 것입니다. 다만 사기事機가 몹시 크기 때문에 파직만 한다면 북쪽 사람들의 마음이 어찌 쾌할 수 있겠습니까?"

하고, 이행은 아뢰기를,

"두 번이나 친문하시기에 이르렀으니 북쪽 사람들이 어찌 놀라지 않겠습니까? 모름지기 법에 의하여 죄를 준 뒤에야 북쪽 사람들이 쾌하게 여길 것입니다."

하니, 상이 이르기를,

"그가 미치광이 병을 앓는 것을 북쪽 사람들이 모두 알 것이니 상법常法으로 죄를 주어서는 안 된다. 자신이 원하는 대로 부처付處하라."

하였다. (『중종실록』 22권, 중종 10년 8월 19일)

영의정 정광필, 우의정 이행, 좌참찬 조원기, 우참찬 김당이 아뢰기를,

"신이 듣기로는 이종익李宗翼은 본디 미치광이라 합니다. 그가 전일에 범한 일[정처를 버린 일]과 상소[김종직을 헐뜯은 일]를 보면 그가 정상이 아니라는 것을 알 수 있거니와, 이번 상소도 망령되어 그 옥사에 여러 사람이 연루되었습니다. 이 사람이 정상이 아니라는 것은 조정이 모두 아는 사실인데 만약 형신刑訊 때문에 죽는다면, 당시와 후세에 반드시 비평하는 자가 있을 것입니다. 전에 이정호李挺豪도 정상이 아닌 자로서 변방에서 말썽을 일으켜 국가를 소란스럽게 하였으

나, 그때 이정호의 죄를 다스리지 않은 까닭은 그가 정상이 아니었기 때문입니다. 이종익의 망령됨은 이정호와 다를 것이 없습니다."【이정호는 처음에 시종과 대간 벼슬을 역임하다가 뒤에 함경도 평사가 되었는데 심질心疾로 광증을 일으켰다. 하루는 이정호가 "절도사 황형이 반역을 꾀하였다"고 달려와서 아뢰었으나 끝내 미덥지 않았기 때문에 황형을 죄주지 않았고, 이정호도 미친 짓이라 하여 죄주지 않았다.】"(『중종실록』 69권, 중종 25년 10월 1일)

해제 위의 세 기록은 중종 때 정신장애인으로서 함경도 평사를 지낸 이정호에 대한 이야기이다. 이성호는 시종과 대간을 역임하다가 함경도 평사가 되는 등 정신장애인임에도 불구하고 벼슬살이를 하는 데 별다른 구애를 받지 않았다. 또한 변방에서 남을 무고하는 사건을 일으켰지만 병을 앓고 있다는 이유로 죄를 받지 않았다. 이로 보아 조선중기까지만 해도 정신장애인에 대한 사회적 분위기가 다소 관대했음을 알 수 있다.

의병장 유팽로의 격문

전라도 의병대장 장하사 성균관 학유 유팽로柳彭老 등은 삼가 두 번 절하고 충청·경기·황해·평안 네 도의 각 읍 수령 및 향교의 당장棠長 유사에게 통고한다.

섬 오랑캐가 공순치 못하여 임금께서 멀리 파천길을 떠나시고 칠묘七廟 잿더미가 되고 만백성이 도탄에 빠졌으니, 이야말로 고금에 없는 큰 변고라 충신 의사가 목숨을 바쳐 국가에 보답할 시기이다.

그런데 여러 중신들이 관망만 하고 있으며, 군사를 징발하라는 교서가 내린 것이 한두 번이 아닌데 한 사람도 북으로 머리를 돌려 적에게 죽은 자가 있다는 말을 듣지 못했으니, 오늘의 사대부는 가위 조정을 저버린 셈이다.

우리 호남은 본래 군사가 강하다 칭하는데 근왕의 군사가 겨우 금강에 당도하자 도성이 함락당하여 유언비어가 멀리 전파되니, 소위 주장主將은 미처 중의를 들어보지도 않고 별안간 전령하여 진을 파하라 하므로 십만의 군중이 까닭 없이 헛걸음만 하게 되었으며, 따라서 일도의 인심이 흉흉하여 마치 거센 물결에 밀리는 것 같았다.

그다음 두 번째 군사를 일으킬 적에는 어리석은 백성들이라 명령에 복종하지 아니하니, 근심이 실로 말할 수 없는 지경에 이르렀다. 그런데 다행히 사직의 복과 조종의 영을 힘입어 흩어진 군사가 날로 모여들어서 군성이 크게 떨치므로 거의 궁금宮禁을 청소하고 어가를 받들어 모시리라 여겼는데, 사람의 꾀가 잘못되고 하늘이 화를 준 것을 뉘우치지 아니하여 몇 안 되는 적을 만나자 대군이 또 무너졌다. 그래서 무기와 양식을 버리는 바람에 도리어 적을 유리하게 만든 셈이 되고 말았다.

아! 우리나라 역대 임금께서 수백 년을 두고 길러내셨건만 어찌 적개심을 가진 한낱의 신하가 없단 말인가. 공론이 아래층에 있는 것은 옛사람이 이미 불행한 일이라 칭하였으니, 초야에서 창의하는 것 역시 상책이 아님을 알지만 군부가 어려운 고비에 처했는데 딴것을 돌아볼 겨를이 있겠는가.

거듭 생각하면 영남과 양호는 실로 우리나라의 근본이리 할 수 있거니와, 영남으로 말하면 의병이 비록 일어난다 해도 적의 소굴이 가로막혀 있는 이상 곧장 서울에 도달하여 왕실에 충성을 바치기는 어려울 것이며, 호서 역시 천리의 지방이라 어찌 의기 있는 남아가 없으리오마는 죽이고 약탈하는 적의 위세에 겁내어 자신을 구출할 겨를조차 없을 것인즉 오늘날 조야에서 믿는 것은 오직 호남 한 도에 있지 아니한가.

그래서 우리 막부는 만 번 죽음을 각오하고 한 지방의 군중을 고동시키자 민심은 조국을 생각하여 열사가 구름 모이듯 하는지라, 장차 북도로 길게 몰아쳐 요얼妖孼을 쓸어버릴 생각이나 천릿길에 군량을 운반하는 것은 자력으로 판출하기 어려우니 만약 의를 좋아하는 여러분이 힘을 모아 서로 부조하지 않는다면 비상한 큰 공을 어찌 한 사람의 손으로 이룰 수 있겠는가.

오늘날 국내 어느 곳을 막론하고 왕의 땅이 아닌 것 없으니 양호兩湖의 군사를 가지면 족히 부흥시킬 수 있다. 바라건대 여러분은 함께 순국의 뜻을 분발하고 지균의 의를 본받아서 각기 속미를 염출하여 군량을 보조해준다면, 저 맹자의 이른바 '능히 말만이라도 양·묵楊墨을 막는 자는 역시 성인의 무리다'라는 그 말씀이 아니겠는가.

또 생각하면 산길은 험하고 평탄한 데가 있고 도로는 바로 가고 돌아가는 데가 있으므로 향병의 지도에 의뢰하지 않으면 역시 창졸간의 곤란을 면하기 어려울 것이니, 과연 지방민들을 모집하여 우리 군세를 확장시켜준다면 비단 종묘사직의 치욕을 쾌히 씻을 뿐 아니라 적의 칼날에 넘어진 부자 형제들 역시 지하에서 눈을 감게 될 것이다.

오늘의 일은 비록 어리석은 남자나 여자들도 역시 다 마음이 쓰라리고 머리가 아픈데 하물며 각 읍의 수재야 모두 국가의 은혜를 받았거늘 어찌 차마 앉아서 진척을 보듯이 하겠는가. 반드시 옷소매를 떨치고 일어나는 자가 있을 것이다.

옛말에 '그 사람의 밥을 먹은 자는 그 사람을 위해 죽는다' 하였으니, 만약 소문을 듣고 강개하여 일어나 군사를 거느리고 와서 참전하는 자가 있다면 입에 피를 바르고 서로 맹세하여 함께 나랏일에 힘쓸 것이며, 혹은 군량과 무기만이라도 진중에 수송해준다면 역시 일조가 되니 어찌 아름답지 아니하랴.

해서나 관서는 비록 도로가 불통이라 하지만 각기 믿을 만한 사람을 모집해서 샛길로 나가 차례차례 서로 전하여 일각이라도 지체 없이 한다면 원근이 듣고서 장차 믿어 걱정하지 않을 것이니, 이 통문이 도착하는 그날로 여러 향교의 당장·유자는 각기 한 통씩을 등사해서 경내 인사에게 전달하여 모르는 사람이 없게 하기를 바라는 바이다. (고재필, 『정기록正氣錄』, 천풍인쇄주식회사, 1978)

해제 이 글은 임진왜란 때 시각장애인이자 의병장이었던 유팽로가 쓴 격문이다. 유팽로는 한쪽 눈을 실명한 시각장애인으로 이전에 과거에 급제했으나 벼슬을 하지 않았다. 그러나 임진왜란이 일어나자 고경명의 휘하에 들어가 의병장이 되었다. 그리하여 이와 같은 격문을 작성해서 전국의 양반들로 하여금 떨쳐 일어나도록 하였다.

용호영 장교를 체벌한 간질장애인 임익상

임익상任翼常은 풍천 임씨로 자는 경문이며 호는 현계였다. 효종 때에 용호영을 새로 설치하여 북벌에 관한 일을 논의하려 했는데, 중요한 부서라 하여 소속 장교들이 으쓱대며 횡포를 부려 법에 어긋난 일을 많이 저질렀다. 익상이 황해도 금천 고을의 원님으로 있을 적에, 용호영 장교가 어떤 일로 고을에 와서는 평민들을 못살게 굴었다. 익상이 대로하여 그 자를 곤장으로 다스리고 고을 바깥으로 내쫓아버렸다. 장교가 분을 잔뜩 품고 돌아가 장군에게 일러바쳤고, 장군은 임금에게 보고하였다. 그러자 임금은 크게 기뻐하며 말했다.

"용호영은 짐이 몸소 만든 것이라 장교들이 민폐를 저지르리라 생각했는데 아무데서도 아뢰지 않더니, 이제 임익상 덕분에 알게 되었도다."

하고서, 그 장교를 태형에 처하고 대장에게는 부하들의 군기를 바로 잡도록 엄히 지시하였다. 그리고 익상을 불러 측근에 두려고 했으나 어떤 재상이 익상에게는 광증이 있어 지존 곁에는 둘 수 없다고 아뢰어, 결국 평안도 안주목사 벼슬을 내려서 그 현명함을 표창했다.

익상이 평소 간질 증세가 있었는데, 증세가 나타날 때면 의관을 바로 하고 꿇어앉아 이를 악물고 손을 맞잡은 채 견뎌냈다. 위 아랫니 사이에 천 조각을 끼우고 어금니 가는 소리를 내지 않게 하니, 증세가 가라앉고 나면 천이 가루처럼 되어버렸다. 이렇게 병을 표시내지 않아 벼슬에 오르기는 했으나, 한 해에도 여러 차례 발작이 일어났다. 그때마다 반드시 정좌하고 참아내니, 세상에서는 그가 병이 있는지를 알지 못했다. (강효석, 김성언 역주, 『대동기문』하, 국학자료원, 2001)

해제 이 글은 효종 때 간질장애인이자 현감과 목사 벼슬을 지낸 임익상에 대한 이야기이다. 임익상은 불량한 용호영 장교를 체벌할 정도로 담대한 사람이었다. 그래서 임금으로부터 특별히 평안도 안주목사 자리를 제수받기도 하였다. 그는 평소 간질장애를 겪고 있었는데, 증세가 나타나면 의관을 바로 하고 꿇어앉아 이를 악물고 견뎌냈다고 한다. 그의 의지가 얼마나 강렬했는지 짐작할 만한 대목이다.

장애인 왕족들

오늘날 우리들도 누구나 언제든지 장애를 입을 수 있듯이, 과거에도 신분 고하를 막론하고 누구나 장애를 입었다. 특히 왕가나 종친 등 왕족 가운데서도 상당수의 장애인이 존재하였다. 먼저 왕들 중에서도 장애를 갖고 있는 경우가 적지 않았는데, 세종은 안질眼疾 곧 시각장애로 고생했고, 선조는 심질心疾 곧 정신장애로 인해 자주 왕위를 물려주고자 했으며, 숙종은 시각장애가 아주 심했다. 또한 왕자나 공(옹)주 중에서도 장애인이 많았는데, 특히 선조의 자녀들 중에서 많았다. 예컨대 선조의 열한 번째 아들 경평군 이륵은 정신장애로 자주 민폐를 끼쳤고, 막내딸 정화옹주는 언어장애로 인해 쉽게 혼인하지 못하였다. 그 외 종친들 중에서도 장애인이 계속 나왔는데, 중종 때 환성군은 간질장애인이었고, 영조 때 홍현보는 언어장애인이었으며, 영조 때 안흥군 이숙도 청각과 언어의 중복장애인이었다. 이처럼 조선시대 왕족 가운데도 의외로 많은 장애인이 있었다.

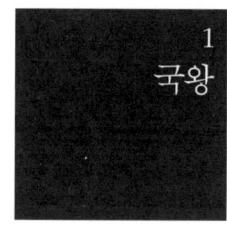

세종대왕이 안질로 고생하다

―――

임금이 승정원에 이르기를,

"내가 안질眼疾을 얻은 지 이제 10년이나 되었으므로 마음을 편히 해서 조리하고자 하니, 매달의 조회와 아일衙日의 조참朝參 및 야인의 숙배를 제외하고는 모두 없애게 할 것이며, 향과 축문도 친히 전하지 말게 하라."

하니, 승지 등이 아뢰기를,

"전에 안질을 앓는 사람에게 온천욕을 시켜 시험했다온데 모두가 효력이 있었사오니, 청컨대 온천으로 행차하시어 신민臣民의 소망에 부응하게 하옵소서."

7. 장애인 왕족들 351

하매, 임금이 말하기를,

"이제 농사철을 당하였으니 시끄럽게 함이 실로 많을 것이라 불가不可하다."

하니, 승지 등이 재삼 청하므로 그제야 허락하고 말하기를,

"내가 안질을 앓은 지 10여 년이 되었는데, 이제 그대들이 청하여 이 행차가 있게 된 것이니, 대신으로 하여금 나의 본뜻을 알게 함이 좋겠다."

하였다. (『세종실록』 92권, 세종 23년 2월 20일)

도승지 조서강 등이 문안드리니, 임금이 말하기를,

"내가 두 눈이 흐릿하고 깔깔하고 아파서, 봄부터 음침하고 어두운 곳은 지팡이에 의지하지 않고서는 걷기가 어려웠다. 온천에서 목욕한 뒤에도 효험을 보지 못하였더니, 어젯밤에 이르러서는 본초本草의 잔 주석을 펴놓고 보았는데도 또한 볼만하였다."

하니, 조서강 등이 청하기를,

"안심하시고 오래 목욕하시어 영구히 치유되게 하옵소서."

하니, 임금이 말하기를,

"이제 여름철을 당하여 흙비霾雨가 있을까 염려되니, 내달 초하루에는 환궁하고자 한다."

하였다. 이 당시에 임금이 모든 일에 부지런하였고, 또한 글과 전적典籍을 밤낮으로 놓지 않고 보기를 즐겨 하였으므로 드디어 안질眼疾을 얻게 된 것이었고, 왕비도 묵은 병宿疾이 있었던 까닭에 이 행차가 있

었다. (『세종실록』 92권, 세종 23년 4월 4일)

정사를 보았다. 임금이 여러 승지에게 이르기를,
"대저 군주가 처음에는 비록 정치에 부지런하다가도 종말에는 반드시 게을리 하게 되므로, 당나라 현종과 헌종이 더욱 밝은 거울이 되니 내가 이를 매우 부끄럽게 여긴다. 내가 왕위에 오른 뒤로 정치를 하는 데는 부지런히 힘쓰지 못한 듯하여 상참常參·조계朝啓·윤대輪對를 시행하여 날마다 여러 신하를 접견하고 모든 서무를 친히 결제하지 않은 것이 없으니, 그런 까닭으로 형옥의 판결이 지체됨이 없었고 모든 사무가 폐기되지 않았다. 물론 상참의 경우는 어떤 사람이 그르게 여기므로 한겨울과 한여름에는 잠정적으로 정지하게 하였다. 그런데 요즘 내가 소갈증消渴症과 풍습병風濕病을 앓아 모든 정령과 시위가 능히 처음과 같지 못하다. 온천에서 목욕한 이후에는 소갈증과 풍습병이 조금 나은 것 같지만, 안질은 더욱 심해졌다. 이로 인해 여러 병증이 번갈아 괴롭히게 되므로 능히 정치를 부지런히 할 수 없다. 무릇 사람의 몸에서 귀와 눈이 간절한 것인데 안질이 발생한 이후엔 시력이 미치지 못한 것이 있으니, 비록 정치에 부지런하고자 하나 그것이 과연 되겠는가. 의서醫書에도 일찍 일어나서 몸을 힘들게 하는 것을 피하라고 했으니, 무릇 중국과의 외교관계와 군정 이외에 나머지 모든 서무는 세자로 하여금 처결토록 하고 싶다. 그런데 대신들이 모두 말하기를 '옳지 않습니다' 하고, 그대들 또한 '옳지 않습니다' 하니, 나는 그 옳지 않다고 하는 뜻을 알지 못하겠다. 내가 그렇게 하고

자 하는 것은 스스로 평안히 지낼 계책으로 그런 것이 아니라, 나의 병세를 보건대 쉽게 낫지 않을 것 같으므로 휴가를 얻어 정신을 화락하게 하고 휴양하기를 원해서 그런 것이다. 신하들의 마음 또한 어찌 나로 하여금 병을 참아가며 정치에 부지런하여 병이 더욱 심한 데에 이르게 하려고 하겠는가. 대저 군주가 대신을 접견하는 날은 적고 근신들과 더불어 모든 정무를 보는 것도 옳지 못한데 하물며 환관을 출납시키겠는가. 이것은 후손에게 보이는 도리가 아닌 것이다. 하물며 환관들은 문자를 알지 못하니 출납할 때 자못 틀리는 실수가 있을 수도 있는데 그것이 또한 옳겠는가. 역대의 군주들도 세자에게 국사를 감독시키고 군대를 감독시킨 경우도 있었으니, 세자로 하여금 모든 사무를 보도록 하는 것이 무엇이 잘못이겠는가. 나의 뜻은 이미 결정되었도다. 내가 이 말을 꺼내는 것은 그대들과 더불어 옳고 그름을 의논하려는 것이 아니라, 그대들에게 이 뜻을 알도록 하고자 할 뿐이다."
하였다. (『세종실록』 96권, 세종 24년 6월 16일)

해제 위의 세 기록은 세종의 시각장애에 관한 것이다. 세종은 재위 13년(1431)인 35세 무렵부터 눈이 보이지 않는 시각장애를 겪기 시작하다가, 재위 23년(1441)인 45세부터는 조금만 어두운 곳이면 지팡이에 의지하지 않고서는 걷기조차 어려울 지경이었다. 그래서 자주 온천을 찾아가 치료하거나, 세자에게 대리청정을 시키고자 하였다. 흥미롭게도 당시 세종은 눈이 보이지 않는 것을 시각장애가 아닌 안질眼

疾, 곧 눈병으로 인식했다는 것이다. 이처럼 세종은 자신이 시각장애를 갖고 있었기 때문인지, 당시 장애인 복지정책에 많은 신경을 썼다.

심질로 왕위를 물려주고자 했던 선조 임금

존호尊號를 올리는 일에 대해 다시 아뢰기를,

"시난번에 신들이 온 나라의 공론을 가지고 연일 대궐 앞에 엎드려 심정을 피력하고 호소하였으나, 위로부터의 거절이 너무 확고할 뿐 아니라 간절하신 하교가 한두 차례가 아니었습니다. 그러므로 신들이 머리를 맞대고 감격해하며 서로 말하기를 '성상의 겸허하고 충화하신 덕이 이처럼 지극한데, 우리가 간청을 10일이 넘도록 하는 것은 도리어 미안한 일이다' 하고 말없이 물러선 뒤에 맥이 빠졌으니 신들의 마음도 진실로 서글픕니다. 근래 조정의 사대부가 일제히 나서서 말하기를 '성상의 성덕盛德과 신공神功이 천고에 뛰어나므로 마땅히 휘호徽號를 올려 그 아름다움을 찬양해야 하는데, 조정이 성상의 뜻에만 순응하고 끈질기게 나서지 않으니 어찌 옳다고 하겠는가'라고 하며 경기의 백성들이 저마다 나서는 것은 물론 먼 지역의 시골 백성들도 일제히 나서기를 조정의 사대부들처럼 하니, 신들의 느리고 무능한 죄를 이제는 모면할 수 없게 되었습니다…"

하니, 상이 답하기를,

"지금 또 이같이 청하니 무슨 말을 해야 할지 모르겠다. 이 일에 대해 털끝만큼이라도 감당할 만하다면 지난번에 어찌 그와 같은 대답이 있었겠는가. 먼젓번 경연에서도 가당치 않다는 뜻을 누누이 말했는데, 나의 뜻은 계속 밝혀지지 않고 조정이 다시 그 일을 어지럽게 들고 나오니 놀랍고 민망함을 말로 다 표현하기 어렵다. 나는 본디 불민한 사람으로 반평생 동안 신병을 지니고 있고 특히 심질心疾이 더욱 심하기 때문에, 평소 생각하는 것은 상자 속의 약일 뿐 인사人事에 대해서는 생각할 겨를이 없다. 지금 만약 계속 그것을 고집한다면 반드시 광질狂疾이 발작할 터이니, 이는 조정이 임금을 사랑하는 뜻이 아닐 것 같다. 제발 경들의 덕을 힘입어 일찍 물러나 쉬었으면 하니 더 이상 번거롭게 하지 말라."

하였다. (『선조실록』 22권, 선조 21년 윤6월 1일)

좌의정 윤두수, 우찬성 최황, 성산군 박충간, 공조판서 한응인, 아천군 이증, 병조판서 이항복, 호조판서 이성중, 행 호조참판 윤우신, 이조판서 이산보, 이조참판 구사맹, 형조참판 이희득, 동지중추부사 이노, 한성부 좌윤 정언지, 공조참판 박응복, 병조참판 민여경, 예조참판 이충원, 병조참의 유몽정 등이 아뢰기를,

"신들은 모두 무상한 자들로 국가가 패망하게 된 날을 당하여 충성을 다하고 직임을 다하여 수복할 계책을 돕지 못하고 성상께서 홀로 걱정하게만 하였으므로 항상 황공함을 이기지 못하였습니다. 전

일에 하교를 받고는 머리를 모아 슬피 울며 누차 성청聖聽을 번거롭게 하였지만, 성의가 부족하여 성상이 마음을 돌리지 못한 채 지금에 이르러 또 이런 전교가 있게 되었으니 신들의 죄는 만 번 죽어도 아까울 게 없습니다. 나라가 폐허가 된 지금이 어떤 때이며 옛것을 광복하는 일이 어떤 일입니까. 그런데도 계속 사양만 하시어 다 모아진 인심을 흩어지게 하고 이룩된 국사를 또 무너뜨리십니까. 바라옵건대 마음을 굳게 정하시어 다시는 요동하지 않아 한편으론 상하의 마음을 편안하게 하고, 다른 한편으론 중흥의 대업을 회복하시면 매우 다행이겠습니다."

하니, 상이 이르기를,

"전에 한양에 있을 때 옥당에 내린 비답에 인간 세상에는 뜻이 없다는 전교가 있었는데 경들은 아직도 기억하고 있는지 모르겠다. 물러나고자 하는 마음은 오늘에야 생긴 것이 아니고 벌써 오래전부터인데 지금에 와서는 뜻을 잃고 마음을 잃고 집을 잃고 나라를 잃었으며, 마침내 눈까지 잃어서 이미 어둡게 되고 말았다. 옛날 제齊나라에 맹인 재상 조정이 있었지만 어찌 맹인 임금이 있었겠는가. 게다가 심질心疾이 날로 고질이 되어 불을 대하고도 춥다는 소리가 나오고 눈을 씹어도 오히려 열이 생긴다. 때로는 소리를 지르며 미친 듯 달리고 혼미하여 동서를 구분하지 못해 좌우에서 모시는 자들이 모두 아연실색하는데, 유독 경들만 모르고 있는 것이다. 이런 병 가운데 한 가지만 있어도 백성들 위에 군림할 수가 없는 법인데, 더구나 몇 가지가 겸해 있고 허다한 죄악을 지은 자이겠는가. 내가 하루를 더 왕위에 있으면 백성들이 하루를 더 걱정하게 된다. 지금이 물러나기에 합당할 때이니 경들은 불쌍하게 생각하여 속히 물러나게 허락하라. 그러면 후일 지하에서 나라를 잃게 한 원통함은 비록 마음에서 사라지지 않겠지만 물러나게 한 은혜로 반드시 눈을 감을 수 있게 될 것이니, 원컨대 경들은 더욱 불쌍하게 여겨 내 작은 뜻을 이루게 하라. 존호尊號에 대한 일은 전에도 전교가 있었지만 더욱 한번 웃을 거리도 되지 않는다. 당나라 덕종의 고사도 있으니 속히 없애는 것이 더욱 이치에 합당하다. 다시 언급하지 않고 속히 시행하도록 하라."
하였다. (『선조실록』 32권, 선조 25년 11월 8일)

    비망기로 대신들에게 전교하기를,
"전부터 병 때문에 그대로 무릅쓰고 있지 못하겠다는 뜻으로 선위禪位를 청한 것이 한두 번이 아니었는데, 경들은 번번이 겸사로 여겨 유념하지 않은 채 국사를 생각하지 않고 있으니 나는 매우 민망하게 여긴다. 힘들고 고질적인 병의 증상은 이제 다시 거론할 필요조차 없다. 지난번에 한강에 갔다 온 뒤로부터 갑자기 중병을 얻어 내 생각으로는 반드시 죽을 것으로 여겼다. 수일 뒤에 큰 증세는 조금 덜한 듯하지만, 지금까지 누운 채 일어나지 못하고 있다. 그래서 원기가 날로 위축되어 점점 다해지고 있으니, 이는 병의 근원이 아주 깊어서 갑자기 이루어진 것이 아니다. 다시 일어나게 될지, 약의 효력을 여러 날 뒤에 보게 될지는 기약할 수 없다. 이처럼 어렵고 위태로운 때를 당하여 중국의 대소 장관들이 서울에 가득히 머물러 있는데 나의 병세가 이와 같으니, 나랏일을 생각할 때 통한한 마음이 가슴속에 응어리져 있다는 것을 내가 전에 한 말에서 징험할 수 있을 것이다. 그래도 과연 병을 핑계로 선위한다고 할 수 있겠는가. 병은 반드시 정기를 보양해야 하는 것이다. 외침과 내침이 있는데도 잘 조섭한 경우는 있지 않았던 것이다. 지금 병 때문에 침상에 누워 있는데도 구름이 쌓이듯이 많은 국가의 업무를 밤낮을 가리지 않고 응수하느라 잠시도 쉴 틈이 없다. 아, 병을 무릅쓰고 일을 한다 한들 나랏일에 있어서 무슨 이익이 있겠는가. 그저 몸만 손상시킬 뿐이다. 또 반드시 나라를 멸망케 할 지경에 이르게 할 것이니 어찌 대신들이 유의할 일이 아니겠는가. 요즘 심질心疾이 더욱 극심해져서 전광증顚狂症(광인 즉 미친 증세)이 되어 인사를 살피지 못하니, 곁에 있는 자들이 놀라 탄식하지 않는 이가 없다. 이는 심장이 먼저 상한 것이어서 상하지 않은 것이라곤 오죽 한 줌의 기氣뿐이니 어찌 슬프지 않겠는가. 더욱이 하루도 그대로 무릅쓰고 있을 수가 없으니 경들은 다시 헤아려서 사실을 갖추어 곧바로 중국 장수에게 고하라. 그리하여 병들어 죽어가는 사람이 속히 처치되도록 하면 나랏일에도 매우 다행한 일이요 종사를 위해서도 매우 다행스런 일이며, 여러 대인大人에 대해서도 매우 다행한 일이고 백성들에게도 매우 다행한 일이겠다."
하였다. (『선조실록』 97권, 선조 31년 2월 25일)

해제 이 기록들은 조선의 제14대 임금인 선조의 정신병에 관한 것이다. 열여섯의 어린 나이에 즉위한 선조는 거의 반평생을 심질心疾, 곧 정신장애로 고생했다. 특히 그러한 증상은 1592년 임진왜란을 계기로 더욱 심해졌는데, 아마 전쟁으로 인해 정신적 스트레스를 많이 받았기 때문인 듯하다. 그리하여 선조는 계속해서 왕위를 세자에게 물려주고 평안히 병을 치료하고자 하지만, 신하들의 완강한 반대로 뜻을 이루지 못한다.

숙종 임금의 시각장애

약방에서 들어와 진맥하였다. 도승지 조도빈이 아뢰기를,
"성상의 환후는 안질眼疾이 매우 중하시므로 잔글자를 보시기에 어려운 것이 있으니, 이후로는 아뢰는 글과 뭇 신하의 소장疏章은 글자 모양을 조금 크게 하여 바치게 하소서."
하니, 임금이 윤허하였다. (『숙종실록』58권, 숙종 42년 12월 1일)

신시에 임금이 희정당에 나가서 행판중추부사 이유, 영의정 김창집, 좌의정 이이명 등을 불러 접견했는데, 승지 이기익, 가주서 이의천, 겸춘추 김흥적, 대교 권적 등이 따라 입시하였다. 행판중추부사 서종태, 조상우, 김우항 등은 병을 핑계하고 끝내 오지 않았다. 김창집이 나아가 임금의 병환에 대해 문후問候하였다. 이에 임금이 이르

기를,

"지금 왼쪽 안질이 더욱 심하여 전혀 물체를 볼 수가 없고, 오른쪽 눈은 물체를 보아도 희미하여 분명하지 않다. 소장의 잔글씨는 전혀 자형字形이 없으므로 마치 백지를 보는 것과 같고, 비망기의 큰 글자에 이르러서도 가까이에서 보면 겨우 판별할 수 있기는 하지만 그래도 분명히 보이지 않는다. 지금 만약 안력眼力을 조리한다면 그래도 장님이 되지는 않을 것 같으나 달리 할 만한 일이 없다. 대단히 병통하는 방도가 있은 다음에야 일신이 조금 편안할 수 있고 국사도 걱정없이 되겠기에 여러 대신을 만나보고 이 일을 의논하려고 한 것이다."
하였다. (『숙종실록』 60권, 숙종 43년 7월 19일)

상이 하교하기를,

"5년 동안 병마에 시달려온 끝에 안질이 더욱 고통스러워 물체를 보아도 희미하여 응대하기가 점차 어렵게 되었으니 국사가 걱정스럽기 그지없다. 그리하여 세종조의 전례와 당나라 때의 고사에 의거하여 세자에게 대리청정케 한다."
하였다. (『숙종실록』 60권, 숙종 43년 7월 19일)

해제 위의 기록들은 조선의 제19대 임금인 숙종의 시각장애에 대한 것이다. 숙종은 재위 42년(1716)인 56세부터 안질眼疾, 곧 시각장애가 매우 심해졌다. 위에서처럼 왼쪽 눈은 전혀 물체를 볼 수가 없고, 오른쪽 눈은 물체를 보아도 희미하여 분명하지가 않았다. 오늘날의 기준으로 하면 최소한 시각장애 2급 이상은 되었던 듯하다. 그리하여 세자로 하여금 대리청정을 하게 했다. 여기에서도 조선시대 사람은 눈이 보이지 않는 것을 장애가 아닌 병으로 인식했음을 알 수 있다.

2
왕자녀

경평군 이륵의 광패함

사간원이 아뢰었다.

"인왕산 아래에 새로 정한 궁터는 당장 공사를 시작할 기약이 없으니 사민士民들이 국가의 처치를 기다린 뒤에 집을 옮겨도 괜찮습니다. 그런데 흥안군 이제와 경평군慶平君 이륵李玏은 그들의 저택이 금지 표시 안에 들어갔다는 이유로 먼저 스스로 놀라 소란을 떨며 그 집을 철거하고는 종들을 사방으로 풀어 사대부의 집을 빼앗은 것이 한두 곳이 아닙니다. 그러면서 혹은 늙은 어미를 구타하기도 하고 과부를 능욕하기도 하였으므로, 사람들은 집에 간직해두었던 여러 가지 물건을 잃어버리고 사방으로 흩어져 달아나서 온 동네가 소란스러웠고 그 피해가 이웃 마을에까지 미쳤습니다. 그것을 본 사람들이 모두 깜짝 놀랐고 온 나라에 소문이 자자합니다. 집안일은 가장의 책임이니 징계하지 않아서는 안 됩니다. 아울러 추고하도록 명하소서."
(『광해군일기』 102권, 광해군 8년 4월 1일)

전교하였다.
"무릇 궐내의 하인에 대해서는 비록 사법부라 하더라도 반드시 입계入啓한 뒤에 가두어 다스리는 것이 관례이다. 빈궁嬪宮의 궁녀 임백林栢이 무슨 일을 범했는지는 모르겠지만, 궐내에서 나갈 때 경평군이 사삿집으로 붙잡아가서는 마구 때려 상해를 입혔고, 또 때린 뒤에는 자기 집에 가두어두고 놀랄 만큼 잔인한 짓을 해서 거의 죽을 지경에 이르렀다고 하는데, 이는 결코 예전에 있지 않았던 일이다. 매우 놀랍고 괴이한 일이니 추고하라." (『광해군일기』 132권, 광해군 10년 9월 16일)

경평군 이륵이 영동嶺東의 산수를 구경하고 싶어 고성의 온천에 가서 목욕하고 올 것을 청했는데, 상이 답하기를,
"옛 왕자들 중에 오직 경만이 생존해 있다. 지금 경의 나이가 70세이고 가을 날씨가 벌써 차가워졌으니, 이때 목욕을 하는 것은 기력만 더욱 손상시킬 것이다. 사관을 보내어 경에게 타이르니 나의 뜻을 헤아려 떠나지 말도록 하라."
하였다. 이륵은 선조의 왕자로서 정신병狂疾이 있는 데다 휴가를 받

아 외지로 다니면서 폐를 끼치는 일이 많았는데, 상이 이러한 것을 알았기 때문에 그가 휴가 가는 것을 말렸던 것이다. 이륵이 다시 상소하여 가게 해줄 것을 청하자, 상이 할 수 없이 윤허하고 휴가에 쓸 말을 지급하였다. (『현종실록』 17권, 현종 10년 8월 15일)

해제   이 기록들은 선조의 열한 번째 아들인 경평군 이륵의 정신장애에 대한 이야기이다. 그는 아홉 살 때 부왕 선조를 잃었는데, 이때부터 심질心疾 혹은 광질狂疾, 곧 정신장애를 겪기 시작했다. 그래서 위와 같이 남의 땅을 빼앗거나 궁녀를 폭행하고, 산수를 유람하며 민폐를 끼치는 등 일생 동안 광패함을 일삼으며 파직 위기를 당하였다.

벙어리 정화옹주의 결혼

상이 하교하기를,
"정화옹주貞和翁主가 연달아 병고病故가 있어서 혼례를 올리지 못하였다. 그 병이 쾌히 낫지는 않았으나 왕녀로서 배필이 없을 수 없으니, 해조로 하여금 부마駙馬를 간택하도록 하라."
하였다. 옹주는 선조의 따님으로 어릴 때부터 벙어리가 되어 지각이 없었는데, 뒤에 권대항權大恒에게 하가下嫁하였다. (『인조실록』 21권, 인

조 7년 10월 2일)

　　상이 태복시의 말을 동창위 권대항에게 하사했는데, 권대항이 그 말이 좋지 않다는 이유로 다른 말로 바꿔오도록 하니, 상이 그 말을 듣고 허락하였다. 그럼에도 권대항이 흡족하게 여기지 않고 관리를 매질하였으므로 간관이 탄핵하였으나, 상이 따르지 않았다. (『인조실록』 24권, 인조 9년 1월 3일)

　　사헌부가 아뢰기를,
"동창위 권대항은 빚을 받는다는 핑계로 민간을 소란스럽게 하며 피해를 주고, 또 내려준 말이 좋지 않다는 이유로 성을 내어 태복시의 하리下吏를 구타하여 끝내 운명하게 하였는데도 감히 차자를 올려 상을 번거롭게 하였으니 놀랍기 짝이 없는 일입니다. 파직을 명하소서…."
하니, 답하기를,
"아뢴 대로 하라. 권대항은 꼭 파직시킬 것은 없다."
하였다. 재차 아뢰니 추고를 명하였다. (『인조실록』 25권, 인조 9년 10월 12일)

해제　이 기록들은 선조의 막내딸이자 언어장애인이었던 정화옹주의 결혼에 얽힌 이야기이다. 정화옹주는 앞의 경평군 이륵과 마찬가지로 선조와 온빈한씨의 딸이었으며, 막내로 태어나서 부모의 사랑을 듬뿍

받았다. 하지만 네 살 무렵 부왕 선조가 승하하고, 또 어릴 때부터 언어장애를 갖고 있었기 때문에 쉽사리 혼인하지 못하였다. 그래서 인조가 이를 안타깝게 여겨 안동권씨의 권대항을 부마로 삼아 혼인하게 하였다. 그런데 권대항은 성격이 오만하고 포악하여 위에서처럼 자주 행패를 부렸다.

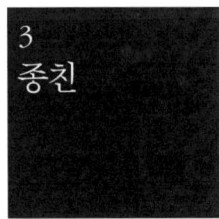

3 종친

환성군의 간질 증세

의금부가 아뢰기를,

"환성군은 본래 간질병의 증세 때문에 인사를 살피지 못하는데, 지금 귀양 보내는 가운데 끼었으니 어찌하겠습니까?"

하니, 보내지 말라고 전교하였다. (『중종실록』 1권, 중종 1년 9월 20일)

해제 이 기록은 중종 때 간질장애인 환성군의 귀양 문제에 대한 것이다. 환성군은 효령대군의 자손이었는데, 아마도 중종반정에 참여하지 않고 연산군을 지지했다는 이유로 귀양을 가게 된 것으로 보인다. 하지만 환성군이 자신의 의지와 상관없이 발작을 일으키는 간질장애인이었기 때문에 중종은 귀양살이를 면제해주었다.

사직 홍현보의 벼슬살이

사직 홍현보洪鉉輔가 졸卒하였다. 선조의 부마 홍주원洪柱元의 현손玄孫인데, 젊어서 등제하였으나 병을 앓다가 벙어리가 되어 말을 할 수가 없었고, 재능 또한 없었다. 영안위永安尉의 손자로서 여러 관직을 두루 거쳐 판서에 이르렀는데, 이때에 이르러 졸한 것이다. (『영조실록』 52권, 영조 16년 윤6월 10일)

해제 이 글은 영조 때 언어장애인이었던 홍현보에 관한 이야기이다. 홍현보는 선조의 부마 홍주원의 증손자였으나 병으로 인해 언어장애인이 되었다. 그는 관직에 있었을 때 언어장애가 있었어도 퇴직되지 않고 여러 관직을 맡았다. 하지만 그가 재능이 없었다는 사신의 평가로 보건대, 홍주원의 후광이 어느 정도 작용했을 것이라 추정된다.

안흥군 이숙의 대화법

안흥군安興君 이숙李㙆이 청대하여 입시하였는데, 이숙은 바로 인평대군麟坪大君의 봉사손奉祀孫이다. 날 때부터 귀가 먹고 벙어리였기 때문에 주대奏對에 모두 문자로 하였는데, 이날도 글로 아뢰었다. (『영조실록』 85권, 영조 31년 6월 5일)

해제 이 기록은 영조 때 청각과 언어의 중복장애인이었던 안흥군 이숙에 대한 이야기이다. 그는 태어날 때부터 들을 수도 말할 수도 없어 모든 대화를 글로써 해결했는데, 위와 같이 하루는 영조가 그를 불러 인평대군의 후사를 잇도록 하였다. 참고로 인평대군은 인조의 셋째 아들로서 사은사로 청나라에 여러 번 다녀온 인물이었다.

8장

여성과 장애

과거 여성 장애인은 성과 장애라는 이중의 고난을 겪었다. 남성 장애인은 결혼을 하고 직업도 가질 수 있었지만, 여성 장애인은 그리 하기가 상당히 힘들었던 것이다. 그러므로 여성 장애인에 대해서는 별도로 살펴볼 필요가 있다.

이들에 대한 자료는 그리 많이 남아 있지 않지만, 「노처녀가」라는 여성 가사에는 중증장애로 인해 마흔 살이 넘도록 결혼하지 못한 어느 여인의 탄식이 잘 나타나 있다. 또 선조 때 맹인 이씨는 장래가 촉망되는 선비와 어렵게 결혼했으나 얼마 안 있어 과부가 되고 마는데, 그럼에도 유복자를 키우기 위해 약밥과 약과, 약주 등 약식 사업을 하여 크게 성공을 거둔다. 한편 광해군 때의 여성 시각장애인 점복가 고성은 정치적 사건에 연루되어 결국 처형되고 만다.

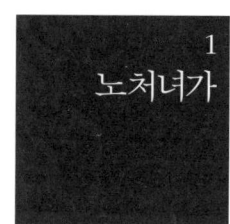

결혼 못한 여성 중증장애인의 한탄

옛적에 한 여자 있으되 일신이 갖은 병신이라
나이 사십이 넘도록 출가치 못하여
그저 처녀로 있으되 옥빈홍안玉鬢紅顔이 스스로 늙어가고
설부화용雪膚花容이 공연히 없어지니 설움이 골수에 맺히고
분함이 심중에 가득하여 미친 듯 취한 듯 좌불안석하여 세월을 보내더니
일일은 가만히 탄식하며 왈
하늘이 음양을 내시매 다 각기 정함이 있거늘
나는 어찌하여 이러한고 섧기도 측량없고 분하기도 그지없네

이처로 방황하더니 문득 노래를 지어 화창하니 갈왔으되
어와 내 몸이여 섧고도 분한지고 이 설움을 어이하리
인간만사 설운 중에 이내 설운 같을쏜가
설운 말 하자 하니 부끄럽기 측량없고
분한 말 하자 하니 가슴 답답 그 뉘 알리
남모르는 이런 설움 천지간에 또 있는가
밥이 없어 설워할까 옷이 없어 설워할까
이 설움을 어이 풀리 부모님도 야속하고 친척들도 무정하다
내 본시 둘째 딸로 쓸데없다 하려니와
내 나이를 헤어보니 오십 줄에 들었구나
먼저는 우리 형님 십구 세에 시집가고
셋째 아우년은 이십에 서방 맞아 태평으로 지내는데
불쌍한 이내 몸은 어찌 그리 이러한고
어느덧 늙어지고 츠릉군(측은한 신세)이 되었구나
시집이 어떠한지 서방맞이 어떠한지
생각하면 싱숭생숭 쓴지 단지 내 몰라라
내 비록 병신이나 남과 같이 못할쏘냐
내 얼굴 얽다 마소 얽은 구멍에 슬기 들고
내 얼굴 검다 마소 분칠하면 아니 흴까
한편 눈이 멀었으나 한편 눈은 밝아 있네
바늘귀를 능히 꿰니 버선볼을 못 박으며
귀먹다 나무라나 크게 하면 알아듣고 천둥 소리 능히 듣네

오른손으로 밥 먹으니 왼손 하여 무엇 할꼬

왼편 다리병신이나 뒷간 출입 능히 하고

콧구멍이 맥맥하나 내음새는 일쑤 맡네

입시음이 푸르기는 연지빛을 발라보세

엉덩뼈가 너르기는 해산 잘할 장본이오

가슴이 뒤 앉기는 진일 잘할 기골일세

턱 아래 검은 혹은 추어보면 귀격이오

몸이 비록 옴쳤으나 만져보면 없을쏜가 (…)

남대되 맞는 서방 내 홀로 못 맞으니 어찌 아니 설울쏜가

서방만 얻었으면 뒤 거두기 잘 못할까

내 모양 볼작시면 어른인지 아해런지

바람 맞은 병인인지 광객인지 취객인지

열없기도 그지없고 부끄럽기 측량 없네

어와 설운지고 내 설움 어이할꼬

뒤 귀밑에 흰 털 나고 이마 위에 살 잡히니

운빈화안이 어느덧 어데 가고 속절없이 되었구나

긴 한숨에 자른 한숨 먹는 것도 귀치 않고 입는 것도 좋지 않다

어른인 체하자 하니 머리 땋은 어른 없고

내인이라 하자 하니 귀밑머리 그저 있네 (…)

이 신세를 어이할꼬 살고 싶은 뜻이 없네

간수 먹고 죽자 한들 목이 쓰려 어찌 먹고

비상 먹고 죽자 한들 내음새를 어찌할고

부모유체 난처하다 이런 생각 저런 생각

빈방 중에 혼자 앉아 온가지로 생각하나

입맛만 없어지고 인물만 초췌하다

생각을 말자 하나 자연히 절로 나고

용심을 말자 하나 스스로 먼저 나네

곤충도 짝이 있어 음양의 배합법을 낸들 아니 모를쏜가

부모님도 보기 싫고 형님도 보기 싫고 아우년도 보기 싫다

날다려 이른 말이 불쌍하다 하는 소리 더구나 듣기 싫고

눈물만 솟아나네

내 신세 이러하고 내 마음 이러한들

뉘라서 걱정하며 뉘라서 염려하리 (…)

평생에 맺힌 인연 오늘 밤 춘몽중春夢中에 혼인이 되었구나

앞뜰에 차일 치고 뒤뜰에 숙수 앉고

화문방석 만화방석 안팎 없이 포설하고

일가권속 가득 모여 가화 꽂은 다담상이 이리저리 오락가락

형님이며 아주미며 아우년 조카붙이 기 담장 자른 담장

거룩하게 모였으니

일기는 화창하고 향내는 촉비한다

문전이 요란하며 신랑을 맞아들 제 위의도 거룩하다

차일 밑에 전안하고 초례하러 들어올 제

내 몸을 굽어보니 어이 그리 잘났던고

큰머리 떠나는 잠에 준주투심 갖추오고 귀의 고리 용잠이며

속속들이 비단옷과 진홍 대단치마 입고

옷고름에 노리개를 어찌 이루 다 이르랴

용문대단 활옷 입고 홍선을 손에 쥐고

수모와 중매어미 좌우에 옹위하여 신랑을 맞을 적에

어찌 이리 거룩한고

초례교배 마친 후에 동뢰연 합환주로 백년기약 더욱 좋다

감은 눈을 잠깐 뜨고 신랑을 살펴보니

수망 치던 김도령이 날과 과연 배필이다

내 점이 영검하여 이처로 만났는가

하늘이 유의하여 내게로 보내신가

이처로 노닐다가 짓독에 바람 들어 인연을 못 일우고

개 소리에 놀라 깨니 침상일몽寢上一夢이라

심신이 황홀하여 섬거이 앉아보니 등불은 희미하고

월색은 만정한데

원근의 계명성은 새벽을 재촉하고 창밖에 개 소리는

단잠을 깨는구나

아까울사 이내 꿈을 어찌 다시 얻어보리

꿈을 상시 삼고 그 모양 상시 삼아 혼인이 되려무나 (…)

(임형택, 고미숙 엮음, 「노처녀가」, 『한국고전시가선』, 창작과비평사, 1997)

해제 이 작품은 조선후기 여성 가사 「노처녀가」로, 어느 여성 장애인의 결

혼 문제가 상징적이면서도 사실적으로 잘 표현되어 있다. 그녀는 청각과 시각, 지체장애를 모두 가지고 있는 중증 장애인이었다. 그래서 나이 마흔 살이 넘도록 출가하지 못하고, 그저 꿈을 통해 고달픈 현실을 위로하고 있다. 이처럼 당시 여성 장애인은 남성들에 비해 결혼하기가 쉽지 않았던 듯하다.

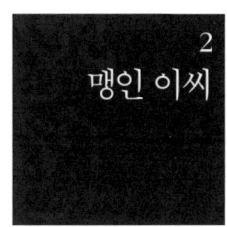

2 맹인 이씨

약식의 원조 맹인 이씨

이조 명종조 간신이 들끓는 조정에 뜻이 없어 산림에 묻힌 거유 석학이 각처에 많은 가운데도, 특히 이퇴계의 학문과 성예는 전국에서 따를 자가 없이 고명하여 그가 세상에 나오기를 조야가 갈망하고 있었다. 퇴계는 이와 같이 전국 선비의 중심이 되고, 그 문하에는 유서애柳西崖, 김학봉金鶴峰, 조월천趙月川 같은 청년 학자가 많이 있었는데, 선생은 특별히 함재 서해涵齋 徐嶰라는 청년을 더욱 사랑하여 백세후에는 이 사람에게 자기 학문의 전통을 물려주려고 사우 간에 널리 칭찬하고 소개하여 그가 후계자가 될 것이 틀림없다고 일반은 믿었다.

이렇게 함재의 명성이 날로 높아가고 그는 벌써 이십 미취未娶 전에 진사에 급제하여 그 명성이 한층 드러났다. 그러므로 서울의 부호 고관으로 혼기를 맞은 딸을 가진 이들은 앞을 다투어 서진사 집에 매파를 보내어 사위 삼기를 청하나, 뜻이 고상하고 몸가짐이 개결한 어린 진사는 좋은 말로,

"내가 아직 공부를 다 마치지 못하고 또 나이가 많지 않으니 속히 장가들 필요가 없노라."

하여 거절을 일삼아왔다.

그때 일찍이 대과에 뽑혀서 승지 벼슬에 올라선 당시의 중년 명사로 가세도 부요하던 벼슬아치 가운데 아무 근심 걱정이 없는 팔자 좋은 사람이 한 명 있었다. 그는 슬하에 사십 세가 지나도록 사내아이를 두지 못하고 오직 딸만을 생산했는데, 장녀는 용모가 극히 아름답고 재질이 뛰어나게 총명유수하며 속된 말로 철철미려한 규수였다. 다만 불행한 것은 그가 사오 세 되었을 때 여종의 불찰로 약에 쓰려고 달여놓은 부자탕으로 잘못 얼굴을 씻다가 그만 물이 두 눈에 들어가 백방 치료가 효력 없이 전연 실명失明된, 말하자면 원통한 천생숙녀의 미인 불구자가 된 것이다. 배 안에 있을 때부터의 병신이라면 단념하기도 비교적 용이한 일이요 인력으로 어찌할 수 없으나 그같이 거룩한 복덩어리가 일조에 고치지 못할 병신이 되었으니, 승지와 그 부인의 억울하고 비통함은 물론 온 집안과 친척과 이웃의 애달파하는 탄식과 동정이야 무엇으로 형용을 할 것이랴.

이승지는 이로부터 그 딸을 불쌍하게 여기고 사랑하여 늘 말하기를,

"내 딸은 하늘이 점지하신 여중군자이나 불의의 화벌로 저 지경이 된 것은 그 애의 죄가 아니요 내게 내리는 화벌인즉 내 어찌 안여하랴. 이는 필시 하늘이 그 애의 명예와 복록을 더욱 빛나게 하시려는 뜻에서 저같이 아름다운 재모와 성행에 한 가지 험사를 가미하신 것이다. 어떠한 누구의 집 적덕한 가정에 들어가 가문을 창대히 만들고 좋은 자손을 내어 이름을 크게 하려고 이같이 고맙게 만드신 것이 분명하다. 그런즉 저 아이의 혼처는 명문거족의 혁혁한 자손 중에 보내는 것보다는 시골구석의 한사 빈족이라도 반드시 훌륭한 덕행과 장래가 있을 위대한 좋은 청년을 물색하여 부부의 합력으로 그 문호를 크게 중흥시킬 사람에게 보내어 이 복을 헛되게 하지 않아야 할 것이다." 하고 서울의 대가 자제보다도 향곡 한사에게 주목하기로 맘을 작정하였다.

그는 퇴계 문하에 인재가 많이 나옴을 알고 퇴계선생에게 간절히 낭재의 추천을 의뢰하였다. 퇴계 선생이,

"부탁하는 취지는 잘 이해한다. 그러나 사실을 밝히면 누가 일부러 병신 아내에게 구혼할 것을 즐기랴. 악의를 가지고 남을 속이자는 것은 결코 아니로되, 불구자란 말은 처음부터 드러내지 말고 신랑감을 구하자. 내 문하에 사람은 많으나 모두 기혼자인즉 소용이 없으며, 오직 진사 서모라는 미혼의 한 젊은이는 그 재학과 심성덕행을 내가 깊이 사랑하여 포은圃隱과 정암靜庵 두 선생에게 비길 수 있고, 장래의 거유巨儒로 기대할 뿐 아니라 항상 경복하여 마지않노니 이 사람에게 먼저 구혼하게. 그러면 나도 전력을 다하여 추진할 것이다."

하고 쾌히 승낙하는 의사를 보였다. 이승지는 크게 기뻐하여 결국 이 혼인은 순조롭게 성립되었다.

혼례식은 마당에서 신랑은 신부의 얼굴이 미려한 것은 알아보았으나, 두 눈을 못 보는 불구자인 것은 꿈에도 알 길이 없었다. 그러나 화촉동방의 밤에야 비로소 발견하고 놀랐으나 일은 이미 늦었고, 또 서진사의 신중하고 점잖은 위인은 결코 이만한 일에 놀라고 경솔한 행동을 할 사람이 아니었다. 신부가 몹시 황공 미안하여 부끄러워하며 떨고 있는 것을 보고는 도리어 미안하여 부드럽게 위로하며,

"부인은 겁내지 마시오. 내가 비록 보잘것없는 위인이나, 어찌 그만한 조그마한 과실로 부인을 괄시하겠소. 잠깐 보아도 부인의 단정 현숙한 재덕은 용모의 아름다움에 못하지 않으니, 우리 집과 내게는 오히려 과분한 복택이 되거늘 내가 어찌 부인을 소홀하게 대우하겠소. 다만 내 집의 방조 되시는 사가정四佳亭 선생의 하세下世 후로 한미하고 영체하며 형세가 극히 빈궁하여 호화롭게 생장한 부인에게 괴로움이 많을 것이니 이것이 부끄럽소."

하여 백방으로 위로하고 자기 집안일을 숨김없이 어머니의 성질 기호로부터 친척들의 언행까지 자세히 가르쳐 그 처신할 방도를 정성껏 설명하였다. 부인은 크게 감동하여 눈물을 흘리며 남편의 두터운 대우에 평생지기를 만난 듯,

"선비들은 나를 알아주는 친구를 위하여 죽는 것조차 돌보지 않는다는 말을 들었나이다. 이제 군자께서는 첩이 큰 병신인 것과 부모들이 속이고 청혼한 죄과를 잊어버리시고 오히려 하해와 같으신 도량

으로 첩을 버리지 않겠다 하오시니, 이 은덕은 태산보다 높고 바다보다 깊으시거늘 첩이 어찌 감히 죽음으로써 군자께 이 은혜 갚기를 사양하오리까. 변변치 못한 인간이오나 측근에 있을 것을 허락하시니 첩은 참으로 황송 감격하여 사뢰올 바를 알지 못하겠나이다."
하였다. 그리하여 군자와 숙녀의 백년가약은 남의 금슬 좋은 부부 이상으로 서로 존경하며 사랑하여 비할 데 없이 화순하였다. 이승지 부부도 그들의 다정한 모습을 보고 비로소 크게 안심하여 사위에게 사죄하고 딸의 신세를 축원하였다.

  이야기가 여기에서 그친다 해도 훌륭한 미화가 될 것인데, 또 한 가지 큰 시련이 신혼한 이씨 부인의 머리 위에 내렸다. 그것은 이로부터 2년 뒤 부인이 24세 되던 해 겨울, 평소에 건강하던 서진사가 우연히 조그마한 감기에 걸려 여러 날 신음하다가 이듬해 봄철에 양춘이 돌아와 만물이 생을 즐기는 가운데 그는 거룩한 학식 포부와 스승과 세상의 큰 기대를 저버리고, 또 일찍이 과부가 된 편모와 만삭인 정숙한 아내를 버리고 23세의 나이로 세상을 떠나고 말았다는 것이다. 그의 일생은 허무하게 큰 자취를 남기지 못하고 세상에서 사라졌다. 불행 중 다행한 것은 그 아내 이씨 부인이 회임 중에 만삭이 되어, 그가 죽은 지 열흘 후에 골격이 청수하고 신채가 영특한 옥동자 같은 남자를 생산하였다는 것이다.

  그러나 가난한 과부들 살림에 이 유복자의 양육이 이 집의 새롭고 커다란 걱정거리였다. 다행히 이승지는 인정 많고 의리를 아는 분이었고, 또 형세가 부요한 데다 딸과 사위의 정경에 한없이 슬퍼하여

왔으므로, 적지 않은 금전으로 초종과 장사 범백을 유감없이 예법대로 치르게 하고, 늙은 시모 공양과 딸의 산후조리며 어린애 양육에 아무런 근심이 없도록 우수하게 보조하였다. 이같이 대소사를 돌보아준 후에도 늙은 시어머니가 5~6년 뒤에 세상을 떠나매 후하게 장사지내고, 딸과 외손의 장래를 위하여 시골에 머물러 있지 않게 하고 서울 약현 본가에 불러올려 조석으로 내왕할 수 있는 이웃에 집을 꾸미며 그 모자를 성심으로 보호하였다.

이씨 부인은 눈 못 보는 병신이었건만 눈뜬 사람 이상으로 아들을 기르고 가르치기에 전력하여, 처음에는 약간의 본전으로 남녀 하인들로 하여금 조그맣게 팔게 하던 술과 약밥, 강정, 다식, 산자 등속의 음식 영업이 날로 흥성하고 달마다 흥왕하였다. 그리고 2~3년 뒤에는 약현에서 만들어 파는 술과 과자가 서울 안에 유명하여 약주, 약식, 약과 또는 전과, 약포 등이 명물이 되어 세상에서 이것 없는 잔치가 되지 않을 만큼 큰 부명을 듣도록 형세가 늘어갔다.

그때 유복자 서성徐渻의 나이는 어느새 열 살 전후가 되어 그 재주가 비상하고, 지혜와 용맹이 또한 다른 사람에 비해 떨이지지 않았다. 이씨 부인과 외조부 이승지가 그에게 글을 가르치기 시작하니 하나를 배우면 능히 둘에서 네다섯 개를 깨달았다.

그때 글을 잘하여 세상에서 문장으로 지목되는 귀봉 송익필龜峰宋翼弼이라는 학자가 있음을 듣고, 이승지가 아이의 손을 끌고 그 문하에서 교육받기를 청하였다. 그가 열 살 때부터 귀봉 문하에 출입하여 좌우에서 봉사하고 조석으로 지도를 받아 스승으로부터 깊은 사랑을 받았다. 그리하여 후일에 크게 이름을 날리던 사계 김장생沙溪 金長生과 만사 심지원晩沙 沈之源, 수몽 정엽守夢 鄭曄 등과 교유하게 되었고, 그의 문장과 학식은 날로 진보하여 이십 전후에는 당시의 이름 높은 선비들도 이 서소년의 민첩하고 능숙한 재주에는 저마다 혀를 내두르며 탄복하였다.

어느 날 귀봉선생은 여러 제자를 대하여,

"너희들 가운데 누가 지금 방 안에 앉아 있는 나를 방 밖으로 나가게 할 사람이 있겠느냐."

물었다. 이것은 과연 어려운 문제로 나오지 않으면 안 될 문제를 꾸며 가지고 불러내려 하나, 귀봉은 태산처럼 보료 위에 엉덩이를 뿌리박은 듯 끄떡없이 앉아 있었다. 별의별 수단을 다했으나 요지부동이었다. 제자들이 피곤하여 제각기 불러내기를 단념하는데 서성이 홀로,

"저는 선생님을 밖으로 모셔낼 수는 없사오나 밖에 계신 선생님을 방 안으로 오시게는 할 수 있습니다."

한즉 누가 생각하든지 꼭 같은 경우에 나가고 들어옴은 선생의 자유이거늘, 어렵지 않은 듯 경솔히 자신 있게 말하는 그를 보고는 모두 비웃었다. 귀봉이 껄껄 웃으며,

"네가 무슨 재주로 나를 불러들여……"

하며 몸을 움직여 방문턱을 넘어 나가니, 그가 손바닥을 치며,

"선생님 이제 나가지 않으셨습니까? 이 같은 술책에 쉽게 넘어가시는 선생님의 지모도 알겠습니다."

만좌가 크게 웃고 귀봉도 어이가 없어,

"옳다. 내가 속았다. 너는 다만 글을 잘 배우고 읽을 뿐 아니라 병법도 매우 능하구나. 무서운 모사가 될 수 있겠다. 내 문하에 너를 얻은 것은 나의 자랑거리다!"

하며 감탄하였다. 또 어느새 선생은 돌연 여러 사람에게,

"너희들에게 묻노니 세상에서 남편을 서방님이라고 부르니 그 무슨 까닭인고. 모두 이에 맞도록 대구를 해보거라."

하니 모두가 생각하나 적당한 대구가 떠오르지 않아 한동안 침묵하는데, 서소년이 제일 끝자리로부터 앞으로 나오더니 명랑한 말소리로,

"선생님, 서방을 남편이라 함은 북어를 가리켜 동태라 하는 것과 무엇이 다릅니까. '남'과 '서'의 짝은 '북'과 '동'이 있을 뿐이외다."

이에 일동이 탄복하지 않을 수가 없었다.

문제를 낸 귀봉이 무릎을 치며,

"너의 응구첩대는 과연 천하일품이다. 그렇다면 또 하나 묻노니, 오늘 아침에 내가 강변에 나가 산책하자니까 어디서 팔짝팔짝 무엇이 뛰는 소리가 들리기에 바라본즉 까치 여덟 마리가 목욕하는 소리더구나. 이상하지 않느냐?"

"네, 그렇겠습니다. 소자도 아까 댁에 오다가 길가에서 무엇이 오독오독 씹어 먹는 것을 듣고 자세하게 본즉 어린 송아지 다섯 마리의 풀 먹는 소리가 그렇게 들리더군요."

오독五犢으로써 팔작八鵲에 대하니 그 민첩한 것이 얼마나 빠르랴. 이와 같이 하여 그는 스승의 사랑과 문생들의 경탄을 독점하면서 학업에 정진하였다.

그 뒤에 서성은 관례하여 자字를 현기玄紀라 하고 호를 약봉藥峰이라 하니, 이것도 집이 약현에 있음을 기념하는 뜻이었다. 그는 선조대왕 20년 병술에 문과에 급제하고, 10여 년이 지나 벌써 경기감사로 승진하여 2품 재상의 지위에 오르고, 다시 비국당상과 병조판서가 되고 최후는 정1품 보국으로 판중추부사라는 거의 정승에서 한 계급 다음 되는 높은 대관, 원로가 되었다. 그가 칠순이 되자 기로에 들어가 영수각에 숙배하는 늙은이가 되었으나, 어머니 되시는 이씨 부인은 구십여 세의 고령으로 아직 건강하게 있어 정1품 정경부인으로 갖은인간의 복록과 영화와 장수를 누렸다.

그는 24세 때 과부가 되면서 겨우 혈혈단신의 유복자를 길렀으나, 이제는 다섯 손자가 낳은 근 20명의 증손자녀를 거느리게 되었고, 거기서 생겨난 근 100명의 현손들도 모두 건강하였다. 큰 손자가 우의정 끝에, 손자는 선조의 장녀 정신에게 장가들어 10여 세 되는 지금 아동으로서 달성위가 되어 정1품의 지위에 올랐다. 왕궁에서는 이씨 부인의 거처하는 집을 지어주기로 하고 약현 옛터에 저택을 신축할 새 특별히 자손의 번창한 것을 고려하여 대성 30간을 세웠더니, 그때 80여 세 된 장님 노부인이 지팡이를 짚고 두루 순시하다가 마루에 이르러 아들을 불러 탄식하는 말이,

"지금이라도 내가 죽으면 내 손자, 내 손녀가 이 대청에 들어서서 제사를 지내기가 어렵거든, 하물며 2~3대를 내려가는 동안에 내 자손이 몇백 몇천 명이 될 수도 있으니 이것은 대청이 아니고 소청이 될 것이다. 마당에 보계를 매지 않고는 안 될 것을 누가 이렇게 설계하여

꾸몄느냐?"

하였다. 과연 그 자손이 하나의 유복자로부터 퍼져나가 불과 100년이 못 되어 내외손이 수천 명이 되고, 그들이 거의 대소과와 문무과에 합격하여 정승이 된 자가 수십 명이며, 금권자와 옥권자를 말로 계산할 만큼 재상들이 수없이 쏟아졌다. 얼마나 거룩한 축복이냐.

지금 약현 중림동에 높이 세워진 천주교 성당 자리가 바로 그 장님 과부가 아들을 가르치려고 약주, 약식, 약포, 약과를 제조 판매하여 치부하는 한편, 서울의 명물 음식을 광고하던 내력 있는 약봉 구기라 한다. 이리하여 어려서 눈을 잃고 젊어서 홀어미가 된 기구한 팔자의 이씨 부인은 유복자 하나를 길러낸 공으로 50여 년의 과부 설움을 잊고, 화기에 가득 찬 웃음 가운데 호강과 즐거움으로 근 100살의 무궁한 영복을 누렸다. (홍목춘, 『한국야담사화전집』 6, 복수쌍겸福壽双兼한 맹인청상盲人靑孀, 동국문화사, 1967)

해제　이 글은 홍목춘이 엮은 『한국야담사화전집』에 나오는 것으로, 아들을 훌륭하게 키워낸 선조 때의 시각장애인 여성 사업가 이씨 부인에 대한 이야기이다. 그녀는 승지를 지낸 아버지의 딸로 태어났으나, 어린 시절에 불의의 사고로 시각장애인이 되고 말았다. 또 퇴계의 중매로 함재 서해와 결혼하여 많은 사랑을 받았으나, 만삭일 무렵 남편이 죽어 과부가 되고 말았다. 이후 그녀는 친정아버지의 도움과 스스로의 노력으로 아들 서성을 낳아 훌륭하게 키워냈으며, 훗날엔 그가 판중추부사에까지 오르도록 하였다. 또한 이씨 부인은 비록 앞이 보이지 않는 시각장애인이었으나 아들을 키우기 위해 약주, 약식, 약포, 약과를 직접 제조하여 판매하는 대단한 사업적 수완을 보여주었다.

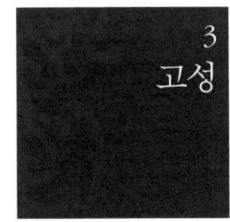

여성 시각장애인 점복가 고성

오강이 끌어댄 눈먼 여자盲女 고성高成을 잡아다 국문했는데, 나이는 18세였다. 그가 공초하기를,

"신은 눈이 먼 여자입니다. 사족이나 상인들이 날마다 저를 맞이하여 운명을 물어보았으나, 오조팔자五條八字에 대해서만 묻고 어떤 사람의 성명이며 어떤 일이라는 것은 말하지 않고 점을 치게 하였습니다. 신이 눈으로 물건을 보지 못하는데 어떻게 알 수 있겠습니까. 지금 막 죽을 병인 마마를 치르고 난 끝이어서 한두 가지도 기억하지 못하겠습니다. 이른바 오윤남 별좌라는 자는 기억을 못하겠습니다마는, 민별좌라는 자가 지난겨울에 저를 불러 운명을 점치게 하였던 일

은 기억이 납니다."

하였다.【고성은 배천 사람이다. 막 시골에서 올라왔는데, 상당히 영험이 있다고 이름이 났다. 그래서 대궐로부터 외척과 궁가들이 너나없이 그를 불러다 점을 쳤으니, 오윤남이 그를 불러다 운명을 물어본 것 역시 이상한 일이 아니고, 또 고성에게만 물어본 것도 아니었다. 다만 오강이 혹독한 형벌에 견디다 못해, 고성은 나이 젊은 눈먼 여자이므로 지적하기가 조금 쉬웠기 때문에 그를 끌어대어 형벌을 늦추었던 것인데, 저주의 옥사가 이로 인해 하늘까지 닿게 되었다. 서양갑의 공초에 연루된 무리가 이로부터 끝까지 국문받는 것을 면하였다고 한다.】(『광해군일기』 67권, 광해군 5년 6월 9일)

고성이 공초하기를,

"지난해 11월 그믐쯤에 오별좌라고 부르는 자의 집에 갔었는데, 별좌가 병오생 팔자에 대해 물었습니다."

하니, 왕이 이르기를,

"오윤남이 병오생의 팔자만 물어보지는 않았을 것이다. 다른 오조도 가려보았는지 그 내용도 아울러 문초하도록 하라."

하였다. 고성이 공초하기를,

"오별좌가 병오생과 무술생의 남자 운명도 물어보았습니다. 그래서 내가 대답하기를 '무술생은 총명함이 매우 두드러졌고, 병술생은 팔자가 비록 좋으나 필시 늦게 풀릴 것이다'라고 하였습니다."

하고, 이어 결박을 풀어주면 곧이곧대로 불겠다고 하였다. 왕이 이르기를,

"잠시 결박을 풀어주고 여러모로 끝까지 문초해보도록 하라."
하였다. (『광해군일기』 67권, 광해군 5년 6월 9일)

박승종이 아뢰기를,
"맹인에게는 형신을 사용하지 않을 것입니까?"
하니, 심희수가 아뢰기를,
"맹인도 형벌을 사용해야 합니다."
하자, 왕이 이르기를,
"중묘 조정에서 추국할 때에 맹인도 국문을 받았다."
하니, 심희수도 말하기를,
"기축년에 역적 정여립을 국문할 때도 맹인인 배광의裵光義가 형벌을 받아 죽었고, 명묘 조정에서 황빈을 간택할 때 오조五條를 고쳐 만든 맹인 김명창金命昌 역시 곤장을 맞다가 죽었는데, 이들은 형벌을 받은 맹인들입니다."
하였다. (『광해군일기』 67권, 광해군 5년 6월 9일)

대신 추관이 아뢰기를,
"죄인 고성을 오늘 사형시키지 않으려면 모르겠으나 만일 사형을 시키려고 한다면 날이 이미 저물어가고 있으니, 사형을 시킬 절차를 속히 거행하게 하는 게 마땅하겠습니다."
하니, 왕이 천천히 하라고 하였다. (『광해군일기』 67권, 광해군 5년 6월 10일)

고성에게 정형正刑(능지처참)을 실시하였다.【왕은 고성이 사실을 숨기고 있다고 여기고 다시 형추를 실시한 후에 정형을 실시하려 했으나, 좌우에서 모두 고성은 이미 병이 들어 다시 추국하여 지레 죽게 해서는 안 된다고 말하므로 따른 것이다.】 감동·허롱의 공초를 받았는데 자복하지 않았다. 왕이 이르기를,

"허롱은 유희림의 종으로 김제남의 집에 들어가서 고성이 있는 곳에 드나들었다고 한다. 이것은 내간에서 들은 것이다. 이것으로 의문을 사는 것이다."

하고, 허롱에게 형추를 실시하였는데 자복하지 않았다. (『광해군일기』 68권, 광해군 5년 7월 9일)

해제 이 기록은 광해군 때 영창대군을 왕위에 세우기 위해 광해군을 저주했다는 혐의로 연루된 사람들에 대한 이야기이다. 이중에는 고성이라는 여성 시각장애인이 있었는데, 그녀는 점복가로서 김제남과 인목대비전 사람들의 의뢰를 받아 광해군을 저주하고 영창대군의 운명을 점쳐준 혐의로 공초를 받았다. 그녀는 특히 영창대군을 병오생, 인목대비를 갑진생, 광해군을 을해생, 세자를 무술생이라 칭하며, 그들의 운명을 점쳐서 훗날 영창대군은 왕위에 오르고 광해군은 비참한 최후를 맞게 될 것이라는 점괘를 내놓았다는 혐의를 받았다. 이에 고성은 그것이 사실이 아니고 병오생은 나이 13세를 잘 넘겨야 좋은 날이 온다고 했다며 진술한다. 하지만 그녀는 결국 반역이라는 혐의로 문초를 받다 사형에 처해진다.

9장

유명한 장애 인물들

과거에도 유명한 장애 인물들이 많았는데, 특히 시각장애인 중에서 유명한 사람들이 많이 나왔다. 앞에서처럼 그들은 다양한 직업과 관직을 바탕으로 활발한 사회활동을 펼쳤기 때문이다. 대표적으로 지화, 김학루, 장득운, 이광의, 장순명 등을 예로 들 수 있다.

지화는 조선전기 유명한 시각장애인 점복가였는데, 특히 세종의 총애를 입어 사옹원 사직이란 벼슬까지 제수받았다. 김학루 역시 조선전기 유명한 시각장애인 점복가로, 세종은 그를 서울로 올라오게 하여 특별히 집을 하사하였다. 또 장득운은 세조 때의 유명한 시각장애인 점복가였는데 그는 점복 능력이 신통하여 당시 최고의 점복책인 『명경수』로 점을 친다는 소문이 있었다. 이광의는 선조 때의 인물인데, 원래 개국공신 집안의 후손으로 충의위란 벼슬을 하다가 중간에 시각장애를 입자 점술을 익혀 유명한 점복가가 되었다. 장순명은 광해군 때 사람인데, 점복 능력이 뛰어나 광해군뿐 아니라 일반 사대부들도 그를 찾곤 하였다.

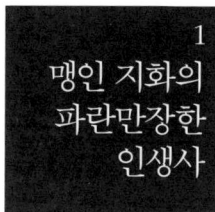

1
맹인 지화의 파란만장한 인생사

벼슬까지 받은 시각장애인 점복가

사헌부에 명하여 전 지춘천군사知春川郡事 이속李續을 감옥에 가두었다. 처음에 임금이 점치는 맹인 지화池和에게 정해년 이전에 출생한 남자의 팔자를 구하여 추산하여 아뢰라고 명하였다. 지화가 이속의 집에 가서 그 아들의 팔자를 물으니, 이속이 말하기를

"무슨 까닭으로 묻는가?"

하였다. 지화가,

"이것은 왕명을 받은 것이다."

하니, 이속이 말하였다.

"길례吉禮가 이미 끝났는데, 또 궁주가 있는가? 만일 권궁주權宮

主의 딸이 결혼한다면 나의 자식이 있지마는, 만일 궁인宮人의 딸이라면 내 자식은 죽었다. 나는 이렇게 연혼連婚하고 싶지는 않다."

지화가 이속의 말을 아뢰니, 임금이,

"이속의 가문이 본래 바르지 못하다. 나도 연혼하고 싶지 않다. 그러나 이속의 말이 심히 불공하다."

하고, 그를 옥에 가두고 물었다. (『태종실록』 34권, 태종 17년 9월 2일)

윤향을 파평에서 불렀다. 그때에 윤향이 득죄하여 부처付處되었는데, 임금이 윤향의 처제 이조참의 홍여방에게 일렀다.

"내가 맹인 지화를 시켜 상호군·대호군의 아들의 나이를 갖추어 아뢰게 하였더니, 지화가 윤향의 아들의 나이를 써왔다. 내가 전일 이속의 말을 징계하여 지화로 하여금 이 말을 누설하지 말게 하였으나, 윤향이 내 말을 들으면 비록 물불이라도 피하지 않고, 또 들으니 윤향이 참으로 혼인을 하고자 한다 하니 급히 부르라." (『태종실록』 34권, 태종 17년 9월 21일)

박은이 아뢰기를,

"지화가 어느 날 신의 집에 왔으므로 신이 말하기를 '내가 장차 좌의정을 사직하려 하는바 심 본방沈本房(심온)으로 나를 대신하도록 청하고자 한다'고 하였삽더니, 그 후 수일 만에 지화가 다시 와서 말하기를 '내가 정승의 말로써 심 본방에게 말한즉, 본방이 네가 좌의정에게 노력하도록 청하라고 하므로 신이 지화의 말을 듣고 생각하기를, 외척으로는 마땅히 겸양하는 마음을 가져야 될 것인데, 지금 이 말은 오로지 권리만을 위하여 말하는 것이오니 무슨 뜻이겠습니까. 그러므로 신이 전일 중량포의 낮참晝停에서 감히 공공연히 말하지는 못하고 은밀히 언급한 것입니다. 처음에 심온이 영의정에 임명되니, 어떤 사람이 그가 나라의 정권을 잡을 수는 없다고 말하자, 심온이 좌의정에 임명된 예가 있다."

고 하니, 이는 대개 민제閔霽를 가리킨 것이다. 지화가 그 말을 박은에게 누설한 까닭으로, 박은이 짐짓 자기는 벼슬을 사직하고 심온으로 대신하고자 한다고 말한 것이었다. 지화는 신수점을 치는 소경이다. 임금이 일찍이 상왕을 따라 중량포에 행차하여 낮참에 한담할 즈음에, 박은이 외척이 국사에 참견하는 일을 말할 때에 아뢰기를,

"후비의 아버지는 임금이 자주 접견하는 것이 마땅치 않습니다."

라고 하였더니, 그 까닭으로 이제 박은이 은밀히 언급하였다고 말한 것이다. (『세종실록』 2권, 세종 즉위년 11월 23일)

정사를 보았다. 임금이 좌의정 맹사성 등에게 이르기를,

"녹명祿命의 설이 믿을 것은 못 되나, 맹인 지화와 신생信生이 이 일에 전심하여 가장 공덕이 있으니 벼슬을 제수하고자 하는데 어떠한가?"

하니, 맹사성 등이 아뢰기를,

"전조前朝에 검교檢校의 벼슬을 추가로 두어 이와 같은 무리들을 제수하였는데 지금은 이미 혁파하였으니, 소경에게 실직을 제수하여

일을 그르칠 수는 없습니다. 만일 공이 있다면 쌀만 주는 것이 옳을 것입니다."
하니, 임금이 말하였다.
"이것은 작은 일이 아니니 내가 다시 생각하여보겠다." (『세종실록』 66권, 세종 16년 12월 16일)

검교 한성소윤 지화와 선사禪師 신생에게 각각 쌀과 콩을 합하여 10석씩을 내려주었다. (『세종실록』 66권, 세종 16년 12월 18일)

이보다 앞서 판수 지화 등이 상언하여 벼슬을 받고자 하니, 임금이 이를 불쌍히 여겨 정부에 의논하기를,

"지난해에 판수들이 이와 같이 상언하였으므로, 내가 대신들에게 의논하여 내시검직內侍檢職을 주어서 그들로 하여금 녹을 받게 하고자 하니, 대신이 의논하기를 '내시의 직책은 임금을 가까이 모시는 일로써 임무를 삼는데, 만약 장님으로 하여금 내시를 삼는다면 이름과 실상이 서로 어긋나게 된다'고 하므로, 내가 그 의논에 따라서 다시는 천거하여 임용하지 않기로 했는데, 지금 또 상언하여 그 사연이 간절하고 지극하였다. 대저 풍수의 학문과 점치는 법은 내가 믿지 않는 바이지마는 오랫동안 세상에 시행되어왔고 풍수의 무리는 지금도 이미 서용하고 있으니, 점치는 사람만 홀로 폐할 수가 없다. 더군다나 음양과는 『육전』에도 기재되어 있으니 병이 있다고 하여 서용하지 않을 수는 없는데, 만약 이런 유의 사람을 쓰게 된다면 서운관과 예

빈시의 관직으로 사옹원 사직의 일을 행하게 하겠는가, 검교 내시로 사옹원 사직의 일을 행하게 하겠는가. 계급은 마땅히 어느 등급에 제한하겠는가. 서로 의논하여 아뢰도록 하라."
하니, 영의정 황희는 의논하기를,
"고려 말에 판수를 자섬 부사로 삼기도 하고, 또 강안전 시위호군으로도 삼았으니, 옛날에도 이런 예가 있었으므로 마땅히 관직을 받아야 할 것입니다. 그러나 우리 조정에서는 이미 검교란 관직이 없는데 내시부에만 검교란 직책이 있으니, 마땅히 내시검직을 주어 사옹원 사직의 일을 행하게 하고, 그 계급은 정4품으로 한정하는 것이 옳겠습니다."
하였다. 우의정 노한 이하의 관원도 모두 황희의 의논과 같았으나, 계급은 3품으로 한정하는 것이 옳다고 하였다. 임금이 노한 등의 의논에 따라 지화를 중훈 검교 첨지내시부사로 삼아 사옹원 사직의 일을 보게 하고, 이신을 조산대부 검교 동첨지내시부사로 삼아 사옹원 부사직의 일을 보게 하고, 곧 사모와 띠를 내려주었다. (『세종실록』 75권, 세종 18년 10월 5일)

사간원 우정언 이맹전이 아뢰기를,
"지화와 이신에게 관작을 제수하시니, 신 등은 생각하건대 옛날에 당나라 태종이 방현령에게 이르기를 '악공과 잡류들은 가령 기술이 다른 무리보다 뛰어나더라도 다만 전백錢帛을 특별히 내려주어 그 재능을 상주면 될 것이며, 반드시 등급을 뛰어넘어 관작을 주어서 조정의 현인·군자들과 어깨를 나란히 하고 서며 자리를 같이하고 먹게 하여 사대부들의 수치가 되게 하지 말라' 하였는데, 지금 지화 등은 비록 관작은 주었지만 어찌 그 사무를 맡길 수가 있겠습니까. 또 사모와 품대 차림으로 조정의 길에 다니면서 조관과 나란히 서게 하니 진실로 불편한 일입니다. 원컨대 그 관직을 파면하고 다만 월료月料만 주어서 그 공을 상주게 하소서."

하니, 임금이 말하기를,

"그대의 말이 진실로 옳다. 그러나 판수이면서도 관직을 받은 것은 지금에 시작된 것이 아니고 예로부터 있었다. 또 사옹원의 관직은 공인·상인·천인들도 모두 받게 되었는데, 아마 모두가 그 사무를 반드시 맡지는 못할 것이다. 지금 지화 등은 모두 국가의 점치는 일과 혼인하는 일 등에 참여하지 않은 것이 없으니, 어찌 그의 공이 없겠는가. 비록 사옹원의 관직을 제수하더라도 의리에 해로움은 없을 것이다."

하였다. (『세종실록』 75권, 세종 18년 10월 5일)

장님 지화가 운명을 점치는 법을 조금 아는데, 임금이 일찍이 어떤 일을 점쳐보려고 내시를 보내었더니 지화가 집에 있지 아니한지라, 내시가 따라간 사람을 시키어 찾아서 호군 김윤의 집에서 만났다. 지화가 술에 몹시 취하여 횡설수설하고 오면서 내시에게 대한 말씨가 자못 교만하고, 또 말하기를,

"오늘은 술에 취하여 점칠 수가 없다."

하였다. 내시가 그대로 아뢰니, 임금이 크게 노하여 의금부에 잡아다

가 문초하였다. 의금부에서 아뢰기를,

"지금 성상께서 슬퍼하시는 때에 지화가 김윤과 함께 술을 마시고 고기를 먹고 하였으니 크게 불경한 것이며, 또 실정을 바르게 말하지 아니하니, 청하옵건대 고문을 하겠나이다."

하니, 임금이 말하기를,

"지화가 음흉하고 간교하기 짝이 없는데, 다만 운명을 좀 안다는 것으로 태종 때부터 은혜를 입어 벼슬을 받았고, 지금까지도 벼슬을 받고 있으니 은혜가 지극한데, 지금 그가 이와 같이 불경하니 비록 무거운 법으로 처치하여도 조금도 가련할 것이 없다. 김윤의 죄는 여럿이 모여서 마신 것이 아니고 마침 지화가 왔으므로 술을 마신 것이니, 실상 불문에 붙이는 것이 마땅하다."

하고, 곧 지화를 진도로 귀양 보냈는데, 사헌부에서 청하여 다시 회령부로 귀양 보냈다. (『세종실록』 106권, 세종 26년 12월 11일)

임금이 승정원에 이르기를,

"운명의 설은 맹인 지화·김숙중金叔重의 점친 것으로 상고하면 모두 믿을 것이 못 되고, 조유례 또한 말하기를 '『금연진경禽演眞經』이란 책은 취할 것이 못 된다'고 하나 자고로 성현이 모두 복서卜筮를 중하게 여겼으니, 의심나는 것을 상고하고자 하는 자가 이것을 버리고 무엇을 의거할 것인가. 『금연진경』을 널리 구하여 올리라."

하였다. (『세종실록』 124권, 세종 31년 4월 19일)

해제 위의 기록들은 태종과 세종 때에 유명했던 시각장애인 점복가 지화에 관한 이야기이다. 그는 태종 때 처음으로 실록에 등장하는데 왕족의 간택이나 점치는 일에 동원되고, 세종 즉위년에 일어난 심온 사건에서는 영의정 박은이 직접 그를 찾아가 의견을 나누기도 하였다. 이후 세종은 그를 총애하여 대신들의 반대에도 불구하고 중훈 검교 첨지내시부사로 삼아 사옹원 사직을 보게 하였다. 그러나 지화는 세종 말에 자신의 능력만을 믿고 거만하게 굴다가 귀양을 가게 되었다. 그럼에도 불구하고 지화는 세종 때 왕의 신임을 받으면서 관직까지 얻었던 시각장애인으로서 국정 전반에 걸쳐 막대한 영향력을 끼쳤던 인물로 평가된다.

단종 복위를 추진하다 처형당하다

세조가 좌의정 정인지, 좌찬성 한확, 우참찬 이사철, 도승지 최항 등과 더불어 빈청賓廳에 모여 간당姦黨의 죄를 의논하여 아뢰니, 곧 의금부에 전지하기를,

"지화를 목 베고……"

또 전지하기를,

"간당 및 족친 등을 오늘 4월 14일 이전에 처치하는 외에 나머지

는 모두 불문에 부쳐 전전반측하는 자를 안심하게 하라. 너희 의금부는 중외에 널리 알리라."

하였다. 지화는 점치는 소경이다. 젊어서부터 길흉을 잘 점치는 것으로 소문이 나서 태종 때부터 궁중에 출입하여 꽤 위세를 떠벌이니 조사들이 감히 똑바로 보지 못하여 이로부터 이름이 무거워졌다. 매양 의심나는 것을 물으면 대개는 자기 뜻으로 망령되게 화복을 말하여 사람의 마음을 두려워하게도 하고 기뻐하게도 하였다. 이보다 먼저 지화가 말하기를,

"이용李瑢(안평대군)이 임금이 될 운명이 있다."

하여 충동시키니, 이용과 그의 문객이 난을 꾀하는 뜻이 더욱 굳어졌다. 그러므로 아울러 베었던 것이다. 세조가 일찍이 정의공주의 집에 가는데, 길에서 지화를 만났다.

"어느 곳에서 오는가?"

하고 물으니,

"공주의 집에서 옵니다."

하였다. 공주의 안부를 물으니, 지화가 대답하기를,

"오늘은 더욱 사람을 꺼립니다."

하였다. 또 공주의 길흉을 물으니, 지화가 말하기를,

"금년 7월에 액이 있다고 내가 이미 말하였습니다."

하였다. 세조가 달려가니, 공주의 병은 이미 덜하고 지화는 일찍이 오지도 않았다. 세조가 사람을 시켜 뒷조사를 해보니, 실상은 이용의 집에서 온 것이었다. (『단종실록』 8권, 단종 1년 10월 14일)

의정부에서 아뢰기를,

"이용의 모역謀逆한 정상을 대소의 인민이 혹 알지 못하니, 청컨대 조목을 자세히 열거하여 중외에 널리 알리소서."

하니, 그대로 따랐다.

1. 이용의 역모는 하루아침 하룻저녁이 아니라 세종·문종 때에 있어 맹인 지화가 이용의 운수를 보고 망령되게 군왕의 운수라고 말하였고, 이현로가 또한 말하기를 '귀하기가 말할 수 없어서 국군國君의 팔자'라 하였고, 또 참서讖書에 의거하여 말하기를 '하원 갑자下元甲子(음력 4월 15일 갑자일)에 성인이 나와서 목멱정木覓井(남산에 있는 우물)의 물을 마신다' 운운하였는데, 백악 북쪽이 바로 그곳이어서 참으로 왕업을 일으킬 땅이니 그곳에 살면 복을 받을 수 있다고 하였다. 이용이 그 말을 믿어 그곳에 집을 짓고 무계정사武溪精舍라고 칭호하여 부참符讖에 응하려고 하였으며, 또 여러 번 사람에게 말하기를 '내가 끝내 대군만 되고 말 사람이 아니다'라고 하였다.

1. 지화가 주상의 성산聖算(나이)과 의춘군 이우직의 팔자를 비교하여 점을 쳤다. (『단종실록』 8권, 단종 1년 10월 25일)

해제 위의 기록은 시각장애인 점복가 지화의 마지막이 어떠했는지에 대해 알려주는 이야기이다. 지화는 안평대군이 왕위를 이을 것이라고 점을 쳤다는 혐의로 결국 죽임을 당하게 된다. 이는 세조가 자신의 정적이었던 안평대군을 제거하기 위한 절차 중의 하나였는데, 이로 보면 지화는 말년에 단종 복위운동을 펼쳤던 듯하다.

충신지위忠臣之位

또 전교하기를,

"장릉에 배식하는 문제는 지금 수의한 것으로 인해 또 별도로 한 제단을 만들라는 명을 내렸다. 32인의 제단에 지내는 제사에는 마땅히 축문이 있어야 하겠고, 제물은 처음 하교한 대로 거행하라. 사판祠版은 '충신지위忠臣之位'라고 쓰되 감사에게 쓰도록 하라. 별단別壇의 경우는 사판 3개를 만들어 계유년·병자년·정축년에 죽은 사람들을 각각 쓰도록 하라. 제사를 지낼 때는 지방에다 성명을 죽 쓰되, 조사朝士를 한 판, 맹인·내시·군사·노비를 한 판, 여인女人을 한 판으로 해야 한다. 신위의 위치는 중신들의 왼쪽에 두되 조사의 경우는 약간 앞으로 나오게 하고 맹인·무당·내시·군사·노비의 자리는 약간 밑으로 내려야 한다. 제사 지내는 의식에 축문을 쓰지 말고 제물은 각기 밥 한 그릇, 탕 한 그릇, 술 한 잔으로 하며, 헌관과 집사는 두 제단의 일을 겸하여 보게 해야 한다."

하였다. (『정조실록』 32권, 정조 15년 2월 21일)

정단正壇에 배식한 사람은 32인[안평대군 장소공 이용, 금성대군 정민공 이유, 화의군 충경공 이영], (…) 별단別壇에는 100인인데 사적이 자세하지 않은 사람이 8인[평안감사 조수량, 충청감사 안완경, 선공감부정 이명민, 산릉장무 이현로, 형조정랑 윤영손, 이조좌랑 심신, 안악군사 황의헌, 고양현감 고덕칭】, 연좌되어 죽은 사람은 190인이었다. 【지부 김승규, 의춘군 이우직, 덕양군 이우량 (…) 맹인 지화·나갈두, 별감 돌중, 전농시 노비 목효지, 순흥 관노 성유재·범삼·석정·석구지·범운, 풍산 관노 이동, 순흥 군사 황치·신극장, 여인으로는 궁녀 양씨·자개, 이오의 아내 아가지, 무녀 용안·불덕·내은덕·덕비】. (『정조실록』 32권, 정조 15년 2월 21일)

해제 위의 기록은 정조 때 장릉 배식단에 위패를 모실 사람들의 명단을 정하는 내용이다. 정조는 계유정난 당시 단종을 지키기 위해 목숨을 바친 충신들의 명단을 작성하여 그 위패를 장릉에 안치하게 했다. 계유정난 때 목숨을 잃은 사람들 중에는 우리가 잘 알고 있는 사육신, 안평대군, 금성대군 등과 함께 맹인, 무당, 내시, 노비 그리고 여성들도 있었다. 정조는 맹인과 무당 등의 위패도 배식단 명단에 올렸는데, 다만 그들의 신위 위치는 중신들의 위치와 조금 달랐을 뿐이었다. 이처럼 지화는 태종 때부터 단종 때까지 총 4명의 왕을 모시며 조선전기 정치사의 정점을 살아간 인물이었다. 그러므로 지화에 대해서는 앞으로 더욱 많은 논의가 있어야 할 듯하다.

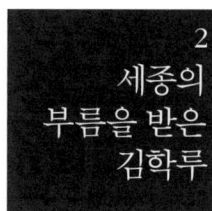

『명경수』로 점쳤다는 김학루

맹인盲人 김학루金鶴樓가 경상도 하양현에 사는데, 사람의 수요 화복壽夭禍福을 말하되 매우 증험이 있으며 『명경수明鏡數』로 점친다고 스스로 말하매, 임금이 전지하여 불러서 서울로 오게 하여 인견하고는 특별히 집을 하사하였다. (『세종실록』 94권, 세종 23년 1월 3일)

임금이 말하기를,
"옛적에 세종께서 온양에 거둥하시고자 하여 내가 점쟁이 맹인 김학루를 불러 그 길흉을 점쳤더니, 김학루가 한참 만에 말하기를 '태양이 처음 나오는 곳에 만물이 광휘함을 보시겠습니다' 하였다. 이 글귀가 여기에 있으면, 김학루의 점 또한 거울과 같이 명확한 수이다."
하였다. 서거정이 그 책을 열람하였으나, 끝내 그 문구는 없었다.
(『세조실록』 42권, 세조 13년 5월 10일)

해제 위의 두 기록은 조선전기 유명한 시각장애인 점복가 김학루에 대한 이야기이다. 특히 그는 『명경수』로 점을 친다는 소문이 있었고, 세종에 의해 서울로 불려가 특별히 집을 하사받기도 하였다.

김학루의 점복이 들어맞다

서하군 임원준이 항상 신숙주·최항과 같이 안평대군을 찾아보고 한가히 이야기할 때, 우상 남지가 들어온다는 명함을 드리니 모두 일어나 피하려고 하는지라, 안평대군이 만류하고 술을 권하였다. 이때 안평대군은 우상 남지와 혼사를 의논하였는데, 남지가 말하기를,

"저에게 여식이 있는데 얼굴이 추하여 귀한 가문의 며느리가 되기는 어렵습니다마는 청하건대 한번 선을 보소서."

하니, 안평대군이 대답하기를,

"규수를 간택하는 것은 궁중에서나 하는 일이라, 나로서는 과분한 일인데 정승께서 어찌 그런 말씀을 하십니까? 규수의 얼굴이 추한

것을 나는 개의치 아니합니다."

하니, 남지가 다시 말하기를,

"청컨대 한 늙은 하인을 보내어 제 딸을 보게 하소서. 혹시라도 후회하는 일이 있을까 염려됩니다."

하였지만, 대군이 듣지 아니하였다. 남지가,

"예, 예."

하면서 술을 마시다가 취하자, 또 일어나 말하기를,

"한 가지 일을 다시 더 말합니다. 점을 잘 치는 하양의 장님 김학로金鶴老(김학루)가 우리 집의 길흉을 점쳐 모두 맞았는데, 그의 말이 '그대에게 두 딸이 있는데 모두 명이 외짝인지라 일생을 같이 보내기 어렵다' 하였습니다. 이 때문에 누가 될까 염려이온데, 장녀는 임영대군의 아내가 되었다가 지금 과부로 수절하였고, 지금 말하는 것은 바로 막내딸입니다."

하니, 안평대군이 웃으며 말하기를,

"정승은 어찌 무당의 말을 믿습니까. 대인은 요망된 말을 거절하는 게 본의가 아닌가 합니다."

하니, 남지는 곧,

"좋습니다."

하고 다시 말하기를,

"미천한 가문으로서 왕족과 인척을 맺으니 진실로 다행하오나, 다만 박명한 딸이요 보잘 것이 없으므로 말썽이 있을까 염려되었는데, 지금 대군의 의향이 확정되었으니 어찌 감히 사양하리이까. 집안이 가난하니 장렴粧奩(화장도구)이나 마련하고 기다리겠나이다."
하더니, 이해 가을 안평의 아들 우직友直이 남지의 딸에게 장가갔다.

    이듬해 임신년에 남지가 풍병으로 벙어리가 되어 모든 일에 관여하지 못하였는데, 또 그 이듬해에는 안평대군이 죄를 입게 되었는데도 남지가 인척이면서 체포되지 않은 것은 이 병 때문이니 자못 하늘이 준 운수였다. 장님 김학로는 정말 점을 잘 친다고 할 것이다.

    남지는 이우직 때문에 증전贈典을 받지 못하였다가, 홍치弘治(명나라 효종의 연호) 기유년에 그 손자 남흔이 상소하여 증전을 청하니, 대신에게 의논하라 하여 충간공忠簡公이라는 시호를 추증하였다. (허봉,『해동야언海東野言』,『대동야승』2, 민족문화추진회, 1973)

해제 이 글은 앞의 시각장애인 점복가 김학로와 우의정 남지에 대한 이야기이다. 김학로가 세종 때 우의정이었던 남지의 두 딸에 대한 점을 봐주었는데, 그 내용은 둘 다 과부가 된다는 것이었다. 그럼에도 안평대군은 김학로의 예언에 개의치 말라며 자신의 아들과 남지의 막내딸을 결혼시킨다. 하지만 후에 남지는 중풍에 걸려 언어장애인이 되고, 안평대군은 계유정난에 휘말려 그의 아들과 더불어 죽음에 이르게 된다. 이로써 김학로의 예언은 모두 들어맞게 되고, 그의 점복 실력이 매우 뛰어남이 증명되었던 것이다.

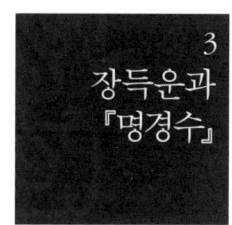

장득운의 『명경수』를 찾아오라

승정원에서 교지를 받들어 황해도 관찰사에게 보내기를,
"도내의 토산·우봉 등 고을에서 거주하던 맹인盲人 장득운張得雲이 소장한 음양서陰陽書를 곡진하게 찾아내어 지금 가는 안효례에게 맡겨서 보내게 하라."
하였다. (『세조실록』 7권, 세조 3년 3월 29일)

해제 이 기록은 조선전기 시각장애인 점복가 장득운이 소장하고 있는 음양서를 반드시 찾아내서 보내라는 세조의 명령이다. 그 이유는 자세히 나와 있지 않지만, 아마도 장득운이 소장한 음양서가 그의 명성

만큼이나 정확하고 신통한 힘을 지니고 있었던 듯하다.

결국 찾지 못한 『명경수』

지금 공중에서 소리를 내며 남녀 무당에게 지피어 지나간 일을 알아맞히는 자를 태자太子라 한다. 맹인 장득운이란 자가 있는데, 점치기를 잘하여 사람들이 모두 그에게 『명경수明鏡數』가 있다고 하였다. 조정에서 이를 가져오라 했으나 장득운이 본래부터 없었다고 대답하므로, 옥에 가두어 고문하였지만 끝내 나오지 않았다. 안효례가 태자에게 물으니, 태자가 "맹인 장득운이 그 책을 친척 아무개에게 주어 우봉현 민가에 갖다두었는데, 그 집은 동쪽에 사립문이 있고 당 앞에 큰 나무가 있으며 당 안에 독이 있고 독 위에 소반을 덮었으니 그것을 열어보면 책이 있을 것이다. 만약 네가 가서 찾거든 큰 나무를 향하여 나를 부르라. 내가 곧 응대하리라" 하였다. 안효례가 장득운의 집에 가서 물으니, 과연 우봉으로 간 친척이 있다 하므로 효례가 크게 기뻐하여 곧 임금께 아뢰었다. 임금이 효례에게 역마를 타고 수기數騎를 거느려 하룻밤 사이에 그 집에 당도하게 명하였다. 그 집에 가서 보니 과연 사립문과 큰 나무가 있고, 당에 오르니 독이 있었다. 하지만 독을 열어보니 속에는 아무것도 없었고, 나무를 향하여 태주를 불러보았으나 응하는 자가 없었다. 효례는 매우 섭섭하게 여기며 돌아와서 태자에게 물으니, 태자가 말하기를 "네가 항상 거짓으로 사람을 속이므로 나 또한 거짓으로 너를 속여보았다" 하였다. (성현, 『용재총화慵齋叢話』, 『대동야승』1, 민족문화추진회, 1973)

해제 이 글은 앞에서와 같은 시각장애인 점복가 장득운에 대한 이야기이다. 장득운은 조선 세조 때의 유명한 점복가였는데, 그 능력이 신통하여 『명경수』를 가지고 있다고 알려졌다. 그래서 많은 사람들이 그 책을 찾아 헤매었고, 세조 또한 그것을 찾고자 백방으로 노력했지만 끝내 찾을 수 없었다.

4
김효명의 신통한 점괘

중종 때의 명점복가 김효명

성균관 학관 장옥이 승정원에 와서 아뢰기를,

"이달 초순 날짜는 기억할 수 없습니다만, 여종이 맹인 김효명金孝明의 집에 갔다 왔습니다. 효명의 집에서 양반 두 사람이 마주 앉아 효명과 이야기를 하는데 '대간이 좌상 이행을 논박하려 한다' 하니, 효명이 여종에게 말하기를 '대간이 너희 상전의 사돈인 좌상을 논박하려고 한다는데 너도 알고 있는가?' 하였답니다. 이 말은 미천한 여종이 전한 말이라 버려두고 믿지 않았습니다."

승정원에 전교하기를,

"장옥에게 다시 물어보아야 되겠다. 맹인의 집에서 들었다는 말은 믿을 것이 못 된다. 다만 허항이 '육경 이상의 승품인 사람이 만약 심정과 이항이 조정에 있다면 마땅히 나를 재상에 추천할 것이라고 했다'는 말을 들었다는데 그 사람이 누구인가? 비록 그것을 말한다고 해도 장옥에게 죄 될 것이 뭐 있겠는가? 들은 말을 바른대로 말하라. 지금 바른대로 말하지 않으면 의금부에 내려 추문하겠다. 허항이 또 말하기를 '장옥에게 물어본다면 반드시 숨기지 않을 것이다'라고 했으니 속히 바른말을 하도록 하라."
하였다. (『중종실록』 71권, 중종 26년 10월 25일)

해제 이 기록은 중종 때 무고한 사람을 반역죄로 몰아 죽인 김안로 사건에 언급된 시각장애인 김효명에 대한 이야기이다. 이처럼 당시 양반들은 어떤 일을 도모하기 전에 먼저 시각장애인 점복가를 찾아가 일의 길흉을 점쳐보곤 하였다.

정광필의 운명을 알아맞히다

문익공 정광필이 김해로 귀양 간 뒤에 김안로가 기어코 죽이려고 대간을 교사하여 법에 따라 죄주기를 논하게 하니, 예측할 수 없는 화가 아침 아니면 저녁에 박두하였다. 자제들은 모두 공의 적소謫所에

가 있고, 부인만이 혼자 집에 남아 울부짖고 있을 뿐이었다.

판서공 원계채가 인척간이므로 하루는 부인이 계집종을 보내어 소식을 알아보게 하였으나, 원계채 또한 아무런 계책이 나오지 않아 장님 김효명을 불러 점을 쳤더니, 그가 대답하기를,

"아직도 10여 년 복록이 있으니, 대간의 탄핵이 비록 준엄하더라도 종국에는 반드시 무사할 것이오. 나를 믿고 안심하시오."

하였다. 원계채가 그 계집종을 불러,

"점쟁이의 말이 이러하니 희망이 있겠다."

는 말이 끝나기도 전에, 하인이 와서 고하기를,

"대간의 탄핵대로 상감께서 이미 윤허를 내렸다."

고 하므로 계집종이 듣고 있다가 점쟁이를 붙들고 가슴을 치고 발을 굴러 울면서,

"일이 이미 이렇게 되었는데 네 말이 웬 말이냐."

하였고, 원계채 또한 말 없이 어쩔 줄 몰라 했다. 김효명이 말하기를,

"내 점괘대로 본다면 뜻밖의 염려는 만무한데 일이 이렇게 되었으니 난들 어떻게 하겠느냐."

하고, 드디어 억지로 몸을 빼어 달아나버렸다. 조금 있다가 사람이 와서 말하기를,

"대간들이 윤허를 받고 해산한 뒤에 다시 '죽음을 감형하고 이미 허락한 것은 도로 취소한다'고 전교하였다."

하였으니, 대개 감히 재론하지 못하게 한 것이었다. 성인의 아량은 과연 헤아릴 수 없는 것이다. 공은 정유년(중종 32년, 1537)에 김안로가

죄를 받은 뒤 나라의 원로로서 임금의 지극히 융숭한 대우를 받았다. 세상에서 김효명이 점을 잘 친다고 하였으나, 실상은 천명이란 스스로 정해져 있음을 알지 못한 것이다. (박동량, 『기재잡기』, 『대동야승』 13, 민족문화추진회, 1973)

정광필의 자는 사훈士勛이며, 본관은 동래요 이조판서 난종의 아들이다. 임오년에 태어나고 성종 임자년에 진사에 오르고 이어 과거에 급제하였으며, 계유년에 정승이 되어 영의정에 이르렀다. 기해년에 죽으니 나이 77세이며 기사耆社에 들고 시호는 문익공文翼公이며 묘정에 배향되었다.

공이 김해로 귀양 간 뒤에 화가 조석에 닥칠 것이므로 자제들은 모두 공이 거처하는 곳에 가 있고, 부인만이 홀로 집에 있어 울부짖으며 계집종을 원계채에게로 보내어 소식을 탐지케 하였다. 계채가 아무런 방책이 없어 장님 김효명을 불러서 점을 쳤더니, 그가 대답하기를,

"아직도 10여 년 복록이 있으니 지금 대간의 탄핵이 비록 준엄하나 끝내 반드시 무사할 것이다."

하였다. 이 말이 끝나기도 전에 사람이 와서 고하기를

"이미 대간이 광필을 죽이자는 청에 윤허를 내렸다."

하니, 그 종이 점쟁이를 붙들고 가슴 치며 울면서,

"일이 이미 이렇게 되었는데 네 말이 웬 말이냐."

하였다. 효명은,

"내가 술법으로 헤아려보니 뜻밖의 염려는 만무하나 일이 이미 이렇게 되었으니 난들 또한 어찌하랴."

하고 드디어 몸을 빼어 달아나버렸다. 조금 있다가 사람이 와서 고하기를,

"임금이 대간의 말을 허락하였다가 대간이 흩어진 뒤에 다시 죽음에서 감형하라고 전교를 내렸다."

하였다. (이긍익, 『연려실기술燃藜室記述』 제9권, 중종조 고사본말中宗朝故事本末)

해제 이 기록은 조선중기 유명한 시각장애인 점복가 김효명에 대한 이야기이다. 김효명은 중종 때의 인물인데, 김안로에 의해 위험에 처한 정광필의 운명을 점쳤으나 처음엔 그 점괘가 틀리고 말았다. 하지만 얼마 안 있어 임금이 마음을 바꿈으로써 김효명의 점괘는 들어맞게 되는데, 이로써 그가 당대 최고의 시각장애인 점복가였음이 증명되었다.

과거급제자 알아맞히기

『패관잡기』에 '맹인 김효명이 모년의 생원·진사에 급제할 사람을 예언하였는데, 풀 초 머리가 들어간 성을 가진 사람으로는 채무일蔡

無逸, 나무 목 머리가 들어간 성을 가진 사람으로는 이거李渠를 꼽았는데 과연 맞았다'고 하였으니, 정말 명점복가라 할 만하다.

계축년 별시에 이르러 어떤 사람이 김효명에게 묻기를,

"금년 과거는 어떠하겠느냐?"

하였더니,

"김씨 성을 가진 사람이 장원을 차지하고, 이씨 성을 가진 사람이 말석을 차지할 것입니다."

하였는데, 방이 나붙은 결과 김경원과 이경희였다. 그때 상 성안공尙成安公이 독권관讀券官(임금이 친히 임석하는 과거의 시험관)으로서 대사간 홍천민을 수석으로 삼으려 했는데, 하관들이 모두 김공이 옳다고 하므로 성안공이 굳이 논쟁하였으나 되지 않았다.

또 과거란 모두 합격 문자를 취하는 것인데, 그때는 특명으로 차중次中 이상은 다 사제賜第(임금의 특명으로 과거에 급제한 사람과 동등한 자격을 내려주는 것)하라고 하므로 이경희도 참여하게 되었던 것이다.

성안공이 시험장에서 나와 자제들에게 말하기를,

"이 늙은 사람의 시관 노릇이 참 우습도다. 김경원은 그 조부 천령과 그 아버지 만균 때부터 다 장원이었다. 이 가문은 반드시 3대가 장원을 차지할 것인데 억지로 홍천민을 수석에 두려고 하였으니, 세쇄한 힘으로 될 수 있겠는가?"

하였으니, 대개 그에 앞서 정해진 것임을 말한 것이다. 김효명의 말로 보면 그렇다고 하지 않을 수 있겠는가? 대간이 차등을 사제하는 것은 불가하다고 논하여 오래도록 고집하였으나 윤허하지 않았으니, 중

론인들 어찌 능히 하늘을 이길 것인가? (이제신, 『청강선생후청쇄어 소총』, 『대동야승』 14, 민족문화추진회, 1973)

해제 이 기록은 역시 시각장애인 점복가 김효명이 여러 번 과거 급제자를 미리 알아맞혔다는 이야기이다. 특히 성안공과 같은 사람이 아무리 과거급제자를 바꾸려고 노력했어도, 결국은 김효명의 점괘대로 되고 말았다. 다시 말해 김효명의 점괘는 그야말로 '운명'이었던 것이다.

5
탐원와
이광의

탐원와 군생

　　탐원와探元窩란 맹인으로서 점술을 말하는 이광의李光義란 자의 거실이다. 어째서 탐원探元이라 하였는가? 이백의 엄군평을 노래한 시에 '근원을 탐색하여 군생을 교화한다探元化群生'는 글귀가 있어 그를 취하여 이름 지은 것이다. 광의는 사족 출신으로, 그의 먼 조상인 무는 개국좌명의 공이 있었으므로, 대대로 충의위가 되어 녹을 받고 왕궁을 지켰다. 광의 역시 일찍이 충의위로서 계속 6품의 녹을 받았으나, 이윽고 눈에 병이 나서 수직守直을 수행할 수 없게 되었고, 인하여 운명을 추측하는 술법을 배웠다. 그런데 그 술법이 남보다 매우 신이하여 행했다 하면 모두 다 들어맞았다. 임진왜란 때에 이천에서 병

화병火를 피했는데, 번번이 왜적이 쳐들어올지의 여부를 알아서 먼저 인솔하여 떠났으므로, 사람들이 이에 힘입어 목숨을 보전한 자가 많아 모두들 신神이라 일컬었다. 계사년(선조 26, 1593)에 중화부 북쪽에 살 때 집을 짓고 스스로 이와 같이 이름을 지었다고 한다.

나는 세상과 어긋나서 점술을 좋아하지 않는다. 그러므로 대동강 서쪽에 왕래하기를 무릇 다섯 번이요, 광의란 자를 만난 것도 여러 번이었지만 역시 운명을 논하지 않았다. 양창서를 따라서 중화中和에 묵을 적에 광의가 침상을 같이하고 누웠는데, 우연히 나의 운명에 대하여 묻고는 인하여,

"그대의 수壽는 마땅히 연장될 것이고 위位도 마땅히 높아질 것이다. 그러나 내년 여름에는 해서의 좌막佐幕이 될 것이니, 나는 마땅히 황강으로 그대를 찾아갈 것이다."

했는데, 급기야 그다음 해에 과연 좌막이 되었다. 황강에 도착한 지 수일 만에 광의가 과연 와서,

"내 말이 들어맞는가?"

하기에, 나는 이를 기이하게 여기며,

"아, 세상 사람들이 점술을 믿고 점치기를 즐기는 것은 모두 여기에 걸려드는 까닭이구려."

하였다. 광의는 또 아무 해는 길하고 아무 해는 흉하며, 아무아무 해는 감사가 되고 수신帥臣이 되며 임금의 측근이 되고 경이卿貳(좌찬성과 우찬성)가 된다며, 역력히 죄다 말하였다. 나는,

"나의 앞길은 내가 익히 알고 있소. 나는 하늘에 맡기고 운명에

맡기는 사람이오. 하늘과 운명이 내게 부여한 것은 비록 그대가 예언하지 않더라도 나는 이를 향유할 수 있소. 그렇지 않다면 비록 수명이 위나라 무공 같고 부귀가 주공 같다 말해도 나는 이를 믿지 않소."

하였다. 그러자 곁에 다리 없는 조군趙君이 있다가,

"옛날에 임금과 재상은 운명을 말하지 않는다는 교훈이 있는데, 광의가 당신이 재상이 될 것이라 했으니, 운명을 말하지 않는 것이 옳을 것이오."

했다. 이에 나는,

"아니오, 아니오. 『서경』에 '우리 인생은 운명이 하늘에 있지 않은가?我生不有命在天'라 하였으니, 만약 이 말이 요순이나 기와 고요로부터 나왔다면 진실로 나라를 망칠 말이오. 하지만 만약 완적이나 도잠의 입에서 나왔다면, 사람들은 반드시 그를 일러 인생에 달관했다느니 하늘을 즐기고 명을 안다느니 하였을 것이오. 아는 때에 맞지 않는 사람이 되었으니 감히 기나 고요와 같은 사업을 바라지는 못하지만, 완적의 방탕과 도잠의 소광疏曠은 거의 나와 더불어 뜻이 같다 할 것인즉 비록 '운명이 하늘에 달려 있지 않다' 해도 또한 괜찮지 않겠소?"

하였다. 인하여 농담하며 웃고 그쳤다. 광의가 이 말로써 제 거실을 꾸미겠다고 청하므로, 드디어 종이에 써서 주었다. (허균, 『성소부부고惺所覆瓿藁』제7권, 문부文部 4)

해제 이 글은 임란 무렵 시각장애인 점복가 이광의에 대한 이야기이다. 그는 선조 때 사람으로 개국공신 집안의 자손으로 태어나 조선시대 중앙군인 오위의 충좌위에 소속된 충의위로 관직생활을 했다. 하지만 중도에 병이 들어 시각장애인이 되자 스스로 점술을 익혀 이름난 점복가가 되었다. 특히 그는 왜적이 침입할 것을 미리 알고 피난을 해서 자신과 주위 사람들의 목숨을 많이 살리기도 하였다. 이후 허균을 만나 그의 운명을 점쳐주다가 이백의 '탐원화군생'이라는 글귀를 듣고 자신의 거실을 '탐원와'라 짓기도 하였다.

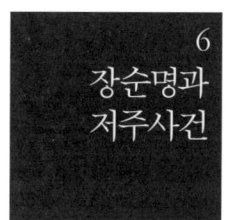

6
장순명과
저주사건

저주사건에 연루되어 귀양 가다

장순명張順命의 공초를 받았다.【장순명은 눈이 먼 늙은 점쟁이로서 서울에 이름이 나서 항상 궁중에 드나들었는데, 왕도 일찍이 점을 쳐보고 대우하였다.】 그가 공초하기를,

"궁중에 내관과 시녀가 여기저기 있으니, 외방의 맹인들이 흉측한 일을 하기란 매우 어렵습니다."

하였다. 장순명은 형추를 면하고 섬으로 귀양 갔다. (『광해군일기』 67권, 광해군 5년 6월 20일)

사간원이 아뢰기를,

"모든 유배 죄인을 본 고을의 관원이 각별히 엄하게 신칙하여 그로 하여금 마음대로 출입하지 못하게 하는 것은 국법을 중하게 여겨서 그러는 것입니다. 거제에 정배한 죄인 장순명은 저주한 일에 관련되어 죄가 아주 무겁습니다. 그런데도 현령인 김준민은 조정의 명령을 무시하고 절도에 정배한 죄인을 마음대로 다른 경내로 돌아다니게 하여 공공연히 추복推卜하고 사람들을 현혹하게 하여 소문이 자자한바 몹시 놀랍습니다. 거제 현령 김준민을 먼저 파직한 다음 추고하소서."
하니, 그대로 따랐다. (『광해군일기』 93권, 광해군 7년 8월 4일)

왕이 화와 복을 점치는 일을 몹시 좋아하였다. 이에 맹인 점쟁이 신경달·함충헌·장순명 등이 대궐 안을 출입하면서 밤낮없이 명을 받아 절제가 없었으며, 술사術士 이응두·정사륜 등이 모두 왕의 보살핌을 받았다. 그리하여 비록 세세한 정무라도 반드시 점을 쳐서 미리 성패를 따져보았다. 장순명은 저주의 옥사에 연루되어서 바다 섬에 유배되어 있었는데, 왕이 자주 사신을 보내어 점을 쳤으며, 신경달은 이이첨의 처족으로서 정치에 간여하기도 하였다. (『광해군일기』 114권, 광해군 9년 4월 3일)

호조가 아뢰기를,
"죄인들이 은을 상납하던 때인 4월 23일, 거제에 정배되어 있는 죄인 장순명의 집에서 바친 은자 250냥을 받아 썼습니다. 그런데 이제 장순명의 사위 윤응현이 본조에 호소하기를 '처부妻父인 장순명이

속은을 바치고 나서 풀려나기도 전에 죽어버렸으니, 바쳤던 은을 돌려주기 바란다'고 하였습니다. 그의 말을 믿을 수가 없어 의금부에 이문移文하여 조사해보니 죽은 것이 확실합니다. 은을 그냥 써버리는 것은 억울한 것 같으니 어떻게 할까요?"

하니, 돌려주도록 하라고 전교하였다.【장순명은 장님이다. 점술로 유명했는데, 70세의 나이로 절도에서 죽었다.】(『광해군일기』 169권, 13년 9월 26일)

해제 위의 기록들은 광해군 때 저주의 옥사에 연루되어 유배가게 된 시각장애인 점복가 장순명에 관한 이야기이다. 본래 이 사건은 광해군과 세자를 저주하고자 인목대비의 측근이 저지른 일인데, 이로 인해 인목대비의 아버지인 김제남이 사형을 받았다. 이 옥사에는 장순명 외에도 고성과 같은 광해군 때의 유명한 남녀 시각장애인 점복가들이 대거 등장한다. 한편, 광해군은 장순명을 사형시키지 않고 거제도로 유배를 보내는데, 그는 죄인의 신분임에도 불구하고 다른 경내를 돌아다니거나 심지어 광해군이 보낸 사신을 위해 점을 봐주기도 하였다. 아마도 장순명에 대한 광해군의 총애가 남달랐던 듯하다.

한자리에 정승 네 분이 앉아 있다니

지천 최명길은 연양부원군 이시백, 계곡 장유와 더불어 젊은 시절에 백사 이항복의 문하에서 함께 노닐었다. 그들은 아침저녁으로 백사를 모시고 한담을 나누었다.

일찍이 세 사람이 함께 백사를 모시고 있었는데, 비가 내리는지라 다른 손님이 없었다. 그런데 맹인 점쟁이인 장순명이 갑자기 찾아와 인사를 하므로, 백사가 물었다.

"비가 오는데 무슨 일로 찾아왔는가?"

"뵈올 일이 있어서 감히 찾아와 번거롭게 해드리옵니다."

"볼일이 무슨 일인지 그건 접어두고, 마침 세 젊은이가 자리에 함께 있으니 자네가 출세 여부와 길흉을 점쳐보게나. 틀림이 없으면 내 마땅히 자네 부탁을 흔쾌히 들어줌세."

하고는 세 사람의 사주를 알려주었다. 장순명은 한동안 점을 치다가 문득 말하였다.

"대감께서는 필시 옛사람 가운데 크게 귀했던 사람의 사주로 저를 속이고 시험하시려는 것이옵니다. 그렇지 않다면 어떻게 한자리에 정승 네 분이 함께 앉아 계실 수 있겠사옵니까?"

"내가 어찌 자네와 장난을 했겠는가? 그저 아는 대로 말한 것뿐일세."

"세 분이 모두 신하로서 가장 높은 벼슬을 하시고, 이름을 온 나라에 떨치실 것이옵니다. 평생에 보기 드문 운명이옵니다. 다만 신사년에 태어나신 분은 사주 가운데 문성이 들어 있지 않아 반드시 과거에는 급제하지 못하시겠지만, 그 귀함을 이루 다 말할 수가 없사옵니다. 하오나 오복을 다 갖추셨으니, 말씀드리자면 신사생인 분의 사주가 가장 으뜸이옵니다."

연양부원군 이시백이 바로 신사생이었다. 백사가 말하였다.

"참으로 그러하다면, 이는 좋은 점괘로구나. 어찌 세 사람이 함께 앉아 있는데 모두가 정승이 될 수가 있겠는가? 그리고 우리나라의 양반이 과거에 급제하지 못하고도 크게 귀하게 된 사람이 있었던가?"

"다만 책에 있는 대로 점괘를 뽑아 아뢴 것이옵니다. 그 밖의 것은 소인도 모르겠사옵니다."

그 뒤에 세 사람이 높은 벼슬을 하고 귀하게 되었으니 한결같이 그의 말대로 된 것이다. 그런데 최명길과 장유는 중년에 병이 잦고 자손들도 번성하지 못했으며 또한 장수를 누리지도 못하였다. 이시백은 70세가 넘게 살았고 자손들도 많았으며, 또 과거도 보지 않은 선비로서 공신록에 올라 영의정에 이르도록 귀하게 되었으니, 장순명의 점괘가 모두 들어맞았던 것이다. (김동욱 역, 『기문총화』 5권, 아세아문화사, 1999)

해제 이 글은 『기문총화』에 나오는 것으로 광해군 때의 유명했던 시각장애인 점복가 장순명에 대한 이야기이다. 장순명은 뛰어난 점복 실력으로 광해군뿐만 아니라 사대부들도 자주 찾았던 인물이었다. 특히 그는 이항복의 집에 가서 최명길, 이시백, 장유의 앞날을 점쳐주었는데, 훗날 그 점괘가 모두 들어맞았다고 한다.

장애인 예술가의 세계

조선시대 우리나라에도 문인이나 화가·서예가, 음악가 등 장애인 예술가가 많이 존재했다.

먼저 문인으로는 시인 유운태, 청각장애인 시인 고순, 척추장애인 시인이자 소설가 조성기, 정조 때의 지체장애인 시인이자 출판인 및 아동 교육자로 이름이 있었던 장혼, 18세기 무렵에 살았던 지체장애인 시인 지여교, 시각장애인 점복가이자 조선후기 지체장애인 시인이었던 강취주 등이 있었다.

화가·서예가로는 조선후기 한쪽 눈의 괴짜 화가 최북, 추사 김정희에게까지 찬사를 받았던 언어장애인 서예가 눌인 조광진 등을 대표적인 예로 들 수 있다.

음악가로는 관현맹인 출신이 많았는데, 조선전기 현금의 대가 이반, 가야금의 명인 김복산과 이마지 등이 있었다. 반면 조선후기에는 유랑 예능인 출신이 많았는데, 시각장애인으로 떠돌이 악사였던 백성휘와 가야금의 명인 윤동형, 거리의 명가수 손봉사 등이 있었다. 그 밖에 조선전기 시각장애인으로 아쟁의 대가였던 김운란, 가무와 악기에 두루 능통했던 백옥이 있었다.

청각장애인 시인 고순

고순高淳의 자는 희지熙之인데, 일찍이 귀머거리 증세가 있었으나 독실하고 학문을 좋아했다. 하루는 시를 읊다가 잠자리에 들었는데, 돌아가신 아버지 중추공中樞公이 꿈에 나타나 이런 시 한 수를 들려주었다.

백발이 성성하여 옛 모습 줄어들고,
외로운 몸 쓸쓸히 산턱을 지키네.
백골이 지감知感 없다 말하지 말라.
네 시 읊는 소리에 나는 잠 못 들어 하노라.

내가 전날 그 시를 서序하였는데 그것은 대략 이러하다.

"천지에 있는 한 기氣가 와서 퍼졌다가 그것이 또 흩어져 되돌아가는 것이니 사실은 하나이다. 따라서 사람의 죽은 여기餘氣가 각기 자손의 몸에 분산해 있으면서, 그것이 자손에게 움직이면 신명神明에 소소히 감응되는 것이다. 그렇더라도 사람이 반드시 곧고 오직 맑아서 슬프게 부모를 다시 보는 것과 같이 한 연후에야 부모의 혼령이 하늘에서 내려와 늘 좌우에 있게 되는 것이니, 고희지高熙之 같은 이는 이른바 '오직 맑은 이'라 할 것이다."

하였다. (남효온, 『추강냉화秋江冷話』, 『대동야승』 1, 민족문화추진회, 1973)

고순의 자는 희지요, 또 진진眞眞 또는 태진太眞이라고도 하며 제주인이다. 귓병이 있어 땅에 금을 그어 글자로써 서로 뜻을 통했다. 무술년에 조서에 응하여 시사를 논하는 상서를 하였는데, 그로 인하여 망령하다는 이름을 얻었다. 사람들이 그것을 알려주자, 고희지는 듣고 오히려 기쁘게 여기며 자호를 망희지라 하였다. 신덕우아 여러 선비들 속에서 초면 인사를 하였는데, 선비들의 서로 주고받는 말이 떠들썩하였다. 고희지는 가만히 앉았다가 한 절구를 지었는데, 그에 이르기를,

"작은 정자에 봄바람이 고요하니, 맑은 이야기로 모두 여흥이 났다. 귀먹은 나는 아무 재미가 없어, 홀로 머리를 숙이고 책을 본다."

하였는데, 신덕우가 기뻐하며 그 시에 화답하여 이르기를,

"세상이 시끄럽고 혼탁하니, 거름 냄새나 다름이 없네. 부럽구려, 그대는 우리들보다 나으니, 낮에도 가만히 천 권의 책을 읽을 수 있잖소."
하고, 이후부터 지심知心의 벗이 되었다. (허봉,『해동야언』,『대동야승』 2, 민족문화추진회, 1973)

해제 위의 두 글은 조선전기 청각장애인 시인이었던 고순에 대한 이야기이다. 그는 비록 청각장애를 갖고 있었지만 성품이 독실하고 학문을 좋아하였다. 또 여러 선비와 교유했는데, 비록 서운한 일이 있어도 직접적으로 불만을 표출하기보다 순간적인 위트를 발휘하여 재치 있게 다가갔다. 그래서 서로 마음까지 알아주는 진정한 친구가 되었다.

도하 처사 졸수재 조성기

이때 도하都下에 처사處士 조성기趙聖期가 있었으니, 곧 조형기의 형이다. 젊어서부터 병으로 과거를 포기하고, 일찍이 문을 닫고서 경사經史를 연구하였는데 박식하여 두루 관통하지 않음이 없었다. 그 학문은 오로지 사색하고 탐구하는 데 힘을 기울였으니, 스스로 얻은 묘리가 많았으나 전언前言(고인의 말)을 답습하기를 즐겨하지 아니하였으므로 당시 사람들이 기특하게 여기지 아니하였다. 오직 김창협·김창흡 형제와 임영이 거유鉅儒로 지목하여 함께 노닐고 매번 편지를 주고받으면서 상하로 논의하였는데, 혹은 의리와 문장을 논하기도 하고, 혹은 왕자와 패자의 사업과 공을 논하기도 하였다. 그 설說은 종횡굉사縱橫閎肆하고 무궁무진하여 종이를 잇대어 몇 폭이 될 정도였으며, 쏟아져 나오는 수천 마디 말은 찬연하게 조리가 있어 더불어 변론하는 자가 일찍이 무릎을 꿇고 자리를 피하지 않음이 없었다. 김창협은 그 재변과 식견을 칭탄하여 비록 도에는 순수하지 못하였으나 근세의 인호人豪라 하였고, 김창흡은 추모하는 만사를 지어 크게 중시하기를 심지어 요부堯夫(소옹)의 학문에 비기기도 하였으며, 그 묘지에서는 좌해左海(우리나라의 별칭)의 간기間氣(뛰어난 기품)라 칭하였다. 또 말하기를 '황왕제패皇王帝霸와 일월성신日月星辰이 그 뱃속에 가득 찼으니, 마음속에 꼬불꼬불 서려져 펼쳐놓을 곳이 없어 위로 하늘에 높이 서리었다'고 하였으며, 또 일찍이 자신의 문인들에게 말하기를 '아깝다. 그대들이 미처 졸수재拙修齋를 보지 못하였으니, 한 번 보았더라면 진실로 쾌사快事였을 것'이라고 하였다. 졸수재는 조성기의 호이다. 문집이 세간에 간행되어 있다. (『숙종실록』 14권, 숙종 9년 6월 14일)

처사 조성기가 졸卒하였다. 조성기의 자는 성경인데 가림 사람이다. 본래 병에 잘 걸려서 학문에 각고하지 못하고, 대약大約하여 사색·궁리하는 것을 주장으로 삼았는데, 지식과 견식이 점점 융통하여 매양 입을 열어 크게 말하매 횡설수설이 모두 이치에 맞아서 사람들이 감히 비난하지 못하였다. 질문하는 이가 있으면 응답하기를 메아리처럼 물 흐르듯 하여 궁함이 없었고, 문장을 짓는 것이 잠시 사이에 만여 마디의 말을 하였다. 궁벽한 마을에서 문을 닫고 있은 지 50년이었는데, 재주 있는 이와 어진 사람을 끌어올리기를 즐거워하였다. 임영·김창협 등 여러 사람이 또한 그와 더불어 사귀기를 기꺼이 하였다. 비록 기를 숭상하고 이기기를 힘쓰는 버릇과 사공事功이 박잡博雜한 병통은 없지 아니하나, 세상에서 모두 높여 인룡人龍과 문호文虎의 풍채가 있다고 하였다. 스스로 호를 '졸수拙修'라고 하였는데, 이에 이르러 졸하였다. (『숙종수정실록』 21권, 숙종 15년 11월 21일)

부제학 이덕수李德壽가 상소하여 근세의 처사 조성기를 포양襃揚할 것을 청했는데, 대략 이르기를,

"대저 학문을 논한다면 오직 이치를 궁구窮究하는 것과 몸가짐을 경근敬謹하는 것 두 가지뿐입니다. 이제 조성기의 학문이 만약 몸가짐을 경근하는 것으로 논한다면 신이 그 어떠한가를 알지 못하지만, 만약 이치를 궁구한 것을 말한다면 그 이룩된 경지가 매우 뛰어납니다. 그 높고 밝은 경지에 마음을 두고 풍경과 화초에 흥취를 붙이는 것은 소옹과 비슷하고, 고금의 사적을 관철하여 치란治亂의 이치를 궁구한 것은 여조겸에 근사하며, 고담준론高談峻論이 강하의 물결같이 용솟음치는 것은 진양과 같고, 근본에 돌아가서 만 가지의 이치를 종합하는 것은 반드시 고정考亭(주희의 호)을 본받았으니, 우리나

라 300년 이래 석학 거유를 손꼽아보더라도 아마 견줄 자가 없을 것입니다. 고故 참판 임영과 판서 김창협 등 여러 사람이 함께 사귀어 의심된 것을 물어보고 매양 힘이 미치지 못하는 것을 한하였습니다. 만약 조성기가 중종조에 태어났다면 조정에서 포장褒獎하여 등용하고 유림에서 우러러 사모하여 명성이 한 세대에 빛났을 것입니다. 우리나라에는 옛 도를 좋아하고 인재를 사랑하는 기풍이 전혀 없으므로, 비록 조성기와 같이 뛰어나고 기이한 인물에게도 그 생전의 징소徵召가 미치지 못하고 사후에도 포장이 없었으니, 어찌 차탄할 일이 아니겠습니까?"

하니, 임금이 특별히 증직贈職을 내리라고 명하였다. (『영조실록』 26권, 영조 6년 5월 28일)

해제 위의 세 기록은 조선후기 척추장애인 문인이었던 졸수재 조성기에 대한 이야기이다. 조성기는 일찍이 과거에 합격했으나 병으로 인해 관직에 나가지 않고 평생을 학문에만 몰두했던 사람이다. 또한 자신이 평생 지은 글을 『졸수재집』으로 엮어냈으며, 평소 소설을 좋아하신 어머니를 위해 『창선감의록』을 짓기도 하였다. 하지만 그는 사람들을 자주 만날 수 없어 외로움과 소외감을 많이 느꼈다. 이에 편지를 통해 세상과 소통하였는데, 특히 김창협·김창흡 형제 및 임영 등과 긴밀한 관계를 유지했다. 비록 살아생전에는 크게 쓰이지 못했지만, 위에서처럼 사후에는 거유巨儒, 곧 학식이 높은 선비로 추대되고 벼슬까지 제수받았다.

이이엄 장혼

장혼張混은 자가 원일元一이고, 호는 이이엄而已广인데 '파옥삼간 이이破屋三間而已'(허물어진 집 세 칸이면 그만)에서 취하였다. 장우벽張 友璧의 아들로서 어버이를 효도로 섬겼는데 그 사실은 별전에 실려 있다. 한쪽 다리를 절었지만 집이 가난하여 몸소 땔나무를 하고 물 긷는 일을 하였다.

나이 아홉 살 되던 해에 길에서 행차가 매우 성대한 한 관리를 만 났다. 장혼은 나무 짐을 세워놓고 앞으로 나아가 읍하고 안부를 묻 는데 전혀 부끄러워하거나 주저함이 없었다. 그는 아버지와 오랫동안 잘 알고 지내는 사이였기 때문이다. 사람들이 그 일을 아주 기특하게 여겼다.

몽촌 김종수 상국의 집과 이웃해 살았는데, 상국도 효자로 이름 이 있었다. 장혼의 집에 한 그루의 앵두나무가 있었는데, 앵두가 잘 익자 새벽에 일어나 광주리에 가득 따서 어깨에 메고 절룩거리며 가 서는 모부인의 장수를 기원한다며 상국에게 올렸다. 상국이 감복하 여 모부인에게 광주리를 바치며 말하기를,

"이 앵두는 효자 장동자가 바친 것입니다."

라고 하였다. 붓과 먹으로 답례하였으나 받지 않았다.

장성해서는 널리 배우고 잘 기억하였으며, 더욱 시를 잘하여 『비 단집籧段集』 스무 권이 있다. 정조 경술년에 감인소 사준에 충원되

없는데 무릇 수많은 책 가운데 장혼의 교정을 거친 것은 모두 선본이었다. 그가 저록한 것으로 『시종』 『당률집영』 『아희원람』 『몽유편』 『근취편』 『절용방』 『동습수방도』 등은 세상에 간행되었고, 『고문가칙』 『정하지훈』 『대동고식』 『소단광악』 『초학자휘』 『동민수지』 『문단성보』 『제의도식』 등의 책은 간행·배포되지 못한 채 그의 집에 소장되어 있다. 나이 칠십에 죽었다.

아들 창昶은 자가 영이永而로 글을 잘 지었으며 국조의 고실故實을 많이 알았다. 일찍이 등산 고을의 절제사를 지냈는데, 지금은 집에 거처하며 글을 읽고 있다.

찬하여 말한다.

"덕택이 백성에게 더해지고, 훈업을 기상에 기록하는 것은 모두 글에서 오는 것이다. 그 지위에 오르지 못한 사람은 머리가 희도록 경서를 궁구하며, 문을 닫고 책을 저술하여 후학들에게 가상한 혜택을 남길 수 있다. 그 공로는 저 지위에 오른 자보다 나을 수도 있다." (조희룡, 『호산외기』, 한길아트, 1999)

장혼은 자가 원일이다. 어려서부터 성품이 중후하고 속이 밝았기 때문에 지나친 총명이 걱정스러워 글방에 다니지 못하게 했다. 어머니 곽씨가 문자를 아는 사람이라 시험 삼아 글을 가르쳐보았더니 단번에 환히 깨쳤고, 눈길이 한 번 스쳐 지나가면 곧 외워버리는 것이었다.

장혼은 집이 가난하여 손수 나무하고 물 긷는 일을 했다. 한번은 길에서 어떤 고관과 마주쳤는데, 아버지의 친한 벗이었다. 그는 손에 들고 있던 것을 내려놓고 앞으로 다가가 읍하고 안부를 여쭌 뒤 물러났는데 부끄러워하는 기색이 없었으므로, 고관이 아주 기특하게 여겼다.

나이 겨우 열세 살에 사부서四部書에 널리 통했으며, 특히 시를 잘하여 한 수 지어낼 때마다 사람들이 다투어 돌려가며 읊었다. 타고난 성품이 느긋하고 남과 다투는 일이 없어서, 옛사람의 아담한 풍모가 있었다.

어려서부터 효성이 하늘에서 타고난 듯하여, 자신은 비록 먹지 못하더라도 부모님께는 온힘을 다해 맛있는 음식을 대접했다.

어버이를 섬긴 지 50년 동안 유순한 얼굴과 한결같은 마음으로 무슨 일을 하기에 앞서 반드시 어버이께 여쭈어 그 뜻을 받들었고, 외출했다가 돌아오면 꼭 하루 종일 한 일을 말씀드려 '알았노라'라고 고개를 끄덕이면 그제야 물러났다.

아버지가 풍현風眩(간질)에 걸려 3년 동안 자리에서 일어나지 못하자, 장혼은 쉰 살이 넘은 나이로 변을 맛보고 하늘에 기도하며 힘을 다해 병수발을 들었다.

또 부상父喪을 당해서는 3일 동안 물 한 모금을 입에 대지 않았고, 1년 동안 파나 마늘 같은 냄새 나는 채소와 비린 것을 먹지 않았다. 어머니가 그의 밥상을 물리치고 어육을 먹으라고 권하면 마지못해 그 명에 따랐다.

그 후 어머니의 상을 당했을 때에는 병구완을 하느라 100일 동안 옷을 벗지 않았고, 상이 나자 가슴을 치며 애통해하는 것이 부상 때보다 훨씬 더하였다.

"지난번에는 그래도 어머니가 살아 계셨는데, 이제는 내 목숨을 의지할 데가 아주 없어졌구나."

전후로 삼년상을 치르는 동안 자기 입에 맞는 음식은 한 번도 입에 대지 않았고, 아침저녁으로 곡할 때면 꼭 눈물을 쏟았다. 남과 말을 하다가도 어버이 이야기가 나오면 오열을 터뜨려 말을 잇지 못했고, 어버이가 평소 좋아하던 손때 묻은 물건을 보면 꼭 눈물을 흘리며 어루만지곤 했으니, 그 애모하는 마음이 20년 동안 한결같았다.

장혼은 늘 말하기를,

"어버이를 섬기는 데 힘을 다하는 것은 자식의 도리이다. 자손된 사람이 뭔가 표창해주기를 바라는 것은, 도리어 효자의 마음을 부끄럽게 하는 일이다. 그래서 나는 취하지 않는다."

하고, 글을 지어 두 아들에게 주면서,

"내가 죽거든 만사輓詞도 부탁하지 말고 제문祭文도 받지 마라."

하였으니, 만사와 제문이 터무니없는 말로 지나치게 미화한다는 것을 알았기 때문이다.

평소 집에서 지낼 때는 몸가짐이 깨끗하여 성실한 태도가 절로 드러났으므로, 남들이 그의 앞에서 예에 어긋난 말을 늘어놓지 못하였다. 그는 외물에는 욕심이 없었고, 오직 서책에만 마음을 쏟았다.

무얼 물어보는 사람이 있으면 언제나 진지한 태도로 그 내력을 외워가며 따지고 분석하여 꼭 깊이 깨우치고 상세히 알게 해주고자 하였다. 패관소설 따위는 한 번도 눈길을 주지 않았다. 만년에는 궁핍함이 더욱 심해져 양식이 자주 바닥났지만, 그래도 책 보는 것은 그치지 않았다. 남을 대해서는 수신제가의 법도를 들어가며 차근차근 조심히 타일렀다.

서술에는 『시종詩宗』 13권, 천수경과 함께 엮은 『풍요속선風謠續選』 6권, 문집 8권이 있다. 아들로는 창과 욱, 둘이 있다. 순조 무자년(1828)에 세상을 떴으니, 그때 나이 일흔 살이었다. (유재건, 이상진 역주, 『이향견문록』 상권, 자유문고, 1996)

해제 위의 기록들은 정조 때 지체장애인 시인이자 출판인, 아동교육자인 이이엄 장혼에 대한 이야기이다. 장혼은 여섯 살 때 소아마비로 인해 한쪽 다리를 저는 지체장애인이 되었지만, 그의 인생에선 그러한 점이 전혀 느껴지지 않을 정도로 한세상을 매우 열정적으로 살아갔다. 그래서 조선시대의 대표적인 아동교육자가 되었던 것이다.

앉은뱅이 시인 지여교

무얼 생각하나?
저 북쪽 바닷가.
무릉 사는 앉은뱅이 지여교

두 다리 다 성치 않고 한쪽 눈 애꾸지만
늠름한 기상의 호쾌한 사나이라
만 리를 나는 붕새와 같지.
소년 시절 서당에서 학문 쌓으니
'청출어람靑出於藍'이 바로 이 경우.
예전에 집으로 나를 찾아와
붓 잡아 시를 쓰니 광채가 솟구쳤지.
그 사람 사랑하여 잊을 수 없어
찬 구름 어둑한 해 쓸쓸히 바라보네.
(김려, 박혜숙 옮김, 『부령을 그리며』, 돌베개, 1996)

해제 이 시는 담정 김려의 『사유악부』에 실린 것으로, 조선후기 무릉에 사는 지체장애인 시인 지여교에 대한 이야기이다. 지여교는 두 다리가 불편하고 한쪽 눈마저 보이지 않는 처지였다. 하지만 그에 개의치 않고 늠름한 기상으로 계속 학문하여 결국에는 뛰어난 시인이 되었다.

시각장애인 점복가·시인 유운태

유운태劉雲台는 봉산의 맹인으로 일곱 살에 실명하였다. 그는 여섯 살에 이미 『사기』를 읽었고 고체시를 지었다.

실명한 뒤에도 부지런히 배워 열세 살에는 경서를 외웠다. 『주역』을 읽다가 문득 깨달은 바가 있어 선천先天 후천後天의 학문에 힘을 쏟아 복서卜筮에 대통하여 점을 치면 백 번에 한 번도 실수가 없어 마침내 온 나라에 이름을 떨치게 되었다.

스스로 호를 봉강선생이라 했는데, 애매한 일을 결정하고자 하는 사람들이 찾아오면 점을 쳐주는 한편 효제충신의 도리를 말해주었다. 이 때문에 세상에서 그를 두고 엄군평(촉나라 엄준)의 기풍이 있다고 하였다. (유재건, 이상진 역주, 『이향견문록』 하권, 자유문고, 1996)

해제 점복가이자 시인인 유운태에 대한 이야기이다. 유운태는 생몰연대가 미상이나 조선후기를 살았던 인물인 듯하다. 그는 여섯 살에 이미 고체시를 지을 줄 알았으나, 불행하게도 일곱 살에 실명하고 말았다. 그리하여 『주역』을 읽다가 문득 깨달은 바가 있어 유명한 점복가가 되었다.

노주 강취주

강취주姜就周의 자는 여재汝載이고, 호는 노주鷺洲다. 소싯적에 거리를 싸돌아다니며 협기를 부리고 떳떳하지 못한 짓을 하다가 종내는 다리가 부러져 불구자가 되고 말았다. 만년에는 시를 배워 사대부들을 따라다니며 놀았고, 집에서 가죽옷을 지어 살림을 꾸려나갔다. 그는 비분강개하는 성품에다 의기를 좋아하고 풍류가 있었다. 그는 항상 외다리로 다녔는데, 작대기를 짚고 껑충껑충 뛰었으므로 당시 관료인 조상우가 노주란 호를 붙여주었다.

평소에는 글을 읽지 않았으나, 그의 시 가운데 천기에서 나와 뜻을 얻은 구절은 자못 청고한 울림이 있었다.

한번은 홍순여와 근根 자 운으로 시를 지었는데, 강취주가 먼저 이렇게 불렀다.

"이적선(이백)은 표일(뛰어남)하여 시에 적수가 없었고, 동방삭은 우스갯소리를 잘했지만 말에 뿌리가 없었다."

홍순연은 당시 시를 잘한다고 소문이 났으나 무릎을 굽히고 탄복해 마지않았다. 강취주는 또 남을 잘 가르쳐 그에게서 글을 배운 사람이 아주 많았다. 조풍원·조동계 역시 일찍이 그에게서 글을 배운 적이 있었다. (유재건, 이상진 역주, 『이향견문록』 상권, 자유문고, 1996)

해제 이 글은 유재건의 『이향견문록』에 나오는 것으로 지체장애인 시인 강취주에 대한 이야기이다. 강취주는 중인 출신으로 어렸을 때 돌아다니며 협기를 부리다가 사고로 다리가 부러져 지체장애인이 되었다. 하지만 그는 자신의 신분과 장애에도 불구하고 뛰어난 글솜씨로 당대 사대부들과 더불어 시를 즐겼으며, 후에는 여러 제자를 길러내기도 하였다.

2 화가·서예가

한쪽 눈의 괴짜 화가, 최북

최북崔北은 자가 칠칠七七이니, 자 또한 기이하다. 산수와 가옥, 수목을 잘 그려서 필치가 짙고 무게가 있었다. 황공망을 사숙하더니 끝내는 자신의 독창적인 의지로 일가를 이루었다. 스스로 호를 호생관毫生館이라 하였다.

그는 사람됨이 격양하고 돌올하여 조그마한 예절에는 스스로 얽매이지 않았다. 일찍이 어떤 집에서 한 달관을 만났는데, 그 달관이 최북을 가리키면서 주인에게 물었다.

"저기 앉아 있는 사람은 성명이 무엇인가?"

이에 최북은 얼굴을 치켜들고 달관을 보면서 말했다.

"먼저 묻노니, 그대의 성명은 무엇인가?"

그 오만함이 이와 같았다.

금강산을 유람하다가 구룡연에 이르러 갑자기 크게 부르짖으며,

"천하 명사인 내가 천하 명산에서 죽는 것이 족하다."

하고, 못에 뛰어들어 거의 구할 수 없을 뻔하였다.

한 귀인이 최북에게 그림을 요구하였으나 이루지 못하자 장차 위협하려 하였다. 최북이 분노하여 말했다.

"남이 나를 저버리는 것이 아니라 내 눈이 나를 저버리는구나!"

그러고는 곧 자신의 한쪽 눈을 찔러 멀게 하였다. 늙어서는 한쪽에만 안경을 낄 뿐이었다. 나이 사십구 세에 죽으니 사람들이 '칠칠'의 징조라고 하였다.

호산거사는 말한다.

"최북의 풍모가 매섭구나. 왕공 귀족의 노리갯감이 되지 않으면 그만이지 어찌하여 스스로 이처럼 괴롭힌단 말인가?" (조희룡, 『호산외기』, 한길아트, 1999)

그대는 보지 못하였소?

최북이 눈 속에 얼어 죽은 것을.

갖옷 입고 백마 탄 너희들 대체 어느 집 자식들이냐?

너희들 거드름 피우느라 그의 죽음 슬퍼할 줄도 모르리라.

최북의 한미한 처지 참으로 애달픈 일이었다.

최북 그이의 사람됨 정갈하고 매서우니
그 스스로 칭호하길 화사 호생관이라고
체구는 작달막하고 눈은 한 짝이 멀었지만
술이 석 잔을 넘어서면 꺼리는 것이 도무지 없었더니라.

북으론 숙신으로 올라가서 흑삭까지 거쳐 돌아왔고
동으론 바다를 건너 일본 땅을 다녀왔다지.
대갓집 병풍에 산수 그림 안견 이징을 무색케 만들었으니
술을 찾아 미친 듯 부르짖다가 비로소 붓을 드는데
대낮의 대청마루에 강호 풍광이 살아난다.

열흘이나 굶주리던 끝에 그림 한 폭을 팔아서
술을 사 마시고 돌아오다 대취하여 성 모퉁이에 쓰러졌다네

물어보자 북망산에 진토 된 만인의 뼈다귀
세 길 눈 속에 파묻혀 죽은 최북 그와 견주어보면 어떠하냐?

슬프다, 최북이여!
그의 몸은 비록 얼어 죽었으되 그의 이름은 길이 지워지지 않으리!
(임형택 편역, 『이조시대 서사시』하권, 창작과비평사, 1992)

최북 칠칠은 세상에서 그의 가계와 본관을 알지 못한다. 칠칠은

자기 이름을 둘로 쪼개어 자(字)로 삼고 행세하였다. 그림을 잘 그렸는데, 한쪽 눈이 멀어 늘 그 눈에만 안경을 끼고 첩본을 임모하였다. 술을 즐겨 마시고 구경 다니기를 좋아했다.

금강산 구룡연을 찾아가서는 기분이 너무 좋아 술을 흠뻑 마시고 대취하여 울다 웃다 하더니, 마침내 소리를 크게 지르며,

"천하의 명인 최북은 마땅히 천하의 명산에서 죽어야 하리라."

하고는 몸을 날려 못으로 뛰어들었는데, 곁에 있던 사람이 겨우 붙들어 못에 빠지지는 않았다. 그를 떠메고 산 아래로 내려와 너럭바위에 뉘여놓으니 씩씩거리며 누워 있다가 벌떡 일어나서 찢어지는 듯한 휘파람 소리를 내니, 숲을 울리는 소리에 둥지 속의 새들이 모두 지저귀며 날아가버렸다.

칠칠은 늘 하루에 술을 대여섯 되나 마셨다. 거리의 술장수가 술단지를 가지고 오면, 칠칠은 늘 집 안의 서책이나 종이 비단 따위를 몽땅 주고 사서 마셨다. 살림살이가 갈수록 군색해지자 평양으로 동래로 다니면서 그림을 그려 팔았고, 비단을 가지고 그가 있는 집을 찾는 사람들의 발길이 끊이지 않았다. 산수화를 그려달라는 사람이 있으면 칠칠은 산만 그리고 물은 그리지 않았다. 괴이쩍어 따지면, 붓을 던지고 일어나며 이런 말을 하였다.

"종이 밖이 다 물이지 뭐야."

자기 마음에 흡족하게 그려진 그림인데도 돈을 적게 주면, 칠칠은 벌컥 화를 내고 욕을 퍼부으며 갈기갈기 찢어버렸다. 간혹 자기 마음에 흡족하지 못한 그림인데도 값을 많이 주면, 깔깔대고 웃으며 그

사람에게 주먹질을 하며 돈을 도로 가지고 문을 나가게 하였다. 그러고는 다시 비웃었다.

"저 자는 그림 값도 알지 못한다니까!"

칠칠은 이처럼 그림을 팔아 살았으므로 자기 호를 호생자라 하였다.

칠칠은 성격이 뻣뻣하고 오만하여 남에게 고개를 숙이지 않았다. 하루는 서평공자와 백금을 걸고 내기바둑을 두었다. 칠칠이 한창 상승세를 타고 있는 판에 서평공자가 한 수를 물리자고 하였다. 칠칠은 바둑판을 휘저어버리고는 손을 거두었다. 그러고는 말하기를,

"바둑이란 본시 오락입지요. 자꾸 물리다보면 일 년이 가도 한 판을 두지 못하게 됩지요."

이후로 칠칠은 두 번 다시 서평과 바둑을 두지 않았다.

한번은 어떤 귀인의 집을 찾아갔는데 문지기가 그의 이름을 대놓고 부르기가 멋쩍었던지 들어가,

"최직장이 왔습니다."

하고 고하였다. 칠칠이 벌컥 화를 내었다.

"어째서 정승이리고 하지 않고 직장이라고 하느냐?"

"언제 정승이 되셨소?"

"그럼 내가 언제 직장 벼슬을 했느냐? 직함을 빌려 나를 높여 부른다면 왜 정승이라 하지 않고 직장이라 한단 말이냐?"

칠칠은 주인을 만나지 않고 그냥 돌아가버렸다.

칠칠의 그림은 날이 갈수록 세상에 퍼져 사람들은 칠칠을 '최산수'라 불렀다. 그러나 화훼, 영모, 괴석, 고목을 더 잘 그렸고, 희작한

광초狂草(방자하게 쓴 초서)는 필묵가의 의장을 훨씬 뛰어넘는 수준이었다.

애초 나는 이단전을 통해 칠칠을 알게 되었다. 한번은 칠칠과 산방에서 만나 촛불의 심지를 잘라가며 담묵으로 대나무 몇 폭을 그리게 한 적이 있었다. 이때 칠칠이 나에게 이런 말을 했다.

"나라에서 수군을 몇만 명씩 두는 것은 장차 왜놈에게 대비하자는 것인데, 왜놈들은 원래 수전에 익숙하고 우리네 습속은 수전에 익숙하질 못하지요. 왜놈이 오더라도 우리가 응전하지 않는다면 저들은 절로 물에 빠져 죽을 터인데, 어인 까닭으로 삼남의 백성들을 괴롭히고 들쑤시는지 모르겠습니다."

말을 마치고는 다시 술을 마시고 이야기를 나누는 사이에 창이 훤히 밝아왔다.

세상에는 칠칠을 주객이니 화사니 하고, 심한 경우 미치광이로 취급한다. 그러나 그의 말은 때때로 이처럼 오묘하고 실제 쓰일 만한 것이 있었다. 이단전은 칠칠이 『서상기』와 『수호전』 등의 책을 읽기를 좋아하고, 시 역시 기이하고 예스러워 외워볼 만하나, 감춰놓고 내놓지 않는다고 하였다. 칠칠은 서울의 여관에서 죽었는데, 나이가 얼마인지는 알지 못하겠다. (유재건, 이상진 역주, 『이향견문록』 하권, 자유문고, 1996)

해제 위의 글들은 조선후기 한쪽 눈의 괴짜 화가 최북에 대한 이야기이다. 그는 18세기 서울의 여항에서 태어나 그림을 팔아 먹고산 직업 화가였다. 또한 술을 좋아하고 성격이 자유분방하여 여기저기 떠돌아다니며 많은 일화를 남겼다. 그림은 산수와 화훼, 영모 등 여러 작품을 남겼는데, 그 가운데 가장 많은 수를 차지한 것은 산수화였다. 또한 남종문인화풍을 추구하며 자신의 개성을 한껏 드러내는 것을 좋아하였다.

눌인 조광진

조광진趙匡振은 자가 정보이고, 평양에서 살았다. 말을 더듬었기 때문에 호를 눌인訥人이라 하였다. 집이 가난해 사방을 유학하면서 배우다가 이원교의 서체를 익혔고, 만년이 되어서야 크게 깨우친 바 있어 안노공 필법의 진수를 깊이 체득하였다. 전서와 예서에는 고졸한 기운이 있었으며, 고법을 쓰거나 모방하는 데 가장 뛰어났다.

행서와 초서는 유석암(청나라 유왕)과 비슷했고 지예는 장수옥(청나라 장도옥)에 비길 만하였으니, 쇠를 구부리고 금을 녹인 듯 이 세상 사람의 글씨 같지가 않았으니 천전운뢰天篆雲雷도 더 나을 수 없었다.

지금의 평양 쾌재정의 편액은 곧 그의 지예서인데, 중국의 사신이 그 글씨를 보고 깜짝 놀라며

"조선 땅에 이런 대가가 있는가?"

하고는 한번 만나보기를 청했다. 어떤 사람이,

"그의 집은 천 리 밖에 있고, 지금은 이미 저세상 사람이 되었다."

라고 말을 둘러대니, 사신이 애석해 마지않으며 그 편액을 백 부나 탁본해갔다.

자하 신공과 추사 김공 두 분은 당대의 종장으로 조광진의 글씨를 극히 높이 평가했다. 추사공은 이렇게 평가했다.

"예스럽고 우아하며 기묘하게 빼어나고, 괴이하고 위대한 것이 특별히 뛰어난 서체로서 압록강 동쪽에는 일찍이 있지 않았던 글씨이다."

눌인이 박명의 글씨를 본떠 쓴 것을 원본과 비교하면 거의 원본의 수준을 넘어선 듯하였고, 동기창의 글씨를 임서한 것 역시 진본과 아주 흡사하였다. 우리나라 사람이 가지고 있는 일종의 뻣뻣한 풍기에 익은 사람은 동기창의 서법과는 그 문로가 아주 달라 한 개의 삐침이나 파임도 본뜨지 못하는 형편이었다. 그러나 조광진의 필체는 만화천변하여 쓰지 못하는 것이 없었으니, 일대 신통력을 갖추지 못했다면 어찌 이와 같을 수 있겠는가?

의석 김상서(김응근)가 평양감사로 있을 때 눌인에게 큰 글씨를 쓰게 하려고 연광정에다 정자 크기만 하게 종이 여러 묶음을 이어서 붙여놓았는데, 정자는 서른 칸쯤 되었다. 또 큰 붓을 만들되, 절굿공이를 붓대로 삼고 먹물을 적시니 소의 허리만 하였다. 눌인이 웃옷을 벗고 큰 새끼줄로 붓을 어깨 위에 동여매고 큰 걸음으로 걸어다니며 글씨를 쓰니, 흡사 소반 위를 기어다니는 개미 같았다.

날개 '익翼' 자를 먼저 쓰고, 다시 싸움 '전戰' 자를 썼다. 구경하던 사람들은 자리를 피해 난간 위에 있었는데, 바싹 가까이서 보면 글씨가 잘되었는지 못 되었는지 분간이 되지 않았다. 그래서 쉰 발짝 밖에 걸어놓자 그제야 모두들 짜임의 오묘함에 깜짝 놀랐다. 김판서가 찬탄하여,

 "싸움 전 자는 짧고, 날개 익 자는 긴 글자인데도 성글고 조밀함이 서로 어울리니, 이는 손과 눈이 미칠 수 있는 경지가 아니다."
하고 큰 상을 주었다. 취미 신태사(신재식)가 이 글씨를 가지고 연경에 들어갔는데, 촉 땅 출신의 어떤 선비가 그것을 얻어가지고는 눌인에게 편지를 써서 감사하다는 말을 하며 후한 선물을 보냈다. (유재건, 이상진 역주, 『이향견문록』 하권, 자유문고, 1996)

해제　이 글은 유재건의 『이향견문록』에 나오는 것으로 조선후기 언어장애인 서예가 눌인 조광진에 대한 이야기이다. 조광진은 말을 더듬는 언어장애를 갖고 있었지만, 당대 최고의 명필이자 비평가였던 추사 김정희로부터 찬사를 받을 정도로 서예 실력이 매우 뛰어났다. 더 나아가 청나라 사람들까지도 그의 재능을 아끼고 사랑했다.

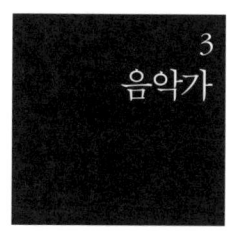

시각장애인 김철의 퉁소

경오에 우禑가 정비전定妃殿에 행차하였다. 장님 김철金哲이 퉁소를 잘 불어 항상 노영수의 집에 출입하는데, 우가 다다르면 곧 불러서 즐겨 권태를 잊도록 했다. 김철이 비위를 종용하여 우의 잘못됨을 조장하거늘 국인이 미워하여 제거하고자 하였다. 이에 이르러 김철이 어지御旨를 위조하다가 일이 발각되어 곤장을 맞고 금주에 유배 보내었다. (『고려사』 135권, 「열전」 48, 신우 10년 2월)

해제 이 기록은 고려시대 시각장애인 음악가 김철에 대한 이야기이다. 그는 퉁소를 잘 불었지만 왕의 잘못을 부추겼다가 결국 유배를 가게 되었다. 고려시대 시각장애인들은 점복과 독경뿐만 아니라 음악가로도 활동했는데, 김철과 같은 경우는 음악가로서 좋지 못한 결과를 보였다.

관현맹인 이반·김복산·정범

악樂에 있어서 현금은 가장 좋은 것이며 악을 배우는 문호門戶이다. 맹인인 악공 이반李班이라는 사람이 있었는데 세종에게 알려져 궁중에 출입하였다. (…) 가야금은 황귀존이란 사람이 잘 탄다고는 하나 나는 아직 듣지 못했으며, 또 김복산金卜山 맹인이 타는 것을 듣고 그 당시 탄복하였는데, 이제 와서 보니 역시 매우 질박質樸하다. (…) 지금은 정범鄭凡이란 장님이 가장 잘 탄다고 세상 사람들의 입에 오르내리고 있다. (성현, 『용재총화慵齋叢話』, 『대동야승』 1, 민족문화추진회, 1973)

해제 위의 기록은 조선전기 유명한 관현맹인 이반과 김복산, 정범에 관한 이야기이다. 이반은 세종 때의 사람으로 현금 타는 솜씨가 좋아 왕의 총애를 받았으며, 정범과 김복산 또한 가야금을 잘 타서 전국적으로 유명했다고 전해진다. 이들은 모두 시각장애인이었는데 장애의 유무와 상관없이 자신이 지니고 있던 음악 실력을 유감없이 발휘하여 많은 사람의 사랑과 관심을 받았던 듯하다.

관직에 오른 김복산

예조에 전지하기를,

"관현맹인管絃盲人 김복산金卜山 등은 독질자로서 장악원에 근실하게 근무하니 가긍하다. 병조로 하여금 서반 9품의 체아직遞兒職을 주고, 1년의 사도목四都目에 2인씩 윤차輪次로 제수하게 하라."
하였다. (『성종실록』 18권, 성종 3년 5월 11일)

해제 이 기록은 관현맹인 김복산에게 관직을 내려준다는 것이다. 김복산은 관현맹인으로 장악원에서 근무했으며, 근면성실한 근무 태도로 인해 서반 9품 체아직을 제수받았다.

김복산의 실수

청파에 부호한 사족인 심생沈生과 유생柳生 두 사람이 살았는데, 날마다 기생들 속에서 술에 빠져 살았다. 하루는 친한 벗 두어 명이 심생의 집에 모여 술을 마셨다. 심생에게는 노래와 춤을 잘하는 접연화蝶戀花라는 첩과 가야금 솜씨가 당대에 일인자였던 김복산金卜山이란 장님이 있었다. 그래서 이들을 불러 고아한 거문고와 청아한 노래로 무릎을 맞대어 서로 부르고 받고 하며 정회가 사무치고 흡족하였다. 밤중이 되어 좌중에서 누가 말하기를,

"지난일을 얘기하며 한바탕 웃어보자."

하니, 모두,

"그것 참 좋다."

하고 손님들이 서로 우스운 얘기를 기탄없이 하였다. 이때 김복산이,

"나도 한마디 하리다. 요즈음 내가 어떤 집에 갔더니 부잣집 자제라 또한 이름난 기생 두어 명이 있었는데, 자리가 파하자 모두 기생을 이끌고 방으로 갔는데, 그중에 심방心方이란 계집이 노래를 잘하고 또 모某와 함께 잤소이다."

하였다. 심생은,

"그것 참 재미있는 일이다. 다시 얘기해보아라."

하였다. 그 자리의 손님들이 모두,

"가야금을 타고 노래를 부르고 밤을 지새울 것이지 하필 얘기만

할 것이냐."

하였으나, 기생 또한 노래를 그쳐 모두 흥이 깨어져서 파하고 말았다. 문을 나와서 유생이 김복산에게,

"주인의 기생 이름이 심방인데 자네는 어찌 그런 미친 말을 했느냐. 사람의 표정을 볼 수 없으니 눈먼 사람은 참으로 불쌍하다."

하니, 김복산이 실색하며,

"다만 관명官名만 알고 아명兒名을 몰랐던 탓입니다. 무슨 낯으로 주인을 다시 보겠습니까."

하였다. 이것이 이웃에 전파되어 웃음거리가 되었다. (성현, 『용재총화慵齋叢話』, 『대동야승』1, 민족문화추진회, 1973)

해제 이 기록은 조선전기 시각장애인이자 가야금의 명인인 김복산에 대한 이야기이다. 김복산은 세종에서 성종 때를 살던 인물로 정범과 더불어 가야금을 아주 잘 타는 사람이었다. 위에서 처럼 그는 장악원 소속의 관현맹인이었을 뿐만 아니라 심생이라는 부유한 사대부의 개인 연주자로도 활동했던 것으로 보인다. 또한 그가 서슴없이 사대부들과 어울려 가야금을 연주하고 대화를 나눈 것으로 볼 때, 음악인으로서 충분한 대우를 받았음을 알 수 있다.

거문고 명인이었던 전악 이마지

영인 김대정·이마지·권미·장춘은 모두 한 시대의 사람들인데, 당시에 논하는 사람이 말했다.

"김대정의 간엄한 것과 이마지의 오묘한 것이 극에 이르렀다."

그러나 김대정은 일찍이 주살당하여 그 소리를 듣지 못하였다. 권미와 장춘은 모두 평범한 솜씨였고, 이마지만이 사림의 사랑을 받았으며, 임금의 사랑을 입어 두 번이나 전악典樂이 되었다.

내가 일찍이 정희량·백인·자안·허침·진·이의·채수와 함께 이마지에게 가서 거문고를 배웠으므로 날마다 만났고, 또 어떤 때는 같이 잠을 자기도 하여 매우 익숙히 들었다. 그 소리는 채를 퉁긴 자국이 없고 거문고 밑바닥에서 우러나온 것 같아서, 줄을 퉁기는 자취가 없이도 심신이 경송하여지니 참으로 뛰어난 솜씨였다.

이마지가 죽은 뒤에도 그 음만은 세상에 널리 퍼져, 지금은 사대부 집의 계집종까지도 거문고에 능한 자가 있다. 모두 이마지가 남긴 법을 배웠으니, 맹인 악사의 누습陋習은 없다. (성현, 『용재총화』, 『대동야승』1, 민족문화추진회, 1973)

해제 이 글은 조선전기 시각장애인 음악가이자 거문고의 명인이었던 이마지에 대한 이야기이다. 이마지는 성종 때의 관현맹인으로 거문고 타는 솜씨가 출중하여 사림이나 왕의 총애를 받았으며, 두 차례나 장악원 전악에 임명되기도 했다. 그가 죽은 후에도 음악이 전해졌다는 것으로 보아, 그야말로 당대 최고의 거문고 명인이었던 것으로 추정된다.

남들의 질투를 산 백옥의 음악

어떤 선비의 아들이 있었는데, 그에게 백옥이라는 애첩이 있었다. 그녀는 한쪽 눈이 애꾸였으나 가무와 사죽絲竹(관현)에 두루 능통하였다. 일찍이 어떤 잔치에서 기생들이 자리에 가득하였다. 그런데 그중에서도 백옥이 홀로 장내를 주름잡았다. 그러자 기생들이 서로 팔꿈치를 당기면서 비웃는 것이었다.

"어디서 구르던 애꾸눈이 감히 잘난 척이야!"

잠시 후 강아지 한 마리가 고기를 훔쳐가지고 사죽을 헤집으며 달아났다. 그 개 역시 한쪽 눈이 애꾸였다. 그러자 기생들은 크게 웃었다.

"오늘은 정녕 애꾸눈이 뜻을 펴는 날이로다. 애꾸눈에게도 또한 짝은 있는 게로구나!"

선비의 아들은 그 말을 가만히 듣고는 속이 상했다. 그는 집으로 돌아가 백옥과 마주 앉았다. 이윽고 그녀를 한참 동안이나 바라보더니 문득 앞으로 다가가 손을 잡으며 말했다.

"하늘이 사람을 삼길 제 입은 하나요 코도 하나로 만들었어. 하지만 맡은 일을 잘도 하고 있지. 한데 유독 눈만은 둘로 만들었어. 이 어찌 번잡스런 것이 아닌가? 자네는 눈 하나로도 매우 편리하게 지내고 있지. 저 방상씨가 비록 황금 눈알을 넷씩이나 가졌다 하나 장차 그것을 무엇에 쓰겠는가? 사람들은 각기 좋은 점이 있는 법이야. 남의 말에는 신경을 쓸 것이 없다구."

백옥에 대한 그의 사랑은 더욱 깊어만 갔다. (서거정, 이내종 역주, 『태평한화골계전』, 태학사, 1998)

> 해제 이 글은 서거정의 『태평한화골계전』에 나오는 것으로 한쪽 눈을 실명한 백옥이라는 기생에 대한 이야기이다. 그녀는 노래와 춤, 관악기와 현악기 등 모든 음악에 두루 능하였다. 하지만 한쪽 눈의 시각장애인이었기 때문에 주위의 경쟁자들에게 때로 놀림을 당하기도 했던 듯하다.

귀신을 울린 김운란의 아쟁 소리

김운란金雲鸞이라는 자는 성균관 진사이다. 진사에 합격한 후 눈병을 앓아 두 눈을 모두 실명하였다. 선비로서 음양복서를 배워 판수 일 하는 것을 부끄럽게 생각하고, 아쟁을 켜는 것을 배워 그로써 스스로를 위로하였는데, 그 수법이 입신의 경지에 이르렀다.

어느 날 밤 그는 폐질로 인해 하늘의 해도 볼 수 없고, 다시 대과를 치를 수도 없으며, 또 음직을 구할 수도 없고, 양반의 대열에 끼어 사류와 교제할 수 없는 자신을 스스로 비통하게 여기면서 그 무한한 슬픔을 아쟁에 부쳤다. 가까운 남쪽 산록에는 오래된 사당이 있어 그 담벽에 의지하여 서너 곡조를 연주하였는데, 그 소리가 몹시 웅장하면서도 애달팠다. 그러자 갑자기 사당 안의 귀신들이 일제히 무리지어 소리를 내어 대성통곡하는데, 그 처량하게 우는 소리가 마치 물이 끓는 듯 요란했다. 운란은 크게 놀라 아쟁을 가지고 도망쳤다.

이는 대개 성조가 조화롭고 기묘하여 귀신을 감동시켰기 때문이었다. 운란은 두 아들을 두었는데, 그들의 이름은 극성과 극명으로 모두 무과에 합격하였다. (유몽인, 시귀선·이월영 역주, 『어우야담』, 한국문화사, 1996)

황해도 연안부에서 달밤에 김운란이 아쟁을 켜는 소리를 들었다. 김운란은 옛날에 같은 마을 사람이었는데, 아쟁을 켜는 소리가 당대에 절묘하였다.

> 빈 누각에 아쟁 소리 나자
> 깜짝 놀라서 말소리도 끊어졌네.
> 줄마다 손을 따라 소리 나는데
> 시냇물이 깊은 곳에서 흐느끼는 듯해라.
> 가을 매미가 이슬 잎을 안고 우는 듯
> 바위틈에서 흘러나오는 옹달샘 소리인 듯,
> 하늘 향해 귀를 기울이자
> 여음이 오래도록 그치지 않네.
> 내가 젊고 그대도 장부였던 시절
> 정겨운 마을에서 서로 친하게 지냈었건만,
> 슬픔과 기쁨이 엇갈린 30년 동안
> 동서로 헤어져 만나지 못했었네.
> 오늘 밤에야 우연히 만나게 되니
> 옛 생각에 가슴이 뭉클하구나.
> 술잔을 멈추고 물끄러미 바라보니
> 푸른 하늘엔 개인 달만 높이 걸렸네.
> (허경진, 『악인열전』, 한길사, 2005)

해제 이 글은 유몽인의 『어우야담』에 나오는 내용과 율곡 이이의 시로 조선중기 시각장애인 음악가 김운란에 대한 이야기이다. 원래 김운란은 성균관의 진사였는데 눈병을 앓고 나서 시각장애인이 되었다. 대개 사람들은 시각장애인이 되면 점복업에 종사했지만, 그는 선비로서 음양복서를 배워 점치는 것을 부끄럽게 생각하였다. 그래서 이후 아쟁을 배워 스스로를 위로했는데, 그 소리가 매우 아름다워 귀신을 감동시킬 정도였다고 한다.

떠돌이 악사 백성휘

맹인 백성휘는 평안도 일대에 떠돌아다니며 강호에서 10년을 지냈다. 비파를 잘 탔고 잡가에도 능해 마을을 떠돌아다니며 빌어먹었다. 관찰사가 그 소문을 듣고 관풍각으로 불러들였다. 한가할 때 연주하게 하자 그 소리가 그윽하여 권태를 잊을 만했다. 그래서 음식과 옷을 내려주며 다른 곳으로 가지 말도록 했다.

내가 생일날 아침에 말을 태워 그를 역관으로 오게 했다. 며칠 밤 술을 나누며 즐겁게 지냈는데, 그 솜씨가 정묘할 뿐 아니라 사람됨이 또한 순량하여 마음에 들었다. 그래서 칠언절구 세 수를 지어 그의 뜻을 슬퍼한다.

먹을 것도 입을 것도 없는 총각 몸으로

스스로 말하길 평양 사람이라네.
한번 앓아 사광같이 된 것이 가장 가엾건만
손에 든 비파 소리 오묘해 무리 가운데 뛰어났네.

비파를 스스로 타며 길게 노래하니
노래 속에 강개한 마음 배회하는구나.
나라 안에 지음이 누가 있으랴
대동강 행락이 꿈속에 지나가네.

타향에서 그 누구와 나그네 시름 달래랴
억지로 오늘 아침 술잔 잡고 기뻐하네.
한 가락 「양주곡」이 맑고 애절한데
역 남쪽 비바람에 늦추위가 오는구나

(허경진, 「백성휘白成輝」, 『악인열전』, 한길사, 2005)

해제 이 글은 조선후기 시각장애인 음악가였던 백성휘에 대한 이야기이다. 백성휘는 18세기 평안도 일대에서 활동하던 시각장애인 음악가로, 비파를 잘 타고 잡가에도 능해 여러 마을을 떠돌아다니며 빌어먹었다. 또한 위에서처럼 당시 평안도 관찰사 홍봉한이나 시인 정래교에게 불려가 멋진 연주를 해주기도 하였다.

가야금 명인 윤동형

예전에 눈먼 금객이 흥양에서 살고 있었는데, 성은 윤씨이고 이름은 동형이다. 스스로 서울에서 태어나 자랐다고 하는데, 금과 노래로 세상에 이름을 떨쳤다. 금은 바로 가야금인데, 그 연주를 들은 자 가운데 절묘하다고 칭찬하지 않는 이가 없었다. 나도 병술년(1766) 여름에 그를 승영에서 만나 가야금 연주를 들어보았는데, 과연 이름을 헛되이 얻은 것이 아니었다. 그를 사랑하는 마음이 깊어져 그와 더불어 배를 타고 절이도에 들어가 송악산 송광암에 올랐으니, 시끄러움을 피하기 위해서였다. 적막하고 고요한 산사에서 거문고를 타고 노래를 하니, 우뚝 솟은 소나무 바람이 만 가지의 퉁소 소리로 흩어졌다. 듣는 사람과 연주하는 사람이 함께 첩첩한 고달픔을 잊으니, 표연히 세상의 일을 잊고 생각에 잠겼다.

구름 같은 세상에 그 같은 사람을 다시 만나보기가 어렵고, 그런 소리도 다시 듣기가 어렵다. 이에 그 곡조를 악보로 옮겨 뒷사람이 보게 하고자 한다. 가야금을 퉁길 때에 손가락 놀리는 법과 줄을 고르는 법, 완급과 고저의 수법을 낱낱이 기록했다. 그런데 마침 녹장으로 어지럼병이 생겨서 하던 일을 반쯤 그만두니, 우악羽樂 일지一旨에서 그치게 되었다. 또 한스럽게도 30년 동안 남북으로 떠돌아다녀, 이 일을 한가롭게 할 수가 없었다.

그 기록한 초본을 상자 속에 던져두었는데, 이제 내가 다행히 병이 조금 나아서 한가해져, 드디어 그 초본 정서를 찾아내어 이 만록을 되돌아보니 다만 음률을 아는 사람에게 손뼉 치며 웃음거리가 될 뿐이었다. 어찌 감히 법을 안다고 하겠는가.

겨우 스스로 마음이 있고 없는 사이에 악보를 살피고 줄을 어루만지며 그 음을 찾아 풀어내어 아침저녁으로 깊이 빠져드니, 외물이 나와 상관이 없어지고, 홀로 노닐며 이로 인하여 몸마저 잊었다. 이것이 오히려 소리 밖의 참된 음악이 아니겠는가. 또한 옛사람이 이른바 곡은 없고 줄은 있다고 한 것과 같지 않은가? 여기 나의 취미가 그렇다고 하겠다.

병진년(1796) 가경 원년 가을에 졸옹拙翁이 쓰다.

(허경진, 「윤동형」, 『악인열전』, 한길사, 2005)

해제 이 글은 『졸장만록拙庄慢錄』에 실린 것으로, 조선후기 시각장애인 음악가 윤동형에 대한 이야기이다. 윤동형은 서울에서 태어나 자랐는데, 비록 시각장애인이었지만 가야금을 잘 타고 노래를 잘 불러 당대에 매우 유명했다. 그래서 졸옹이란 이가 그를 찾아가 가야금 연주법을 채록해서 남겨두었다.

거리의 명가수 손봉사

손봉사는 점치는 데는 손방(아주 할 줄 모르는 솜씨)이고 대신 가곡을 잘했다. 우리나라의 이른바 우조니 계면조니 하는 24성에 두루 통달하였다. 매일 가두에서 높은 목청 가느다란 소리로 노래를 불렀는데, 바야흐로 노래가 절정에 이르면 청중이 담을 쌓아서 던지는 돈이 비 오듯 쏟아졌다. 그래서 손으로 더듬어보아 백 전이 될 양이면 툭툭 털고 일어섰다.

"이것만 가지면 한 번 취할 수 있는 밑천은 되겠지."

사광의 옛일같이 눈 찔러 봉사던가.
동방의 가곡 이십사성 통하였다지.
백 전만 얻으면 취코자 일어서니
점쟁이 엄군평도 부러울 것 없도다.
(이우성, 임형택 역편, 『이조한문 단편집』 중, 일조각, 1978)

해제 거리의 명가수였던 손봉사에 대한 이야기이다. 당시의 시각장애인들은 주로 점복가나 독경사로 생활했지만, 손봉사는 거리에서 노래를 부르며 비교적 자유롭게 세상을 살아갔다.

부록
원문

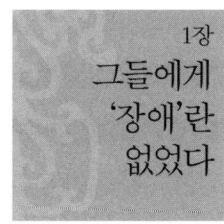

1장
그들에게
'장애'란
없었다

1. 전통시대 장애 명칭

장애인을 독질자·폐질자라 부르다

己巳, 賜京城男女年八十以上, 及篤癈疾者, 酒食茶布, 有差°(『고려사』「세가」권 4, 현종 13년 9월)

庚子, 親饗年八十以上男女·義夫·節婦·孝子·順孫·鰥寡·孤獨·篤癈疾者于闕庭, 賜物有差°(『고려사』「세가」권 12, 예종 원년 9월)

熙宗四年十月乙亥, 饗國老·庶老·孝順·節義, 王, 親侑之, 丙子, 又大酺鰥寡·孤獨·篤廢疾, 賜物有差, 州府郡縣, 亦倣此例°(『고려사』「지」권 22, 예, 가례, 노인)

장애인을 잔질·폐질·독질이라 부르다

戶曹啓: "今當農月, 可力農壯男女皆給還上, 無所耕鰥寡孤獨'殘廢疾'丐乞者乃給賑濟°"從之°(『세종실록』19권, 세종 5년 2월 4일)

부록 477

篤疾人˙殘疾人˙廢疾人【一目盲, 不在此限】˙近仗˙各衙門吏典˙養理馬˙牽馬陪˙各站水夫˙樂生˙鄉吏˙驛子˙公·私賤漕軍˙水軍˙漕軍奉足˙水軍奉足, 皆免徙邊°(『성종실록』162권, 성종 15년 1월 7일)

잔질의 기준

先是, 政丞啓以卞珪˙郭庇殘疾, 當免入居, 巡察使朴崇質請勿免, 所議不一, 故領【令】政丞議之° 尹弼商議: "律文以手無二指, 足無三指, 手足無大拇指者, 爲殘疾° 今郭庇˙卞珪雖與律文稍異, 其不措用則一也°" 韓致亨議: "律文內手無二指, 謂之殘疾° 今郭庇左手拇指˙食指兩指折傷; 卞珪右手三指火傷不伸, 豈非殘疾乎? 臣等前日考律以啓, 殘疾之人違法入居, 似未便° 成俊議: "郭庇二指, 卞珪三指皆不得屈伸, 與無何異? 且下三道人民甚多, 何必抄手指折傷人乎?" 李克均議: "以律文觀之, 手無二指, 足無三指, 手足無大拇指云者, 以絶無言也° 臣意, 雖有拇指˙食指, 其上端絶無, 則何以措用? 且三指不伸, 則與無何異? 然則謂之殘疾當矣° 但卞珪丁數二十五, 郭庇丁數十五° 雖除戶首, 其子壻可以立戶入居, 守令不須鞫°" 傳曰: "卞珪˙郭庇其免之°"(『연산군일기』44권, 연산군 8년 6월 15일)

정신질환을 심질心疾이라 하다

復昌之勢漸熾, 磁懼其禍及, 托言: '近日心疾大發, 事多錯戾°' 復昌知磁元勳之人, 未易擯擠, 謬曰: '凡人發心疾, 則必至於狂, 如此之事, 何足怪乎?' 然心實銜之. (『명종실록』10권, 명종 5년 5월 15일)

2. 다양한 장애 유형

시각·청각·언어·지체 장애인

有僧日嚴, 在全州, 自謂能使眇者復視, 死者復生, 王遣內侍琴克儀, 迎之, 在道, 冒綵毦巾, 乘駁馬, 以綾扇障其面, 徒衆遮擁, 人不得正視, 來寓普賢院, 都人無貴賤老幼, 奔走謁見, 里巷一空, 凡盲聾躄啞有廢疾者, 狼籍於前, 僧以扇揮之, 迎入天壽寺, 居南門樓上, 宰輔大臣, 亦趨謁, 士女競布髮以籍僧足, 僧令唱阿彌陁佛, 聲聞十里, 其盥漱沐浴之水, 苟得涓滴, 貴如千金, 無不掬飮, 稱爲法水, 能理百病, 男女晝夜雜處, 醜聲播聞, 祝髮爲徒, 不可勝數, 時無一人諫止者, 明宗, 漸驗僧詐, 放還其鄕, 初僧誑人曰, 萬法唯一心, 汝若勤念佛曰, 我病已愈, 則病隨而愈, 愼勿言疾之不愈, 於是, 盲者言已視, 聾者亦言已聞, 以故, 人易惑, 中書侍郞文克謙, 以微服致禮, 民庇, 亦拜於樓下, 十八年, 叅知政事, 進中書平章事, 有池得琴者, 代民庇爲大常錄事, 得琴尙在大常, 民庇已爲平章, 世誇其遷擢之速. (『고려사』 99권, 「열전」 권 12, 제신, 임민비林民庇)

애꾸눈·언청이·구순구개열

壬寅/先是, 中外號牌已成, 上慮其未精, 更作事目°"一° 形貌若面瘢'目眇'耳割'唇缺'手足蹇等表表有痕者書之°"(『세조실록』 30권, 세조 9년 1월 12일)

샴쌍둥이

三月 武珍州馬彌知縣女人産兒二頭二身四臂産時天大雷 (『삼국사기』 권 제10, 「신라본기」 제10, 헌덕왕 17년 3월)

秋七月 王都女産子一身兩頭 (『삼국사기』 권 제22, 「고구려본기」 제10, 보장왕 7년 가을 7월)

3. 갖가지 장애 원인

과로로 미치광이 병이 발작하다

以李翊爲承旨, 李煦爲掌令, 吳始復爲持平, 李敏叙爲高陽郡守° 敏叙爲玉堂時, 累日沈飮, 在直廬, 猝發狂怪之疾, 取駭於一時° 不安在朝, 出爲外職° (『현종개수실록』 23권, 현종 11년 10월 23일)

스스로 팔뚝을 끊어 잔질이 되다

上聞慶尙道開寧邑吏林茂斷腕, 自爲殘疾, 欲避入居, 遂命承政院曰: "稽諸史册, 毁肌膚以避役者, 古亦多矣° 然今聞此人事, 予甚惻然° 入居人等令所過州縣盡心救護供給, 毋致飢寒°" (『세종실록』 76권, 세종 19년 1월 4일)

4. 폭넓은 사회생활

2. 구걸하는 장애인들

구걸하여 눈먼 어머니를 봉양하다

孝宗郎遊南山鮑石亭「或云三花述」門客星馳 有二客獨後 郎問其故 曰 芬皇寺之東里有女 年二十左右 抱盲母相號而哭 問同里 曰 此女家貧 乞啜而反哺有年矣 適歲荒 倚門難以藉手 贖貸他家 得穀三十石 寄置大家服役 日暮橐米而來家 炊餉伴宿 晨則歸 役大家 如是者數日矣 母曰 昔日之糠粃 心和且平 近日之香秔 膈肝若刺 而心未安 何哉 女言其實 母痛哭 女嘆己之但能口腹之養 而失於色難也 故相持而泣 見此而遲留爾

郎聞之潸然 送穀一百斛 郎之二親亦送衣袴一襲 郎之千徒 斂組一千石遺之 事達宸聰 時眞聖王賜穀五百石 幷宅一廛 遣卒徒衛其家 以徼劫掠 旌其坊爲孝養之里 後捨其家爲寺 名兩尊寺 (『삼국유사』 권 제5, 효선 제9, 빈녀양모)

구걸하는 장애인들에게 곡식을 내려주다

還宮°駕至 漢江 重房院, 老嫗 菊花·尼 志會·盲人 金松·韓龍 等見于駕前, 上憐之, 各賜米豆各一石. (『태종실록』 11권, 태종 6년 3월 3일)

上親祭于 齊陵°駕至城門, 有盲女乞丐于途, 上惻然, 命賜米豆, 及還宮嘆曰: "中外多有如此篤疾飢寒不得其所者, 其能致雨順風調乎?" 乃命留後司, 聚鰥寡孤獨一百六十九人于 演福寺, 賜米豆人一石°(『태종실록』

부록 481

20권, 태종 10년 12월 26일)

3. 과감한 집단행동

우리에게 먹을 것을 달라

駕至開城留後司, 盲人二十餘名告乏, 命發倉, 賜陳米各一石°(『태종실록』29권, 태종 15년 2월 8일)

觀獵于金郊驛西山, 駕至開京, 留後韓雍´兼副留後李迹率父老´回回等奉迎于迎賓觀前°盲人百十四名告窮乏于駕前, 命留後司賜米四十石°(『세종실록』4권, 세종 1년 5월 3일)

환곡을 돈으로 대신 갚게 해달라

京中盲人獨女二十九人擊鼓申訴曰: "曾受還上, 以貧乏未能充納, 願以楮貨代納°" 命戶曹從其所願°(『세종실록』18권, 세종 4년 11월 28일)

4. 장애인의 살인사건

맹인 임춘의 살인사건

刑曹三覆啓: "南平囚私婢心方與奸夫盲人林春謀殺本夫性林罪, 律該心方凌遲處死, 林春斬不待時°仁順府奴元奉隨從罪, 絞待時°林春篤疾, 取旨°"命元奉減死, 餘皆依律°(『성종실록』15권, 성종 3년 2월 21일)

맹인 김명이 사람을 칼로 찌르다

刑曹三覆啓: "晋州囚盲人金明, 以刀刺殺徐有善罪, 律該斬待時°"從

之。(『성종실록』 134권, 성종 12년 10월 5일)

맹인이 같은 곳을 세 번 찌를 수 있는가

聽朝啓。承旨啓安城囚盲人金哲貞推案。【右人巫女每邑之奸夫, 與每邑之同謀, 刺殺其本夫松山, 罪斬待時, 三覆。】吏曹參判愼居寬曰:"金哲貞以篤病, 不可刑問, 而强取其服, 致之於死, 雖所自爲, 後弊則有之。況彼盲人而年老, 本夫則年少, 必待每邑之指敎而後可刺, 一刺猶可爲也, 至于再三, 皆刺其一處, 尤可疑也。雖每邑之已死, 無處可問, 而臣則有疑于心也。"知事李芑曰:"金哲貞, 盲人也, 愼居寬三刺可疑之啓至當。"上曰:"盲人一刺猶可爲也, 再三刺一處, 勢所難能, 固可疑也。有關於好生之德, 欲與朝廷更議而處之。"(『중종실록』 101권, 중종 38년 10월 16일)

살인사건의 공모자

平壤弑父人崔正甫及參謀人盲者由古咸, 三省交坐, 是日行刑。義禁府啓曰:"在前弑父母極惡之人, 則破家潴澤, 妻子爲孥, 守令罷職, 今正甫依古例施行。但本邑降號, 而平壤則非他郡縣之比, 何以爲之?"傳曰:"竝依啓。平壤則降號難矣, 前例察爲。"禁府回啓:"大槪, 降號等事, 非本府所斷, 請令該司議處, 何如?"傳曰:"依啓。"(『선조실록』 22권, 선조 21년 7월 4일)

김명익 집안의 집단 살인사건

鏡城民金鳴益一家, 發狂相亂殺。鳴益自刃其母與其二女及從妹白三

吉妻° 又使其子裕白刃其妻, 使白三吉刃其子男二人, 使其奴刃其子一八°
鳴益又自刃其奴, 三吉又執殺鳴益, 相殺者凡十八° 遣敬差官按治之° 蓋鳴
益諸子患痘, 一子有顚狂之言, 鳴益以爲接邪, 卽下火釘, 群兒一時發狂,
拔劍相殺, 身首異處, 獨裕白刃傷不殊, 自言: "其時, 視其母如山禽野獸,
依父言刃之°"大臣以本府判官李華鎭不能詳驗以聞, 請拿問, 上特命邊
配° 以鳴益´裕白弒母, 其奴弒主, 一家三人罪犯綱常, 鞠裕白誅之, 論三吉
以十惡° (『숙종실록』 14권, 숙종 9년 1월 11일)

맹인 어머니를 대신한 아들의 복수

命復孝子朴聖昌戶° 聖昌, 公洪道民也° 刺殺父讎, 詣官請命° 觀察
使李宗白論啓, 下刑曹° 刑曹奏曰: "今此朴聖昌正是周官所謂殺人而義者
也° 經許復讎之義, 法有當施之律, 而唐臣韓愈復讎狀云: '凡復父讎, 事
發具其事, 申尙書省, 集議奏聞, 酌其宜而處之°' 蓋欲使經權, 不失其宜
也° 今聖昌之母, 雖是盲廢之人, 九年事讎, 罪關倫常, 亦不可輕加原恕,
竝令該曹稟處° 夫聖昌幼穉逢變, 竄伏流離, 纔及長成, 快復九年之讎, 其
事甚奇, 其孝可尙° 道臣所引『周官』之義, 誠爲允當, 而不告官擅殺者, 杖
六十, 昭載律文, 有難撓改° 聖昌母金, 目盲力弱, 不能拒凶悍之壯男, 理勢
固然, 而其子有復讎之意, 則樂聞而助成之, 此亦可暴積年隱痛之心° 設
有處義之未盡, 廢疾而罪不至死, 則法有勿論之文, 寬免放送, 恐合事宜°"
上使儒臣, 博考古事° 玉堂兪健基曰: "昔張審素之子瑝琇, 怨楊汪誣殺其
父, 自嶺表逃歸殺汪° 張九齡欲活之, 李林甫爭之, 遂見殺, 士民憐之, 爲
作哀誄致堂° 胡氏之論, 亦以九齡爲韙° 梁^天監中, 淮陽人殺其太守成

安樂, 擧城內附, 武帝賞之° 子京雋購人刺殺殺其父者, 武帝義而釋之° 本朝申用漑之父泗爲咸吉道觀察使, 被害於李施愛之黨, 用漑劍斬父讎於都市, 詣闕請命, 朝家不罪° 今聖昌似無可罪°" 上判曰: "非特韓愈之議, 往牒與國朝故事, 俱有可援, 特令除杖放送° 夫聖昌以九歲穉兒, 能記父讎, 尋母於九年之後, 雪讎於白晝之中, 比諸前人, 可謂特異° 自首官庭, 視死如歸, 亦無愧於昔之王世命矣° 特爲給復, 以彰其孝° 其母金亦放, 令聖昌護歸事, 諭道臣°"(『영조실록』 42권, 영조 12년 11월 23일)

5. 남녀간 간통사건

제석비와 맹인 신전의 간통사건

斬故代言尹須妻帝釋婢及盲僧信全° 初, 須妻帝釋婢欲讀經度厄, 請信全來, 與皮狄栗曰: "栗之味如何?" 盲曰: "甚甛" 須妻戲曰: "有勝栗之味焉°" 因與之私者累年, 生子不擧, 殺小侍婢以滅口, 至是事覺, 憲司推劾其實以聞° 上之在蕁城也, 命諸代言及隨駕將相議其罪, 僉曰: "盲人與朝士家門婦女相奸, 非他閭里人相奸之例, 宜加極刑, 以正風俗°" 獨李叔蕃 言於世子曰: "和奸杖八十有律, 命以斬不可." 上聞之曰: "叔蕃可與予言者, 何密請於世子乎?" 帝釋婢, 世家趙何之女也; 信全卽河千景 也° 及上還宮, 六曹·臺諫啓: "信全及帝釋婢 請置極刑°" 從之, 仍敎曰: "昔人謂: '旣能爲不能爲之事, 宜當受不當受之刑°' 正謂此爾° 雖坐律外之刑, 亦無傷也°" (『태종실록』 31권, 태종 16년 2월 25일)

6. 장애인관의 변화상

어찌 궁궐에서 독경할 수 있단 말입니까?

引見大臣´備局諸臣°泰耉曰:"臣聞自宮中招瞽者四五人誦經,【卜者祈禳之雜術°】過一晝夜云, 殿下豈爲是哉? 且聞工匠之類, 逐日待令, 其所造作, 想不過服飾器用, 而如有玩好之具, 則貽累聖德, 當爲如何? 白蠟之說, 傳播外方, 而聞將雕飾階砌, 以去莓苔云°苟如是也, 峻宇雕墻, 安知其不由於此乎? 凡臣所聞, 莫非奢侈之漸°願殿下有則改之, 無則加勉°"上曰: "流傳之言, 誠甚孟浪°白蠟之入, 欲以爲燭, 而謂之飾階砌去莓苔者, 無所據矣°" 趾仁曰: "泰耉所言, 不無過激, 而實出於忠愛也°" 錫鼎曰: "諫臣之言若是過激, 而殿下反自開釋, 群下孰不欽仰? 繼自今, 凡係無益之事, 宜一切禁斷," 上曰: "當留意焉°"(『숙종실록』 35권, 숙종 27년 7월 5일)

정신질환이 있다고 상주에서 배제되다

領敦寧府事金佑明請對, 上引見於思賢閣° 佑明仍陳所懷曰: "(…) 前教官閔業死後, 其子世益有狂易之疾, 故世益之子, 代服祖喪, 至於旁題遞遷之節, 事有所礙, 不得決云° 世益雖曰失性, 尚能飢而食, 寒而衣, 至有人道, 連産子女° 遭喪之後, 亦或有衣布號哭之時云, 不可謂全無知識也°(…)°"(『현종개수실록』 27권, 현종 14년 9월 9일)

上受鍼° 副修撰金萬重請對入侍° 上問: "有何所達乎?" 萬重曰: "聞, 金佑明以閔業家事, 陳達於筵中, 有該曹查究之命云° 蓋業子世益有狂疾, 不能主喪, 故其家問於士夫之知禮者, 以世益之子愼代服斬衰° 臣不識禮

經, 只以常情疑之。 後見朱子書, 宋光寧之際, 朱子有喪服磨鍊箚子, 有曰: '三年之喪, 達于庶人.' 又曰: '嫡子有病, 嫡孫代之執喪.' 云。 其時光宗有心疾, 寧宗代喪矣。 臣未知愼之事, 果合於朱子之意, 而此不過膠守古書之致。 設有未盡之事, 非如爭財奪嫡之比, 臣以爲不必査也。"(『현종개수실록』 27권, 현종 14년 9월 13일)

2장
선진적인 장애인 복지정책

2. 지속적인 진휼제도

삼국시대 진휼제도

冬十一月 王巡行國內 見一老嫗飢凍將死 曰予以眇身居上 不能養民 使老幼至於此極 是予之罪也 解衣以覆之 推食以食之 仍命有司 在處存問 鰥寡孤獨老病不能自活者 給養之 於是 鄰國百姓聞而來者 衆矣 是年 民俗歡康 始製兜率歌 此歌樂之始也. (『삼국사기』 권 제1, 「신라본기」 제1, 유리왕 5년)

고려시대 진휼제도

恭愍王元年二月, 宥旨, 鰥寡孤獨·篤疾·癈疾, 官爲賑恤, 毋令失所. 十二年五月, 下敎, 鰥寡孤獨·癈疾之人, 在所, 當恤諸人, 窮乏不能自存者, 亦宜矜愍, 所在官司, 務加賑濟. (『고려사』「지」권 34, 식화, 진휼)

조선시대 진휼제도

賑窮民。戶曹啓: "都城內鰥寡孤獨一百六十四名, 其中八十以上三十一名; 盲人十九." 命賜米各一石。(『태종실록』27권, 태종 14년 6월 20일)

鰥寡孤獨'疲癃殘疾, 王政所當哀矜。內而漢城府五部, 外而監司守令, 詳加審問, 還上賑濟, 爲先分給【國俗, 義倉所貸, 謂之還上】毋致失所。且今適值凶歉, 慮恐失業之民, 或値飢饉。各官守令, 如有失於賑濟, 匹夫匹婦, 餓莩講【溝】壑, 定行責罰。(『세종실록』2권, 세종 즉위년 11월 3일)

教曰: "比年以來, 水旱相仍, 連歲饑饉, 前年尤甚, 民生可哀。各道監司'守令仰體予意, 持賑濟之物, 殘疾人爲先賑給。將遣朝官, 巡問閭閻, 如有一民飢死者, 從重科斷." (『세종실록』11권, 세종 3년 2월 5일)

戶曹啓: "今當農月, 可力農壯男女皆給還上, 無所耕鰥寡孤獨'殘廢疾'丐乞者乃給賑濟." 從之. 『세종실록』19권, 세종 5년 2월 4일)

軍民中有鰥寡孤獨者, 所司依例存恤, 毋令失所。民年七十以上及篤廢殘疾者, 許令一丁侍養, 不能自存者, 官爲賑給。凡軍民年八十以上者, 所司給與絹二匹'縣二斤'酒一斗肉十斤, 時加存問。(『세종실록』26권, 세종 6년 10월 15일)

3. 잔치와 생필품 하사

향연 및 물건 하사

己巳, 賜京城男女年八十以上, 及篤癈疾者, 酒食茶布, 有差°(『고려사』「세가」권 4, 현종 13년 9월)

乙亥, 親耕籍田, 赦流罪以下, 圜丘·方澤, 升壇執禮員吏, 及孝子·順孫·義夫·節婦·耆老·篤疾者, 賜物有差°(『고려사』「세가」권 5, 현종 22년 1월)

己亥, 親饗年八十以上官員, 及百姓男女孝子·順孫·義夫·節婦·鰥寡·孤獨·廢疾於毬庭, 賜物有差°(『고려사』「세가」권 7, 문종 즉위년 9월)

癸卯, 宣慰國老, 賜宴於閤門, 駕幸毬庭, 親饗庶老男女, 賜物有差, 篤疾廢疾者, 別給酒食°(『고려사』「세가」권 10, 선종 3년 8월)

癸卯, 御神鳳樓, 赦斬絞以下罪, 名山大川, 皆加德號, 民年八十以上, 及篤癈廢疾者·義夫·節婦·孝子·順孫·鰥寡·孤獨, 賜設, 分物有差, 諸色軍人, 賜米布亦有差°(『고려사』「세가」권 11, 숙종 즉위년 11월)

庚子, 親饗年八十以上男女·義夫·節婦·孝子·順孫·鰥寡·孤獨·篤癈疾者于闕庭, 賜物有差°(『고려사』「세가」권 12, 예종 원년 9월)

穆宗十年七月, 御毬庭, 集民男女年八十以上, 及篤廢疾, 六百三十五人, 臨賜酒食·布帛·茶藥, 有差°(『고려사』「지」권 22, 예, 가례, 노인에게 사연賜宴하는 의식)

熙宗四年十月乙亥, 饗國老·庶老·孝順·節義, 王, 親侑之, 丙子, 又大酺鰥寡·孤獨·篤廢疾, 賜物有差, 州府郡縣, 亦倣此例°(『고려사』「지」권 22, 예, 가례, 노인)

西京八十歲男女·孝子·順孫·鰥寡·孤獨·篤廢疾, 各給酒果味各三器, 八十男女, 布三匹, 孝子順孫, 布七匹, 鰥寡·孤獨·篤廢疾, 租一石°(『고려사』「지」권 22, 예, 가례, 노인)

東北西南界, 孝子順孫, 租六石, 八十男女·鰥寡·孤獨·篤廢疾, 租一石, 其酒果味, 與西京同 (『고려사』「지」권 22, 예, 가례, 노인)

궁궐 잔치

下禮曹公事于政院曰: "來九月初四日, 文廟別祭後, 儒生落點, 講經于明倫堂事, 捧甘結° 凡事預備可也° 且八十歲以上盲人, 禮曹啓以曹中饋餉云° 他餘老人, 亦皆扶持出入闕庭, 盲人亦可以子弟扶持, 幷於闕庭, 餉之可也° 且八十歲老人賜宴, 乃例事也° 曾聞亦有百歲之人, 此甚稀貴也° 若在遠方, 則不可招來饋之, 京畿近處及在京之人, 幷宜賜宴° 其賜宴之時, 百歲而高品者, 坐於殿內, 卑秩者, 別坐階上可也° 京畿近處及在京中百歲

以上老人,書啓°"(『중종실록』62권, 중종 23년 8월 18일)

4. 부양자 제공

고려시대 부양자 제도

丁酉 朔下制肆赦蠲. 丁巳 年以上公私逋租年八十以上及鰥寡孤獨篤疾癈疾者各給奉養一人孝子順孫義夫節婦旌表其門 燕京侍從臣僚超受爵秩餘並依前代赦令 改第衛社功臣以第一柳璥爲第五金仁俊爲第一°(『고려사』「세가」권 25, 원종 원년(1260) 6월)

忠烈王三十四年十一月, 下敎, 一, 七十以上, 無守護者, 其子孫, 犯罪流配, 宜以罪之輕重, 移免孝養, 一, 八十以上, 篤疾癈疾, 不能自存者, 隨其所望, 勿論親疎, 許一名免役護養, 若無親疎護養, 宜令東·西大悲院, 聚會安集, 公給口粮, 差官提調°(『고려사』「지」권 34, 식화, 진휼)

顯宗十一年五月乙卯, 有司奏, 前制, 凡人年八十以上, 及篤疾者, 給侍丁一名, 九十以上, 二名, 百歲者, 五名, 唯征防人, 不與焉, (…) . (『고려사』「지」권 35, 병, 병제, 오군五軍)

조선시대 부양자 제도

議政府上書: 篤疾者, 雖獨子亦給侍丁; 無後妻有兒年未滿十歲者, 免

役何如? 留中°(『태종실록』25권, 태종 13년 4월 24일)

傳旨禮曹:

今稽『六典』, 父母年七十以上者及八歲以下無繼母者, 皆從舊制施行, 産三子以上從國役者, 免其父役, 五子以上從役者及篤疾之人有一子者, 年雖未及七十, 亦給侍丁一人, 其中九十以上者, 仍復其家, 其於養老之義, 似有未盡° 父母年七十以上及篤疾者, 雖年未滿七十, 給侍丁一人 (…) . (『세종실록』57권, 세종 14년 8월 29일)

5. 각종 부역 면제

장애인에겐 부역을 면제해주다

賦役不均, 深爲害民° 疲癃殘疾無同居者, 全免°(『태조실록』15권, 태조 7년 9월 12일)

시각장애인의 외동딸에겐 부역을 면제하다

兵曹啓: "盲人獨女, 不宜差役, 請令所居部凡干里內雜徭, 一皆蠲免°" 從之°(『세조실록』11권, 세조 4년 2월 22일)

시각장애인과 그 솔정에겐 부역을 면제해주다

司諫院司諫金瑛等來啓曰: "圓覺寺修理, 實謬擧也, 不可不亟罷° 宗

廟築墻軍, 盲人獨女皆令赴役, 臣等以謂鰥寡孤獨, 仁政所先, 矜不成人, 自古而然˚ 且國法竝令免役, 借曰有率丁則役之, 此人資生實賴率丁, 若竝役使, 則無以供朝夕, 將不能保其生˚" 傳曰: "修寺之事, 予將面諭˚ 盲人獨女勿役事, 雖非爾言, 已與大臣議之˚"(『성종실록』 229권, 성종 20년 6월 26일)

시각장애인에겐 부역을 면제하다

命召戶曹判書李德良´參判金升卿與巡察使鄭蘭宗, 議穿渠役˚ 德良等議啓曰: "役軍, 五結出一夫及其道當領水軍緊要役事者外竝計, 則出夫凡二萬餘人˚ 且以本道所在鹽醬分施, 人各鹽一斗´醬五升, 可以辦二十日之食˚" 傳曰: "若不分盲人老弱出夫, 則豈能堪役乎? 巡察使其詳審爲之˚ 且赴役軍戶, 限今冬勿役事, 諭監司可也˚"(『성종실록』 184권, 성종 16년 10월 18일)

시각장애인은 좌경법에서 제외해주다

判尹金聖應請坐更之法一從家坐次第, 則可無不均之弊矣˚ 上問大臣, 皆言其便˚ 領議政金在魯曰: "盲人獨戶, 亦旣不拔則公´翁主´大臣´國舅家亦宜竝令出役, 以示大公之意˚" 上從之, 命只拔盲人及獨戶˚ (『영조실록』 52권, 영조 16년 12월 9일)

6. 연좌제 금지

시각장애인을 연좌하지 않다

命李鐵柱′鐵同自願付處° 司憲府啓:"賊臣李茂子公裕以盲人, 得免緣坐之例, 居於留後司城內° 公裕已死, 而其子鐵柱′鐵同等尙在城內, 誠爲未便° 況殿下今來此都乎? 請黜外方°" 敎曰:"從自願付處, 俾無飢饉°"
(『태종실록』 35권, 태종 18년 4월 19일)

역모죄도 연좌하지 말라 1

忠勳府都事趙銋上言曰:"父觀生篤疾, 已十七年° 今義禁府以順生兄例論緣坐, 乞免°" 下旨, 免緣坐° (『단종실록』 12권, 단종 2년 9월 9일)

역모죄도 연좌하지 말라 2

遂傳于義禁府:"以處禮屬濟州官奴, 閏兄宦者濕′石柱子盲人繼同勿竝緣坐°" (『세조실록』 35권, 세조 11년 4월 19일)

장애인 고문 금지법

義禁府判事權瑊′知事金謙光來啓曰:"亂臣緣坐許接人李檢忠眼盲° 法不當刑訊, 得情爲難° 又殺人者許貴孫, 刑訊一十三次, 尙不服° 請上裁命°" 議于領敦寧以上 鄭昌孫′韓明澮′尹壕議:"檢忠篤疾人也, 當依律文施行° 貴孫知其必死, 雖忍杖不服° 然永安道推考時, 已承服, 隨從人亦皆伏誅, 請置法°" 傳曰:"檢忠事, 考律文以啓° 貴孫不承服, 而加之大刑, 未

穩, 且功臣之後, 其減死°"(『성종실록』 147권, 성종 13년 10월 8일)

7. 감형제도

사형을 유배형으로 감해주다

文宗三十三年, 江陰縣, 有一盲, 謀奸人妻, 因殺人當死, 依律文八十以上·十歲以下, 及篤疾例論, 減死配島°(『고려사』「지」권 39, 형법, 휼형恤刑)

仁宗十六年, 判, 八十以上, 及篤疾人, 雖犯殺人, 除杖刑, 配島. (『고려사』「지」권 39, 형법, 휼형恤刑)

무고죄를 감해주다

流前護軍崔安國于外° 安國, 前朝將臣公哲之子也° 嘗與姊夫典書禹希烈不睦, 至是發狂病, 言希烈在星州時, 欲發兵作亂° 希烈上告, 乃繫安國于巡禁司鞫之, 安國曰: "希烈曾訴我於母, 不給奴婢, 是以怨之耳°" 上曰: "篤疾之人, 不可加罪°" 命收職牒而流之°(『태종실록』 7권, 태종 4년 1월 4일)

위폐를 사용한 시각장애인을 풀어주다

論用僞造楮貨者三人罪有差° 其一盲人, 其一巫女, 其一驛吏° 上曰: "無知之人誤用耳, 非自爲也° 宜免盲人, 其餘減四等科罪°"(『태종실록』 24권, 태종 12년 10월 18일)

살인죄를 감해주다

刑曹啓: "咸吉道洪原住盲人金成吉刺殺人, 罪當斬°" 上以篤疾減死°
(『세종실록』114권, 세종 28년 11월 5일)

혹세무민한 시각장애인의 죄를 감해주다

慶尙道觀察使申: "永川郡住盲人金古音龍言: '歲壬子, 有神來降, 能推算人命, 於空中唱說人禍福° 且神自言曰:「吾姓朱, 歲乙巳震死°」蓋指中國皇帝也°' 係是妖言惑衆, 請置於法°" 上謂政府曰: "昔京城有空唱巫女, 悉令黜諸城外, 今此盲亦其類也° 然指言皇帝, 此言固大, 處之何如?" 演曰: "此盲敢爲大言, 宜加重刑°" 仁等曰: "罪固大矣, 然篤疾之人, 不可加刑, 宜下刑曹照律後, 只令徙諸邊遠, 以絶妖妄°" 上從仁等議, 放置古音龍及妻子于南海°(『세종실록』126권, 세종 31년 11월 30일)

억울한 장애인을 풀어주고 구호하다

上御崇文堂宗親一品以上'領敦寧以上'議政府'六曹判書'義禁府'都摠府'儀賓入侍° 上問盲人李萬曰: "爾是瞽者, 本以推命爲業, 汝鄕有何等人, 問卜於汝乎?" 萬曰: "臣本不知卜° 且自丁未年患癲疾長臥, 誰肯問卜於臣乎?" 金方曰: "李萬能卜, 金景'任繼善皆知之°" 景'繼善皆曰: "萬稍知擇日, 未解卜也°" 繼善言有差誤, 命刑訊之, 其辭不變° 問鄭之裔'鄭一南'李繼蕃等, 皆曰: "但知擇日讀經, 而不知卜也°" 問李萬曰: "李湑問卜於汝幾度乎?" 萬曰: "無是事也°" 萬言亦有差謬, 命刑訊之° 下杖十二, 上止之曰: "此乃病人也°"(『성종실록』225권, 성종 20년 2월 18일)

于承政院曰: "盲人李萬受訊杖, 誰肯顧恤? 其亟救護°" (『성종실록』 225권, 성종 20년 2월 19일)

강상죄를 저지른 장애인을 감형할 수 있나

三省罪人武明伏誅° 左議政尹昉以委官啓曰: "武明所犯之罪, 一一承服, 更無可問之事, 而觀其爲人, 狂易失性, 似不知其母之不可打, 其弟之不可殺, 其情亦有可恕者° 臣謹考律文, 曰: '篤疾而犯叛逆'殺人, 應死者擬議奏聞, 取自上裁'云° 他大臣收議後, 稟裁施行" 右議政申欽以爲: "武明手打其母, 且殺其弟° 雖云狂易, 當伏典刑°" 上從申欽議. (『인조실록』 13권, 인조 4년 7월 19일)

장애를 고려한 법률들

殺人罪人 耳聾口啞 無以推問 則不爲就服 徑先處斷 有乖常法 減死定配 (『수교집록』, 청년사, 2001)

顚狂失性殺人者 減死定配 (『신보수교집록』, 청년사, 2000)

국경을 넘은 언어장애인들을 감형하다

據此隨將通事英瑞, 逐細詢問, 啞叭不能言語, 且不識文字° 拘驗僅有腰牌一個, 註寫宣川地名金振聲名字等語° 係孤身一人, 旣無船隻, 又無票張, 如何越境, 或另有別情逃匿之處, 礙難憑信° 飛飭該尉, 移文義州, 查明該國有無宣川地方, 竝該處有無, 啞叭金振聲之人, 作速呈報, 以

便辦理可也°(『순조실록』27권, 순조 24년 1월 18일)

　　甲辰/備局啓言:"卽見平安監司鄭元容, 兵使申絅, 義州府尹金在三狀啓, 則以爲'因鳳城將馳通, 犯越女一名押來, 而卽爲究問, 則本以灣府行乞之女, 啞聾癲狂, 莫辨疆界, 適値江氷之合, 誤入彼地, 而言語不通, 居住根因, 實無以的覆取招'云°(⋯) 仍敎曰:"旣是病癈沒覺之人, 則與故犯有異° 特施次律°"(『순조실록』34권, 순조 34년 2월 9일)

8. 정려제도

아전 정희개의 효심을 칭찬하다

　　草溪記官鄭希凱, 非但愛養其母, 異於凡人, 善事養叔父及父妾° 父妾有子女, 而友愛深至, 無父母幼少姪子及四寸等, 別爲撫養° 其爲人之孝悌, 大槪如此, 而其間奉養其親事狀, 難以一一枚擧, 而其母亂離之後, 目病成盲, 自是之後, 愛養尤篤, 保之如嬰兒, 至於飮食之際, 必自手調盡其滋味, 且以營吏, 每臨立番出去之時, 不忍離側, 眷慕彷徨, 久不能捨歸, 至以其腮, 奉憂母腮, 不忍別去之狀, 見之者墮淚, 聞之者歎服, 鄕隣皆咄咄稱道°(『선조실록』175권, 선조 37년 6월 6일)

우의정 민진장의 효심

　　右議政閔鎭長卒° 年五十二° 鎭長內行甚摯, 事其父鼎重, 順志無違,

其母有篤疾, 晝夜護視, 積數十年如一日, 誠孝出天, 人皆感歎°(『숙종실록』 34권, 숙종 26년 3월 16일)

9. 장애인 학대와 처벌제도

완평군이 시각장애인을 때려죽이고 유배되다

流完平君李朝于瓮津° 朝素狂暴, 使人招瞽者趙萬, 不至, 杖殺之° 司憲府劾問, 請如法論, 上以親故, 止收其職而流之° 司憲府再請, 不允° (『태종실록』 6권, 태종 3년 11월 19일)

시각장애인을 속여서는 안 된다

司憲府啓: "前察訪黃濟, 以朝士, 貪盲人申連財物, 欲以其女爲妾, 詐爲婚書, 誑誘婚娶, 用心奸貪, 不可不懲° 其母敬愼翁主, 爲濟成婚書, 亦不爲無罪° 請令宗簿寺鞫之°" 從之° 命以申連女爲妻, 離異郭遇女°(『성종실록』 122권, 성종 11년 10월 14일)

御經筵° 講訖, 掌令李仁錫啓曰: "前察訪黃濟, 初以盲人申連之女爲妾, 後娶郭遇女爲妻, 今以連女爲妻, 其於大體何?" 上顧問左右, 領事尹士昕對曰: "憲府所啓是° 黃濟, 駙馬懷川君之子, 太宗之孫° 豈可以申連之女, 爲嫡乎?" 仁錫曰: "召問隣人, 皆曰: '黃濟成婚時, 不着吉服°'" 上曰: "濟於連家, 有婚書, 其不爲成禮乎? 司憲府, 當執其法耳°"(『성종실록』 122권,

성종 11년 10월 17일)

참형에 처해진 시각장애인의 아내
刑曹三覆啓: "春川囚良人文小學, 奸盲人得非妻目加伊, 同謀殺得非罪, 律該小學斬, 目加伊凌遲處死°" 從之° (『성종실록』 122권, 성종 11년 10월 27일)

군을 현으로 강등시키다
司憲府大司憲成俊等上箚子曰:

臣等聞泰川本郡也, 降爲縣者, 縣居盲人之子謀殺父故也° (『성종실록』 220권, 성종 19년 9월 12일)

빌린 면포를 갚아라
盲人尹孝溫上言訴利川鄕吏張積貸綿布不償° 傳曰: "昔文王發政施仁, 必先斯鰥寡孤獨, 瞽者不成人也, 所當矜恤, 若所訴實, 則其令漢城府徵給°" (『성종실록』 260권, 성종 22년 12월 17일)

맹인 귀동이의 억울함을 풀어줘라
承旨崔漢源啓: "全州囚升今與奸夫每同, 謀殺本夫盲人貴同罪三覆°" 王曰: "依律°" (『연산군일기』 31권, 연산군 4년 11월 22일)

유석의 존속살해 사건

權應昌又啓原州囚私奴劉石推案.【右人, 謀殺其父, 推入水中, 以杖打頭罪, 斬不待時.】上曰: "此公事何如?" 彦弼曰: "觀其謀殺節次, 其情尤甚於扈世長. 此則其父不死, 故律止於此, 快示典刑爲當." 上曰: "與扈世長一樣, 決於初覆宜當." (『중종실록』 93권, 중종 35년 6월 22일)

傳于政府·六曹·漢城府曰: "予觀啓覆, 弑父者數人, 至爲駭愕. 予以不穀, 卽位于今三十五載, 治化未見, 而大逆之人, 頻見. 此敎化不明之所致, 至爲傷嘆. 近觀觀察使·守令, 不以敎化爲先, 若簿書期會, 乃其末也. 干於敎化之書, 雖數數下諭, 而觀察使·守令, 例視尋常, 敎化不明, 正由此也. 啓覆有曰: '行路之人, 亦矜其盲人救活' 云【劉石之父, 盲人也.】此惻隱之心, 人之秉彝良心也. 敎化先明, 則雖愚民, 可以化之. 如此大惡, 不得已用刑, 然賞其告者救者, 則頑惡者, 恐其現捉, 而自然畏戢也. 此等事, 同議啓之." (『중종실록』 93권, 중종 35년 6월 22일)

忠州居幼學許礎等上言云:

屬者以原州居人劉石弑父之事, 降號本州曰'芮城'. 劉石前雖居于本州, 而其父一同, 以盲人行乞, 而無定居, 故本州無帳戶籍, 而劉石從父行乞, 退計四五年間, 原州西面江川里, 良人李今山女子交嫁居生, 因作惡逆之罪, 囚禁原州官而處決, 是遽原州之人也. 只以推案內胎生本州之言, 而遽爲降號." (『중종실록』 93권, 중종 35년 9월 6일)

순화군의 민간인 폭행사건

京畿觀察使南以信【爲人麤浮, 曾按海西, 多有不稱之譏。】馳啓曰:"水原府使朴而章呈內, '今月初九日, 順和君, 藥酒持去人元金, 自水門捉入, 無數亂打, 十二日, 藥酒持去婢注叱介, 自水門捉入, 盡脫衣服, 赤身結縛, 終夜不解云。十八日, 邑內居軍士張石乙屎, 其家疫疾送神時, 張石乙屎及 盲人允化妻‘盲巫女等, 捉去, 自水門曳入, 順和君, 親自結縛, 刑問一次, 終夜結置, 盲女則上下齒各一箇‘張石乙屎, 則上下齒九箇, 以小鐵椎, 親自撞碎, 又以鈐子拔取, 流血滿面, 不通呼吸, 巫女在宮內, 卽時致死, 張石乙屎, 則翌日自水門曳出, 命在咽喉, 朝夕必死云云'順和君擧措, 如是慘酷, 倍於前日, 府內大小之人, 莫不驚駭, 一時盡散, 春耕方急, 無意東作。府使朴而章, 自觸怒鋒, 亦不得接迹, 本府之事, 極爲可慮事。"啓下義禁府。
(『선조실록』 134권, 선조 34년 2월 23일)

3장 세계 최초의 장애인 단체

명통시

시각장애인 단체, 명통시

傳旨禮曹曰:"予爲亡哀, 追薦無所不極, 庶可寬懷, 尙念惠不及窮民, 條列于左。

一, 復立 淨業院, 給奴婢三十口·田地一百結, 俾僧尼爲得活之所。

一, 諸山丐乞之人, 窮飢困乏至死, 無恤之者, 誠爲哀憫。 或其中有逃竄避役者, 或嘯聚成羣甘爲無賴者。 官家所當區處, 兵曹勿急追捕, 使致自惑。 令山直見上項等人, 徐諭撫恤之意, 率到本曹, 曹尋族親及本主保授救恤, 數加考察, 無族親及本主者, 授東西活人院救恤, 每節季啓聞。

一, 殘疾篤疾, 尤爲無告之民, 盲人則旣設 明通寺, 聾啞蹇躄之徒, 令漢城府廣覓保授, 東西活人院優恤, 每節季啓聞。 其以此知會該司。"(『세조실록』 9권, 세조 3년 9월 16일)

명통시의 기우제와 포상 사례들

命文武臣僚, 各陳時政之弊。釋京外二罪以下囚; 徙市; 聚巫女于司平府, 瞽者于 明通寺, 僧徒于 演福寺 禱雨。(『태종실록』4권, 태종 2년 7월 2일)

命禮曹禱雨于山川諸神, 又聚巫于白岳, 盲人于明通寺禱之。召檢校漢城尹孔俯, 蜥蜴祈雨于 廣延樓 下。又曰: "『詩』云: '靡神不擧。'" 令僧徒一百, 禱于興天寺舍利殿。"又命祭土龍。(『태종실록』22권, 태종 11년 7월 11일)

群盲自聚明通寺禱雨. (『태종실록』26권, 태종 13년 7월 5일)

賜明通寺盲人等米三十石. (『태종실록』26권, 태종 13년 11월 5일)

命繕工監改營 明通寺, 仍給奴婢幷十口, 五部盲人所會處也. (『태종실록』33권, 태종 17년 6월 16일)

遣左議政朴訔, 祀圓壇。圓壇, 祭天之所也, 旱則就祈焉。聚僧徒於 興福ˎ 演福寺, 盲人於 明通寺, 設祈雨精勤, 又沈虎頭於朴淵. (『태종실록』36권, 태종 18년 7월 1일)

命禪敎兩宗及明通寺禱雨, 限以得雨. (『세종실록』29권, 세종 7년 7

월 2일)

盲人等會于明通寺祈雨˚(『세종실록』 32권, 세종 8년 4월 27일)

賜明通寺祈雨盲人米三十石. (『세종실록』 32권, 세종 8년 5월 25일)

聚僧于興天寺, 聚巫于漢江祈雨˚盲人等自會明通寺祈雨. (『세종실록』 36권, 세종 9년 6월 20일)

賜明通寺祈雨盲人等米三十石. (『세종실록』 36권, 세종 9년 6월 26일)

祈雨于興天寺´明通寺, 盲亦祈雨˚賜祈雨童子布有差˚禱雨于朴淵, 其祭文曰:

粤惟靈淵, 神龍攸宅˚興雲澤物, 功在不測˚比歲旱荒, 民未足食˚靜思厥咎, 常自刻責˚又及今年, 始自農月˚迄于孟秋, 尙罹旱魃˚稼穡卒瘁, 山川滌滌˚下民安仰? 米切兢惕˚靡神不擧, 致予悃愊˚然且乍雨, 曷由沾洽? 方長之禾, 始秀之穀, 皆未用成, 何至此極? 惟爾神龍, 靈變挺特˚胡寧忍予, 不救炎赫? 爰擇吉辰, 伻陳泂酌˚爾其右之, 旋導天澤˚油然需然, 甘霆時作˚遂令多稼, 實穎實栗【粟】. (『세종실록』 37권, 세종 9년 7월 11일)

賜同知中樞院事李蓁´僉知中樞院事金聽, 各廐馬一匹, 以獻官祈雨有應故也˚蜥蜴祈雨童男及明通寺祈雨盲人, 並賜米有差˚(『세종실록』

72권, 세종 18년 6월 2일)

정기적으로 쌀과 콩을 주었다

戶曹據明通寺盲人等上言啓:"自己酉年每年例賜本寺米三十石′黃豆二十石, 以爲供佛祝釐之資, 至丁巳戊午年, 因歲歉減省°請自今復賜米豆各二十石°″從. (『세종실록』 84권, 세종 21년 3월 27일)

명통시에 건물을 하사하다

傳旨戶曹曰:

亂臣金宗瑞家, 曾給靑城尉沈安義 , 今以宗瑞及承珪 家賜忠勳司, 以閔伸家賜安義°又以瑢 大家賜文宗後宮, 李穰家賜敬淑翁主, 趙石岡家賜愼嬪, 黃貴存家賜惠嬪, 趙遂良家賜侍女春月, 趙克寬家賜侍女小斤, 尹處恭家賜侍女忠介, 安完慶家賜內侍卜檜, 許詡家賜咸貴, 尹渭家賜朴貴同, 池和家賜壽山, 友直家賜桂水, 李承胤 家賜軍子, 李保仁家賜莫同, 河石家賜衆伊, 朴以寧 家賜趙得琳, 皇甫仁新家賜林於乙云, 李賢老家賜明通寺, 瑢妾對御香家賜禁火都監, 以皇甫仁 家爲壽康宮移接所°(『단종실록』 9권, 단종 1년 12월 2일)

4장
유형별 장애인의 역사

1. 시각장애인과 자립생활

개안담開眼譚

景德王代, 漢「岐,歧」里女希明之兒, 生五稔而忽盲. 一日其母抱兒, 詣芬*皇黃寺左殿北壁畵千手大悲前, 令兒作歌禱之, 遂得明, 其詞曰: 膝肹古召旀, 二尸掌音毛乎支內良, 千手觀音叱前良中, 祈以支白屋尸置內乎多, 千隱手叱千隱目肹, 一等下叱放一等肹除惡支, 二于萬隱吾羅, 一等沙隱賜以古只內乎叱等邪阿邪也, 吾良遺知支賜尸等焉, 放冬矣用屋尸慈悲也根古. 讚曰: 竹馬蔥笙戲陌塵, 一朝雙碧失瞳人. 不因大士廻慈眼, 虛度楊花幾社春. (『삼국유사』 권 제3, 탑상-분황사천수대비 맹아득안)

도미 이야기

都彌 百濟人也 雖編戶小民 而頗知義理 其妻美麗 亦有節行 爲時人所稱 蓋婁王聞之 召都彌與語曰 凡婦人之德 雖以貞潔爲先 若在幽昏無

人之處 誘之以巧言 則能不動心者鮮矣乎 對曰 人之情不可測也 而若臣之妻者 雖死無貳者也 王欲試之 留都彌以事 使一近臣 假王衣服馬從 夜抵其家 使人先報王來 謂其婦曰 我久聞爾好 與都彌博得之 來日入爾爲宮人 自此後爾身吾所有也 遂將亂之 婦曰 國王無妄語 吾敢不順 請大王先入室 吾更衣乃進 退而雜飾一婢子薦之 王後知見欺 大怒 誣都彌以罪 矐其兩眸子 使人牽出之 置小船泛之河上 遂引其婦 强欲淫之 婦曰 今良人已失 單獨一身 不能自持 況爲王御 豈敢相違 今以月經 渾身汚穢 請俟他日薰浴而後來 王信而許之 婦便逃至江口 不能渡 呼天慟哭 忽見孤舟隨波而至 乘至泉城島 遇其夫未死 掘草根以喫 遂與同舟 至高句麗蒜山之下 麗人哀之 丐以衣食 遂苟活 終於羈旅.(『삼국사기』권 제48,「열전」제 8, 도미조)

2. 언어장애인의 의사소통 문제

죄 없는 언어장애인을 고문하다

王親鞠病啞人° 先是, 致毅親屬言: "致毅逃躱時, 率奴兒莫同去°" 云° 由是求捕四方, 名莫同者, 皆見察, 獄中常有四五莫同° 礪山郡守權鷗得一啞聾行乞兒, 捕送于京師, 其狀牒云: "此人初似聾啞已甚, 但以手叩口脣及兩耳而已, 及窮問之後, 始發雜亂辭說, 其虛妄變幻如此° 必是莫同°" 云° 王遂親鞠之, 啞人不得供辭, 使致毅親屬在囚者任袞等驗之, 皆以爲非莫同也° 又令朴應犀驗視, 應犀言: "非致毅奴°" 云° 其後連鞠之, 遂刑訊一

次, 啞人終不得言, 但口呼喎喎° 大臣等啓: "此人分明是病啞之人, 狀牒所謂, 以手指口云者, 必自指其不能言之狀也° 若果是不啞者, 則嚴刑之下, 豈無一番呼孃之聲乎? 臣等所見如此矣°" 王不省°【權鷗本以柳希奮門客, 圖爲翼社功臣, 每以詗察臨海反狀自矜, 而卒無其實可據矣° 今以金玉之秩, 出守大郡, 於蔭官名位, 非不足矣° 希望上賞, 捉得廢疾無告之人, 至以啞啞喎喎者, 爲亂言變幻, 其欺罔僥功如此, 而鞫廳亦不敢盡言°】(『광해군일기』 81권, 광해군 6년 8월 27일)

살인죄인 애립

以慶尙道宜寧殺人罪人愛立, 耳聾口啞, 不得同推事, 命議大臣° 大臣皆以爲: "愛立雖聾啞, 猶握杖殺人, 固當償命, 而耳無聞口不言, 不能取招, 有難輕斷°" 命定配° (『숙종실록』 14권, 숙종 9년 7월 8일)

5. 정신장애인의 열악한 사회적 처지

재산에 눈이 멀어 정신장애인 형을 죽이다

學生柳淵伏誅° 先是, 大丘府居柳游, 十餘年前, 病心狂走, 流寓于海州境內, 得妾住活, 或稱爲柳游, 或變姓名爲蔡應龍° 乃於今年春間, 率妾來京° 其妹夫達城都正禔聞而招見, 則遷徙困頓之餘, 形容雖變, 言語動止, 實柳游也° 游之弟柳淵, 在大丘本家, 禔通喩於淵, 使之率去° 淵上來相見, 遂與同歸中, 生奪嫡專財之邪計, 結縛傷打, 謂非其兄, 訴于大丘府°

府使朴應川, 先信柳淵之言, 只囚柳游, 而游之妻白氏, 尙在其家, 若令對面, 可以立辨, 非疑似難斷之事° 及柳游得病保放, 使淵得行賊兄之計, 終至於滅迹° 賊兄亂常之人, 不卽快治, 一道之人, 皆爲痛憤° 後以言官之啓, 下禁府推鞫, 至是淵服其罪°

【史臣曰: "柳淵以兇悖不道之人, 生奪長專財之計, 厚賂朴石, 密謀相應, 使其奴, 負出柳游, 結縛抱石, 投之琴湖, 以致滅迹, 其惡極矣° 但綱常大罪, 固當反覆詳問, 使行凶形狀, 昭著無疑, 然後人心知快, 而如褆及沈隆° 金百千之供, 雖曰: '眞柳游也°' 而皆以爲初不識認其形容, 則不無可疑之端° 及其滅迹之後, 又不得柳游之尸身, 而只以箠楚之取服, 遽成賊兄之罪, 故巷論之是非不一, 而亦恐非服念旬日, 丕蔽要囚之意也°"】

【史臣曰: "游少有心疾, 棄家出走, 其一家莫知生死者十餘年° 一日, 游來投達城令之家, 令喩於其妻, 妻使其弟淵往護率來° 淵上京, 與兄同還, 中路削去面皮, 使不知其爲游, 結縛告于大丘府曰: '此人非吾兄而稱吾兄, 請囚禁窮詰以治之°' 府使朴應川付之獄, 淵陰使獄吏圖殺之, 以滅其口, 獄吏慮有冤枉不聽° 應川使欲脫淵罪, 治游極酷, 聚邑中人, 辨其眞僞, 邑人知應川之旨, 皆曰非游也° 生員徐泂, 尤附會應川, 唯敎授徐時雄乃曰: '容貌雖變, 聽其聲音, 眞游也°' 游在獄中, 無路發明, 乃曰: '吾初娶妻時, 妻着兩重裙, 欲强脫之, 則曰: 「方有月事」 云云° 此事非外人所知, 若問於妻, 則可知虛實也°' 淵恐露情狀, 秘之勿令問° 後問其妻, 符合游言° 應川不得已, 保放柳游於人家, 囚淵, 淵欲滅迹, 與保放之家圖之, 托稱游逃走, 竊負以去° 若不投之江, 則坑之溝瀆矣° 柳淵殺兄之罪, 昭昭難掩° 淵之謀殺其兄, 欲專嫡長財物也°"】(『명종실록』 30권, 명종 19년 3월 20일)

어느 정신질환자의 떠돌이 생활

右議政徐景雨上箚曰:

臣於曩歲聞, 兪伯曾之子, 不得於後母, 失性顚狂, 終至於不知生死去處° 答曰: "知道°" (『인조실록』 45권, 인조 22년 12월 28일)

인육人肉으로 정신병을 치료하다

己酉/禮曹據咸吉道觀察使關啓: "慶源住良女仍火伊痛其夫金仁得癲疾累年, 聞邑人魏永弼言, 卽斷指和藥以救, 其心可嘉° 請依國典, 旌門復戶°" 從之° (『세조실록』 17권, 세조 5년 7월 30일)

慶尙道靑松府正兵李繼男, 其兄繼仝得癲疾, 斷手指, 和藥飮之, 再發再斷° 事聞, 賞物'復戶. (『중종실록』 49권, 중종 18년 11월 30일)

6. 한없이 순박한 지적장애인

바보 온달과 눈먼 노모

溫達 高句麗平岡王時人也 容貌龍鍾可笑 中心則晬然晬恐作曄 家甚貧 常乞食以養母 破衫弊履 往來於市井間 時人目之爲愚溫達 平岡王少女兒好啼 王戱曰 汝常啼聒我耳 長必不得爲士大夫妻 當歸之愚溫達 王每言之 及女年二八 欲下嫁於上部高氏 公主對曰 大王常語 汝必爲溫達之婦 今何故改前言乎 匹夫猶不欲食言 況至尊乎 故曰王者無戱言 今大王之

命謬矣 妾不敢祗承 王怒曰 汝不從我敎 則固不得爲吾女也 安用同居 宜從汝所適矣 於是公主以寶釧數十枚繫肘後 出宮獨行 路遇一人 問溫達之家 乃行至其家 見盲老母 近前拜問其子所在 老母對曰 吾子貧且陋 非貴人之所可近 今聞子之臭 芬馥異常 接子之手 柔滑如綿 必天下之貴人也 因誰之侜以至於此乎 惟我息不忍饑 取楡皮於山林 久而未還 公主出行 至山下 見溫達負楡皮而來 公主與之言懷 溫達悖然曰 此非幼女子所宜行 必非人也 狐鬼也 勿迫我也 遂行不顧 公主獨歸 宿柴門下 明朝更入 與母子備言之 溫達依違未決 其母曰 吾息至陋 不足爲貴人匹 吾家至窶 固不宜貴人居 公主對曰 古人言 一斗粟猶可舂 一尺布猶可縫 則苟爲同心 何必富貴然後可共乎 乃賣金釧 買得田宅奴婢牛馬器物 資用完具 初買馬 公主語溫達曰 愼勿買市人馬 須擇國馬病瘦而見放者 而後換之 溫達如其言 公主養飼其勤 馬日肥且壯 高句麗常以春三月三日 會獵樂浪之丘 以所獲猪鹿祭天及山川神 至其日王出獵 羣臣及五部兵士皆從 於是溫達以所養之馬隨行 其馳騁常在前 所獲亦多 他無若者 王召來問姓名 驚且異之 時後周武帝出師伐遼東 王領軍逆戰於拜山之野 溫達爲先鋒 疾鬪斬數十餘級 諸軍乘勝奮擊大克 及論功 無不以溫達爲第一 王嘉歎之曰 是吾女壻也 備禮迎之 賜爵爲大兄 由此寵榮尤渥 威權日盛 及陽岡王卽位 溫達奏曰 惟新羅割我漢北之地爲郡縣 百姓痛恨 未嘗忘父母之國 願大王不以愚不肖 授之以兵 一往必還吾地 王許焉 臨行誓曰 鷄立峴-竹嶺已西不歸於我 則不返也 遂行 與羅軍戰於阿旦城之下 爲流矢所中 路而死路 趙炳舜本作踣 欲葬 柩不肯動 公主來撫棺曰 死生決矣 於乎歸矣 遂擧而窆 大王聞之悲慟. (『삼국사기』권 제45, 「열전」제5, 온달조)

7. 간질장애와 인육

인육人肉으로 간질을 치료하다

命旌表西北面安州人趙存富之家° 存富, 別將英之子° 年十二, 憫其母癇疾, 聞生人骨可療, 夜以刀斷其右手無名指, 乞酒以飲, 病立愈, 故有是命, 且復其家°(『태종실록』 24권, 태종 12년 12월 1일)

慶尙道昆陽人陳謙, 父患癇疾, 謙斷手指燒末, 和酒以進, 卽差° 事聞, 命除職°(『세종실록』 87권, 세종 21년 10월 4일)

禮曹據全羅道觀察使啓本啓: "臨陂縣人吳孟根, 自割脚肉, 治其父火腫, 同縣人崔雲孫, 自斷無名指, 醫其父癇疾, 二人孝行可嘉° 請依『大典』旌門'復戶°" 從之°(『성종실록』 249권, 성종 22년 1월 23일)

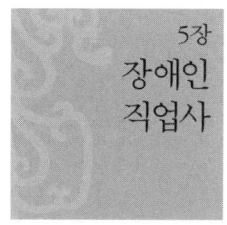

5장 장애인 직업사

1. 점을 치는 점복가

맹승 백량이 점을 쳐주고 사형당하다

金俊聞之鞫璜注光旦英旦秀之等殺之流守鈞父子宗植于島籍璜守鈞家産以與仁問君壽又以盲僧伯良卜其吉凶投海籍其家. (『고려사』130권, 「열전」43, 반역 4, 김준)

맹승 석천록의 점복

吳仁澤子前軍簿判書英柱三司判官英佐與其母卜於盲人石天祿曰 崔瑩李龜壽何時見斥 天祿曰 不久矣. (『고려사』114권, 「열전」27, 오인택)

천대받았던 점복업

憲司請除別賜田, 不允. 疏曰:

御衆之道, 不過公與信而已. 田法之文, 有曰: "公私賤口·巫覡·倡妓·

부록 515

工商˙僧尼˙賣卜盲人, 不許受田˚" 原其初意, 所以示信於民, 而防其亂也至矣˚ 人持一通, 見聞已熟, 而一有所毀, 則人必謂殿下, 刊行之法, 猶毀之, 況其他乎? 願自今, 有亡身隕命, 功勞可紀者, 必下都評議使司, 議其可否, 然後給之, 其貪緣成說, 干冒別賜者, 一行抑絶, 其庸賤之流, 曾有功勞, 已受別賜者, 亦令攸司, 追還其田, 賞以他物, 一依公文之制˚ (『정종실록』1권, 정종 1년 6월 1일)

태종의 맹승 유담에 대한 신뢰

大司憲李原等, 請罷檢校之職, 不允˚ 疏曰:

殿下新承天子之命, 首正官制而務汰冗, 以爲子孫億萬世之令典, 獨此檢校, 當汰而未汰˚ 臣等以爲名器之重, 不可輕以與人˚ 檢校數多, 非特無責任而耗廩祿, 以至庸醫理馬之徒, 亦得混雜˚ 願殿下除內侍府輪番侍衛外, 悉罷檢校˚ 今盲人柳湛, 亦受內侍府之職, 非所以重名器也˚ 如有可賞, 則賞之以物˚

上令三府同議, 一如憲府之請. (『태종실록』2권, 태종 1년 8월 5일)

戊申 /削檢校戶曹典書 柳湛 職˚ 司諫院上疏, 略曰:

本朝檢校之職, 由有勳舊之親, 今以盲人 柳湛 爲檢校戶曹典書˚ 賣卜之人, 居於勳親之列, 不惟乖於設官之意, 亦有虧於垂世之規˚ 請收其職, 以示爵賞之公˚ 如有微功, 賞以粟帛可也˚

不允復請乃從之˚ 湛卽盲僧善明也˚ 以善卜筮著名˚ (『태종실록』9권, 태종 5년 1월 11일)

前開城留後柳湛, 以老上箋, 乞身歸田庄, 不允° 上曰: "湛乃驪興府院君碁朋也, 當從其請° 然二品以上, 不許居外, 已有著令, 不可以私廢之°"(『태종실록』25권, 태종 13년 1월 27일)

점괘가 틀렸을 경우
誠寧大君李褈發剡豆瘡疾篤, 命摠制成抑奉香就興德寺, 精勤祈禱之° 命承政院召集善卜者, 問褈吉凶, 盲人韓覺云鄭信悟等卜之, 皆曰"吉." 檢校判內侍府事金龍奇齎奉誠寧大君救病願狀, 如 昷嶺羅漢殿, 以病日臻也. 靑城君鄭擢以『易』占進於上, 忠寧大君就解之甚明, 世子心服之, 左右皆嘆美之. (『태종실록』35권, 태종 18년 1월 26일)

刑曹請盲人巫女之罪° 啓曰: "盲人卜者不精其業, 乃以 誠寧 延命啓聞° 且國巫 加伊 不能祈禳免禍; 巫女 寶文 不察病勢, 淫祀雜神於宮闈, 以致不測° 請皆置於法°" 命除盲人及 加伊 外, 寶文 依律處罪° (『태종실록』35권, 태종 18년 2월 11일)

맹인의 공녀 선발
進獻色啓: "大小兩班處女, 但令盲人巫女陳告未便, 乞令時散東西各品陳告° 自己女子及兄弟族親女子, 限七月十八日, 外方各官有奴婢大小品官·鄕吏各戶處女, 令其道觀察使親監選揀移文° 其中隱匿不告者, 以年歲相準色惡他女代出者, 一依丁酉年例, 以王旨不從論罪, 家産沒官, 告者充賞° 有科田者, 許人陳告遞受, 不用心考察守令及各道都觀察使, 竝令抵

罪°"從之°(『세종실록』25권, 세종 6년 7월 13일)

進獻色啓:"大小朝士各戶處女, 只使盲人巫女進告, 恐或未盡°請令文武各品及五部閑散良家戶首年十歲以上十六歲以下, 自己女子及親兄弟族親女子, 限今三月二十日, 無遺錄名進呈°各道大小文武官及散人與鄕吏各戶處女, 依前例, 卽遣內史色官員各一, 與其道監司同選°前朝王氏向國人及關係國家罪人女子, 並不選揀°奸詐之徒不顧大體, 自己及族親女子, 或稱年壯'或稱年幼'或稱有病'或京外相推, 飾辭不納, 情狀明白者, 亦依前例通政以下, 拿來直囚, 現推論罪°二品以上, 啓聞論罪°"從之°(『세종실록』31권, 세종 8년 3월 14일)

단종은 복위될 것입니다

御思政殿, 當直都鎭撫兼司僕官侍衛. 命召義禁府提調, 承旨,臺諫等入侍, 拿致 朴耆年, 沈愼, 李禎祥, 李智英 等, 杖問黨與. (…) 又問盲人 羅加乙豆 曰:"幾人幾度來問卜乎?"對曰:"頃者奉褓夫人, 使人問曰, '鶺鴒鳴于闕北, 何故耶?'臣答曰, '安樂,' 其人曰, '於上王有何事乎?'臣曰, '上王當不久還位矣.'"(『세조실록』4권, 세조 2년 6월 18일)

국복國卜 김영창

上御仁政殿, 行王世子定親禮°【嬪,前參奉黃大任之女°大任, 安馣之妹夫, 而馣之養子德大, 卽尹元衡之壻也°元衡, 自以恩眷漸衰, 文定王后, 一朝賓天, 則更無可倚之勢, 與大任及其所厚國卜盲人金永昌, 潛謀改大任

之女生年日月, 變凶爲吉, 又以必聘大任之女之意, 密告于文定王后以定之, 上及中殿, 皆非其意, 而迫於慈教, 不得已而爲之° 世子, 國本也, 定嬪, 大禮也° 元衡私爲己之謀, 脅制君父, 必逐其欲° 自古人臣負如此大罪, 而其有不伏天誅者乎?】(『명종실록』 27권, 명종 16년 1월 15일)

대궐 안에 잡인이 출입할 수 없다

盲人申景達承命入闕內° 史臣曰: "夫王者, 體天法地, 斂福保極° 惟德是補用集大命者在是, 自底不類以災厥身者在是° 有慶有殃, 各以類至, 一吉一凶, 亶不外是也, 明矣° 何有去聖王之道, 捨明辟之法, 而從妖盲之怪說, 以驗禍福也? 況盲者非人君可接之物, 闕中非雜人可入之地, 而致之大內進, 其所言誕詭, 無所據, 而信奉之, 亦且惑矣° 噫! 古之人君, 誦箴奏工而已; 금지人君, 談命徼福而已°"(『광해군일기』 114권, 광해군 9년 4월 3일)

세자빈 간택

漢城府請: 摘發隱諱處女之家長, 罪之° 上從之時, 以王子夫人揀擇, 捧處女單子, 而人多避結婚宮家, 隱諱不出° 部官莫能摘發° 於是, 聚五部盲人, 使各告士夫家推卜時所知處女不告者, 或杖訊鉤問, 遂罪其家長° 士夫之欺隱, 固有其失, 而其損於國體大矣° 惜哉! (『인조실록』 3권, 인조 1년 윤10월 27일)

남을 대신 저주해주다

捕盜廳啓曰:"近來人心薄惡, 咀呪之變, 無處無之° 砲手朴景春來告曰:'卽者水口門外, 適見兩女人於城底, 覓棄屍, 以刀割其頭, 藏之布帒中.'急令追捕, 則一人逃走, 只捕其持屍頭者推問, 則乃盲人朴貴福之婢春伊稱名者也° 其招曰:'鍾樓路傍居女人者斤, 以其女壻娶他妻之故, 欲爲咀呪, 以厚賂, 請於吾主朴貴福, 貴福使我覓納頭骨, 故與者斤之婢彦德者, 偕往同事, 而適爲現捉° 至於前日, 兩班'常人家婢僕, 往來貴福家, 密謀咀呪者, 非止一二, 而女巫加屎及書吏林義信者, 亦同參相知'云. 奸邪之徒, 欲報仇怨, 行兇作孽, 罔有忌憚° 今觀其所供, 則朴貴福'加屎,之爲首謀, 明白無疑, 不可不窮問, 而貴福'者斤'加屎則皆斃於杖下, 此必同惡之人, 置毒徑斃, 事極可駭° 其他春伊'彦德'林義信等, 皆受貴福之指揮, 同謀咀呪之狀, 亦極痛惡, 竝令攸司按覈°"答曰:"依啓° 貴福等之徑斃, 殊甚可疑° 其時獄卒, 摘發重究, 以杜後弊° 進告砲手, 則令該曹量宜施賞°"(『인조실록』30권, 인조 12년 12월 18일)

2. 경을 읽는 독경사

맹승을 모아 기우제를 지내게 하다

壬子 雨雹聚盲僧禱雨° (『고려사』 29권, 「세가」 29, 충렬왕 6년 5월)

도류승을 불러 병을 치료하다

在行在所出入, 令道流僧振鐸呪之. (『정종실록』 1권, 정종 1년 3월 9일)

上及讓寧·孝寧奉大妃, 令道流僧海恂先行遁甲之術, 欲向豐壤 吳溥家, 迷失路, 誤到他家, 家甚隘陋° 又尋豐壤 南村注簿崔詮家, 乃留祈祝, 病猶未愈°(『세종실록』 8권, 세종 2년 6월 10일)

聚道流僧十四, 夜設桃枝精勤° 上憂深, 靡神不擧, 乘馹者絡繹不絶. (『세종실록』 8권, 세종 2년 6월 11일)

漢城府搜訪得檢校判官 鄭苗·僧俗數十人, 遣詣豐壤, 命擇留三四人, 餘皆遣還° 上夜奉大妃微行, 次于離宮南郊二里許草地, 兩大君及淸平, 平壤二公主亦從之, 其餘從者男女不過四十人° 鄭苗及道流僧乙乳等前導而行°(『세종실록』 8권, 세종 2년 6월 21일)

맹승을 불러 독경하다

遣 淸平府院君李伯剛, 禱于開慶寺藥師如來, 吉昌君權跬醮北斗于昭格殿° 分遣司謁·司鑰, 遍禱于松嶽·白嶽·紺嶽·楊州 城隍之神, 夕聚盲僧七人, 設三十品道場于樂天亭內庭° 上不進膳·不就寢, 盡誠以禱. (『세종실록』 8권, 세종 2년 6월 1일)

왕의 종기를 치료하다

傳旨承政院:"凡人之瘇, 由陽氣壅塞也° 若呪之, 使陰氣入內, 陰陽

相和, 則或有痊愈者° 予發瘧, 召一呪盲治之, 今日小愈° 縱非因此而得 痊, 然賴呪得活者有之, 其賜盲衣一襲ˇ米二石°"(『세종실록』 108권, 세종 27년 4월 29일)

독경사에게 비를 빌게 하다

禮曹啓: "請聚盲, 祈雨于靈通寺°" 從之. (『성종실록』 44권, 성종 5년 6월 26일)

傳于承政院曰: "今觀氣候, 頓無雨徵, 百姓生生之理, 至爲艱甚° 令盲人ˇ僧人祈禱, 予非崇信, 此亦我國家故事也, 試之何如?" 都承旨金升卿等啓曰: "古云: '靡神不擧°' 今年之旱, 甚於庚寅, 災變至迫, 祈禱之事, 當無所不爲也°" 右承旨盧公弼獨啓曰: "臣意以爲未穩也° 禱于宗廟ˇ社稷而皆無應, 今禱於寺社而幸有雨, 則人皆謂廟社無神, 而佛獨有靈, 則是滋愚民之惑也° 況佛不能致雨決矣° 惟盲人ˇ童子, 其心專一, 可使禱也°" 傳曰: "僧徒禱雨, 亦是故事, 不可廢也°". (『성종실록』 130권, 성종 12년 6월 28일)

독경사의 기우제는 무익한 일입니다

御書講° 上因聚巫, 禱雨之語曰: "旱氣, 災變之大者, 豈可以巫禱, 能爲弭耶? 史臣所謂: '當敬畏, 答天之言°' 誠矣我國有旱, 則亦聚盲與巫, 以祈雨, 此固無益者也°" 特進官沈貞曰: "上敎至當° 旱災, 天之所以譴告° 是宜戒惕以答之, 反用巫覡之荒怪, 誠爲不可° 然是術之行, 其來已久, 春秋

時亦有焚巫尫當雨之語也。凡旱之生, 皆由於一時人民之冤抑, 人君當側身修行, 以消其災, 非巫術所能禱也。" 侍講官徐厚曰: "我國之用巫祈雨, 固與古人切切修己, 以答天譴之事, 有異焉。昔商湯擧六事以自責, 天卽應效。一時之弊, 以至於上下陵夷, 有賄賂公行, 竊弄權柄, 則必有是災, 上下固當側身戒懼, 以答天意而已, 何必用巫盲之虛誕乎? 修己, 實事; 巫祈, 虛文。徒事虛文, 不責其實, 是特欺天而已。忠肅王好遊畋, 以至於作假屋於山下, 取民怨勞, 而徒責雨於巫, 何足言哉?". (『중종실록』 41권, 중종 16년 1월 26일)

독경사의 기우제를 그만두소서

禮曹啓曰: "觀測水器, 下雨六分, 不至周足。但雨勢似不止, 春塘臺池邊蜥蜴祭、街巷祈雨、盲人祈雨及勿擊皮鼓、遷市、閉崇禮門; 開肅靖門事, 欲改擇日, 敢稟。【觀雨勢更稟事, 前日傳敎, 故更啓。】東籍田來報: '蝗蟲自雨後, 十分內九分減。' 云, 敢啓。" 傳曰: "知道。但雨勢如此, 時未洽足, 蜥蜴祭及盲人祈雨勿停。街巷祈雨, 有同兒戲, 可停之。閉門、遷市、勿擊皮皷等事, 改擇日可也。". (『중종실록』 57권, 중종 21년 5월 14일)

독경사의 기우제 부활

御晝講。同經筵李翊相請依舊例, 試使盲人祈雨, 上難之曰: "此孝廟時, 以爲不經而罷者也。" 玉堂南致熏、徐宗泰亦言既有前例, 行之無妨, 上命試行之。(『숙종실록』 14권, 숙종 9년 6월 14일)

맹인 일곱 명이 궐내 출입을 저지당하다

중관中官이 대비의 명에 따라 맹인盲人 7명을 흥원문興元門 안으로 끌어 들였는데, 中官以大妃命, 引入七盲人於興元門內, 蓋爲祈福事也° 兵曹佐郞金堉麾而不納曰: "非有上命, 不敢納雜人於禁門°" 中官百端恐喝, 終不得引入° (『인조실록』 8권, 인조 3년 1월 19일)

3. 음악을 연주하는 악공

시각장애인 악공이 가무를 가르치다

擇歌舞女兒重千金 等五人, 令妓六人 盲三人分爲三番, 輪日詣闕敎之° (『세종실록』 44권, 세종 11년 5월 3일)

내연에 시각장애인 악공을 쓰다 1

庚午/傳于禮曹曰: "今後內宴時, 除樂工, 令矇瞍奏樂." (『성종실록』 8권, 성종 1년 12월 27일)

내연에 시각장애인 악공을 쓰다 2

議政府·六曹·忠勳府進宴于三殿° 院相 鄭昌孫 啓于三殿曰: "再請用樂, 竟未蒙允, 縱未得終宴奏樂, 於殿下進爵時, 許奏何如°" 懿旨曰: "主上亦請進爵時奏樂, 今政丞之言又如此, 是必主上命也° 此實難聽, 然重違政丞之請, 强從之, 其以妓十五人及瞽者, 只於主上進爵時奏樂°" 昌孫 頓

首謝°(『성종실록』 58권, 성종 6년 8월 15일)

장악원의 관원을 불러 질책하다

傳曰: "昨日進宴時, 妓及管絃盲, 皆不用意奏樂, 且歌曲不調° 其召掌樂院官問之°" 提調 尹弼商 來待罪° 傳曰: "欲使卿等知之耳, 何煩待罪? 但妓等怠於唱歌, 歌者亦恒歌一曲, 豈宜事體?" 弼商 啓曰: "信如上敎°" 仍啓曰: "行幸時甚寂寥, 請令歌童 工人多數隨駕, 幷載牙箏°" 傳曰: "可°"

【史臣曰: "古之大臣, 以道事君; 而今之大臣,則遊田娛樂之事, 從而導之, 惜乎!"】(『성종실록』 219권, 성종 19년 8월 16일)

시각장애인 악공들이 생계대책을 요구하다

盲人 朴連等二十六人上言: "病人各以琴瑟爲業, 以資生理, 近因國喪停樂, 難以過活°" 命各給米一石°(『세종실록』 25권, 세종 6년 7월 22일)

6장
장애인 관직 및 관료들

2. 점복가를 위한 명과학

점복가를 위해 명과학을 설치하다

戊寅 /議政府據禮曹呈啓: "課命盲, 擇年少穎悟者十人, 屬書雲觀, 置訓導四五人, 三日一次聚會習業." 從之. (『세종실록』 107권, 세종 27년 3월 5일)

명과학의 존폐 문제

觀象監提調啓: "一, 『大典』內: '地理學, 遞兒二 生徒十五人; 命課學, 遞兒二 生徒十八.' 竊考地理學, 則掌陵室修補, 大小喪葬諸事, 職任甚煩, 而生徒不足; 命譯【課】學, 則只習命書, 其任不切. 請令兩學人兼講地理 命課諸書, 其分數多者, 授遞兒職. (『성종실록』 10권, 성종 2년 6월 30일)

觀象監提調啓: "當初命課學設立之時, 設遞兒職二 訓導二 生徒

十八, 今設立已久, 而所業成就者鮮少, 又無新屬者, 將至廢絶˚ 請以遞兒 二, 還屬地理學, 禁漏其前銜生徒, 移屬地理學訓導, 遞兒二, 依前例, 加設 雜職, 聚盲人, 專委鍊業, 四孟朔取才除授˚" 從之˚ (『성종실록』 49권, 성 종 5년 11월 27일)

왕비 간택자의 팔자를 점치게 하다

傳于政院曰: "令命課學, 推卜今下處女四人八字 于闕內˚"【孫濬´ 金 聰´ 尹之任´ 尹金孫 等女也˚】(『중종실록』 23권, 중종 10년 11월 8일)

명과학은 없어도 되는 것입니다

御晝講˚ 尹殷輔 曰: "天文則乃古事也; 命課學則可無者也˚" 上曰: "設 立命課, 因其職事, 而出入闕內, 故下人疑其引見也˚" 鄭譍 曰: "天文, 乃曆 象日月, 此 唐´ 虞 遺制, 而太史乃望氛祲´察災變, 不得不爾, 卜書亦古龜卜 之遺意, 而後世則流於談命之說焉˚ 陰陽五行, 皆天理´自然之事, 雖知之 無益, 而空爲左道之歸矣˚" 上曰: "天文卜書非不美也, 而今則謬誤已甚˚" 蔡忱 曰: "天文´地理´卜筮, 乃三代遺意也˚ 今地理爲風水之異端; 卜筮爲談 命之詭說˚ 古人論談命者以謂: ˊ南陽 貴士, 何必俱當六合; 長平 坑卒, 未 必共犯三刑˚ˊ 此, 確論也˚" (『중종실록』 26권, 중종 11년 10월 23일)

"天文以外, 其外地理 命課皆廢也. 盲人無視聽, 其於陰陽´死生´吉凶 消長之理, 無有知者, 地理之學, 亦無能知者, 世俗惑於其說, 或過期不葬, 甚爲非矣, 皆可無也˚" (『중종실록』 26권, 중종 11년 10월 29일)

명과학의 기강을 바로잡으라

敎曰:"近來命課學, 莫能成樣, 以專昧向方者苟充, 此豈成說? 如孤虛旺相之法, 方書浩多, 門路甚大, 固難責於此輩, 而若其生氣福德´天時陰晴, 一見風雨賦者, 孰不知之, 而以今番神室修改擇日言之, 不能審愼, 有此償誤° 雲觀一提擧, 粗解象緯之學° 祿官中術業精明者, 視其功勞, 陞遷敎授, 生徒中有才可敎者, 善爲勸課, 俾底成就, 雖勸課而終不成才者, 一倂除汰° 若其勸課成就之方, 則限以幾年, 凡係釐正之事, 成節目, 後日登筵稟處°"(『정조실록』33권, 정조 15년 7월 28일)

3. 악공을 위한 관현맹인 제도

관현맹인도 일반 악공의 예에 따르다

戶曹啓:"管絃盲人等, 請依樂工例, 春秋賜米°"命各加豆一石°(『세종실록』52권, 세종 13년 5월 27일)

禮曹啓:"慣習都監管絃盲人, 試才受職, 已曾立法° 然其中干係賤口者, 不得試才受職, 依諸色匠人賤口受職例, 於流品外雜職, 試才叙用°" 從之°(『세종실록』66권, 세종 16년 11월 24일)

禮曹啓:"鄕唐樂盲人, 依樂工例, 一年相遞受職°"從之°(『세종실록』68권, 세종 17년 5월 8일)

사회적 약자층에서 선발하다

禮曹啓:"前者奉常少尹 朴堧, 上言受敎:'朝會樂工, 並以公私婢子, 甲午年六月以後嫁良夫所生及干尺補充軍所生, 京居者定屬'' 其京居賣卜 盲人‧經師‧巫女各色補充軍等子孫, 並推定屬''" 從之''(『세종실록』 50권, 세종 12년 11월 4일)

관현맹인의 처우를 개선해주다

慣習都監使 朴堧 上言:

一' 管絃之盲, 皆孤寒貧窮無告之人' 往年擇入慣習都監者, 僅十有八人, 才品可取者, 不過四五人, 餘皆初學未熟, 年已過半, 殘廢已甚'' 盖管絃之習, 未免艱苦, 卜筮之業, 足養妻子, 故聰明年少者, 皆赴陰陽學, 不以音律爲事'' 若無激揚之法, 則瞽樂廢絶, 將不勉也'' 古先帝王皆用瞽者, 以爲樂師, 委之絃誦之任, 以其無目而審於音, 且以天下無棄人也'' 旣爲時用, 則疑亦有矜恤之典也'' 臣愚妄意已屬都監十八人內, 其陪宴年久者, 除授東班五品已上檢職, 其餘並許拜參, 如有聰明年少, 衆樂通曉, 自願入屬者, 初除七品檢職, 待其慣習, 例加參職, 以開子孫後日之路, 則在我爲不費之惠, 而在彼爲不勸之勸, 似不害理'' 況卜盲檢職, 已有其例乎? 又其賜米, 勿限春秋兩等, 四時分與, 勸礪興起'' 士大夫子孫廢疾者非一, 此輩旣無筮仕之理, 又無承蔭之例, 此正所謂天下之棄人' 如有承重, 而遘此變者, 雖公卿之子‧勳閥之胄, 身旣無爵, 不得奉祀祖宗, 此於聖主一視同仁之化, 不無陰谷覆盆之憾, 願加四五品檢職以兼濟之, 仍膽典册, 永爲恒或【式】''

命下詳定所, 同議以啓° (『세종실록』 54권, 세종 13년 12월 25일)

禮曹啓: "今以上護軍 朴堧 上言條件, 與詳定所提調同議° 選各官年少官奴六十人, 以備男樂及方響三件, 量宜加造條, 僉曰: '可°' 管弦盲人年少者, 擇授檢職, 四時賜米' 士大夫子孫承重, 而遘此疾者, 亦加檢職條, 鄭招 以爲: '檢職已革, 不可復設° 伶官, 古者皆用瞽者, 今可於典樂署, 逐位加沒【設】一二員, 以授瞽者° 前銜則四時賜米° 殘疾者, 若不存恤, 何以得活?' 從之° (『세종실록』 55권, 세종 14년 1월 28일)

관습도감의 관현맹인을 해체하소서

議政府啓: "慣習都監管絃盲, 當初倡妓未習絲竹杖鼓之時, 爲宮中宴享, 不得已而設也° 今倡妓皆學鄕 唐 樂, 宮中宴享之時, 各供其職, 管絃盲, 旣無所用, 而猶係官籍, 不得任便居生° 請革之, 以遂其生°" 從之° (『세종실록』 116권, 세종 29년 4월 9일)

중종대 여악폐지 논쟁

上曰: "女樂, 予亦欲卽革, 而但聞大臣之議, 非徒內宴宮中, 陳賀時所用, 亦多於此° 若有可代者, 則卽革何難?" 光祖曰: "內宴用女樂, 其來已久, 然甚悖於帝王之道° 今旣命革於外, 甚盛意也, 反於宮中不革, 此甚不可° 且在世宗朝, 亦嘗廢之矣" 上曰: "三代時, 豈無內用之樂乎?" 光祖曰: "內宴所用之樂果難° 然先革去, 則必有所以處之者° 古者夜則令瞽誦詩, 若賀禮時, 則亦可以醫女導其禮, 而且用宮女, 亦似無妨" 上曰: "只用

聲樂, 凡所節奏, 不能自導也, 無乃別有所處者乎? 其議之。"用漑曰: "若廢內宴則已, 不然則廢女樂, 無可代者。周時有用於閨門之樂者, 然不可考也。"光祖曰: "周時非用樂也。此特歌詩耳。"上曰: "先議所處之事而後, 革之可也。"用漑曰: "若不盡廢宮中之樂, 則不可革也。"光祖曰: "古人奏樂用瞽矇。今諭于八道, 抄其女瞽, 備給衣服, 而敎歌舞節次, 用之於內宴何如?"用漑曰: "樂如不備則已, 若要備則不可廢舞女, 瞽豈知其折旋乎?"光祖曰: 瞽者亦猶知其家之所在, 而如小小細路, 亦能審入, 豈不能舞蹈折旋乎? 用漑曰: "鍾磬、石磬, 亦可使瞽考【者】擊之乎?"金淨曰: "琴瑟尙能彈, 況磬乎?"光祖曰: "用漑知識甚不廣。彼若見古時人主, 欲革女樂, 而大臣或以爲不可革, 則如用漑者, 亦必以謂不可矣。"檢討官具壽福曰: "古有房中之樂, 非如今時之妓樂。"同知事李惟淸曰: "爲慈殿, 不可徒用聲樂。且如邊方將士, 若戍遠鄙, 以此自慰, 今而革之, 此亦何如?"彭孫曰: "不可謂以此可爲奉歡慈殿也。"惟淸曰: "雖凡人於奉親也, 欲進觴, 則要欲奏一曲以娛之。況國君爲奉親, 而乃廢聲樂乎?"光祖曰: "古則婦人無宴享之禮。雖欲孝于親, 節之以義, 不宜若是。惟淸之言, 則蓋言其情也, 然於上前, 所不敢啓者也。"淨曰: "所謂房中之樂, 只是歌詩, 非以鄭、衛之音, 合奏者也。"上曰: "大臣及禮曹、掌樂院, 議之可也。"用漑曰: "廢樂則已, 不然則無可代者。"光祖曰此言甚非。今欲革之, 眞是盛擧, 而臣子不奉聖意, 爲之贊導, 其免後世之責乎?"上曰: "女樂事, 亦更磨鍊可也。"(『중종실록』 35권, 중종 14년 2월 12일)

執義朴守紋曰: "女樂決然去之之後, 講究其代用者, 可也。"光祖曰:

"此乃王化所關, 爲內宴而存之, 不免後世之譏° 宜則【卽】革去" 上曰: "革之非難, 但內宴奏樂節次, 不可容易去之° 已令磨鍊, 姑待之° 且用男瞽' 女盲, 則豈能指導乎?" 光祖曰: "或用宮人, 或用宦者, 或用女醫, 指揮節奏, 可也°" 上曰: "宮人所不能也, 且宦者不可入內° 予意女盲, 則不知節次矣° 雖以男樂隔墻奏之, 聲可徹于內也° 當更議處°" (『중종실록』 35권, 중종 14년 2월 14일)

전쟁으로 관현맹인이 혁파되다

掌樂院牒呈于禮曹曰: "今次四十年陳賀後, 進宴待秋節爲之事, 承傳矣° 外宴該用男樂, 則時存樂工, 預爲慣習° 但內宴當用女樂, 而女妓及管絃盲人, 亂後竝爲革罷, 非朝夕卒然可辦° 前期講定, 以便傳習事, 牒報矣°" 禮曹啓目: "粘連° 常時外宴則用男樂; 內宴則用女樂, 管絃盲人亦與焉° 故, 今當上壽宴, 該司之官預爲報稟矣° 經亂後, 男樂雖曰粗備, 而女樂全廢° 若於宴享時, 不爲用樂, 則於國家莫大之慶, 非但大小群情落莫, 於臣子享上之義, 大有所歉然, 無以盡誠而致歡° 依前例用樂何如?" 傳曰: "勿爲擧行°" (『선조실록』 200권, 선조 39년 6월 11일)

관현맹인의 복구 문제

王命禮曹, 復設女樂, 亦曹請議于大臣, 領議政李德馨' 領中樞府事尹承勳議: "當此之時, 國家庶事, 徒擁虛器, 宗在舞佾, 亦不得備, 其於長樂愉悅之擧, 則隨便盡禮可矣° 至於盲樂給料, 似難遽議°" 左議政李恒福議: "禮係愉悅, 無容異議, 事涉豫大, 難遽議行° 至於盲樂童歌, 尤似滋

侈, 徐議擧行未晚°" 傳曰: "大臣之議固是矣° 但該司之有此議, 亦出於不 儉其親之意, 雖不能依平時復設, 參酌量宜分定, 訓習以待°" (『광해군일기』 26권, 광해군 2년 3월 4일)

4. 공신과 그 후손들

공신 이영선

傳旨吏曹曰: "(…) 盲人李永宣′濟生院奴和尙等, 竝錄原從三等功臣°" (『세조실록』 20권, 세조 6년 5월 25일)

공신 성석린의 시각장애인 자손들

司憲府啓: "參議成志道, 昌寧府院君石璘嫡長子也° 其弟參贊發道之 壻金連枝·金守智·宋石同等, 有祠堂之家, 分而有之, 凌辱志道, 殊無尊 祖之意, 風俗不美, 莫此若也° 然事在赦前, 不可追論, 當取家舍, 給其志 道°" 從之° (『세종실록』 65권, 세종 16년 9월 2일)

以許誠爲中樞院使, 洪珣同知中樞院事° 遙授李全生僉知中樞院事, 命除謝恩° 全生, 澄石′澄玉之父也° 以檢校工曹典書, 居靈山年過八十; 以 其子有功勞, 特除之° 又以盲人成龜壽爲副司直° 龜壽, 功臣昌寧府院君成 石璘之孫也° 石璘季子發道死而無後, 長子志道生而盲, 其子龜壽亦盲, 故石璘卒而不得爲嗣, 至是龜壽生子° 上聞之, 怜其無官, 特除之° 後又因

有司所啓, 許遞受其祖科田, 將以繼其後也°(『세종실록』 80권, 세종 20년 3월 27일)

鄭文烱´李克墩´李世佐´盧公弼啓:"(…) 昔世祖朝成石璘之子聱者也° 以功臣嫡長, 在家而授嘉善°"(『연산군일기』 24권, 연산군 3년 6월 16일)

5. 정1품 정승들

우의정 권균의 간곡한 요청

右議政權鈞, 以病呈辭曰:"臣近因病勢沈緜, 乞解重任, 伏蒙聖慈給暇調理, 聖恩深重° 第緣臣宿患風眩, 年年鍼灸, 眶勉趨衙° 今則年齒益衰, 加以病痼, 專不進食, 榮衛枯羸消瘦° 前之風眩, 又從而交發, 多方救療, 略無一效, 此由臣福過所召° 天道虧盈, 器滿則覆, 臣之盈滿, 極矣° 病入膏肓, 理所當然° 政府非養病之地, 而臣之臥病, 二旬餘矣° 臣雖不關於有無, 心則敢安於斯須? 釋負居閑, 安心救病, 不勝至願°"傳曰:"加給由可也° 但大臣之辭也, 製不允批答以啓°"(『중종실록』 57권, 중종 21년 8월 26일)

용문선생 조욱

前長水縣監趙昱卒° 昱字景陽, 爲人淸虛恬澹, 不慕榮利, 博覽經史, 工於詩律° 初以公薦, 除參奉, 旋得心疾, 不仕° 遂卜居于龍門山下, 放情丘

駤, 以吟詠自遣° 朝廷擧以遺逸, 授長水縣監, 復以病棄官而歸, 尋卒° 其兄晟, 性寬厚和易, 精於醫藥, 如音律·算學·天文, 無不通曉, 俱有名當世°(『명종실록』 23권, 명종 12년 11월 30일)

지체장애인 영부사 심희수

領府事沈喜壽入侍, 病甚, 王命中官, 扶掖上下°. (『광해군일기』 66권, 광해군 5년 5월 18일)

判府事沈喜壽上箚云: "蹇濕病重, 勢難入侍, 親鞫之時, 且累日退在, 請竝治其罪°" 答曰: "知卿力疾出仕, 良慰° 宜勿辭, 安心參鞫, 以重討逆之義°" (『광해군일기』 65권, 광해군 5년 4월 28일)

6. 2품 벼슬들

청각장애인 이덕수의 벼슬살이

都承旨李德壽上疏, 辭以重聽, 不許, 遂就職° 德壽病聾, 每登筵席, 輒使傍人高聲大叫, 替傳上敎, 人多目笑. (『영조실록』 38권, 영조 10년 7월 21일)

又啓言: "冬至正使李德壽, 文學志操, 雖是當世之最, 異國專對, 恐非其任° 如有意外酬酢, 此誠可慮, 宜遞改°" 蓋以德壽重聽故也° 上曰: "漢

語人人皆聾, 豈可以此爲病? 臺言旣發, 必不肯去, 依啓°"(『영조실록』 47권, 영조 14년 10월 15일)

且德壽素有聾病, 不能聽諸臣講讀之聲, 撫卷俯仰, 左右視而不能對° 形貌蒼古, 語言質樸, 上有所詢, 輒令史官書以示之, 其眷待頗厚, 而德壽不能以聖賢之旨, 啓沃君心, 至說佛老處, 娓娓不厭, 識者短之°(『영조실록』 52권, 영조 16년 11월 21일)

정신질환으로 체직된 공서린

憲府啓曰: "大司憲孔瑞麟, 近得心疾, 精神錯亂, 昨日相會議事之際, 茫然不知是非° 此病不可指日調理, 亦不可久曠長官, 請遞……" 答曰: "孔瑞麟被論, 遞之可也° 李芑鄭世虎如啓° 安士彦, 已准職, 而鄕表裏似輕, 故加資也, 果無特異之績, 只賜鄕表裏°"(『중종실록』 93권, 중종 35년 5월 27일)

同知中樞府事孔瑞麟卒° 爲人慈祥, 溫雅好善, 莅官居家, 一以淸儉, 而別無高明特立之操° 曾於己卯, 出入侍從, 陞拜承旨° 士禍之後, 雖不見罷, 忤於貞沆, 不容於朝° 其後安老無擇用事之時, 斥爲外任, 丁酉入授副提學, 俄遷大憲, 以心疾, 竟無建白而卒°(『중종실록』 94권, 중종 36년 1월 3일)

7. 그 외 관료들

북벌의 공으로 사직司直이 된 이옥산

以護軍李多陽介爲萬戶, 金之下千戶, 銷里必上護軍, 副司正多陽介´金阿羅豆護軍, 李玉山司直, 各給綿布七匹, 以北征時赴戰也° 吾波副司正, 給綿布四匹, 以北征時捍後也° 司正, 權羅´金伊朱副司正° (『세조실록』 22권, 세조 6년 윤11월 23일)

義禁府佐事鄭懷雅, 奏對不以實, 按律當徒° 上以原從功臣, 只令解任° 先是, 盲人李玉山告富平有溫井´懷雅以爲妄, 濫刑取招° 上召問而對以詐也° (『세조실록』 41권, 세조 13년 1월 20일)

성균관 사성 신자교

前行成均館司成申自橋在南原上書曰:

臣以庸材下品, 晚捷科第, 任至司成, 常自誓期盡忠貞以報國恩, 不避艱險, 死而後已° 未幾病在兩目, 不得見天地日月之光, 不得覩聖代文物之盛, 蓋十四年于玆矣° 自爲盲人, 窮無所歸, 杖尋南路, 來投先人墳側, 以待死日, 皮骨雖存, 心志已灰° 幸逢殿下堯´舜之治, 吏無橫索, 民無枉冤, 優游太平, 呼吸雍熙, 所食者殿下之食, 所衣者殿下之衣, 俯仰屈伸, 無非殿下之賜也° 目雖無見, 耳則有聞, 每聞殿下宵旰 圖治, 動法堯´舜, 從諫弗咈, 聖學不倦, 好古愛禮, 親耕´親蠶´大射´拜老, 事三殿以孝, 待群臣以禮, 忠良在位, 奸諛退處, 遐邇想望, 太平之運, 正在今日° 臣愚有時不覺扶病,

嘆息起坐, 恨不得爲聖朝之成人, 以効忠貞之素志也° 而命至此, 亦復何恨? 甘於死亡, 是在朝夕, 然區區之忠猶在, 獻芹之誠難忘, 欲默不能, 敢誦一言° 伏惟殿下垂察焉° (『성종실록』 91권, 성종 9년 4월 22일)

함경도 평사 이정호

成均館典籍李挺豪, 自鏡城判官, 來謝恩, 仍啓曰: "鏡城教授朴元謙´評事文繼昌´輪城察訪柳營元及禹世老·金良弼·黃孟元等, 常欲殺臣, 似有異志°" 上卽御宣政殿, 引見大臣, 仍命召李挺豪詰問之°【史臣曰: "此病風發狂者之言, 不足取信, 至於引見, 使政府堂上´兵曹´兩司長官參聽, 上之不能無疑於如此等事, 可知°】鄭光弼曰: "李挺豪所啓事, 皆無實, 臣意以爲挺豪病狂而然也°" (『중종실록』 22권, 중종 10년 8월 16일)

柳洵曰: "李挺豪病狂, 故所告如此, 不可使在職, 罷之可也°" 上曰: "誣告者, 自有反坐之律° 然此是狂人, 只罷職可也°" 權敏手曰: "挺豪以狂疾出來, 北人必知之矣° 但以事機甚大, 只爲罷職, 則北人之心, 豈能快耶?" 李荇曰: "至於二度親問, 則北人豈不驚駭? 須依法罪之然後, 北人快之矣°" 上曰: "其病狂, 北人皆知之° 不可以常法罪之, 其從自願付處°" (『중종실록』 22권, 중종 10년 8월 19일)

領議政鄭光弼´右議政李荇´左參贊趙元紀´右參贊金璀啓曰: "臣聞李宗翼本狂人, 觀其前日所犯【棄別正妻事°】及上疏, 【毁金宗直事°】則可知其爲狂悖也° 今之上疏, 亦爲狂妄, 而獄辭蔓延° 此人之狂悖, 朝廷所共

知。若以刑訊而致死, 則當時與後世, 必有議之者。前者李挺豪, 亦以狂悖, 起邊方之釁, 使國家擾亂, 然其時不治挺豪之罪者, 以其狂悖也。宗翼之狂妄, 無異於挺豪者也。【挺豪當初出入侍從'臺諫, 後爲咸鏡道評事, 以心疾發狂, 一日挺豪乃謂節度使黃衡爲不軌, 馳來啓之, 竟以不實, 不罪黃衡, 挺豪亦以狂免。】"(『중종실록』 69권, 중종 25년 10월 1일)

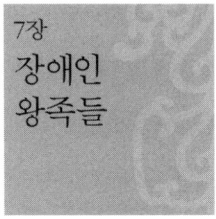

7장
장애인
왕족들

1. 국왕

세종대왕이 안질로 고생하다

上謂承政院曰:"予得眼疾, 今已十年。玆欲安心調攝, 每月大朝及衙日朝參野人肅拜外, 餘悉除之。香祝, 亦欲勿親傳。"承旨等啓曰:"前令患眼疾者, 試以沐浴, 今皆有效。請幸溫泉, 以副臣民之望。"上曰:"今當農月, 騷擾實多, 不可也。"承旨等請之再三, 乃許之。上曰:"予之眼疾, 十有餘年。今爾等固請, 乃有此行, 宜使大臣知予本意。"(『세종실록』92권, 세종 23년 2월 20일)

都承旨趙瑞康等問安, 上曰:"予兩眼昏花澁痛, 自春以來陰暗之處, 非杖難行。自浴以後, 亦無見效, 至前夜則披閱《本草》細注, 亦可見也。"瑞康請安心久浴, 永得痊愈, 上曰:"今當夏月, 恐有霾雨, 故欲於來月初吉還宮。"時, 上勤於萬機, 又喜觀書典, 日夜不釋, 遂得眼疾。王妃亦有宿疾,

故有是行°(『세종실록』92권, 세종 23년 4월 4일)

　　視事°上謂諸承旨曰: "大抵人君始雖勤, 而終必怠, 唐之玄宗·憲宗, 尤爲明鑑, 予深愧之° 予卽位以來, 謂爲政莫若勤勵, 乃行常參朝啓輪對, 日接群臣, 凡庶務無不親決, 故刑獄無滯, 庶事不廢, 然常參之法, 或有非之, 乃於隆冬盛暑姑停之° 近年以來, 予患消渴風濕之病, 凡政令施爲, 不克如初° 自溫井沐浴以後, 消渴風濕, 稍若痊愈, 然眼疾轉深, 因此衆證交攻, 未能勤於政治° 凡在人身, 耳目爲切, 眼疾以後, 明有不逮, 雖欲勤, 得乎? 醫方亦忌(旱)〔早〕起勞身, 故凡事大軍政之外, 自餘庶事, 欲令世子處決, 大臣皆曰: "不可°" 爾等亦以爲不可, 予未知其不可之意也° 予之欲爲是者, 非自爲安逸之計也° 視予病勢, 似未易瘳, 願得休暇, 怡神養疾, 是予之至情° 臣子之心, 亦豈欲使予力疾勤政, 以至於彌深乎? 大抵人君接見大臣之日少, 而獨與近臣出納庶政, 尙且不可, 況以宦官出納乎? 此非示後之道也° 矧此輩不識文字, 當出納之際, 頗有差謬之失, 其亦可乎? 歷代之君, 以世子監國臨軍者, 亦有之° 令世子裁決庶事, 何不可之有? 予意已定矣° 予之發此言者, 非與爾等議其可否也, 但使爾等悉知此意耳°"(『세종실록』96권, 세종 24년 6월 16일)

심질로 왕위를 물려주고자 했던 선조 임금

　　朔壬午/上尊號, 更啓曰: "頃者臣等將一國公論, 連日伏闕, 瀝悃叫呼, 自上非但拒之甚牢, 丁寧懇惻之敎, 不一再而已° 則臣等聚首感激, 相以爲, 聖上謙虛沖挹之德, 若此之至, 而猶且强聒, 至浹旬日, 則抑有所未安

부록 541

者, 隱默姑退, 無不悵然自失, 臣等之情, 固亦悲矣。近來朝中士大夫, 譁然齊奮, 乃曰: '我聖上盛德神功, 冪超千古, 今有徽稱, 以揚鴻休, 而朝廷唯將順聖意, 不爲之堅執, 其可乎哉?' 邦畿之民, 譁然齊奮, 遠方窮巷之民, 又譁然齊奮, 如朝中士大夫焉, 則臣等駑緩疲軟之罪, 至是而無所逃矣…答曰: "今又如是, 罔知所喩。此事若少有毫分可堪之勢, 則前日詎敢有如彼之言? 至於頃日經筵, 又歷陳不當之意, 不圖微志未白, 朝廷又擾其爲, 驚愕悶迫, 難以盡言。予素以不敏, 半生抱病, 其中心證尤甚。平日所思者, 金櫃之藥而已, 人事不思也。今若累日堅執, 必發狂疾, 恐非朝廷所以愛君之意也。願更蒙諸卿之德, 早思休退, 勿更煩擾。"(『선조실록』 22권, 선조 21년 윤6월 1일)

左議政尹斗壽·右贊成崔滉·商山君朴忠侃·工曹判書韓應寅·鵝川君李增·兵曹判書李恒福·戶曹判書李誠中·行戶曹參判尹又新·吏曹判書李山甫·行吏曹參判具思孟·刑曹參判李希得·同知中樞府事李輅·漢城府左尹鄭彦智·工曹參判朴應福·兵曹參判閔汝慶·禮曹參判李忠元·兵曹參議柳夢鼎啓曰: "臣等俱以無狀, 當國家敗亡之日, 不能竭忠盡職, 仰裨收復之策, 徒使聖上獨憂於上, 心常惶感, 不知所出。前日伏承下敎, 聚首憫泣, 不得不累瀆聖聽, 只緣誠意淺薄, 未能大回聖心, 及至今日, 又有此敎, 臣等之罪, 萬死無惜。廟社爲墟, 此何等時, 光復舊物, 此何等事。而一向沖挹, 使人心已聚而還散, 國事垂成而又壞歟? 伏乞堅定睿慮, 勿復撓遷, 一以安上下之心, 一以恢中興之業, 不勝幸甚。" 上曰: "前在京都玉堂之批, 有無意人間之敎, 未審諸卿當能省得否? 欲退之心, 非自今日始, 所由來者有

在矣, 至於今日喪志˙喪心˙喪家˙喪國, 終至於喪明, 已成昏富, 昔齊有盲相祖珽, 寧復有盲君乎? 加以心疾日痼, 對火呼寒, 餐雪猶熱˚ 有時叫奔狂走, 迷莫知其東西, 左右侍者, 莫不愕然失色, 獨卿等未知耳˚ 有一于此, 皆不可以竊據民上, 況兼有之而有許多罪惡者乎? 在一日則, 貽一日臣民之憂˚ 今宜只合退謝, 惟望卿等, 倘可哀憐, 速卽許退˚ 則他日地下, 喪國之怨, 心雖未灰, 許退之惠, 目必得瞑矣, 願卿等更加憐許, 俾遂微志˚ 至於尊號一事, 前亦有敎, 尤不滿一哂˚ 有唐德宗故事, 速可削減, 尤合事理˚ 不必更爲回啓, 只速施行˚"(『선조실록』32권, 선조 25년 11월 8일)

備忘, 傳于大臣曰:

自前將病不敢仍冒之意, 請辭非一二計, 卿等每諉以托辭, 惟庸罔念, 不以國事爲意, 予嘗甚悶˚ 龍鍾痼病之狀, 今不必更擧˚ 自頃日江頭往還, 忽得重病, 自分必死˚ 數日之後, 大勢雖似稍歇, 而至今僵臥不能起, 元氣日就萎, 奄奄澌盡˚ 此蓋發源深, 非一朝一夕之致˚ 意者, 或不起, 或見效藥力於累日之後, 未可期, 當此艱危, 天朝大小將官滿在京中, 而病勢如此, 言念國事, 痛纏于懷˚ 予之前所言, 可以驗矣˚ 果可謂託辭乎? 病必靜養, 未有外侵內鑠而能爲調攝者˚ 今病臥在床, 而機務雲委, 晝夜酬應, 不得一刻暫息˚ 嗚呼! 抱病冒病, 何益於國事? 而適足以喪其身, 又必至於喪其國, 豈非大臣留意處乎? 心疾尤劇, 顚狂大呼, 不省人事, 在側者莫不驚嘆˚ 此幷與方寸而先喪之, 所未喪者, 唯一握之氣耳, 豈不哀哉? 尤不可一日而仍冒, 願卿等更爲商量, 備將事實, 直告于天將, 得病垂死之人, 速爲處置, 國事幸甚, 宗社幸甚, 諸大人幸甚, 萬民幸甚"(『선조실록』97권, 선조 31년

2월 25일)

숙종 임금의 시각장애

藥房入診° 都承旨趙道彬言: "上候眼患苦重, 精細文字, 有妨省覽° 自今以後, 請奏御文字及群下疏章, 稍大其字樣以進°" 上可之°(『숙종실록』 58권, 숙종 42년 12월 1일)

上御熙政堂, 召見行判中樞府事李濡·領議政金昌集·左議政李頤命等° 承旨李箕翊·假注書李倚天·兼春秋金弘迪·待敎權熀從之° 行判中樞府事徐宗泰·趙相愚·金宇杭, 稱病違牌, 終不至° 昌集進問上候, 上曰: "卽今左邊眼患尤甚, 全不視物, 右眼視物, 依微不明° 疏章細字, 全無字形, 如看白紙, 至於備忘大字, 近視則僅僅辨識, 而猶不分明° 今若調理眼力, 或不至廢明, 而無他可爲之事° 有大段變通之道, 然後一身小安, 國事庶可無虞, 故欲見諸大臣議之矣°"(『숙종실록』 60권, 숙종 43년 7월 19일)

下敎曰: "五載沈綿之餘, 目疾添苦, 視物益昏, 酬應漸艱, 國事可虞° 依國朝及唐時故事, 使世子聽政°"(『숙종실록』 60권, 숙종 43년 7월 19일)

2. 왕자녀

경평군 이륵의 광패함

諫院啓: "仁王山下新定宮闕之基, 別無朝夕始役之期, 則士民者所當待國家處置而後, 徙宅可也. 興安君瑅·慶平君玏以其第宅入於禁標之內, 先自驚擾, 撤毀其家, 縱奴四出, 奪入士大夫家, 非止一處. 或毆打老母, 或凌辱寡母, 家藏雜物, 仍致散失, 奔走四散, 一洞蕭然, 害及隣里. 聞見駭愕, 國言藉藉. 家事任長, 不可不懲. 請立命推考."(『광해군일기』 102권, 광해군 8년 4월 1일)

傳曰: "凡闕內下人, 雖法府, 必入啓後, 囚推例也. 嬪宮盤監林栢, 未知所犯何事, 而自闕內出去時, 慶平君捉去私門, 恣意亂打, 極其殘傷. 而旣打之後, 又爲囚禁, 其間不無殘酷可駭之事, 幾至死域云, 此乃前所未有之事也. 事甚駭異, 推考."(『광해군일기』 132권, 광해군 10년 9월 16일)

慶平君玏欲觀嶺東山水, 請往浴高城溫井, 上答曰: "舊時王子, 只卿一人. 卿今年滿七十, 秋氣已涼, 此時沐浴, 必致添傷. 今遣史官諭卿, 須體予意, 勿行." 玏以宣廟朝王子, 有狂易病, 受由出入, 多有弊事, 上知之, 故止其行. 玏復上疏請行, 上不得已許之, 給由馬.(『현종실록』 17권, 현종 10년 8월 15일)

벙어리 정화옹주의 결혼

上下教曰: "貞和翁主, 連有病故, 未行吉禮。 厥疾雖未快瘳, 王女不可無配。 令該曹揀擇駙馬。" 翁主, 宣祖之女也。 自幼病瘖無知覺, 下嫁權大恒。(『인조실록』 21권, 인조 7년 10월 2일)

上以太僕馬, 賜東昌尉權大恒。 大恒嫌其馬不良, 令換他馬以來, 上聞而許之。 大恒猶不愜, 笞其吏, 諫官以此劾之, 上不從。(『인조실록』 24권, 인조 9년 1월 3일)

憲府啓曰: "東昌尉權大恒, 托以徵債, 擾害民間, 又以帖給馬不才, 怒打太僕下吏, 竟致殞命, 而乃敢陳箚, 至瀆 天聽, 事極可駭, 請命罷職…" 答曰: "依啓。 權大恒不必罷職。" 再啓而命推考。(『인조실록』 25권, 인조 9년 10월 12일)

환성군의 간질 증세

義禁府啓曰: "歡城君本以驚癎之證, 不省人事, 今在配中, 何以爲之?" 傳曰: "勿送。"(『중종실록』 1권, 중종 1년 9월 20일)

사직 홍현보의 벼슬살이

司直洪鉉輔卒。 鉉輔, 宣廟駙馬柱元之玄孫也。 少登第, 病啞不能言, 又無才能, 以永安尉孫, 累官至判書, 至是卒。(『영조실록』 52권, 영조 16년 윤6월 10일)

안흥군 이숙의 대화법

安興君㰒, 請對入侍, 㰒卽麟坪大君奉祀孫也。生而聾啞, 故凡有奏對, 皆以文字, 是日書奏. (『영조실록』 85권, 영조 31년 6월 5일)

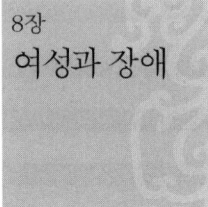

3. 고성

여성 시각장애인 점복가 고성

拿鞫吳講所引盲女高成, 年十八, 供云: "臣盲女也° 士族´常人, 日日邀致問命, 只問五條八字, 而不言爲某人姓名, 爲某事而卜之° 臣目不見物, 何以知之? 新經痘疫死病之餘, 茫不能記憶一二° 所謂吳允男別坐者, 未之記也, 但記有閔別坐者, 去冬招而卜命矣"【高成, 白川人´ 新自鄕來, 頗名靈驗´ 自闕內及諸戚里宮家, 無不招卜, 允男之招問, 亦非異事, 又不但問於高成也° 但吳講迫於酷刑, 以爲年少盲女指認差易, 故引之以緩刑, 而咀呪之獄, 因是滔天° 羊甲辭連之徒, 自是頗免窮鞫云】(『광해군일기』 67권, 광해군 5년 6월 9일)

高成供: "前年十一月晦間, 果往吳別坐稱名家, 則別坐問丙午生八字矣°" 王曰: "允男不獨問丙午生八字, 他五條推擇曲折, 竝問之°" 高成供:

"吳別坐問丙午生'戊戌生男命。 吾答云: '戊戌生則聰明異常, 丙午生則八字雖好, 必晚達矣。'" 仍請解縛則當直招云。 王曰: "姑解縛, 多盤窮問。"(『광해군일기』 67권, 광해군 5년 6월 9일)

朴承宗曰: "盲人不用刑訊乎?" 沈喜壽曰: "盲人亦用刑矣。" 王曰: "中廟朝推鞫時, 盲人亦被鞫矣。" 沈喜壽亦曰: "己丑年鄭賊推鞫時, 盲人裵光義受刑而死。 明廟朝黃嬪揀擇時, 以五條改作, 盲人金命昌亦杖斃, 盲之受刑, 古矣。"(『광해군일기』 67권, 광해군 5년 6월 9일)

大臣推官曰: "罪人高成, 今日不爲正刑則已, 如或正刑則日勢已暮, 行刑節次, 速令擧行爲當。" 王曰: "姑徐之。"(『광해군일기』 67권, 광해군 5년 6월 10일)

高成正刑。【王以高成似猶有隱情, 欲更刑推後正刑, 左右皆言高成已病, 不可更鞫, 致其徑斃, 從之】捧甘同'許弄招, 不服。 王曰: "許弄乃柳希霖之奴, 而投入於悌男家, 往來於高成處。 此, 內間所聞也。 以此款問之。" 許弄刑推不服。(『광해군일기』 68권, 광해군 5년 7월 9일)

9장
유명한 장애 인물들

1. 맹인 지화의 파란만장한 인생사

벼슬까지 받은 시각장애인 점복가

命司憲府囚前知春川郡事李續于典獄˚ 初, 上命卜者盲人池和, 求丁亥以上生男八字, 推算以聞˚ 和到續家, 問子八字, 續曰: "何故問之?" 和曰: "是承命也˚" 續曰: "吉禮已畢, 又有宮主乎? 若以權宮主之女結婚則吾有子矣, 若宮人之女則吾子亡矣˚ 吾不欲如此連婚也˚" 和以續 言聞, 上曰: "續之家門本不正, 予亦不欲連婚, 然續之言甚不恭˚" 乃下獄問之˚ (『태종실록』 34권, 태종 17년 9월 2일)

召尹向于坡平˚ 時, 向得罪付處, 上謂向之妻弟吏曹參議洪汝方曰: "予使盲人池和, 具上大護軍子之年甲以聞˚ 和書向子之年甲以來, 予徵前日李續之言, 使和勿露此言˚ 然向聞予言, 雖水火猶不避也˚ 且聞向誠欲婚姻也, 可急召之˚" (『태종실록』 34권, 태종 17년 9월 21일)

崇啓曰: "池和一日至臣家, 臣曰: '我將辭左議政, 欲請以沈本房代之.' 後數日, 和復來曰: '我以政丞之言, 言於沈本房, 本房曰: 「汝請左議政努力.」' 臣聞和之言以爲: '外戚當以謙讓爲心, 而今此言, 專爲權利而發, 何哉?' 故臣於前日中良浦晝停, 不敢顯言而微及之." 初, 溫拜領議政, 或有言其不得執政者, 溫答曰: "拜左議政有例." 蓋指閔霽也. 和泄其言於崇, 故陽言欲辭己位, 以沈代之. 和, 卜命盲也. 上嘗從上王, 行幸中良浦, 晝停閑話之際, 崇因外戚言, 詮啓曰: "后妃之父, 人君不宜數數相接." 故今崇云微及之也. (『세종실록』 2권, 세종 즉위년 11월 23일)

視事. 上謂左議政孟思誠等曰: "祿命之說, 雖不足信, 然盲人池和·信生, 心專此業, 最有功效, 欲除官爵, 何如?" 思誠等曰: "前朝有添設檢校之職, 除拜此類, 今旣革之, 不可以盲人充差實職, 曠官廢事. 若有其功, 但賜以米可也." 上曰: "此非小事, 予當更思." (『세종실록』 66권, 세종 16년 12월 16일)

賜檢校漢城少尹池和·禪師信生, 各米豆共十石. (『세종실록』 66권, 세종 16년 12월 18일)

前此, 盲人池和等上言, 欲受爵祿, 上憐之, 議于政府曰: "往歲盲人等, 如此上言, 予議諸大臣, 欲授以內侍檢職, 使之受祿, 大臣議云: '內侍之職, 以近侍爲任, 若使盲人爲之, 則名實相違.' 予從其議, 不復擧用, 今又上言, 辭意懇至. 夫風水之學'占筮之法, 予所未信, 然久行于世, 風水之徒. 今旣敍用, 占筮之人, 不可獨廢, 而況陰陽科載於『六典』, 則不可以有疾而不敍. 若用此等人, 則以書雲禮賓之職而行司饔司直乎? 以檢校內侍而行司饔司直乎? 階級則當限何級? 擬議以啓.”

領議政黃喜議: "高麗之季, 以盲人爲資贍副使, 又以爲康安殿侍衛護軍, 古有是例, 宜當受職. 然我朝旣無檢校之職, 而但於內侍府, 有檢校之職, 則宜授內侍檢職而行司饔司直, 其級則限以正四品可也.”

右議政盧閈以下, 皆如喜議, 而階級則限以三品可也. 從閈等議, 以池和爲中訓'檢校僉知內侍府事'行司饔司直, 李信朝散'檢同僉內侍府事'行司饔副司直, 仍賜紗帽與帶. (『세종실록』 75권, 세종 18년 10월 5일)

司諫院右正言李孟專啓曰: "以池和'李信, 除授官爵, 臣等以謂昔唐太宗謂房玄齡曰: '樂工雜類, 假使術逾儕輩, 只可特賜錢帛, 以賞其能, 必不可超授官爵, 與朝賢君子比肩而立, 同坐而食, 毋爲衣冠之恥累.' 今池和等雖授官爵, 何以任其事? 且以紗帽品帶, 行於朝路, 與朝士竝立, 誠爲未便. 乞罷其職, 只給月料, 以賞其功.”

上曰: "爾之所言, 誠是矣. 然盲人而受職, 非始於此, 自古有之. 且司饔之職, 工商賤隷, 皆得而受, 恐不必皆任其事. 今池和等, 凡干國家卜筮婚姻等, 無不參焉, 豈無其功? 雖除司饔之職, 不害於義也.” (『세종실록』 75권, 세종 18년 10월 5일)

盲人池和稍知算命, 上嘗以事遣內豎卜之, 和不在其家, 內豎使從者尋之, 得於護軍金閈家. 和大醉詑詑而來, 對內豎, 言頗驕傲, 且曰: "今日醉,

不能卜矣。" 內豎以聞, 上大怒, 繫義禁府鞫之。義禁府啓: "方上之哀悼, 和與閨飮酒食肉, 大不敬。且不直言其情, 請拷問之。" 上曰: "和陰巧無狀, 但以算命, 自太宗朝蒙恩受職, 至于今, 亦授職秩, 恩幸至矣, 今乃不敬如是, 雖置重典, 無少矜恤。若金閨之罪, 非會飮比, 因和來飮之酒耳, 固當勿問。" 乃流和于珍島, 司憲府請之, 改流會寧府。(『세종실록』106권, 세종 26년 12월 11일)

上謂承政院曰: "祿命之說, 以盲人池和·金叔重所卜考之, 皆不足信。趙由禮亦曰: '『禽演眞經』, 不足取也。' 然自古聖賢, 皆重卜筮, 欲稽疑者, 舍是何以哉!『禽演眞經』, 廣求以進。" (『세종실록』124권, 세종 31년 4월 19일)

단종을 복위하다 처형당하다

世祖與左議政鄭麟趾·左贊成韓確·右參贊李思哲·都承旨崔恒等會于賓廳, 議姦黨之罪以啓。卽傳旨義禁府曰: 斬池和, (…) 又傳旨曰: 姦黨及族親等, 今四月十四日已前區處外, 餘悉不問, 以安反側。惟爾義禁府曉諭中外。和, 卜盲也, 少以善占吉凶聞。自太宗時, 出入宮掖, 頗張威福, 朝著側目, 自是名重。每當稽疑, 率以己意妄談禍福, 恐悅人心。先是, 和言瑢有人君之命, 以歆動之, 瑢及門客謀亂之意益堅。故竝誅之。世祖嘗往貞懿公主家, 道逢和, 問從何處來, 曰: "自公主家。" 問公主安否, 和曰: "今日尤諱人矣。" 又問公主吉凶, 和曰: "吾已言今七月有厄。" 世祖馳往則公主病已歇, 和不曾來矣。世祖使人迹之, 實自瑢家矣。(『단종실록』8권, 단종 1년

10월 14일)

　議政府啓曰:"瑢等謀逆情狀, 大小人民, 容或不知, 請詳悉條列, 以諭中外." 從之.

　一, 瑢之逆謀, 非一朝一夕. 在世宗·文宗朝, 盲人池和卜命, 妄言君王之命, 李賢老亦說, 貴不可言, 國君八字. 又據讖言:"下元甲子:'聖人出, 飮木覓井水'云云, 白岳之北, 正是其處. 眞興王之地, 可以居而受福." 瑢信之, 乃造家, 號稱武溪精舍, 欲應符讖. 且屢言於人曰:"我終不止爲大君者也."

　一, 池和以主上聖算與宜春君友直八字, 比方占卜 (『단종실록』 8권, 단종 1년 10월 25일)

충신지위忠臣之位

　又敎曰:"莊陵配食事, 今因收議, 又有別設一壇之命. 三十二人之壇食, 當有祝, 而祭品依初下敎擧行. 祠版則書以忠臣之神, 令道伯書之, 至於別壇, 則造三版, 書以癸酉·丙子·丁丑死事人. 祭時, 以紙榜, 列錄姓名, 而朝士爲一版, 盲·宦者·軍·奴爲一版, 女人爲一版, 位次在忠臣之左, 朝士位稍前, 盲·巫·宦者·軍·奴位稍降, 祭儀無祝, 祭品各飯一盆·湯一盆·酒器, 獻官執事, 兼用於兩壇." (『정조실록』 32권, 정조 15년 2월 21일)

　正壇配食三十二人:【安平大君 章昭公 瑢·錦城大君 貞愍公 瑜·和義君 忠景公 瓔】(…) 別壇一百九十八人. 事未詳八人:【平安監司趙遂良·忠淸監

司安完慶´繕工監副正李命敏´山陵掌務李賢老´刑曹正郎尹鈴孫´吏曹佐郎沈愼´安岳郡事黃義軒´高陽縣監高德稱°}坐收司一百九十人:【知部金承珪´宜春君 友直´德陽君 友諒´(…) 盲人池和´羅竝豆´奴別監乭中´典農寺奴睦孝智´順興官奴鄭有才·凡三·石丁·石仇知·凡尹´豐山官奴李同´順興軍士黃緻·辛克長´女人宮女楊氏·者介·李午妻阿加之´巫女龍眼·佛德·內隱德·德非°】(『정조실록』 32권, 정조 15년 2월 21일)

2. 세종의 부름을 받은 김학루

『명경수』로 점쳤다는 김학루

肓人金鶴樓居慶尙道河陽縣, 言人壽夭禍福頗驗, 自言以明鏡數卜之° 傳旨召致京都, 引見, 特賜家°(『세종실록』 94권, 세종 23년 1월 3일)

上曰:"昔者世宗欲幸溫陽, 予召卜盲金鶴樓, 占其吉凶° 鶴樓良久曰: '大陽初出處, 萬物見光輝°' 此句在此, 則鶴樓之卜, 亦明鏡數也°" 居正閱其書, 竟無其句°(『세조실록』 42권, 세조 13년 5월 10일)

3. 장득운과 『명경수』

장득운의 『명경수』를 찾아오라

承政院奉旨馳書于黃海道觀察使曰: "道內兎山‧牛峯等邑住居盲人張得雲所藏陰陽書, 曲盡搜覓, 付今去安孝禮以送°"(『세조실록』 7권, 세조 3년 3월 29일)

4. 김효명의 신통한 점괘

중종 때의 명점복가 김효명

成均館學官張玉, 來政院啓曰: "今月初日不記, 臣婢子於盲人孝明家往來云: '孝明家, 兩班二人對坐, 與孝明相語曰「臺諫欲駁左相李荇」云' 孝明語婢子曰: '臺諫欲駁汝上典婚家左相, 汝知乎?' 云° 此語迷劣婢子傳之, 故不信也°(…) 傳于政院曰: "張玉處更問可也° 盲人家所聞之言, 乃不實之語也° 但許沆曰: '六卿以上崇品人' 曰: '若貞‧沆在朝, 則當以我薦相' 云° 此人誰也? 雖言之, 於張玉, 何罪之有? 其以所聞, 直言之可也° 今不直言, 則當下禁府而推之°" 許沆又曰: "問諸張玉, 則必不隱諱云° 其速直言° 關重大, 故如此傳敎矣°"(『중종실록』 71권, 중종 26년 10월 25일)

6. 장순명과 저주사건

저주사건에 연루되어 귀양 가다

捧張順命招°【順命老盲卜人, 有名京師, 常出入宮禁, 王亦嘗問卜待遇°】 供云: "宮中內官˙侍女布列, 外方盲人, 行兇極難°"云° 順命免刑推, 竄配海島°(『광해군일기』 67권, 광해군 5년 6월 20일)

司諫院啓曰: "凡定配罪人, 爲本官官員, 各別嚴飭, 使不得任意出入, 乃所以重國法也° 巨濟定配罪人張順命係于咀呪, 罪犯極重° 而縣令金俊民, 不有朝廷命令, 絶島定配之人, 任其橫行於他境, 公然推卜, 熒惑人聽, 所聞膽播, 極爲駭愕° 請巨濟縣令金俊民, 先罷後推°"從之°(『광해군일기』 93권, 광해군 7년 8월 4일)

王酷好卜筮機祥事° 盲卜申景達˙咸忠獻˙張順命等, 出入宮禁, 晝夜承命無節, 術士李應斗˙鄭思倫等, 皆被眷遇° 雖微細政務, 必以占筮, 預觀成否° 張順命以咀呪辭連, 謫在海島, 王數遣使, 賜物問卜, 申景達以爾瞻妻族, 尤被親幸, 至干預政事°(『광해군일기』 114권, 광해군 9년 4월 3일)

戶曹啓曰: "罪人贖銀上納時, 四月二十三日巨濟定配罪人張順命家所納銀子二百五十兩, 用下矣° 今者張順命女壻尹應玹, 呈狀于本曹曰: '妻父張順命贖銀上納後, 未及蒙放而物故, 所納銀子, 願還出給'云° 渠之呈狀, 不可取實, 故移文禁府, 查問物故的實° 仍用其銀, 似爲冤抑, 何以

爲之乎?" 傳曰: "還給°【順命, 盲人也° 以卜名於世, 七十之年, 死於絶島°】
(『광해군일기』 169권, 광해군 13년 9월 26일)

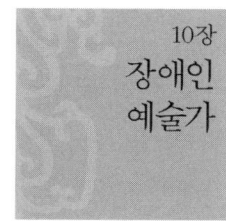

1. 문인

도하 처사 졸수재 조성기

時, 都下有處士趙聖期, 卽亨期之兄也。少以病廢公車, 嘗杜門靜坐, 究觀經史, 淹博融貫。其學專用力於思索探玩, 多自得之妙, 而不肯蹈襲前言, 時人未之奇也。獨金昌協·昌翕兄弟及林泳目以鉅儒, 喜從之遊, 每與往還書牘, 上下論議, 或講義理文章, 或論王霸事功。其說縱橫閎肆, 纚纚不窮, 連紙累幅, 滂沛數千餘言, 燦有條理, 與之辨者, 未嘗不屈膝避席。昌協稱其才辯見識, 雖不純於道, 而亦近世人豪也。昌翕作追挽, 盛爲引重, 至比於堯夫之學, 而又誌其墓, 稱之以左海間氣。又曰: "皇王帝霸, 日月星辰, 鬱其滿腹, 中自輪囷, 無地可鋪, 上蟠穹旻。" 又嘗擧似於其門人曰: "惜君輩不及見拙修齋也, 一見之誠快事也。" 拙修者, 聖期之號, 有文集行于世。(『숙종실록』 14권, 숙종 9년 6월 14일)

甲寅/處士趙聖期卒｡ 聖期字成卿｡ 嘉林人｡ 素善病, 不能刻苦爲學, 而大約以思索窮理爲主｡ 知見殺通透, 每開口大談, 橫竪皆得, 人不敢難｡ 有叩問者, 應之如響, 衮衮不窮, 爲文章, 亦嗟呥萬餘言｡ 閉戶窮巷五十年, 而樂引進才賢｡ 林泳ˎ 金昌協諸人, 亦樂與之交, 雖不無尙氣務勝之習, 事功博雜之病, 而世皆高之｡ 以爲有人龍文虎之風｡ 自號拙修｡ 至是卒｡
(『숙종수정실록』21권, 숙종 15년 11월 21일)

副提學李德壽上疏請褒揚近世處士趙聖期, 其略曰:
蓋論學惟窮理啓敬二者而已, 今聖期之爲學, 若論居敬, 則臣未知其如何, 而若言窮理, 則所占地位, 亦已高矣｡ 其玩心高明, 寓興風花, 有似於邵雍, 貫穿古今, 究極治亂, 有類於呂祖謙, 快辯滂論, 衮衮波瀾, 有似乎陳亮, 而若其反本會宗, 則又必以考亭爲法, 歷數我朝三百年來碩學宏儒, 恐無其比｡ 故參判林泳ˎ 故判書金昌協諸人, 從遊叩問, 每發望洋之歎｡ 若使聖期, 生於中朝, 則朝家之奬用, 儒林之聳慕, 必有焜燿一世者, 而我國之人, 絶無好古愛才之風, 雖如聖期之卓犖奇偉, 旌招不及於生前, 表章無聞於身後, 寧不爲之嗟惋哉?
上特命贈職｡ (『영조실록』26권, 영조 6년 5월 28일)

4. 음악가

시각장애인 김철의 퉁소

庚午 禑如定妃殿 瞽者金哲善吹簫常出入盧英壽第禑至輒召樂以忘倦哲從臾爲非長禑之惡國人惡而欲去之至是哲矯旨事覺杖流錦州. (『고려사』 135권, 「열전」 48, 신우 10년 2월)

관직에 오른 김복산

傳于禮曹曰: "管弦盲人 金卜山 等, 以篤疾人, 勤仕掌樂院, 可矜 令兵曹, 給西班九品遞兒, 一年四都目, 二人輪次除授." (『성종실록』 18권, 성종 3년 5월 11일)

【참고문헌】

『삼국사기』

『삼국유사』

『고려사』

『고려사절요』

『조선왕조실록』

강효석, 이민수 역주,『대동기문』, 명문당, 2002

고재필,『정기록正氣錄』, 천풍인쇄주식회사, 1978

고전문학연구회,『이옥전집』전2권, 소명출판, 2001

권별,『해동잡록海東雜錄』,『대동야승』5, 민족문화추진회, 1973

김동욱 역,『기문총화』, 아세아문화사, 1996

김동욱 역,『동패락송』, 아세아문화사, 1996

김려, 박혜숙 옮김,『부령을 그리며』, 돌베개, 1996

김성일,『학봉전집鶴峯全集』

김시양,『부계기문涪溪記聞』,『대동야승』17, 민족문화추진회, 1973

김종직, 『점필재집佔畢齋集』

남효온, 『추강냉화秋江冷話』, 『대동야승』 1, 민족문화추진회, 1973

박동량, 『기재잡기』, 『대동야승』 13, 민족문화추진회, 1973

서거정, 『필원잡기筆苑雜記』, 『대동야승』 1, 민족문화추진회, 1973

서거정, 이내종 역주, 『태평한화골계전』, 태학사, 1998

서영보·심상규, 『만기요람萬機要覽』

성현, 『용재총화』, 『대동야승』 1, 민족문화추진회, 1973

안정복, 『동사강목東史綱目』

안정복, 『순암집順菴集』

유몽인, 『어우야담』 보유편, 한국문화사, 2001

유몽인, 시귀선·이월영 역주, 『어우야담』, 한국문화사, 1996

유재건, 이상진 역주, 『이향견문록』, 자유문고, 1996

이규경, 『오주연문장전산고』

이긍익, 『연려실기술燃藜室記述』

이덕무, 『청장관전서青莊館全書』

이덕무·이동희 역, 『생활의 예절, 사소절』, 민족문화추진회, 1981

이덕형, 『죽창한화竹窓閑話』, 『대동야승』 17, 민족문화추진회, 1973

이산해, 『아계유고鵝溪遺稿』

이우성·임형택 공편, 『이조한문단편선』(상·중·하), 일조각, 1978

이육, 『청파극담』, 『대동야승』 6, 민족문화추진회, 1973

이익, 『성호사설星湖僿說』

이제신, 『청강선생 후청쇄어 소총』, 『대동야승』 14, 민족문화추진회, 1973

이항복, 『백사집白沙集』

이혜순·김경미, 『한국의 열녀전』, 월인, 2002

임형택 편역, 『이조시대 서사시』, 창작과비평사, 1992

임형택·고미숙 엮음, 『한국고전시가선』, 창작과비평사, 1997

정약용, 『경세유표』

정약용, 『다산시문집』

조희룡, 『호산외기』, 한길아트, 1999

최한기, 『기측체의氣測體義』

최한기, 『인정人政』

한국역사연구회 중세2분과 법전연구반, 『수교집록』, 청년사, 2001

한국역사연구회 중세2분과 법전연구반, 『신보수교집록』, 청년사, 2000

허경진, 『악인열전』, 한길사, 2005

허균, 『성소부부고惺所覆瓿藁』

허봉, 『해동야언海東野言』, 『대동야승』 2, 민족문화추진회, 1973

홍대용, 『담헌서湛軒書』

홍목춘, 『한국야담사화전집』 6, 동국문화사, 1967

『삼강행실도』 열녀편, 세종대왕기념사업회, 1982

『삼강행실도』 효자편, 세종대왕기념사업회, 1982

『유럽박물관 소장 한국문화재』, 한국국제교류재단, 1991

『모스크바 국립동양박물관 소장 한국문화재』, 국립문화재연구

소, 2002

『조선시대 풍속화』, 국립중앙박물관, 2002

『근묵槿墨』, 성균관대박물관

하인리히 F. J. 융커, 이영석 옮김, 『기산, 한국의 옛그림』, 민속원, 2003

스왈른 수집본, 『조선풍속도』, 숭실대 한국기독교박물관, 2008

역사 속 장애인은 어떻게 살았을까
ⓒ 정창권 2011

1판 1쇄	2011년 11월 22일
1판 6쇄	2020년 11월 30일

지은이	정창권
펴낸이	강성민
편집장	이은혜
마케팅	정민호 김도윤
홍보	김희숙 김상만 지문희 김현지

펴낸곳	(주)글항아리	출판등록 2009년 1월 19일 제406-2009-000002호
주소	10881 경기도 파주시 회동길 210
전자우편	bookpot@hanmail.net
전화번호	031-955-2696(마케팅) 031-955-1934(편집부)
팩스	031-955-2557

ISBN 978-89-93905-79-3 93900

이 책의 판권은 지은이와 글항아리에 있습니다.
이 책 내용의 전부 또는 일부를 재사용하려면 반드시 양측의 서면 동의를 받아야 합니다.

글항아리는 (주)문학동네의 계열사입니다.

이 도서의 국립중앙도서관 출판예정도서목록(CIP)은 서지정보유통지원시스템 홈페이지
(http://seoji.nl.go.kr)와 국가자료종합목록 구축시스템(http://kolis-net.nl.go.kr)에서 이용
하실 수 있습니다. (CIP제어번호 : CIP2011004675)

잘못된 책은 구입하신 서점에서 교환해드립니다.
기타 교환 문의 031-955-2661, 3580

geulhangari.com